普通高等学校经管类精品教材

企业财务会计

主　　编　高克智
副 主 编　鲍时满　杨　梅
编写人员（以姓氏笔画为序）
　　　　　王　辉　王旗红　杨　梅
　　　　　高克智　鲍时满

中国科学技术大学出版社

内 容 简 介

本书较系统、科学地阐述了企业财务会计的基本理论、基本方法和基本内容,涉及资产、负债、所有者权益、收入、费用、利润等会计要素的确认、计量、记录和报告等。本书在编写中秉着让会计教学活动更有利于学生职业技能形成以及教材内容贴合企业实际情况的初衷,在校企合作基础上融入了财税改革的最新成果、企业会计准则的最新变化,并体现出理论性与实用性、可操作性相结合的特点,同时坚持校企合作,注重学生职业判断能力的培养和职业精神的养成。

图书在版编目(CIP)数据

企业财务会计/高克智主编. —合肥:中国科学技术大学出版社,2023.1
ISBN 978-7-312-05559-1

Ⅰ. 企⋯　Ⅱ. 高⋯　Ⅲ. 企业管理—财务会计　Ⅳ. F275.2

中国版本图书馆CIP数据核字(2022)第241392号

企业财务会计
QIYE CAIWU KUAIJI

出版	中国科学技术大学出版社
	安徽省合肥市金寨路96号,230026
	http://press.ustc.edu.cn
	https://zgkxjsdxcbs.tmall.com
印刷	合肥市宏基印刷有限公司
发行	中国科学技术大学出版社
开本	787 mm×1092 mm　1/16
印张	23.5
字数	587千
版次	2023年1月第1版
印次	2023年1月第1次印刷
定价	59.00元

前　言

"企业财务会计"课程是财务会计类专业的专业核心课程。该课程的根本目标是培养学生的会计专业思维和专业胜任能力,核心内容是全面、系统地介绍资产、负债、所有者权益、收入、费用、利润等会计要素的确认、计量、记录和报告。为满足课堂教学需要、实现课程目标,我们编写了这本校企合作教材。本书以安徽叉车集团有限公司的常规业务(已进行数据脱敏处理)为基础,遵循我国企业会计准则体系,参照全国《初级会计专业技术资格考试大纲》而编写。本书具有以下特点:

一是"岗课赛证"融通。本书按照企业财务会计岗位技能要求安排教学内容,精选教学案例,优化教学过程,不仅满足了专业教学的需要,而且能够满足初级会计专业技术资格考试的要求,能够作为全国职业院校技能大赛会计技能赛项辅助资料之一,同时课程学习与"1+X"证书相辅相成深度融合,实现了"岗课赛证"融通。

二是理实一体。应用性是会计的显著特征,但会计的应用必须以基本会计理论为基础。理论是实践的总结,但它反过来又指导实践。会计也不例外。因此,本书结合安徽叉车集团有限公司的常规业务在介绍会计实务的同时,适时地介绍了会计基本理论与基本方法,实现了"理论"与"实务"的有机结合。

三是知行合一。技术性是会计的另一重要特征。本书在介绍会计理论与实务的同时,突出了其操作性特征,指明了典型业务操作的依据、方法与流程,有助于初学者高效掌握业务流程与会计处理方法,实现了"知识"与"行动"的有机结合。

四是逻辑一贯。本书按照财务报表项目及其顺序安排教学内容,使教材内容安排与财务报表结构相一致,逻辑更清晰,有助于学生清晰、系统地了解并掌握财务报表的编制过程,直观认识财务信息的生成过程,准确理解财务信息的真实内容,为财务信息的科学、有效应用奠定基础。

此外,本书在编写过程中充分结合编者的教学经验和实务经验,融入了财税改革的最新成果、企业会计准则的最新变化,使其具备了及时性与前瞻性特征;在编写模式上,采用项目化模式并适当插入案例解析、知识链接等专栏,使其形式活泼、逻辑清晰;在语言方面,力求简明、准确、易懂,便于理解,使其易于教、易于学。

本书由高克智任主编,鲍时满、杨梅任副主编。具体分工是:项目九、十、十二由安徽工商职业学院会计学院教授高克智执笔,项目一、十四由安徽工商职业学院会计学院教授、注册会计师王辉执笔,项目六、八、十三由安徽叉车集团有限公司高级会计师、注册会计师鲍时满执笔,项目五、七、十一由安徽工商职业学院讲师、会计师王旗红执笔,项目二、三、四由安徽工商职业学院讲师、会计师杨梅执笔,全书统稿工作由高克智完成。本书不仅是一本可读性强、便于高等职业院校开展会计专业教学的教材,也是一本可供广大财会工作者自学、进修、考试的参考用书。

本书参考和引用了国内多位作者的观点和有关资料,在业务题编写上参照了校企合作企业的脱敏数据,在此谨向有关作者、校企合作企业表示感谢。因编者水平有限、时间仓促,书中难免有欠妥和谬误之处,恳请广大读者批评指正。

编 者

2023年1月

目　录

前言 ……………………………………………………………………………………（ⅰ）

项目一　财务会计概述 ………………………………………………………………（1）

　任务一　财务会计的性质 …………………………………………………………（2）
　　一、财务会计的含义 ………………………………………………………………（2）
　　二、财务会计的特征 ………………………………………………………………（2）
　　三、企业会计准则体系 ……………………………………………………………（3）

　任务二　财务报告目标、会计基本假设和会计基础 ……………………………（5）
　　一、财务报告目标 …………………………………………………………………（5）
　　二、会计基本假设 …………………………………………………………………（6）
　　三、会计基础 ………………………………………………………………………（8）

　任务三　会计信息质量要求 ………………………………………………………（8）
　　一、会计信息质量要求的层次 ……………………………………………………（8）
　　二、会计信息质量的具体要求 ……………………………………………………（9）

　任务四　会计要素及其确认与计量原则 …………………………………………（12）
　　一、资产的定义及其确认条件 ……………………………………………………（13）
　　二、负债的定义及其确认条件 ……………………………………………………（14）
　　三、所有者权益的定义及其确认条件 ……………………………………………（15）
　　四、收入的定义及其确认条件 ……………………………………………………（16）
　　五、费用的定义及其确认条件 ……………………………………………………（17）
　　六、利润的定义及其确认条件 ……………………………………………………（17）

　任务五　会计要素计量属性及其应用原则 ………………………………………（18）
　　一、会计要素计量属性 ……………………………………………………………（18）
　　二、计量属性的应用原则 …………………………………………………………（21）

项目二　货币资金 ……………………………………………………………………（25）

　任务一　库存现金的核算 …………………………………………………………（26）
　　一、库存现金的管理 ………………………………………………………………（26）
　　二、库存现金的分类核算 …………………………………………………………（27）
　　三、库存现金的清查 ………………………………………………………………（29）

任务二　银行存款的核算 …………………………………………………………（30）
　　　一、银行存款及其管理 ………………………………………………………（30）
　　　二、银行转账结算方式 ………………………………………………………（31）
　　　三、银行存款的分类核算 ……………………………………………………（38）
　　　四、银行存款的清查 …………………………………………………………（39）

　　任务三　其他货币资金的核算 ……………………………………………………（41）
　　　一、其他货币资金的内容 ……………………………………………………（41）
　　　二、其他货币资金的分类核算 ………………………………………………（41）

项目三　应收及预付款项 ………………………………………………………………（47）
　　任务一　应收票据的核算 …………………………………………………………（48）
　　　一、应收票据的核算内容 ……………………………………………………（48）
　　　二、应收票据取得的核算 ……………………………………………………（49）
　　　三、应收票据转让的核算 ……………………………………………………（51）
　　　四、应收票据贴现的核算 ……………………………………………………（51）

　　任务二　应收账款的核算 …………………………………………………………（53）
　　　一、应收账款的核算内容 ……………………………………………………（53）
　　　二、应收账款的账务处理 ……………………………………………………（53）

　　任务三　预付账款和其他应收款的核算 …………………………………………（54）
　　　一、预付账款的核算 …………………………………………………………（54）
　　　二、其他应收款的核算 ………………………………………………………（55）

　　任务四　应收款项减值的核算 ……………………………………………………（56）
　　　一、应收款项减值损失的确认 ………………………………………………（56）
　　　二、应收款项减值的核算方法 ………………………………………………（57）

项目四　存货 ……………………………………………………………………………（65）
　　任务一　存货概述 …………………………………………………………………（66）
　　　一、存货的管理 ………………………………………………………………（66）
　　　二、存货的核算内容 …………………………………………………………（66）
　　　三、存货的确认条件 …………………………………………………………（67）
　　　四、存货的初始计量 …………………………………………………………（68）
　　　五、发出存货成本的计量 ……………………………………………………（69）

　　任务二　原材料的核算 ……………………………………………………………（73）
　　　一、采用实际成本核算 ………………………………………………………（73）
　　　二、采用计划成本核算 ………………………………………………………（80）

　　任务三　周转材料的核算 …………………………………………………………（86）
　　　一、包装物的核算 ……………………………………………………………（86）

二、低值易耗品的核算 ·· (90)

　任务四　委托加工物资的核算 ·· (93)
　　一、委托加工物资的内容和成本 ·· (93)
　　二、委托加工物资的账务处理 ·· (94)

　任务五　库存商品的核算 ·· (95)
　　一、库存商品收发的核算 ·· (95)
　　二、商品流通企业库存商品的核算 ·· (97)

　任务六　存货清查与减值 ·· (103)
　　一、存货清查 ·· (103)
　　二、存货减值 ·· (105)

项目五　固定资产 ·· (113)

　任务一　固定资产的确认 ·· (114)
　　一、固定资产的定义和特征 ·· (114)
　　二、固定资产的分类 ·· (115)
　　三、固定资产的确认条件 ·· (116)

　任务二　固定资产的初始计量 ·· (116)
　　一、固定资产初始计量原则 ·· (116)
　　二、外购固定资产的初始计量 ·· (117)
　　三、自行建造固定资产的初始计量 ·· (119)
　　四、投资者投入固定资产的初始计量 ·· (121)

　任务三　固定资产的后续计量 ·· (122)
　　一、固定资产折旧 ·· (122)
　　二、固定资产的后续支出 ·· (125)
　　三、固定资产的减值 ·· (128)

　任务四　固定资产的清查与处置 ·· (128)
　　一、固定资产的清查 ·· (128)
　　二、固定资产的处置 ·· (130)

项目六　无形资产 ·· (137)

　任务一　无形资产的确认 ·· (138)
　　一、无形资产的特征 ·· (138)
　　二、无形资产的内容 ·· (139)
　　三、无形资产的确认条件 ·· (141)

　任务二　无形资产的初始计量 ·· (142)
　　一、外购的无形资产 ·· (142)
　　二、投资者投入的无形资产 ·· (143)

三、取得的土地使用权 ···(143)
　　四、自行研究开发的无形资产 ·································(143)

　任务三　无形资产的后续计量 ·····································(146)
　　一、无形资产后续计量的原则 ·································(146)
　　二、使用寿命有限的无形资产 ·································(147)
　　三、使用寿命不确定的无形资产 ·······························(149)

　任务四　无形资产的处置 ···(149)
　　一、无形资产的出售 ··(150)
　　二、无形资产的出租 ··(150)
　　三、无形资产的报废 ··(151)

项目七　投资性房地产 ···(155)

　任务一　投资性房地产的确认 ·····································(156)
　　一、投资性房地产的定义及特征 ·······························(156)
　　二、投资性房地产的范围 ······································(156)
　　三、投资性房地产的确认与计量 ·······························(158)

　任务二　投资性房地产的初始计量 ·································(160)
　　一、外购投资性房地产的初始计量 ·····························(160)
　　二、自行建造投资性房地产的初始计量 ·························(161)
　　三、与投资性房地产有关的后续支出 ···························(161)

　任务三　投资性房地产的后续计量 ·································(163)
　　一、采用成本模式计量的投资性房地产 ·························(163)
　　二、采用公允价值模式计量的投资性房地产 ·····················(164)
　　三、投资性房地产后续计量模式的变更 ·························(165)

　任务四　投资性房地产的转换和处置 ·······························(166)
　　一、投资性房地产的转换 ······································(166)
　　二、投资性房地产的处置 ······································(171)

项目八　金融资产 ···(177)

　任务一　金融资产的确认 ···(178)
　　一、金融资产的内容 ··(178)
　　二、金融资产分类的依据 ······································(179)
　　三、金融资产的具体分类 ······································(181)

　任务二　债权投资的核算 ···(184)
　　一、初始计量 ··(184)
　　二、后续计量 ··(185)

　任务三　其他债权投资的核算 ·····································(187)

一、初始计量 ……………………………………………………………（187）
　　二、后续计量 ……………………………………………………………（188）
　　三、出售核算 ……………………………………………………………（189）

　任务四　其他权益工具投资的核算 …………………………………………（190）
　　一、初始计量 ……………………………………………………………（190）
　　二、后续计量 ……………………………………………………………（191）
　　三、出售核算 ……………………………………………………………（192）

　任务五　交易性金融资产的核算 ……………………………………………（193）
　　一、初始计量 ……………………………………………………………（193）
　　二、后续计量 ……………………………………………………………（194）
　　三、出售核算 ……………………………………………………………（196）
　　四、转让金融商品应交增值税 …………………………………………（198）

项目九　长期股权投资 …………………………………………………………（203）

　任务一　长期股权投资的初始计量 …………………………………………（204）
　　一、长期股权投资的范围 ………………………………………………（204）
　　二、长期股权投资的初始计量 …………………………………………（205）

　任务二　长期股权投资的后续计量 …………………………………………（208）
　　一、成本法 ………………………………………………………………（208）
　　二、权益法 ………………………………………………………………（209）
　　三、长期股权投资的处置 ………………………………………………（212）

项目十　流动负债 ………………………………………………………………（219）

　任务一　短期借款的核算 ……………………………………………………（220）
　　一、短期借款的核算要求 ………………………………………………（220）
　　二、短期借款的会计处理 ………………………………………………（220）

　任务二　应付及预收款项的核算 ……………………………………………（222）
　　一、应付票据的核算 ……………………………………………………（222）
　　二、应付账款的核算 ……………………………………………………（223）
　　三、预收账款的核算 ……………………………………………………（225）

　任务三　应付职工薪酬的核算 ………………………………………………（226）
　　一、职工薪酬的构成 ……………………………………………………（226）
　　二、短期薪酬的确认和计量 ……………………………………………（228）
　　三、短期薪酬的核算 ……………………………………………………（229）
　　四、设定提存计划的核算 ………………………………………………（234）

　任务四　应交增值税的核算 …………………………………………………（235）
　　一、增值税应纳税额的计算 ……………………………………………（235）
　　二、一般纳税人的核算 …………………………………………………（236）

三、小规模纳税人的核算 ………………………………………………………（242）
　　　四、差额征税的账务处理 ………………………………………………………（243）
　　　五、增值税税控系统专用设备和技术维护费用抵减增值税额的核算 …………（244）

　任务五　其他应交税费的核算 …………………………………………………（245）
　　　一、应交消费税的核算 …………………………………………………………（245）
　　　二、应交城市维护建设税、教育费附加的核算 ………………………………（247）
　　　三、应交资源税、土地增值税的核算 …………………………………………（248）
　　　四、应交房产税、城镇土地使用税、车船税、印花税的核算 ………………（249）
　　　五、应交个人所得税的核算 ……………………………………………………（250）

　任务六　应付利息、应付股利和其他应付款的核算 …………………………（250）
　　　一、应付利息的核算 ……………………………………………………………（250）
　　　二、应付股利的核算 ……………………………………………………………（251）
　　　三、其他应付款的核算 …………………………………………………………（251）

项目十一　非流动负债 …………………………………………………………（259）

　任务一　长期借款的核算 ………………………………………………………（260）
　　　一、长期借款的核算要求 ………………………………………………………（260）
　　　二、长期借款取得的核算 ………………………………………………………（260）
　　　三、长期借款利息的确认 ………………………………………………………（261）
　　　四、长期借款的归还 ……………………………………………………………（262）

　任务二　应付债券的核算 ………………………………………………………（262）
　　　一、应付债券的核算要求 ………………………………………………………（262）
　　　二、债券发行的核算 ……………………………………………………………（263）
　　　三、债券利息的确认 ……………………………………………………………（264）
　　　四、债券偿还的核算 ……………………………………………………………（266）

　任务三　长期应付款的核算 ……………………………………………………（268）
　　　一、长期应付款的核算要求 ……………………………………………………（268）
　　　二、具有融资性质的延期付款购买资产 ………………………………………（269）

项目十二　所有者权益 …………………………………………………………（275）

　任务一　实收资本或股本的核算 ………………………………………………（276）
　　　一、实收资本或股本概述 ………………………………………………………（276）
　　　二、实收资本或股本的核算 ……………………………………………………（277）
　　　三、实收资本增减变动的核算 …………………………………………………（279）

　任务二　资本公积和其他综合收益的核算 ……………………………………（281）
　　　一、资本公积的核算 ……………………………………………………………（281）
　　　二、其他综合收益的核算 ………………………………………………………（283）

　任务三　留存收益的核算 ………………………………………………………（285）

  一、盈余公积的核算 ……………………………………………………………………(285)
  二、未分配利润的核算 …………………………………………………………………(287)

项目十三 收入、费用和利润 …………………………………………………………(293)

 任务一 收入的核算 …………………………………………………………………………(294)
  一、收入的定义及其分类 ………………………………………………………………(294)
  二、收入的确认和计量 …………………………………………………………………(294)
  三、在某一时点履行履约义务的会计处理 ……………………………………………(296)
  四、在某一时段内履行履约义务的会计处理 …………………………………………(302)

 任务二 费用的核算 …………………………………………………………………………(305)
  一、费用的确认 …………………………………………………………………………(305)
  二、营业成本的核算 ……………………………………………………………………(306)
  三、税金及附加的核算 …………………………………………………………………(309)
  四、期间费用的核算 ……………………………………………………………………(309)

 任务三 利润形成与分配的核算 ……………………………………………………………(312)
  一、利润的构成 …………………………………………………………………………(312)
  二、营业外收支的核算 …………………………………………………………………(313)
  三、本年利润的结转 ……………………………………………………………………(315)
  四、所得税费用的核算 …………………………………………………………………(317)
  五、利润分配的核算 ……………………………………………………………………(320)
  六、未分配利润的结转 …………………………………………………………………(321)

项目十四 财务报告 ……………………………………………………………………(329)

 任务一 财务报告体系 ………………………………………………………………………(330)
  一、财务报告的概念 ……………………………………………………………………(330)
  二、财务报告体系的构成 ………………………………………………………………(330)
  三、财务报告的编制要求 ………………………………………………………………(332)

 任务二 资产负债表的编制 …………………………………………………………………(333)
  一、资产负债表的内容及结构 …………………………………………………………(333)
  二、资产负债表的编制方法 ……………………………………………………………(334)

 任务三 利润表的编制 ………………………………………………………………………(343)
  一、利润表的内容及结构 ………………………………………………………………(343)
  二、利润表的编制方法 …………………………………………………………………(344)

 任务四 现金流量表的编制 …………………………………………………………………(348)
  一、现金流量表的内容及结构 …………………………………………………………(348)
  二、现金流量表的编制方法 ……………………………………………………………(349)

 任务五 所有者权益变动表的编制 …………………………………………………………(354)
  一、所有者权益变动表的内容及结构 …………………………………………………(354)

二、所有者权益变动表的填列方法 ··(356)
　任务六　财务报表附注的编制 ··(358)
　　一、附注及其披露要求 ··(358)
　　二、附注应披露的内容 ··(358)
　　三、财务报告信息披露的要求 ··(360)
参考文献 ··(364)

项目一
财务会计概述

项目目标

从整体上了解财务会计的性质、特征,理解财务报告的目标、会计基本假设和会计基础,明确会计信息质量要求,掌握会计要素确认与计量原则。

任务一 财务会计的性质

一、财务会计的含义

财务会计是服务于外部信息使用者,向其提供对经济决策有用的信息的一种会计类型。企业财务会计则是财务会计的一种,是以企业的生产经营活动为对象,对其进行核算,从而提供能够反映企业财务状况、经营成果和现金流量情况的信息。

在市场经济条件下,企业财务会计是财务会计的主体,在参与企业经营管理决策、提高资源配置效率、促进资本市场健康发展方面发挥着极其重要的作用。即使在大数据背景下,财务会计的重要作用也不会被削弱,更不会被取代。

二、财务会计的特征

财务会计是随着经济的发展,应管理的需要而产生的。与其他会计类型相比,财务会计具有两个主要特征:

(一)财务会计是对外报告会计

随着企业公司制的建立和所有权、经营权的分离以及资本市场的发展,企业会计逐步演化为两大分支:一是服务于企业内部管理者及其决策需要的管理会计,或者称之为对内报告会计;二是服务于企业外部信息使用者及其决策需要的财务会计,或者称之为对外报告会计。其中,企业外部信息使用者是指除企业管理者和职工以外的其他利益相关者,主要包括投资者、债权人、政府及相关部门和社会公众等,他们出于投资、融资、税收、监管等目的,需要及时了解企业的财务状况、经营成果和现金流量情况,为其决策提供支持。为满足他们的共同需要,企业财务会计就必须对外提供报告,以向他们提供对经济决策有用的信息。

(二)财务会计以会计准则为依据

财务会计服务于外部信息使用者,在保护投资者及社会公众利益、维护市场经济秩序及其稳定方面扮演着越来越重要的角色,在社会经济生活中的地位日渐突出,迫切需要一套社会公认的、统一的会计原则来规范其行为。在这种情况下,企业会计准则应运而生,其核心是通过规范企业财务会计确认、计量和报告内容,提高会计信息质量,降低资金成本,提高资源配置效率。

三、企业会计准则体系

(一) 企业会计准则的定义

企业会计准则是一套规范企业会计行为的、社会公认的、统一的会计原则,其核心是通过规范企业财务会计确认、计量和报告内容,提高会计信息质量,降低资金成本,提高资源配置效率。理解企业会计准则的定义至少可以从以下三个方面总体把握:

(1) 企业会计准则是反映经济活动、确认产权关系、规范收益分配的会计技术标准,是生成和提供会计信息的重要依据。

(2) 企业会计准则是资本市场的一种重要"游戏规则",是实现社会资源优化配置的重要依据。

(3) 企业会计准则是国家社会规范乃至强制性规范的重要组成部分,是政府干预经济活动、规范经济秩序和从事国际经济交往等的重要手段。

(二) 企业会计准则体系的构成

为适应我国市场经济发展和经济全球化的需要,财政部于2006年2月15日发布了《企业会计准则——基本准则》(以下简称基本准则)及其38项具体准则,2006年10月30日发布了《企业会计准则——应用指南》,之后又陆续修订、补充、完善,形成了包括基本准则、具体准则、应用指南在内的企业会计准则体系。

1. 基本准则

基本准则在企业会计准则体系建设中扮演着重要的角色,在整个企业会计准则体系中具有统驭地位,主要表现在以下两个方面:

一是指导具体准则的制定。随着我国经济迅速发展,会计实务问题层出不穷,会计准则需要规范的内容日益增多,体系日趋庞杂。在这样的背景下,为了确保各项准则的制定建立在统一的理念基础之上,基本准则就需要在其中发挥核心作用。我国基本准则规范了会计确认、计量和报告等一般要求,是准则的准则,可以确保各项具体准则的内在一致性。为此,基本准则第三条明确规定,具体准则的制定应当遵循基本准则。在企业会计准则体系的建设中,各项具体准则也都严格按照基本准则的要求加以制定和完善。

二是为尚未有具体准则规范的会计实务问题提供处理原则。在会计实务中,由于经济交易事项的不断发展、创新,具体准则的制定有时会出现滞后的情况,会出现一些新的交易或者事项在具体准则中尚未规范但又亟须处理的情况。这时,企业就需要严格遵循基本准则的要求,尤其是基本准则关于会计要素的定义及其确认与计量等方面的规定,及时对这些新的交易或事项进行会计处理。因此,基本准则不仅扮演着具体准则制定依据的角色,而且为会计实务中出现的、具体准则尚未做出规范的新问题提供了会计处理依据,从而确保了企业会计准则体系对所有会计实务问题的规范作用。

基本准则从不同角度明确了整个会计准则需要解决的基本问题,从而构建起完整、统一的财务会计概念体系,具体包括以下基本内容:

(1) 财务报告目标。基本准则规范了我国财务报告的目标是向财务报告使用者提供对决策有用的信息,并反映企业管理层受托责任的履行情况。

(2) 会计基本假设。基本准则强调了企业会计确认、计量和报告应当以会计主体、持续经营、会计分期和货币计量为会计基本假设。

(3) 会计基础。基本准则坚持了企业会计确认、计量和报告应当以权责发生制为基础。

(4) 会计信息质量要求。基本准则建立了企业会计信息质量要求体系,规定企业财务报告应当满足会计信息质量要求。该质量要求体系由可靠性、相关性、可理解性、可比性、实质重于形式、重要性、谨慎性和及时性等构成。

(5) 会计要素分类及其确认、计量原则。基本准则将会计要素分为资产、负债、所有者权益、收入、费用和利润六个要素,同时对各项要素进行严格定义。会计要素在计量时以历史成本为基础,可供选择的计量属性包括历史成本、重置成本、可变现净值、现值和公允价值等。

(6) 财务报告。财务报告是企业对外提供的反映企业某一特定日期的财务状况和某一会计期间的经营成果、现金流量等会计信息的文件。基本准则规定,财务报告应包括财务报表和其他应当在财务报告中披露的相关信息和资料。

2. 具体准则

具体准则是根据基本准则的要求,主要就各项具体业务事项的确认、计量和报告做出的规定,分为一般业务准则、特殊业务准则和报告类准则。

(1) 一般业务准则。一般业务准则是规范各类企业一般经济业务确认、计量和披露的准则,包括存货、固定资产、无形资产、长期股权投资、收入、所得税等准则。

(2) 特殊业务准则。特殊业务准则可分为各行业共有的特殊业务准则和特殊行业的特殊业务准则。前者如外币业务、租赁业务、资产减值业务、债务重组业务、非货币性资产交换业务等准则;后者如适用于保险业的原保险合同准则、再保险合同准则,适用于石油企业的石油天然气开采准则,适用于农牧业的生物资产准则等。

(3) 报告类准则。报告类准则主要规范普遍适用于各类企业财务报告编制的准则,如财务报表列报、现金流量表、中期财务报告、合并财务报表等准则。

3. 应用指南

应用指南是指对会计准则的具体应用提供详尽的、具体的操作性说明,是对具体准则相关条款的细化和对有关重点难点问题的操作性规定。应用指南的内容主要包括具体准则解释和会计科目、主要账务处理等,为企业执行会计准则提供操作性规范。

知识链接

国际财务报告准则(International Financial Reporting Standards,IFRS),是指由国际会计准则理事会(IASB)制定的《财务报表编制与列报框架》、具体准则和解释公告。国际会计准则理事会的前身是国际会计准则委员会(IASC)。国际会计准则委员会主要是由日本、法国、德国与美国等国的国际会计团体发起的,中国在1998年加入。国际会计准则委员会于1973年至2001年间颁布的准则称为国际会计准则(International Accounting Standards,IAS)。2001年4月,新成立的IASB决定保留并继续修订此前颁布的IAS,以后新制定颁布的准则统称为 IFRS。

任务二　财务报告目标、会计基本假设和会计基础

一、财务报告目标

企业财务会计的目标是通过向企业外部会计信息使用者提供有用的信息,帮助其做出相关决策。承担这一功能的信息载体是企业编制的财务报告,它是财务会计确认和计量的最终结果,是沟通企业管理层与外部信息使用者的桥梁和纽带。因此,财务报告的目标在整个财务会计系统和企业会计准则体系中具有十分重要的地位,决定着财务报告应当向谁提供有用的会计信息、应当保护谁的经济利益,也决定着财务报告所要求会计信息的质量特征、会计要素的确认与计量原则,还决定着财务会计未来的发展方向,是财务会计系统的核心与灵魂。

根据基本准则的规定,企业财务报告的目标是向财务报告使用者提供与企业财务状况、经营成果和现金流量等有关的会计信息,反映企业管理层的受托责任履行情况,有助于财务报告使用者做出经济决策。

财务报告使用者主要包括投资者、债权人、政府及其有关部门和社会公众等。满足投资者的信息需要是企业财务报告编制的首要出发点。近年来,我国企业改革持续深入,产权日益多元化,资本市场快速发展,机构投资者及其他投资者队伍日益壮大,对会计信息的要求日益提高。在这种情况下,投资者更加关心其投资的风险和报酬,他们需要会计信息来帮助自己做出决策。因此,基本准则将投资者作为企业财务报告的首要使用者,凸显了投资者的地位,体现了保护投资者利益的要求,是市场经济发展的必然。根据投资者决策的有用目标,财务报告所提供的信息应当如实反映企业的财务状况、经营成果和现金流量等,从而有助于现在的或者潜在的投资者正确、合理地评价企业的资产质量、偿债能力、盈利能力和营运效率等,有助于投资者根据相关会计信息做出理性的投资决策,有助于投资者评估与投资有关的未来现金流量的金额、时间和风险等。

除了投资者之外,企业财务报告的使用者还有债权人、政府及有关部门、社会公众等。例如:企业贷款人、供应商等债权人通常十分关心企业的偿债能力和财务风险,他们需要信息来评估企业能否如期支付贷款本金及其利息,能否如期支付所欠购货款等;政府及其有关部门作为经济管理和经济监督部门,通常关心经济资源分配是否公平、合理,市场经济秩序是否公正、有序,宏观经济决策所依据的信息是否真实、可靠,因此,他们需要信息来监管企业的经济活动、制定税收政策、进行税收征管和国民经济统计等;社会公众也关心企业的生产经营活动,包括对所在地经济做出的贡献,如增加就业、刺激消费、提供社区服务等,财务报告提供了有关企业发展前景及其能力、经营效益及其效率等方面的信息,可以满足社会公众的信息需要。总体而言,财务报告使用者的信息需求存在众多共同之处,又由于投资者是企业资本的主要提供者,其信息需求更多,通常情况下,如果财务报告能够满足投资者的会计信息需求,也就可以满足其他使用者的大部分信息需求。

现代企业制度强调企业所有权和经营权相分离,企业管理层是接受委托人的委托经营管理企业及其各项资产,负有受托责任,有责任妥善管理并合理、有效地运用这些资产。企业的投资者、债权人等也需要及时或者经常性地了解企业管理层管理、使用资产的情况,以便评价企业管理层的责任履行情况和经营业绩,并决定是否需要调整投资或者信贷政策、是否需要加强企业内部控制和其他制度建设、是否需要更换管理层等。因此,财务报告应当反映企业管理层受托责任的履行情况,以便有助于外部投资者和债权人等评价企业的经营管理责任和资源使用的有效性。

二、会计基本假设

会计基本假设是企业会计确认、计量和报告的前提,是对会计核算所处时间、空间环境等所作的合理设定。会计基本假设包括会计主体、持续经营、会计分期和货币计量。

（一）会计主体

会计主体,是指企业会计确认、计量和报告的空间范围。基本准则规定,企业应当对其本身发生的交易或者事项进行会计确认、计量和报告。为了向财务报告使用者反映企业财务状况、经营成果和现金流量,提供与其决策有用的信息,会计核算和财务报告的编制应当集中于反映特定对象的活动,并将其与其他经济实体区别开来,以实现财务报告的目标。

在会计主体假设下,企业应当对其本身发生的交易或者事项进行会计确认、计量和报告,反映企业本身所从事的各项生产经营活动,明确界定会计主体是进行会计确认、计量和报告的重要前提。

首先,只有明确会计主体,才能划定会计所要处理的各项交易或者事项的范围。在会计工作中,只有那些影响企业本身经济利益的各项交易或者事项才能加以确认、计量和报告,那些不影响企业本身经济利益的各项交易或者事项则不能加以确认、计量和报告。会计工作中通常所说的资产、负债的确认,收入的实现,费用的发生等都是针对特定会计主体而言的。

其次,只有明确会计主体,才能将企业的交易或者事项与企业所有者的交易或者事项,以及其他企业的交易或者事项区分开来。例如:企业所有者的交易或者事项是属于企业所有者主体所发生的,不应纳入企业会计核算的范围;企业所有者投入企业的资本或者企业向所有者分配的利润,属于企业主体所发生的交易或者事项,应当纳入企业会计核算的范围。

会计主体不同于法律主体。一般来说,法律主体必然是一个会计主体。例如,一个企业作为一个法律主体,应当建立财务会计系统,独立反映其财务状况、经营成果和现金流量。但是,会计主体不一定是法律主体,如企业集团可以成为会计主体,但不是法律主体。

案例分析

甲公司拥有10家子公司,甲公司及其所属的子公司均属于不同法律主体,但甲公司对其子公司拥有控制权。为了全面反映由甲公司及其所属子公司组成的企业集团整体的财务状况、经营成果和现金流量,就需要将该企业集团作为一个会计主体,编制合并财务报表。

但企业集团不是法律主体。

（二）持续经营

持续经营，是指在可以预见的将来，企业将会按当前的规模和状态继续经营下去，不会停业，也不会大规模削减业务。企业会计确认、计量和报告应当以持续经营为前提。

企业能否持续经营，在会计原则、会计方法的选择上存在很大差别。一般情况下，应当假定企业能够持续、正常地经营下去。明确了这一基本假设，就意味着企业将按照既定用途使用资产，按照既定的合约条件清偿债务，会计人员就可以在此基础上选择会计原则和会计方法。例如：如果判定企业会持续经营，就可以假定企业的固定资产会在持续经营的生产经营过程中长期发挥作用，并服务于生产经营过程，固定资产就可以根据历史成本进行记录，并采用折旧的方法，将历史成本分摊到各个会计期间或者相关产品的成本中；如果判定企业不能持续经营，固定资产就不应采用历史成本进行记录并按期计提折旧。

如果一个企业在不能持续经营时还假定企业能够持续经营，并仍按持续经营基本假设选择会计确认、计量和报告的原则与方法，就不能客观地反映企业的财务状况、经营成果和现金流量，会误导会计信息使用者的经济决策。

（三）会计分期

会计分期，是指将一个企业持续经营的生产经营活动划分为一个个连续的、长短相同的期间。企业应当划分会计期间，分期结算账目和编制财务报告。会计期间分为年度和中期。中期是指短于一个完整的会计年度的报告期间，如月、季、半年等。通过会计分期，可以及时向财务报告使用者提供有关企业财务状况、经营成果和现金流量的信息。

根据持续经营假设，一个企业将按当前的规模和状态持续经营下去。但是，无论是企业的生产经营决策，还是投资者、债权人等的经济决策都需要及时的信息，都需要将企业持续的生产经营活动划分为一个个连续的、长短相同的期间，分期确认、计量和报告企业的财务状况、经营成果和现金流量。明确会计分期假设意义重大，有了会计分期，才产生了当期与以前期间、以后期间的差别，才使不同类型的会计主体有了记账的基准，进而出现了折旧、摊销等会计处理方法。

（四）货币计量

货币计量，是指企业在财务会计确认、计量和报告时以货币计量，反映企业的生产经营活动。

在会计的确认、计量和报告过程中之所以选择以货币为基础进行计量，是由货币本身的属性决定的。货币是一般等价物，是衡量一般商品价值的共同尺度，具有价值尺度、流通手段、贮藏手段和支付手段等特点。其他计量单位，如重量、长度、容积、台、件等，只能从一个侧面反映企业的生产经营情况，无法在量上进行汇总和比较，不便于会计计量和经营管理。只有选择货币尺度进行计量，才能充分反映企业的生产经营情况。所以，基本准则规定，会计确认、计量和报告选择货币作为计量单位。

但是，在有些情况下，统一采用货币计量也有缺陷，某些影响企业财务状况和经营成果的因素，如企业经营战略、研发能力、市场竞争力等，往往难以用货币来计量，但这些信息对于会计信息使用者的决策来说也很重要,因而企业可以在财务报告中补充披露有关非财务信息来弥补上述缺陷。

三、会计基础

企业应当以权责发生制为基础进行会计的确认、计量和报告。权责发生制会计基础要求:凡是当期已经实现的收入和已经发生或应当负担的费用,无论款项是否收付,都应当作为当期的收入和费用,计入利润表;凡是不属于当期的收入和费用,即使款项已在当期收付,也不应当作为当期的收入和费用。

在实务中,企业交易或者事项的发生时间与相关货币收支时间有时并不完全一致。例如:款项已经收到,但销售并未实现;款项已经支付,但并不是因本期生产经营活动而发生的。为了更加真实、公允地反映特定会计期间的财务状况和经营成果,基本准则明确规定,企业在会计确认、计量和报告中应当以权责发生制为基础。权责发生制贯穿于整个企业会计准则体系,是财务会计的基本问题。

与权责发生制相对应的会计基础是收付实现制,它是以收到或者支付的现金作为确认收入和费用等的依据。收付实现制的优势在于能够如实反映会计主体在特定会计期间的现金流量,为经济决策提供有关现金流动情况的会计信息。目前,我国的行政单位会计采用收付实现制,事业单位会计除经营业务可以采用权责发生制外,其他大部分业务采用收付实现制,企业现金流量表的编制也基于收付实现制。

案例分析

赊销商品一批,价款为1 000元。根据权责发生制会计基础,由于收入已经实现,虽然货款尚未收到,也要确认1 000元的收入。但根据收付实现制会计基础,由于货款尚未收到,因而不能确认1 000元的收入,必须在收到1 000元货款时才能确认收入。又如预收货款为1 000元,虽然货款已经收到,但因商品尚未发出,收入尚未实现,根据权责发生制会计基础不能确认1 000元收入,但根据收付实现制会计基础则要确认1 000元收入。可见,权责发生制能真实、公允地反映企业在特定会计期间的经营业绩,收付实现制则能如实反映企业在特定会计期间的现金流动情况及现金流量净额。

任务三 会计信息质量要求

一、会计信息质量要求的层次

会计信息质量要求是对企业财务报告中所提供的会计信息质量的基本要求,是使财务报告中所提供的会计信息对投资者等信息使用者的决策有用应具备的基本特征。

（一）首要质量要求

根据基本准则的规定，可靠性、相关性、可理解性和可比性是会计信息的首要质量要求，是企业财务报告中所提供的会计信息应具备的基本质量特征。

（二）次级质量要求

根据基本准则的规定，实质重于形式、重要性、谨慎性和及时性是会计信息的次级质量要求，是对可靠性、相关性、可理解性和可比性等首要质量要求的补充和完善，尤其是在对某些特殊交易或者事项进行处理时，需要根据这些质量要求来把握其会计处理原则。另外，及时性还是会计信息相关性和可靠性的制约因素，企业需要在相关性和可靠性之间寻求一种平衡，以确定信息及时披露的时间。

二、会计信息质量的具体要求

（一）可靠性

可靠性要求企业应当以实际发生的交易或者事项为依据进行确认、计量和报告，如实反映符合确认和计量要求的各项会计要素及其他相关信息，保证会计信息真实可靠、内容完整。为了贯彻可靠性要求，企业应当做到：

（1）以实际发生的交易或者事项为依据进行确认、计量，将符合会计要素定义及其确认条件的资产、负债、所有者权益、收入、费用和利润等如实地反映在财务报表中，不得根据虚构的、没有发生的或者尚未发生的交易或者事项进行确认、计量和报告。

（2）在符合重要性和成本效益原则的前提下，保证会计信息的完整性，其中包括应当编报的报表及其附注内容等应当保持完整，不能随意遗漏或者减少应予披露的信息，与财务报告使用者决策相关的有用信息都应当充分披露。

（3）包括在财务报告中的会计信息应当是中立的、无偏的，如果企业在财务报告中为了达到事先设定的结果或效果，通过选择或列示有关会计信息以影响决策和判断，这样的财务报告信息就不是中立的、无偏的。

案例分析

A公司于2022年年末发现公司销售额萎缩，无法实现年初确定的销售收入目标，但考虑到2023年春节前后，公司销售额可能出现较大幅度的增长，因此提前预计库存商品销售，在2022年年末制作了若干存货出库凭证，并确认销售收入实现。A公司这种处理不是以其实际发生的交易事项为依据的，而是虚构交易事项，违背了会计信息质量要求的可靠性原则，也违背了《中华人民共和国会计法》的规定。

（二）相关性

相关性要求企业提供的会计信息应当与投资者等财务报告使用者的经济决策需要相关，有助于投资者等财务报告使用者对企业过去、现在或者未来的情况做出评价或者预测。

会计信息是否有用，是否具有价值，关键是看其与使用者的决策需要是否相关，是否有助于决策或者提高决策水平。相关的会计信息应当能够有助于使用者评价企业过去的决策，证实或者修正过去的有关预测，因而具有反馈价值。相关的会计信息还应当具有预测价值，有助于使用者根据财务报告所提供的会计信息预测企业未来的财务状况、经营成果和现金流量。例如：区分收入和利得、费用和损失，区分流动资产和非流动资产、流动负债和非流动负债以及适度引入公允价值等，都可以提高会计信息的预测价值，进而提升会计信息的相关性。

会计信息质量的相关性要求，需要企业在确认、计量和报告会计信息的过程中，充分考虑使用者的决策模式和信息需要。但是，相关性是以可靠性为基础的，两者之间并不矛盾，不应将两者对立起来。也就是说，会计信息在可靠性的前提下，应尽可能地做到相关性，以满足投资者等财务报告使用者的决策需要。

（三）可理解性

可理解性要求企业提供的会计信息应当清晰明了，便于投资者等财务报告使用者理解和使用。

企业编制财务报告、提供会计信息的目的在于使用，也就是让使用者能够有效使用会计信息，应当能让其了解会计信息的内涵，理解会计信息的内容，这就要求财务报告所提供的会计信息应当清晰明了、易于理解。只有这样，才能提高会计信息的有用性，实现财务报告的目标，满足向投资者等财务报告使用者提供对决策有用的信息的要求。

会计信息是一种专业性较强的信息产品，在强调会计信息的可理解性要求的同时，还应假定使用者具有一定的有关企业经营活动和会计方面的知识，并且愿意付出努力去研究这些信息。对于某些复杂的信息，如交易本身较为复杂或者会计处理较为复杂，但其与使用者的经济决策相关的，企业就应当在财务报告中予以充分披露。

（四）可比性

可比性要求企业提供的会计信息应当相互可比。可比性包括两层含义：

1. 同一企业不同时期可比

为了便于投资者等财务报告使用者了解企业财务状况、经营成果和现金流量的变化趋势，比较企业在不同时期的财务报告信息，全面、客观地评价过去、预测未来，从而做出决策，就要求同一企业不同期间的会计信息相互可比。该层次的可比性要求同一企业不同时期发生的相同或者相似的交易或者事项，应当采用一致的会计政策，不得随意变更。但是，满足会计信息可比性要求，并非代表企业不得变更会计政策，如果按照规定或者在会计政策变更后可以提供更可靠、更相关的会计信息，可以变更会计政策。有关会计政策变更的情况，应当在附注中予以说明。

2. 不同企业相同会计期间可比

为了便于投资者等财务报告使用者评价不同企业的财务状况、经营成果和现金流量及其变动情况，会计信息质量的可比性要求不同企业同一会计期间发生的相同或者相似的交易或者事项，应当采用规定的会计政策，确保会计信息口径一致、相互可比，以使不同企业按照一致的确认、计量和报告要求提供有关会计信息。

（五）实质重于形式

实质重于形式要求企业应当按照交易或者事项的经济实质进行会计确认、计量和报告，不仅仅以交易或者事项的法律形式为依据。

企业发生的交易或者事项在多数情况下其经济实质和法律形式是一致的，但在有些情况下也会出现不一致。例如，企业按照销售合同销售商品但又签订了售后回购协议，虽然从法律形式上看，实现了收入，但如果企业没有将商品的控制权转移给购货方，没有满足收入确认的各项条件，即使签订了商品销售合同或者已将商品交付给购货方，也不应当确认为销售收入。又如，租赁期在1年以上的租入资产，虽然从法律形式来讲企业并不拥有其所有权，但在会计上仍应将其确认为使用权资产，列入企业的资产负债表。

（六）重要性

重要性要求企业提供的会计信息应当反映与企业财务状况、经营成果和现金流量有关的所有重要交易或者事项。

如果财务报告中省略或者错报的会计信息会影响投资者等使用者据此做出的决策，该信息就具有重要性。重要性的应用需要依赖职业判断，企业应当根据其所处环境和实际情况，从项目的性质和金额大小两个方面加以判断。

例如：我国上市公司要求对外提供季度财务报告，考虑到季度财务报告披露的时间较短，从成本效益原则考虑，季度财务报告没有必要像年度财务报告那样披露详细的附注信息。因此，《企业会计准则第32号——中期财务报告》规定，公司季度财务报告附注应当以年初至本中期末为基础编制、披露自上年度资产负债表日之后发生的，有助于理解企业财务状况、经营成果和现金流量变化情况的重要交易或者事项。这种附注披露，就体现了会计信息质量的重要性要求。

知识链接

中期财务报告，是指以中期为基础编制的财务报告。其中，"中期"是指适于一个完整的会计年度（自公历1月1日起至12月31日止）报告期间，它可以是一个月、一个季度或者半年，也可以是其他短于一个会计年度的期间，如1月1日至9月30日的期间等。中期财务报告包括月度财务报告、季度财务报告、半年度财务报告，也包括年初至本中期末的财务报告。

（七）谨慎性

谨慎性要求企业对交易或者事项进行会计确认、计量和报告时应当保持应有的谨慎，不应高估资产或者收益、低估负债或者费用。

在市场经济环境下，企业的生产经营活动面临诸多风险和不确定性，如应收款项的可回性、固定资产的使用寿命、无形资产的使用寿命、售出存货可能发生的退货或者返修等。会计信息质量的谨慎性要求，需要企业在面临不确定性因素的情况下做出职业判断时，应当保持应有的谨慎，充分估计各种风险和损失，既不高估资产或者收益，也不低估负债或者费用。例如：要求企业对售出商品所提供的产品质量保证确认一项预计负债，就体现了会计信息质量的谨慎性要求。

谨慎性的应用也不允许企业设置秘密资金积累，故意低估资产或者收益，或者故意高估负债或者费用，这些都不符合会计信息的可靠性和相关性要求，会损害会计信息质量、扭曲企业实际的财务状况和经营成果，从而对财务报告使用者的决策产生误导，这是会计准则所不允许的。

（八）及时性

及时性要求企业对于已经发生的交易或者事项，应当及时进行确认、计量和报告，不得提前或者延后。

会计信息的价值在于帮助投资者或者其他使用者做出经济决策，具有时效性。即使是可靠的、相关的会计信息，如果不及时提供，就失去了时效性，对于使用者的效用就大大降低，甚至不再具有实际意义。在会计确认、计量和报告过程中贯彻及时性，一是要求及时收集会计信息，即在经济交易或者事项发生后，及时收集整理各种原始单据或者凭证；二是要求及时处理会计信息，即按照会计准则的规定，及时对经济交易或者事项进行确认、计量，并编制财务报告；三是要求及时传递会计信息，即按照国家规定的有关时限，及时将编制的财务报告传递给财务报告使用者，便于其及时使用和决策。

在实务中，为了及时提供会计信息，可能需要在有关交易或者事项的信息全部获得之前即进行会计处理，这样就满足了会计信息的及时性要求，但可能会影响会计信息的可靠性；反之，如果企业等到与交易或者事项有关的全部信息获得之后再进行会计处理，这样的信息披露可能会由于时效性问题，对于投资者等财务报告使用者决策的有用性大大降低。这就需要在及时性和可靠性之间作相应的权衡，以最好地满足投资者等财务报告使用者的经济决策需要作为判断标准。

在大数据背景下，"业财一体"是发展趋势，在现代信息技术的助力下，会计信息收集、处理、提供将实现实时，极大地增强及时性，能够最大限度地满足财务报告使用者的多样化信息需求。

任务四 会计要素及其确认与计量原则

会计要素是根据交易或者事项的经济特征所确定的财务会计对象的基本分类。会计要素按照其性质分为资产、负债、所有者权益、收入、费用和利润。其中，资产、负债和所有者权益要素侧重于反映企业的财务状况；收入、费用和利润要素侧重于反映企业的经营成果。会计要素的界定和分类可以使财务会计系统更加科学、严密，为投资者等财务报告使用者提供更加有用的信息。

一、资产的定义及其确认条件

(一) 资产的定义

资产是指企业过去的交易或者事项形成的、由企业拥有或者控制的、预期会给企业带来经济利益的资源。根据资产的定义,资产具有以下特征:

1. 资产预期会给企业带来经济利益

资产预期会给企业带来经济利益,是指资产直接或者间接导致现金和现金等价物流入企业的潜力。这种潜力来自企业日常的生产经营活动,也可以是非日常活动;带来经济利益可以是现金或者现金等价物,也可以表现为能转化为现金或者现金等价物的形式,或者表现为可以减少现金或者现金等价物流出的形式。

预期能为企业带来经济利益是资产的重要特征。例如:企业采购的原材料、购置的固定资产等可以用于生产经营过程,制造商品或者提供劳务,对外出售后收回货款,货款即为企业所获得的经济利益。如果某一项目预期不能给企业带来经济利益,那么就不能将其确认为企业的资产。前期已经确认为资产的项目,如果不能再为企业带来经济利益,也不能确认为企业的资产。

> **案例分析**
>
> A公司在2022年年末盘点存货时,发现存货毁损价值100万元。企业以该存货管理责任不清为由,将毁损的存货计入"待处理财产损溢",并在资产负债表中作为流动资产予以反映。因为"待处理财产损溢"预期不能为企业带来经济利益,不符合资产的定义,所以不应再在资产负债表中确认为一项资产。

2. 资产应为企业拥有或者控制的资源

资产作为一项资源,应当由企业拥有或者控制,具体是指企业享有某项资源的所有权,或者虽然不享有某项资源的所有权,但该资源能被企业所控制。

企业享有资产的所有权,通常表明企业能够排他性地从资产中获取经济利益。通常,在判断资产是否存在时,所有权是考虑的首要因素。在有些情况下,资产虽然不为企业所拥有,即企业并不享有其所有权,但企业控制了这些资产,同样表明企业能够从资产中获取经济利益,符合会计上对资产的定义。例如:企业租入的固定资产,尽管企业并不拥有其所有权,但是,如果租赁合同规定的租赁期相当长,接近于该资产的使用寿命,企业控制了该资产的使用及其所能带来的经济利益的,就应当将其作为企业资产予以确认、计量和报告;如果企业既不拥有也不控制资产所能带来的经济利益,就不能将其作为企业的资产予以确认。

3. 资产是由企业过去的交易或者事项形成的

资产应当由企业过去的交易或者事项所形成,过去的交易或者事项包括购买、生产、建造行为或者其他交易或事项。换言之,只有过去的交易或者事项才能产生资产,企业预期在未来发生的交易或者事项不形成资产。例如:企业有购买某存货的意愿或者计划,但是购买行为尚未发生,就不符合资产的定义,不能因此而确认存货资产。

> **案例分析**

A公司与B施工单位签订了一项厂房建造合同,建造合同尚未履行,即建造行为尚未发生,因此不符合资产的定义,A公司不能因此确认在建工程或者固定资产。

(二)资产的确认条件

将一项资源确认为资产,需要符合资产的定义,还应同时满足以下两个条件:

1. 与该资源有关的经济利益很可能流入企业

能够带来经济利益是资产的本质特征,但在现实生活中,由于经济环境瞬息万变,与资源有关的经济利益能否流入企业或者能够流入多少实际上带有不确定性。因此,资产的确认还应与经济利益流入的不确定性程度的判断相结合。如果编制财务报表时所取得的证据表明,与该资源有关的经济利益很可能流入企业,那么就应当将其作为资产予以确认;反之,不能确认为资产。

2. 该资源的成本或者价值能够可靠地计量

财务会计系统是一个确认、计量和报告的系统,其中计量是核心环节,可计量性是所有会计要素确认的重要前提,资产的确认也是如此。只有当有关资源的成本或者价值能够可靠地计量时,资产才能予以确认。在实务中,企业取得的许多资产都是发生了实际成本的,如购买或者生产的存货、购置的厂房设备等,对于这些资产,只要实际发生的购买成本或者生产成本能够可靠地计量,就视为符合资产确认的可计量条件。在某些情况下,企业取得的资产没有发生实际成本或者发生的实际成本很小,如企业持有的某些衍生金融工具形成的资产,对于这些资产,尽管它们没有实际成本或者发生的实际成本很小,但是如果其公允价值能够可靠地计量的话,也被认为符合资产可计量性的确认条件。

二、负债的定义及其确认条件

(一)负债的定义

负债是指企业过去的交易或者事项形成的,预期会导致经济利益流出企业的现时义务。根据负债的定义,负债具有以下特征。

1. 负债是企业承担的现时义务

负债必须是企业承担的现时义务。所谓现时义务,是指企业在现行条件下已承担的义务。未来发生的交易或者事项形成的义务,不属于现时义务,不应当确认为负债。

这里的义务包括法定义务和推定义务。所谓法定义务,是指具有约束力的合同或者法律法规规定的义务,如企业购买材料形成的应付账款,企业向银行的借款,企业按照税法规定应当缴纳的税款等;所谓推定义务,是指根据企业多年来的习惯做法、公开的承诺或者公开宣布的政策而导致企业将承担的责任,这些责任也使有关各方形成了企业将履行义务解除责任的合理预期。例如:某企业多年来执行一项销售政策,对于售出商品提供一定期限内的售后保修服务,预期将为售出商品提供的保修服务就属于推定义务,应当将其确认为一项负债。

2. 负债预期会导致经济利益流出企业

预期会导致经济利益流出企业是负债的本质特征,只有企业在履行义务时会导致经济利益流出企业,才符合负债的定义;反之,如果不会导致经济利益流出企业,就不符合负债的定义。在履行现时义务清偿负债时,导致经济利益流出企业的形式多种多样,如用现金偿还或以实物资产形式偿还,以提供劳务形式偿还,以部分转移资产、部分提供劳务形式偿还,将负债转为资本等。

3. 负债是由企业过去的交易或者事项形成的

负债应当由企业过去的交易或者事项所形成。换句话说,只有过去的交易或者事项才形成负债,企业将在未来发生的承诺、签订的合同等交易或者事项,不形成负债。

案例分析

A公司向银行借款1 500万元,即属于过去的交易或者事项所形成的负债。该公司同时还与银行达成了2个月后借入2 000万元的借款意向书,该事项就不属于过去的交易或事项,不应确认为企业的负债。

(二) 负债的确认条件

将一项现时义务确认为负债,除需要符合负债的定义外,还应当同时满足以下两个条件。

1. 与该义务有关的经济利益很可能流出企业

预期会导致经济利益流出企业是负债的本质特征。在实务中,履行义务所需流出的经济利益带有不确定性,尤其是与推定义务相关的经济利益通常需要依赖于大量的估计。因此,负债的确认应当与经济利益流出的不确定性程度的判断相结合。如果有确凿证据表明,与现时义务有关的经济利益很可能流出企业,就应当将其作为负债予以确认;反之,如果企业承担了现时义务,但是导致经济利益流出企业的可能性已不复存在,就不符合负债的确认条件,不应将其作为负债予以确认。

2. 未来流出的经济利益的金额能够可靠地计量

负债的确认在考虑经济利益流出企业的同时,对于未来流出的经济利益的金额应当能够可靠地计量。对于与法定义务有关的经济利益流出金额,通常可以根据合同或者法律规定的金额予以确定,考虑到经济利益流出的金额通常在未来期间,有时未来期间较长,有关金额的计量需要考虑货币时间价值等因素的影响。对于推定义务有关的经济利益流出金额,企业应当根据履行相关义务所需支出的最佳估计数进行估计,并综合考虑货币时间价值、相关风险等因素的影响。

三、所有者权益的定义及其确认条件

(一) 所有者权益的定义

所有者权益是指企业资产扣除负债后,由所有者享有的剩余权益。公司的所有者权益又称为股东权益。所有者权益是所有者对企业资产的剩余索取权,它是企业资产中扣除债权人权益后应由所有者享有的部分,既反映了所有者投入资本的保值增值情况,又体现了保护债权人权益的理念。

(二) 所有者权益的来源及构成

所有者权益的来源包括所有者投入的资本、直接计入所有者权益的利得和损失、留存收益等,通常由实收资本(或股本)、资本公积(含资本溢价或股本溢价、其他资本公积)、其他综合收益、盈余公积和未分配利润构成。

所有者投入的资本是指所有者投入企业的资本部分,既包括构成企业注册资本或者股本部分的金额,也包括投入资本超过注册资本或者股本部分的金额,即资本溢价或者股本溢价。

直接计入所有者权益的利得和损失,是指不应计入当期损益、会导致所有者权益发生增减变动、与所有者投入资本或者向所有者分配利润无关的利得或者损失。其中,利得是指由企业非日常活动所形成的、会导致所有者权益增加的、与所有者投入资本无关的经济利益的流入,包括直接计入所有者权益的利得和直接计入当期利润的利得;损失是指由企业非日常活动所发生的、会导致所有者权益减少的、与向所有者分配利润无关的经济利益的流出,包括直接计入所有者权益的损失和直接计入当期利润的损失。直接计入所有者权益的利得和损失在财务报表中通过"其他综合收益"项目列报,如其他债权投资的公允价值变动额等。

留存收益是指企业历年实现的净利润留存于企业的部分,主要包括累计计提的盈余公积和未分配利润。

(三) 所有者权益的确认条件

所有者权益体现的是所有者在企业中的剩余权益,因此,所有者权益的确认主要依赖于其他会计要素,尤其是资产和负债的确认,所有者权益金额的确定也主要取决于资产和负债的计量。例如:企业接受投资者投入的资产,在该资产符合企业资产确认条件时,就相应地符合了所有者权益的确认条件;当该资产的价值能够可靠地计量时,所有者权益的金额也就可以确定。

四、收入的定义及其确认条件

(一) 收入的定义

收入是指企业在日常活动中形成的、会导致所有者权益增加的、与所有者投入资本无关的经济利益的总流入。其中,日常活动是指企业完成其经营目标所从事的经常性活动以及与之相关的活动。如工业企业制造并销售产品、商品流通企业销售商品、咨询公司提供咨询服务、软件公司为客户开发软件、安装公司提供安装服务、建筑企业提供建造服务等,均属于企业的日常活动。日常活动所形成的经济利益的流入应当确认为收入。

(二) 收入的确认条件

企业确认收入的方式应当反映其向客户转让商品(含服务,下同)的模式,收入的金额应当反映企业因转让这些商品而预期有权收取的对价金额。企业应当在履行了合同中的履约义务，即在客户取得相关商品控制权时确认收入。其中，取得相关商品控制权，是指能够主导该商品的使用并从中获得几乎全部的经济利益，包括有能力阻止其他方主导该商品的使用并从中获得经济利益。

五、费用的定义及其确认条件

（一）费用的定义

费用是指企业在日常活动中发生的、会导致所有者权益减少的、与向所有者分配利润无关的经济利益的总流出。其中，日常活动所产生的费用通常包括销售成本（营业成本）、职工薪酬、折旧费、无形资产摊销等。将费用界定为在日常活动所形成的，目的是将其与损失相区分，企业非日常活动所形成的经济利益的流出不能确认为费用，应当计入损失。

案例分析

A公司用银行存款400万元购买生产用原材料，该购买行为尽管使企业经济利益流出了400万元，但并不会导致企业所有者权益的减少，它使企业增加了另外一项资产（存货），在这种情况下，就不应当将该经济利益的流出确认为费用。

同样，如果A公司用银行存款400万元支付了产品广告费，则该项经济利益流出导致了所有者权益的减少，且是在日常活动中形成的，与向所有者分配利润无关，因此应作为费用予以确认。

（二）费用的确认条件

费用的确认除了应当符合定义外，还应当满足严格的条件，即费用只有在经济利益很可能流出从而导致企业资产减少或者负债增加、经济利益的流出额能够可靠地计量时才能予以确认。

六、利润的定义及其确认条件

（一）利润的定义

利润是指企业在一定会计期间的经营成果。通常情况下，如果企业实现了利润，表明企业的所有者权益将增加，业绩得到了提升；反之，如果企业发生了亏损，表明企业的所有者权益将减少，业绩下滑。利润往往是评价企业管理层业绩的一项重要指标，也是投资者等财务报告使用者进行决策的重要参考。

（二）利润的来源及构成

利润包括收入减去费用后的净额、直接计入当期利润的利得和损失等。其中，收入减去费用后的净额反映的是企业日常活动的经营业绩，直接计入当期利润的利得和损失反映的是企业非日常活动的业绩。收入减去费用后的净额即为营业利润,是企业利润的主体,其所占比例越高,利润的质量与稳定性越好。直接计入当期利润的利得和损失,是指应当计入当期损益、最终会引起所有者权益发生增减变动的、与所有者投入资本或者向所有者分配利润无关的利得和损失。企业应当严格区分收入和利得、费用和损失之间的区别,以更加全面地反映企业的经营业绩。

(三)利润的确认条件

利润反映的是收入减去费用、利得减去损失后的净额。因此,利润的确认主要依赖于收入和费用以及利得和损失的确认,其金额的确定也主要取决于收入、费用、利得和损失金额的计量。

任务五　会计要素计量属性及其应用原则

一、会计要素计量属性

会计计量是为了将符合确认条件的会计要素登记入账并列报于财务报表而确定其金额的过程。企业应当按照规定的会计计量属性进行计量,确定相关金额。计量属性是予以计量的某一要素的特性或外在表现形式,如桌子的长度、铁矿的重量、楼房的面积等。从会计角度看,计量属性反映的是会计要素金额的确定基础,是会计要素的数量特征,主要包括历史成本、重置成本、可变现净值、现值和公允价值等。

(一)历史成本

历史成本,又称为实际成本,就是取得或制造某项财产物资时所实际支付的现金或现金等价物。在历史成本计量下,资产按照购置时支付的现金或者现金等价物的金额,或者按照购置资产时所付出的对价的公允价值计量。负债按照因承担现时义务而实际收到的款项或者资产的金额,或者承担现时义务的合同金额,或者按照日常活动中为偿还负债预期需要支付的现金或者现金等价物的金额计量。

案例分析

外购材料一批,支付买价1 000元,采购费用200元,则该材料的实际采购成本为1 200元。这1 200元即为历史成本,该材料就按1 200元的历史成本入账。又如,向银行申请取得10万元的贷款,期限为3个月,这意味着3个月期满后要归还银行10万元,并支付3个月的利息,是此借款人所承担的现时义务。但借款人承担现时义务时实际收到的款项为10万元,这10万元即为该笔借款(负债)的历史成本,该笔借款应当按照10万元入账。

（二）重置成本

重置成本，又称为现行成本，是指按照当前市场条件，重新取得同样一项资产所需支付的现金或现金等价物的金额。在重置成本计量下，资产按照现在购买相同或者相似资产所需支付的现金或者现金等价物的金额计量。负债按照现在偿付该项债务所需支付的现金或者现金等价物的金额计量。在实务中，重置成本多应用于盘盈固定资产的计量。

案例分析

甲公司年末进行财产清查时盘盈某设备一台，因没有相关记录，无法确定该设备的历史成本，此时该设备就应当按照重置成本入账，即以现在购买与该设备相同或相似的设备所需支付的价款入账。如果该盘盈设备为旧设备，则需要考虑该设备的新旧程度（即成新率）。假定该盘盈设备有八成新，购买相同的新设备需要 10 000 元，则该设备的重置成本即为 8 000（＝10 000×80％）元。

（三）可变现净值

可变现净值，是指在正常生产经营过程中，以预计售价减去进一步加工成本和预计销售费用以及相关税费后的净值。在可变现净值计量下，资产按照其正常对外销售所能收到现金或者现金等价物的金额扣减该资产至完工时估计将要发生的成本、估计的销售费用以及相关税费后的金额计量。可变现净值通常应用于存货资产减值情况下的后续计量。

案例分析

ABC 公司库存甲材料一批，账面成本为 10 000 元，可生产 A 产品 10 件。生产部门和销售部门提供的材料表明，将该批甲材料生产成 10 件 A 产品将发生加工成本 2 000 元，将 10 件 A 产品全部出售将发生销售费用和相关税费 500 元，当前 A 产品的市场售价为 1 150 元／件，则

该批甲材料的可变现净值＝1 150×10－2 000－500＝9 000（元）

由于可变现净值低于账面成本，因此企业库存甲材料发生了减值，实际发生减值损失 1 000 元。

（四）现值

现值是指对未来现金流量以恰当的折现率进行折现后的价值，是考虑货币时间价值的一种计量属性。现值反映的是未来现金流量相当于现在的金额。

由于货币可用于投资，通过投资可产生增值，因此处于使用中的货币会随着时间的推移而产生增值，这种增值即为货币时间价值。例如：在年初将 100 元投资于收益率为 10％ 的项目，至年底，这 100 元的投资就会增值到 110 元；再将 110 元投资于该项目，至第 2 年底，该笔投资又会增值到 121 元，以此类推。所以通常以复利计算货币时间价值。所谓复利，即"利滚利"，也就是不仅本金要计算利息，而且已经取得的利息也要计算利息。在本例中，年初的 100 元既为第 1 年年末的 110 元的现值，又为第 2 年年末的 121 元的现值。如果我们知道 1 年后能取得现金 110 元，且知道投资收益率为 10％，则

现值＝110÷(1＋10％)＝100(元)

如果知道2年后能取得现金121元,投资收益率仍为10％,则

现值＝121÷(1＋10％)²＝100(元)

这种计算现值的过程称为折现,用于计算现值的利率即为折现率,1年后的110元和2年后的121元即为未来现金流量。

在现值计量下,资产按照预计从其持续使用和最终处置中所产生的未来净现金流入量的折现金额计量。负债按照预计期限内需要偿还的未来净现金流出量的折现金额计量。现值通常用于非流动资产可收回金额的确定。例如:在确定固定资产、无形资产等可收回金额时,通常需要计算资产预计未来现金流量的现值。

案例分析

ABC公司持有一项投资,期限为3年,预计未来3年的收益额分别为10 000元、12 000元、15 000元,到期可收回本金100 000元,现行的市场利率为8％,请计算该项投资的现值。

第一步,确定该项投资的未来现金流量。

第1年的现金流量＝10 000(元)

第2年的现金流量＝12 000(元)

第3年的现金流量＝15 000＋100 000＝115 000(元)

第二步,计算该项投资的现值。

现值＝10 000÷(1＋8％)＋12 000÷(1＋8％)²＋115 000÷(1＋8％)³
　　＝110 838.03(元)

(五)公允价值

公允价值是指市场参与者在计量日发生的有序交易中,出售一项资产所能收到或者转移一项负债所需支付的价格。其中,有序交易是指在计量日前一段时期内相关资产或负债具有惯常市场活动的交易。清算等被迫交易不属于有序交易。公允价值主要应用于投资性房地产、金融资产、金融负债等在公开市场中有报价且公允价值能够可靠地计量的资产和负债的计量。

但并非所有资产和负债均存在公开市场报价,多数资产和负债需要采用估值技术来确定其公允价值,因而存在较大的职业判断空间,计量过程会受到更多主观因素的干扰。尤其是我国尚属新兴的市场经济国家,如果不加限制地引入公允价值,有可能出现公允价值计量不可靠,甚至借机操纵利润的现象。因此,我国引入公允价值是适度、谨慎和有条件的,只有存在活跃市场、公允价值能够取得并在可靠地计量的情况下,才能采用公允价值计量。

案例分析

企业按照5元/股的市价从公开市场上购入A公司股票10 000股,并将其分类为交易性金融资产,则该金融资产就应当以公允价值计量,入账金额应为50 000(＝5×10 000)元。假定资产负债表日(即12月31日)企业仍持有该公司股票,且该股票的市价上涨至6元/股,则该金融资产应当以公允价值60 000元计量,持有收益10 000元计入当期损益。

二、计量属性的应用原则

在各种会计要素计量属性中,历史成本通常反映的是资产或者负债过去的价值,而重置成本、可变现净值、现值以及公允价值通常反映的是资产或者负债的现时成本或者现时价值,是与历史成本相对应的计量属性。

企业在对会计要素进行计量时,一般应当采用历史成本。采用重置成本、可变现净值、现值、公允价值计量的,应当保证所确定的会计要素金额能够取得并可靠地计量。

项目小结

本项目的主要内容结构如表1-1所示。

表1-1 项目一"财务会计概述"的内容结构表

财务会计的性质	财务会计的含义	企业会计的分类
	财务会计的特征	财务会计是对外报告会计
		财务会计以会计准则为依据
	企业会计准则体系	企业会计准则的定义
		企业会计准则体系的构成
财务报告目标、会计基本假设和会计基础	财务报告的目标	提供经济决策有用信息
		反映企业管理层受托责任履行情况
	会计基本假设	会计主体
		持续经营
		会计分期
		货币计量
	会计基础	权责发生制
会计信息质量要求	首要质量要求	可靠性
		相关性
		可理解性
		可比性
	次级质量要求	实质重于形式
		重要性
		谨慎性
		及时性
会计要素及其确认与计量原则	资产的定义及其确认条件	资产的定义
		资产的确认条件
	负债的定义及其确认条件	负债的定义
		负债的确认条件
	所有者权益的定义及其确认条件	所有者权益的定义
		所有者权益的来源及构成
		所有者权益的确认条件
	收入的定义及其确认条件	收入的定义

续表

		收入的确认条件
	费用的定义及其确认条件	费用的定义
		费用的确认条件
	利润的定义及其确认条件	利润的定义
		利润的来源及构成
		利润的确认条件
会计要素计量属性及其应用原则	会计要素计量属性	历史成本
		重置成本
		可变现净值
		现值
		公允价值
	计量属性的应用原则	一般应当采用历史成本

思考与练习

一、思考题
1. 何谓会计准则？我国企业会计准则体由哪几部分构成？它们之间存在怎样的联系？
2. 财务报告目标是什么？为何如此定位？
3. 会计信息质量要求有哪些？怎样的会计实务才能满足这些要求？
4. 各会计要素如何定义？它们的确认条件分别包括哪些？为何要设定这些条件？
5. 会计要素计量属性有哪些？会计实务中应如何选用？

二、单项选择题
1. 企业财务报告的目标应当是(　　)。
　A. 会计核算　　　　　　　　B. 参与经营管理决策
　C. 提供经济决策有用信息　　D. 加强宏观监管
2. 确立会计核算空间范围所依据的会计基本假设是(　　)。
　A. 会计主体　　B. 持续经营　　C. 会计分期　　D. 货币计量
3. 在可预见的未来,会计主体不会破产清算,所持有的资产将正常营运,所负有的债务将正常偿还,这体现的是(　　)。
　A. 货币计量　　B. 会计分期　　C. 持续经营　　D. 会计主体
4. 下列各项中,不属于企业会计基本假设的是(　　)。
　A. 货币计量　　B. 会计主体　　C. 实质生于形式　　D. 持续经营
5. 下列各项中,企业确认盘盈固定资产初始入账价值所采用的会计计量属性是(　　)。
　A. 可变现净值　　B. 重置成本　　C. 现值　　D. 公允价值
6. "在不同会计期间发生的相同的或相似的交易或事项,应当采用一致的会计政策,不得随意变更"。下列各项中,对这一会计信息质量要求表达正确的是(　　)。
　A. 谨慎性　　B. 重要性　　C. 可比性　　D. 可理解性

7. 下列各项中,体现谨慎性会计信息质量要求的是(　　)。

A. 不同时期发生的相同交易,应采用一致的会计政策,不得随意变更

B. 提供的会计信息应当清晰明了,便于理解和使用

C. 对已售商品的保修义务确认预计负债

D. 及时将编制的财务报告传递给使用者

8. 企业把很可能承担的环境责任确认为预计负债,体现的会计信息质量要求是(　　)。

A. 谨慎性　　　B. 可比性　　　C. 重要性　　　D. 相关性

9. 下列各项中,不属于资产基本特征的是(　　)。

A. 由过去的交易或者事项形成的　　　B. 企业拥有或者控制的

C. 未来能够为企业带来经济利益　　　D. 企业将来要清偿的义务

10. 资产和负债按照在公平交易中,熟悉情况的交易双方自愿进行资产交换或者债务清偿的金额计量,其会计计量属性是(　　)。

A. 历史成本　　　B. 现值　　　C. 公允价值　　　D. 可变现净值

三、业务题

1. 甲公司持有乙公司新发行的3年期债券1 000份,每份面值为100元,票面利率10%,购买时的实际利率为8%。

要求:

(1) 分析该债券的未来现金流量。

(2) 计算该债券未来现金流量的现值。

2. A公司持有B公司公开发行的普通股股票10万股,总成本50万元,2022年12月31日该股票收盘价为5.50元/股。

要求:

(1) 该批股票的历史成本是多少?

(2) 计算2022年12月31日该批股票的公允价值。

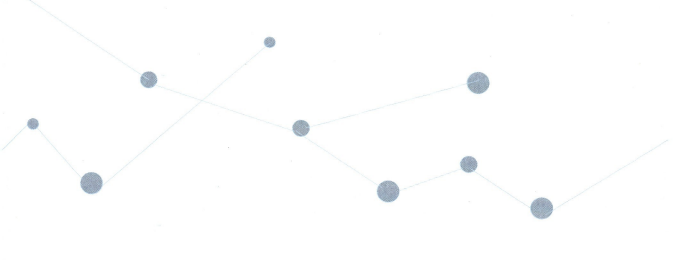

项目二

货币资金

项目目标

了解货币资金的组成,明确库存现金、银行存款的管理制度,掌握库存现金、银行存款、其他货币资金的核算,熟练掌握银行存款的核对以及银行存款余额调节表的编制。

任务一　库存现金的核算

货币资金是指企业生产经营过程中处于货币形态的资产,是企业资产的重要组成部分。任何企业要进行生产经营活动都必须拥有货币资金,持有货币资金是进行生产经营活动的基本条件。货币资金按存放地点和用途的不同,可分为库存现金、银行存款和其他货币资金。

一、库存现金的管理

库存现金是指存放于企业财会部门、由出纳人员保管、用于日常零星开支的货币。库存现金是企业流动性最强的资产,企业应当严格遵守国家有关现金管理制度,正确地进行现金收支的核算,监督现金使用的合法性和合理性。

(一) 库存现金的使用范围

企业可用现金支付的款项有:
(1) 职工工资、津贴。
(2) 个人劳务报酬。
(3) 根据国家规定颁发给个人的科学技术、文化艺术、体育等各种奖金。
(4) 各种劳保、福利费用以及国家规定的对个人的其他支出。
(5) 向个人收购农副产品和其他物资的价款。
(6) 出差人员必须随身携带的差旅费。
(7) 银行结算起点(1 000元)以下的零星支出。
(8) 中国人民银行确定需要支付现金的其他支出。
除上述情况可以用库存现金支付外,其他款项的支付一律应通过银行转账结算。

(二) 库存现金的限额管理

库存现金的限额是指为了保证单位日常零星开支的需要,允许单位留存现金的最高数额。这一限额由开户银行根据单位的实际需要核定,一般按照单位3—5天日常零星开支的需要量确定。边远地区和交通不便地区开户单位的库存现金限额,可按多于5天但不得超过15天的日常零星开支的需要量确定。经核定后的库存现金限额,开户单位必须严格遵守,超过部分应于当日营业终了前存入银行。需要增加或减少库存现金限额的单位,应向开户银行提出申请,由开户银行核定。

(三) 库存现金的收支管理

企业应当严格遵守下列现金收支的规定:

(1) 现金收付必须有凭据。企业收到现金时,要有现金收入的原始凭证,以保证现金收入的来源合法;企业支付现金时,要按规定的授权程序进行,也要有确凿的原始凭证,以保证支付的有效性。对于涉及现金收付交易的经济业务,要根据原始凭证编制记账凭证,并要在有关原始凭证上盖上"现金收讫""现金付讫"印章。

(2) 现金收付必须当面点清,防止发生差错。

(3) 企业在经营活动中发生的现金收入应于当日送存开户银行,当日送存确实有困难的,由开户银行确定送存时间。

(4) 企业支付现金,可以从本单位库存现金限额中支付或从开户银行提取,不得从本单位的现金收入中直接支付,即不得"坐支"现金。因特殊情况需要坐支现金的单位,应当事先报经开户银行审查批准,由开户银行核定范围和限额。坐支单位应定期向开户银行报送坐支金额和使用情况。

(5) 企业从开户银行提取现金时,应如实写明提取现金的用途,由本单位财会部门负责人签字盖章,并经开户银行审查批准后予以支付。

(6) 因采购地点不确定、交通不便、生产或市场急需、抢险救灾以及其他特殊情况必须使用现金的,企业应向开户银行提出书面申请,由本单位财会部门负责人签字盖章,并经开户银行审查批准后予以支付。

(7) 不准用不符合财务制度的凭证顶替库存现金,即不得"白条顶库";不准谎报用途套取现金;不准用银行账户代其他单位和个人存入或支取现金;不准用单位收入的现金以个人名义存入银行,不准保留账外公款,即不得"公款私存",不得设置"小金库"等。

(四) 库存现金的内部控制

为了确保现金的安全,管好用好库存现金,单位应当坚持钱账分管的内部控制制度,严防现金收支差错及偷盗、贪污、挪用等行为发生。企业库存现金的收支与保管应由出纳人员负责,非出纳人员不得经管现金收付业务和现金保管业务;经管现金的出纳人员不得兼管稽核、会计档案和收入、费用、债权、债务账目的登记工作;填写银行结算凭证的有关印鉴,不能集中由出纳人员保管,应实行印鉴分管制度。简单地说,就是不能由一个人自始至终地操纵和处理一笔业务的全过程。通过钱账分管,可以使会计人员互相牵制、互相监督,从而加强现金收付存业务的管理。

二、库存现金的分类核算

(一) 库存现金总分类核算

为了总括地反映企业库存现金的收入、支出和结存情况,企业应设置"库存现金"科目。该科目的借方登记库存现金的增加,贷方登记库存现金的减少,期末余额在借方,反映企业实际持有的库存现金的金额。企业内部各部门周转使用的备用金,可以单独设置"备用金"科目核算,不在本科目核算。

1. 库存现金收入的核算

库存现金收入的内容主要有:从银行提取现金,职工出差报销时交回的剩余借款,收取银行结算起点以下的零星收入款,收取职工个人的款项,无法查明原因的现金溢余等。收取现金时,借记"库存现金"科目,贷记"银行存款""主营业务收入"等有关科目。

【业务2-1】A公司签发现金支票,从银行提取现金6 000元备用。企业以现金支票的存根作为原始凭证,账务处理应为:

借:库存现金　　　　　　　　　　　　6 000
　　贷:银行存款　　　　　　　　　　　　　6 000

【业务2-2】A公司管理部门职工王军出差借款9 000元,出差归来报销8 700元,余款300元交回财务部门。企业以差旅费报销单作为原始凭证,账务处理应为:

借:管理费用——差旅费　　　　　　　8 700
　　库存现金　　　　　　　　　　　　　300
　　贷:其他应收款——王军　　　　　　　　9 000

2. 库存现金支出的核算

企业应当严格按照国家有关现金管理制度的规定,在允许的范围内,办理库存现金支出业务。企业按照现金开支范围的规定支付现金时,借记"应付职工薪酬""管理费用""其他应收款"等有关科目,贷记"库存现金"科目。

【业务2-3】A公司职工李明出差预借差旅费8 000元,以现金支付。企业以借款单作为原始凭证,账务处理应为:

借:其他应收款——李明　　　　　　　8 000
　　贷:库存现金　　　　　　　　　　　　　8 000

【业务2-4】A公司用现金购买办公用品700元。企业以增值税普通发票作为原始凭证,账务处理应为:

借:管理费用——办公费　　　　　　　700
　　贷:库存现金　　　　　　　　　　　　　700

(二) 库存现金明细分类核算

为了及时、详细地反映库存现金收支动态和结存情况,企业应设置"库存现金日记账"。库存现金日记账是反映和监督现金收支结存的序时账,必须采用订本式账簿。库存现金日记账由出纳人员根据审核无误的收付款凭证及所附原始凭证,按照现金收付业务发生的先后顺序逐日逐笔登记。每日营业终了应在"库存现金日记账"上计算出当日现金收入合计、现金支出合计及现金结余数,并将账面结余数与实际库存现金数进行核对,保证账款相符。如果发现账款不符,应及时查明原因,并进行处理。

库存现金日记账一般采用设有"对方科目"栏的三栏式格式,如表2-1所示。

月份终了,库存现金日记账的余额与库存现金总账的余额应进行核对,做到账账相符。

表2-1 库存现金日记账

年		凭证号数	对方科目	摘要	√	收入(借方)金额										付出(贷方)金额										结存金额									
月	日					千	百	十	万	千	百	十	元	角	分	千	百	十	万	千	百	十	元	角	分	千	百	十	万	千	百	十	元	角	分

三、库存现金的清查

库存现金清查是指对库存现金的盘点与核对,包括出纳人员每日营业终了前进行的库存现金账款核对和清查小组进行的定期或不定期的库存现金盘点、核对。为了保证库存现金的安全完整,企业应当按规定对库存现金进行定期或不定期的清查,一般采用实地盘点法。

对于库存现金清查的结果,应编制"现金盘点报告单",注明库存现金溢缺的金额,并由出纳人员和盘点人员签字盖章。如果有挪用库存现金、白条顶库等情况,应及时予以纠正;对于超限额留存的库存现金要及时送存银行。如果账款不符,发现有待查明原因的库存现金短缺或溢余,应先通过"待处理财产损溢"科目核算。清查发现库存现金短缺时,应按实际短缺金额,借记"待处理财产损溢——待处理流动资产损溢"科目,贷记"库存现金"科目。发现库存现金溢余时,按实际溢余的金额,借记"库存现金"科目,贷记"待处理财产损溢——待处理流动资产损溢"科目。待查明原因后,应按管理权限报经批准后,分不同情况进行处理:

(1)如为库存现金短缺,属于应由责任人赔偿或保险公司赔偿的部分,记入"其他应收款"科目;属于无法查明的其他原因,记入"管理费用"科目。

(2)如为库存现金溢余,属于应支付给有关人员或单位的,记入"其他应付款"科目;属于无法查明原因的现金溢余,记入"营业外收入"科目。

库存现金清查的账务处理如表2-2所示。

表2-2 库存现金清查账务处理

序号	业务内容			账务处理
1	现金溢余	处理前		借:库存现金 　　贷:待处理财产损溢
		处理时	应支付给有关单位或个人	借:待处理财产损溢 　　贷:其他应付款

续表

序号	业务内容		账务处理
		无法查明原因	借:待处理财产损溢 　贷:营业外收入
2	现金短缺	处理前	借:待处理财产损溢 　贷:库存现金
		处理时 应由责任人或保险公司赔偿	借:其他应收款 　贷:待处理财产损溢
		无法查明原因	借:管理费用 　贷:待处理财产损溢

【业务2-5】A公司在现金清查中发现库存现金短缺380元。经过调查,对库存现金短缺,出纳员张方负有一定责任。经单位领导批准,出纳员赔偿300元,其余作为管理费用。企业以现金盘点溢余短缺报告单作为原始凭证,账务处理应为:

(1) 盘点短缺时:

借:待处理财产损溢——待处理流动资产损溢　　380
　　贷:库存现金　　　　　　　　　　　　　　380

(2) 报批处理时:

借:其他应收款——张方　　　　　　　　　　300
　　管理费用——其他　　　　　　　　　　　 80
　　贷:待处理财产损溢——待处理流动资产损溢　380

【业务2-6】A公司在现金清查中发现现金溢余200元。经反复核查,未查明长款原因。经主管领导批准,同意转作营业外收入。企业以现金盘点溢余短缺报告单作为原始凭证,账务处理应为:

(1) 盘点溢余时:

借:库存现金　　　　　　　　　　　　　　　200
　　贷:待处理财产损溢——待处理流动资产损溢　200

(2) 报批处理时:

借:待处理财产损溢——待处理流动资产损溢　　200
　　贷:营业外收入——盘盈利得　　　　　　　200

任务二　银行存款的核算

一、银行存款及其管理

银行存款是指企业存入银行或其他金融机构的各种款项。国家为了加强对已进入流通中的货币量的宏观调控,规定各单位收入的现金都必须及时送存开户银行。各单位的经济往来,除规定结算金额起点以下的零星开支外,都必须通过银行办理转账结算。

（一）银行结算账户的种类

企业应当根据业务需要，按照规定在其所在地银行开设账户，运用所开设的账户，进行存款、取款以及各种收支转账业务的结算。《人民币银行结算账户管理办法》将单位银行结算账户分为四类：基本存款账户、一般存款账户、专用存款账户和临时存款账户。

基本存款账户是指存款人因办理日常转账结算和现金收付需要开立的银行结算账户。该账户是存款人的主要账户，存款人只能在一家银行开立一个基本存款账户，存款人日常经营活动的资金收付以及工资、奖金和现金的支取，均应通过该账户办理。

一般存款账户是指存款人在基本存款账户开户银行以外的银行营业机构开立的银行结算账户。该账户可以办理存款人借款转存、借款归还和其他结算的资金收付，以及现金缴存，但不得办理现金支取。

专用存款账户是指存款人按照法律、法规和规章，对其特定用途资金进行专项管理和使用而开立的银行结算账户。这类特定用途资金包括：基本建设资金，社会保障基金，财政预算外资金，粮、棉、油收购资金，证券交易结算资金等。

临时存款账户是指存款人因临时需要而开立的银行结算账户，如设立临时机构、异地临时经营活动、注册验资等。

（二）银行结算管理制度

为了加强对银行结算账户的管理，存款人开立基本存款账户、专用存款账户和临时存款账户实行核准制度，经中国人民银行核准后由开户银行核发开户登记证，但存款人因注册验资需要开立的临时存款账户除外。

银行存款的收付应严格执行银行结算制度的规定。通过银行办理结算，企业与银行都应当遵守国家有关法律、行政法规和部门规章，不得损害社会公共利益，必须遵守恪守信用、履约付款，谁的钱进谁的账、由谁支配，银行不垫款等原则。银行结算账户的开立和使用应当遵守法律和行政法规，不得利用银行结算账户进行偷逃税款、逃避债务、套取资金及其他违法犯罪活动，不得出租、出借银行结算账户，不得利用银行结算账户套取银行信用，不得将单位款项转入个人银行结算账户，不得签发没有资金保障的票据或远期支票。企业除了按规定留存的库存现金以外，所有货币资金都必须存入银行；企业的一切收付款项，除制度规定可用现金支付的部分以外，都必须通过银行办理转账结算。

二、银行转账结算方式

银行存款的收付应严格执行银行结算制度的规定。由中国人民银行发布并于1997年12月1日起实行的《支付结算办法》，是银行结算制度的主要依据。

结算业务是指企业因为商品购销、提供劳务或其他资金收付等业务而产生的货币资金收付行为。结算方式主要有现金结算和转账结算两种方式。银行转账结算是指不动用现金，而是由银行从付款单位的存款账户划转到收款单位的存款账户的货币清算行为。企业在办理支付结算业务时，必须根据不同的款项收支，考虑结算金额的大小、结算距离的远近、利息支出和对方信用等因素，进行综合分析，选择适当的结算方式，以缩短结算时间，减少结算资金的占用,加速资金周转。

目前企业可以采用的转账结算方式主要包括:银行汇票、银行本票、商业汇票、支票、汇兑、托收承付、委托收款、银行卡、网上支付等。

(一) 银行汇票

银行汇票是指出票银行签发的,由其在见票时按照实际结算金额无条件支付给收款人或者持票人的票据。银行汇票的出票银行为银行汇票的付款人。银行汇票具有使用灵活、票随人到、兑现性强等特点,它适用于先收款后发货或钱货两清的商品交易,企业与异地单位和个人的各种款项的结算,均可使用银行汇票。银行汇票可以用于转账,填写"现金"字样的银行汇票也可以用于支取现金,但申请人或收款人为单位的,不得在银行汇票申请书上填写"现金"字样,即现金银行汇票的申请人与收款人必须均为个人。

汇款单位(即申请人)使用银行汇票,应向出票银行填写银行汇票申请书,填明收款人名称、汇票金额、申请人名称、申请日期等事项并签章,签章为其预留银行的签章。出票银行受理银行汇票申请书,收妥款项后签发银行汇票,并用压数机压印出票金额,将银行汇票和解讫通知一并交给申请人。申请人应将银行汇票和解讫通知一并交付给汇票上记明的收款人。

收款人受理申请人交付的银行汇票时,应在出票金额以内,根据实际需要的款项办理结算,并将实际结算的金额和多余金额准确、清晰地填入银行汇票和解讫通知的有关栏内,到银行办理款项入账手续。

收款人可以将银行汇票背书转让给被背书人。银行汇票的背书转让以不超过出票金额的实际结算金额为准。未填写实际结算金额或实际结算金额超过出票金额的银行汇票,不得背书转让。

银行汇票的提示付款期限为自出票日起1个月,持票人超过付款期限提示付款的,银行将不予受理。持票人向银行提示付款时,必须同时提交银行汇票和解讫通知,缺少任何一联,银行不予受理。如果银行汇票丧失,失票人可以凭人民法院出具的其享有票据权利的证明,向出票银行请求付款或退款。

案例分析

2023年3月6日,甲公司向乙公司购买了一批货物,双方同意采用银行汇票支付货款。在乙公司发货之前,甲公司仅交付给乙公司银行汇票的第二联,乙公司财务人员凭汇票第二联向本公司的开户银行A银行提示付款。请分析A银行能否受理该汇票。

解析:不能受理。银行汇票持票人向银行提示付款时,必须同时提交银行汇票(第二联)和解讫通知(第三联),否则银行不予受理。在实务中,部分汇票申请人并不是同时将银行汇票(第二联)和解讫通知(第三联)交付收款人,而是先给银行汇票(第二联),待收到货物后再给解讫通知(第三联),从而影响收款人正常的提示付款。本例中,乙公司应向甲公司索要解讫通知(第三联),并持银行汇票(第二联)和解讫通知(第三联)向本公司开户银行A银行提示付款。若只有银行汇票(第二联),则付款银行不予受理。

（二）银行本票

银行本票是指银行签发的,承诺自己在见票时无条件支付确定的金额给收款人或持票人的票据。银行本票由银行签发并保证承兑,而且见票即付,具有信誉高、支付功能强等特点。单位和个人在同一票据交换区域需要支付的各种款项,均可使用银行本票。

银行本票可以用于转账,注明"现金"字样的银行本票可以用于支取现金。银行本票分为定额本票和不定额本票两种,定额本票面额为1 000元、5 000元、10 000元和50 000元。

申请人使用银行本票,应向银行填写银行本票申请书。申请人或收款人为单位的,不得申请签发现金银行本票。出票银行受理银行本票申请书,收妥款项后签发银行本票,在本票上签章后交给申请人。申请人应将银行本票交付给本票记明的收款人。收款人可以将银行本票背书转让给被背书人。

银行本票的提示付款期限自出票日起最长不超过2个月。在有效付款期内,银行见票付款。持票人超过付款期限提示付款的,银行不予受理。申请人因银行本票超过提示付款期限或其他原因要求退款时,应将银行本票提交出票银行并出具单位证明。出票银行对于在本行开立存款账户的申请人,只能将款项转入原申请人账户;对于现金银行本票和未到本行开立存款账户的申请人,才能退付现金。银行本票丧失,失票人可以凭人民法院出具的其享有票据权利的证明,向出票银行请求付款或退款。

（三）商业汇票

商业汇票是指出票人签发的,委托付款人在指定日期无条件支付确定的金额给收款人或持票人的票据。在银行开立存款账户的法人以及其他组织之间,只有具有真实的交易关系或债权债务关系,才能使用商业汇票。

商业汇票的出票人是交易中的收款人或付款人。签发商业汇票必须以合法的商品交易为基础,禁止签发无商品交易的商业汇票。商业汇票一律记名,允许背书转让。商业汇票须经承兑人承兑。承兑是汇票的付款人承诺在汇票到期日支付汇票金额的票据行为。商业汇票承兑后,承兑人即付款人负有到期无条件付款的责任。根据承兑人的不同,商业汇票分为商业承兑汇票和银行承兑汇票。

商业承兑汇票是指由付款人或收款人签发的,交由付款人承兑的汇票。商业承兑汇票的付款人收到开户银行的付款通知,应在当日通知银行付款。付款人在接到通知日的次日起3日内(遇法定节假日顺延)未通知银行付款的,视同付款人承诺付款,银行将于付款人接到通知日的次日起第4日(遇法定节假日顺延)上午开始营业时,将票款划转给持票人。付款人提前收到由其承兑的商业汇票,应通知银行于汇票到期日付款。银行在办理划转款项时,付款人存款不足支付的,银行应填制付款人未付票款通知书,连同商业承兑汇票邮寄持票人开户银行转交持票人。

银行承兑汇票是指由在承兑银行开立存款账户的存款人(出票人)签发,由承兑银行承兑的票据。承兑银行办理汇票时按票面金额的万分之五收取手续费。银行承兑汇票的出票人应于汇票到期前将票款足额交存其开户银行,承兑银行应在汇票到期日或到期日后的见票当日支付票款。银行承兑汇票的出票人于汇票到期日未能足额交存票款时,承兑银行除凭票向持票人无条件付款外,对出票人尚未支付的汇票金额按照每天万分之五计收罚息。

商业汇票的付款期限由收付款双方商定,但最长不得超过6个月。商业汇票的提示付款期限自汇票到期日起10日内。符合条件的商业汇票的持票人,可以持未到期的商业汇票连同贴现凭证向银行申请贴现。

> **案例分析**

2023年5月27日,某建筑公司接受了本市某水泥厂转让的一张银行承兑汇票,金额为2万元。该建筑公司因与自然人陈某有债权债务关系,遂将该汇票转让给了陈某。陈某因家庭装修欠某装饰公司装修费2万元,由此又将该汇票转让给了装饰公司。请分析该装饰公司能否接受该汇票。

解析:不能接受。银行承兑汇票是商业汇票的一种,而商业汇票的使用主体,目前在我国仅限于在银行开立存款账户的法人以及其他组织,自然人不能使用商业汇票。本例中,陈某作为自然人接受并转让了银行承兑汇票,不符合关于商业汇票使用主体的规定,因此装饰公司不宜接受该银行承兑汇票,否则汇票到期提示付款时银行将不予受理。该装饰公司可以要求陈某采用其他支付方式进行债务结算。

(四) 支票

支票是出票人签发的,委托办理支票存款业务的银行在见票时无条件支付确定的金额给收款人或者持票人的票据。支票结算方式是同城结算中应用比较广泛的一种结算方式,单位和个人在同一票据交换区域的各种款项结算,均可以使用支票。

我国《支付结算办法》按照支付票款方式,将支票分为现金支票、转账支票和普通支票三种。支票上印有"现金"字样的为现金支票,现金支票只能用于支取现金。支票上印有"转账"字样的为转账支票,转账支票只能用于转账。支票上未印有"现金"或"转账"字样的为普通支票,普通支票既可以用于支取现金,也可以用于转账。在普通支票左上角印有两条平行线的支票称为划线支票,划线支票只能用于转账,不得支取现金。

支票一律记名。中国人民银行总行批准的地区转账支票可以背书转让。支票的提示付款期限自出票日起10日内,但中国人民银行另有规定的除外。超过提示付款期限提示付款的,持票人开户银行不予受理,付款人不予付款。签发支票时应使用墨汁或碳素墨水填写。未按规定填写的支票,被涂改冒领的,由签发人负责。支票的大小写金额和收款人不得更改,必须由签发人加盖预留银行印鉴的证明。作废的支票应与存根妥善保管,不得随意撕毁丢弃。已签发的现金支票遗失的,可以向银行挂失。挂失前已经支付的,银行不予受理。已签发的转账支票遗失的,银行不受理挂失。

支票的出票人签发支票的金额不得超过付款时在付款人处实有的存款金额,禁止签发空头支票,出票人不得签发与其预留银行签章不符的支票;使用支付密码的,出票人不得签发支付密码错误的支票。出票人签发空头支票、签章与预留银行签章不符的支票、使用支付密码地区而支付密码错误的支票,银行应予以退票,并按票面金额处以5%但不低于1000元的罚款;持票人有权要求出票人赔偿支票金额2‰的赔偿金。

（五）汇兑

汇兑是指汇款人委托银行将其款项支付给收款人的结算方式。企业与异地单位和个人各种款项的结算，均可使用汇兑结算方式。

汇兑分为信汇、电汇两种。信汇是指汇款人委托银行将付款凭证通过邮寄方式转达对方银行，并将款项划转给收款人的结算方式；电汇是指汇款人委托银行将付款凭证通过电子汇划系统通知对方银行，并将款项划转给收款人的结算方式。这两种汇兑方式，由汇款人根据需要选择使用。

汇入银行对开立存款账户的收款人，应将汇给收款人的款项直接转入收款人的账户，并向其发出收账通知。未在银行开立存款账户的收款人，凭信汇、电汇的取款通知，向汇入银行支取款项，取款时必须交验本人的身份证件，在信汇、电汇凭证上注明证件名称、号码及发证机关，并在"收款人签盖章"处签章；信汇凭签章支取的，收款人的签章必须与预留信汇凭证上的签章相符。

汇款人和收款人均为个人，需要在汇入银行支取现金的，应在信汇、电汇凭证的"汇款金额"大写栏，先填写"现金"字样，后填写汇款金额。支取现金的信汇、电汇凭证上必须有按规定填写的"现金"字样才能办理。未填写"现金"字样，需要支取现金的，由汇入银行按国家现金管理规定审查支付。

汇入银行对于向收款人发出取款通知，经过2个月无法交付的汇款，应主动办理退汇。

案例分析

2023年6月10日，安徽省合肥市甲公司财务人员持现金150万元和三份加盖了甲公司财务印鉴的电汇凭证到其开户银行A银行办理汇款业务。三份电汇凭证的付款人均为甲公司，付款人账号栏为空；汇入行分别为上海市B银行、C银行和D银行，收款人分别为上海市乙公司、丙公司和丁公司；大写金额栏均为"现金伍拾万元正"。A银行前台业务人员认真审查了电汇凭证，认为甲公司的财务人员应先在其银行结算账户缴存现金后才能办理电汇业务，并要求其重新签发电汇凭证，提醒其注意电汇凭证上应填写账号，大写金额栏不要填写"现金"字样。请分析A银行工作人员的做法是否正确。

解析：A银行工作人员的做法是正确的。根据《支付结算办法》的规定，汇款人和收款人均为个人，需要在汇入银行支取现金的，应在信汇、电汇凭证的"汇款金额"大写栏，先填写"现金"字样，后填写汇款金额。本例中，汇款人和收款人均为企业，它们之间的资金汇划应通过转账结算，因此汇款人甲公司的汇出款项应通过其银行结算账户支付，而不应该采取交付现金的方式。

（六）托收承付

托收承付是指根据购销合同由收款人发货后委托银行向异地付款人收取款项，由付款人向银行承认付款的结算方式。根据《支付结算办法》的规定，使用托收承付结算方式的收款单位必须是国有企业、供销合作社以及经营管理较好并经开户行审查同意的城乡集体所有制工业企业。办理托收承付结算的款项，必须是商品交易以及因商品交易而产生的劳务供应的款项。代销、寄销、赊销商品的款项,不得办理托收承付结算。收款人办理托收,必须具有商品确已发运的证件(包括铁路、航运、公路等运输部门签发的运单、运单副本和邮局包裹回执)及其他有效证件。

托收承付结算款项的划回方法,分邮寄和电报两种,由收款人选择使用。收款人按照签订的购销合同发货后,委托银行办理托收。收款人应将托收凭证并附发运证件或其他符合托收承付结算的有关证明和交易单证送交银行。收款人开户银行接到托收凭证及其附件后,应当按照托收的范围、条件和托收凭证记载的要求认真进行审查,必要时还应查验收付款人签订的购销合同,审查时间最长不得超过次日。

托收承付结算的每笔金额的起点为10 000元,新华书店系统每笔结算金额的起点为1 000元。

付款人开户银行收到托收凭证及其附件后,应当及时通知付款人付款。承付货款分为验单付款和验货付款两种,由收付双方商量选用,并在合同中明确规定。验单付款的承付期为3日,从付款人开户银行发出承付通知的次日算起(承付期内遇法定节假日顺延)。付款人在承付期内,未向银行表示拒绝付款,银行即视为承付,并在承付期满的次日(法定节假日顺延)上午银行开始营业时,将款项从付款人账户内付出,划给收款人。验货付款的承付期为10日,从运输部门向付款人发出提货通知的次日算起。对收付双方在合同中明确规定,并在托收凭证上注明验货付款期限的,银行按此期限办理。付款人收到提货通知后,应立即向银行交验提货通知。付款人在银行发出承付通知的次日起10日内未收到提货通知的,应在第10日将货物尚未到达的情况通知银行。在第10日付款人没有通知银行的,银行即视作已经验货,于10日期满的次日上午银行开始营业时,将款项划给收款人。

付款人在承付期内,可向银行提出全部或部分拒绝付款。付款人拒绝付款时,必须填写拒绝付款理由书并签章,而且要注明拒绝付款的理由。开户银行必须认真审查拒绝付款的理由,查验合同。对于付款人提出拒绝付款的手续不全、依据不足、理由不符合规定的,银行均不得受理,应实行强制扣款。银行同意部分或全部拒绝付款的,应在拒绝付款理由书上签注意见。部分拒绝付款时,除办理部分付款外,应将拒绝付款理由书连同拒付证明和拒付商品清单邮寄收款人开户银行转交收款人。全部拒绝付款时,应将拒绝付款理由书连同拒付证明和有关单证邮寄收款人开户银行转交收款人。同时,付款人对所拒收的货物要妥善保管。

付款人在承付期到时,如无足够资金支付,其不足部分即为逾期未付款项,开户银行应当根据逾期付款金额和逾期天数,按每天万分之五计算逾期付款赔偿金。当付款人账户有款时,开户银行必须将逾期未付款项和应付的赔偿金及时扣划给销货企业,不得拖延划扣。

(七)委托收款

委托收款是指收款人委托银行向付款人收取款项的结算方式。委托收款按结算款项的划回方式不同,分为邮寄和电报两种,由收款人选用。

委托收款便于收款人主动收款,在同城异地均可以办理,且不受金额限制,无论单位还是个人都可凭已承兑商业汇票、债券、存单等付款人债务证明,采用该结算方式办理款项的结算。委托收款还适用于收取电费、电话费等付款人众多、分散的公用事业费等有关款项。

收款人办理委托收款应向银行提交委托收款凭证和有关债务证明,并填写委托收款结算凭证。银行接到寄来的委托收款凭证及债务证明,审查无误后办理付款。其中,以银行为付款人的,银行应在当日将款项主动支付给收款人;以单位为付款人的,银行应及时通知付款人,按照有关办法规定,需要将有关债务证明交给付款人并签收。付款人应审查债务证明是否真实、是否是本单位的债务。付款人应于接到通知的当日书面通知银行付款,付款人未在接到通知日的次日起3日内通知银行付款的,视同付款人同意付款,银行应与付款人接到通知日的次日起第4日上午开始营业时,将款项划给收款人。付款人审查有关证明后,对收款人委托收取的款项有异议,需要拒绝付款的,应在付款期内出具拒付理由书并连同有关凭证向银行办理拒绝付款。

(八) 银行卡

银行卡是指由商业银行(含邮政金融机构)向社会发行的具有消费信用、转账结算、存取现金等全部或部分功能的信用支付工具。根据《银行卡业务管理办法》的规定,银行卡有以下分类:

(1) 银行卡按是否具有透支功能可分为信用卡和借记卡。信用卡可以透支,借记卡则不具有透支功能。

(2) 银行卡按币种不同分为人民币卡和外币卡。外币卡是持卡人与发卡银行以除人民币以外的货币作为清算货币的银行卡。目前国内商户可受理VISA(维萨)、Master Card(万事达)、American Express(美国运通)、Diners Club(大来)等信用卡组织发行的外币卡。

(3) 银行卡按发行对象不同分为单位卡(商务卡)和个人卡。

(4) 银行卡按信息载体不同分为磁条卡和芯片(IC)卡。芯片(IC)卡既可应用于单一的银行卡品种,又可应用于组合的银行卡品种。

根据《银行卡业务管理办法》的规定,凡在中国境内金融机构开立基本存款账户的单位,应当凭中国人民银行核发的开户许可证申领单位卡。单位人民币卡账户的资金一律从其基本存款账户转账存入,可办理商品交易和劳务供应款项的结算,但不得透支,不得存取现金,不得将销货收入存入单位卡账户。单位外币卡账户的资金应从其单位的外汇账户转账存入,不得在境内存取外币现钞。

对信用卡透支利率实行上限和下限管理,透支利率上限为日利率的万分之五,下限为日利率万分之五的0.7倍。信用卡透支的计结息方式,以及对信用卡溢缴款是否计付利息及其利率标准,由发卡机构自主确定。

(九) 网上支付

网上支付是电子支付的一种形式,它是指电子交易的当事人,包括消费者、厂商和金融机构,使用电子支付手段通过网络进行的货币或资金流转。网上支付的主要方式有网上银行和第三方支付。

1. 网上银行

网上银行(Internet Bank or E-bank)包含两个层次的含义:一个是机构概念,指通过信息网络开办业务的银行;另一个是业务概念,指银行通过信息网络提供的金融服务,包括传统银行业务和因信息技术应用带来的新兴业务。在日常生活和工作中,我们提及网上银行,更多是第二层次的概念,即网上银行服务的概念。

简单地说,网上银行就是银行在互联网上设立虚拟银行柜台,使传统的银行服务不再通过物理的银行分支机构来实现,而是借助于网络与信息技术手段在互联网上实现,因此网上银行也称为网络银行。网上银行因其不受时间、空间的限制,能够在任何时间(Anytime)、任何地点(Anywhere),以任何方式(Anyway)为客户提供金融服务,又被称为"3A银行"。

网上银行按主要服务对象分为企业网上银行和个人网上银行。其中,企业网上银行主要适用于企事业单位。企事业单位可以通过企业网上银行适时了解财务运作情况,及时调度资金,轻松处理大批量的网络支付和工资发放业务,并可以处理信用证相关业务。目前,企业网上银行子系统能够支持所有的对公企业客户,能够为客户提供网上账务信息服务、资金划拨、网上B2B支付和批量支付等服务,使集团公司总部能对其分支机构的财务活动进行实时监控,随时获得其账户的动态情况。

2. 第三方支付

按照中国人民银行《非金融机构支付服务管理办法》的规定,第三方支付是指非金融机构作为收付款人的支付中介所提供的网络支付、预付卡发行与受理、银行卡收单以及中国人民银行确定的其他支付服务。

第三方支付方式包括线上支付和线下支付两种:

(1) 线上支付方式。线上支付是指通过互联网实现的用户和商户、商户和商户之间的在线货币支付、资金清算、查询统计等过程。网上支付完成了使用者信息传递和资金转移的过程。广义的线上支付包括直接使用网上银行进行的支付和通过第三方支付平台间接使用网上银行进行的支付。狭义的线上支付仅指通过第三方支付平台实现的互联网在线支付,包括网上支付和移动支付中的远程支付。

(2) 线下支付方式。线下支付区别于网上银行等线上支付,是指通过非互联网线上的方式对购买商品或服务所产生的费用进行的资金支付行为。其中,订单的产生可能通过互联网线上完成。新兴线下支付的具体表现形式包括POS机刷卡支付、拉卡拉等自助终端支付、电话支付、手机近端支付、电视支付等。

三、银行存款的分类核算

(一) 银行存款总分类核算

企业的银行存款是通过设置"银行存款"科目进行核算的。该科目属于资产类账户,借方登记银行存款的增加数,贷方登记银行存款的减少数,期末余额在借方,表示期末银行存款的实际结存数。企业在其他金融机构的存款也在本账户内核算,但企业在银行的其他存款,如外埠存款、银行本票存款、银行汇票存款、信用卡存款、信用证保证金存款等,在"其他货币资金"科目核算,不在本账户核算。

银行存款总账可直接根据收付款凭证逐笔登记,也可定期或于月份终了,根据汇总收付款凭证或科目汇总表登记。

企业向银行或其他金融机构存入款项时,借记"银行存款"科目,贷记"库存现金""主营业务收入""应收账款"等科目;企业从银行提取或支出款项时,借记"库存现金""材料采购""管理费用"等科目,贷记"银行存款"科目。

【业务2-7】A公司收到B公司归还前欠货款的转账支票一张,金额为300 000元,同时将支票和填制的进账单送交开户银行。企业以银行盖章退回的进账单回单作为原始凭证,账务处理应为:

  借:银行存款   300 000
    贷:应收账款——B公司   300 000

【业务2-8】A公司开出转账支票一张,归还前欠C公司的货款100 000元。企业以转账支票的存根作为原始凭证,账务处理应为:

  借:应付账款——C公司   100 000
    贷:银行存款   100 000

(二) 银行存款明细分类核算

为了全面、系统、连续、详细地反映有关银行存款收支的情况,企业应当按照开户银行和其他金融机构存款种类等,分别设置"银行存款日记账",由出纳人员根据审核无误的银行存款收付凭证,按照业务的发生先后顺序逐日逐笔登记。每日终了时应计算银行存款的收入合计、支出合计及结余数。"银行存款日记账"应定期与银行转来的对账单核对,确认是否相符,至少每月核对一次。月份终了,"银行存款日记账"的余额必须与"银行存款总账"的余额核对,确认是否相符。

银行存款日记账的账页格式与库存现金日记账的相同。

四、银行存款的清查

(一) 银行存款清查的内容

银行存款的清查,是指企业将银行存款日记账与其开户行转来的银行对账单进行核对。为了保证银行存款核算的真实、准确,及时纠正银行存款账目可能发生的差错,保证银行存款账实相符,企业必须做好银行存款核对工作。

1. 银行存款日记账与银行存款收付款凭证互相核对,做到账证相符

收付款凭证是登记银行存款日记账的依据,在记账过程中,往往由于粗心会发生重记、漏记、记错方向或记错数字等情况。

2. 银行存款日记账与银行存款总账互相核对,做到账账相符

银行存款总账一般是定期汇总登记的,汇总登记时计算的工作量较大,难免会发生差错,通过账账核对就可以及时发现差错并立即更正。

3. 银行存款日记账与银行对账单互相核对,做到账单相符,从而达到账实相符

企业在银行的存款实有数是通过对账单反映的,所以,企业应定期将银行存款日记账的记录同银行对账单进行逐笔核对,及时查找双方不一致的原因,保证银行存款的账实相符。

(二) 未达账项

银行存款日记账应定期与银行对账单进行核对,至少每月核对一次。但在核对过程中,往往会出现不一致,原因主要有两个:一是双方各自的记账错误,这种错误应由双方及时查明原因,予以更正;二是存在未达账项,如发现未达账项,应编制银行存款余额调节表进行调节。

未达账项是指企业与银行之间由于凭证传递上的时间不一致,一方已登记入账,另一方由于未取得凭证而尚未入账的款项。未达账项具体有以下四种情况:

1. 企业已收款入账,银行尚未收款入账

如企业已将销售产品收到的支票送存银行,而银行尚未登记入账的款项。

2. 企业已付款入账,银行尚未付款入账

如企业开出支票购货,根据支票存根已登记银行存款的减少,而银行尚未接到支票,未登记银行存款减少。

3. 银行已收款入账,企业尚未收款入账

如银行收到外单位采用托收承付结算方式购货所付的款项,已登记入账,企业未收到银行通知而未入账的款项。

4. 银行已付款入账,企业尚未付款入账

如银行代企业支付的购料款,已登记企业银行存款的减少,而企业因未收到凭证尚未记账的款项。

(三)银行存款余额调节表的编制

企业银行存款账面余额与银行对账单余额之间如有差额,应编制银行存款余额调节表进行调节,如没有记账错误,调节后的双方余额应相等。银行存款余额调节表只是为了核对账目,不能作为调整银行存款账面余额的记账依据。只有在实际收到未达账项的有关结算凭证后,才可据以进行账务处理登记入账。

【业务2-9】A公司2023年3月31日银行存款日记账的余额为70 500元,银行转来对账单的余额为127 500元。经逐笔核对,发现以下未达账项:

(1)企业送存转账支票70 000元,并已登记银行存款增加,但银行尚未记账。

(2)企业开出转账支票45 000元,但持票单位尚未到银行办理转账,银行尚未记账。

(3)企业委托银行代收某公司购货款85 000元,银行已收妥并登记入账,但企业尚未收到收款通知,尚未记账。

(4)银行代收企业支付电话费3 000元,银行已登记企业银行存款减少,但企业尚未收到银行付款通知,尚未记账。

根据上述资料编制的银行存款余额调节表如表2-3所示。

表2-3 银行存款余额调节表

单位:元

项目	金额	项目	金额
企业银行存款日记账余额	70 500	银行对账单余额	127 500
加:银行已收、企业未收款	85 000	加:企业已收、银行未收款	70 000
减:银行已付、企业未付款	3 000	减:企业已付、银行未付款	45 000
调节后的存款余额	152 500	调节后的存款余额	152 500

任务三　其他货币资金的核算

一、其他货币资金的内容

其他货币资金是指企业除库存现金、银行存款以外的其他处于待结算、待支付状态的货币资金,包括外埠存款、银行汇票存款、银行本票存款、信用卡存款和存出投资款等。

为了核算和监督其他货币资金的收支和结存情况,企业应设置"其他货币资金"科目,该科目属于资产类科目,借方登记其他货币资金的增加数,贷方登记其他货币资金的减少数,期末余额在借方,反映企业实际持有的其他货币资金。本科目应设置"外埠存款""银行汇票存款""银行本票存款""信用卡存款""存出投资款"等明细科目。

二、其他货币资金的分类核算

(一)外埠存款的核算

外埠存款是指企业为了到外地进行临时或零星采购,汇往采购地银行开立采购专户的款项。企业将款项汇往外地时,应填写汇款委托书,委托开户银行办理汇款。汇入地银行以汇款单位名义开立临时采购账户,该账户的存款不计利息、只付不收、付完清户,除了采购人员可从中提取少量现金外,一律采用转账结算。

企业将款项汇往外地开立采购专用账户时,根据汇出款项凭证,编制付款凭证,借记"其他货币资金——外埠存款"科目,贷记"银行存款"科目;收到采购人员转来供应单位发票账单等报销凭证时,借记"材料采购"或"在途物资""原材料""库存商品""应交税费——应交增值税(进项税额)"等科目,贷记"其他货币资金——外埠存款"科目;采购完毕收回剩余款项时,根据银行的收款通知,借记"银行存款"科目,贷记"其他货币资金——外埠存款"科目。

【业务2-10】A公司派采购员到上海采购甲材料,委托本地开户银行汇款100 000元到采购地上海开立采购专户。采购完成,收到采购员交来的供应单位发票账单,共支付材料款项96 050元,其中价款85 000元,增值税11 050元。甲材料验收入库。公司将多余的外埠存款3 950元转回当地银行。A公司的账务处理应为:

(1)汇款时,以银行汇款委托书回单联作为原始凭证:

借:其他货币资金——外埠存款　　　　100 000
　　贷:银行存款　　　　　　　　　　　　　　100 000

(2)采购付款时,以增值税专用发票的发票联、银行付款通知联作为原始凭证:

借:在途物资——甲材料　　　　　　　85 000
　　应交税费——应交增值税(进项税额)　11 050
　　贷:其他货币资金——外埠存款　　　　　　96 050

(3)材料入库时,以入库单作为原始凭证:

```
借:原材料——甲材料                    85 000
    贷:在途物资——甲材料                      85 000
```
(4) 收到退回多余的款项时,以收账通知联作为原始凭证:
```
借:银行存款                            3 950
    贷:其他货币资金——外埠存款                3 950
```

(二) 银行汇票存款的核算

银行汇票存款是指企业为取得银行汇票按规定存入银行的款项。企业填写银行汇票申请书,将款项交存银行时,借记"其他货币资金——银行汇票存款"科目,贷记"银行存款"科目;企业持银行汇票购货,收到有关发票账单时,借记"材料采购"或"在途物资""原材料""库存商品""应交税费——应交增值税(进项税额)"等科目,贷记"其他货币资金——银行汇票存款"科目;采购完毕收回剩余款项时,借记"银行存款"科目,贷记"其他货币资金——银行汇票存款"科目。

【业务2-11】A公司委托银行办理200 000元银行汇票,公司填送银行汇票申请书并将款项交存银行且取得银行汇票。采购完成,收到采购员交来的供应单位发票账单,共支付乙材料款项192 100元,其中价款170 000元、增值税22 100元。乙材料验收入库。公司收到多余的款项7 900元存入银行。A公司的账务处理应为:

(1) 申请取得银行汇票时,以银行汇票申请书存根联作为原始凭证:
```
借:其他货币资金——银行汇票存款      200 000
    贷:银行存款                              200 000
```
(2) 采购时,以收到的发票账单作为原始凭证:
```
借:在途物资——乙材料                 170 000
    应交税费——应交增值税(进项税额)   22 100
    贷:其他货币资金——银行汇票存款          192 100
```
(3) 材料入库时,以入库单作为原始凭证:
```
借:原材料——乙材料                   170 000
    贷:在途物资——乙材料                    170 000
```
(4) 企业收到多余款,以收款通知作为原始凭证:
```
借:银行存款                           7 900
    贷:其他货币资金——银行汇票存款            7 900
```

(三) 银行本票存款的核算

银行本票存款是指企业为取得本票按规定存入银行的款项。企业填写银行本票申请书,将款项交存银行时,借记"其他货币资金——银行本票存款"科目,贷记"银行存款"科目;企业持银行本票购货,收到有关发票账单时,借记"材料采购"或"在途物资""原材料""库存商品""应交税费——应交增值税(进项税额)"等科目,贷记"其他货币资金——银行本票存款"科目。

【业务2-12】A公司向银行申请办理银行本票150 000元,公司向银行提交银行本票委托书并将款项交存银行,取得银行本票。采购完成,收到采购员交来的供应单位发票账单,共支付丙材料款项149 160元,其中价款132 000元、增值税17 160元,同时丙材料验收入库。公司收到供货方退回多余的现金840元。A公司的账务处理应为:

(1) 申请取得银行本票时,以银行本票申请书存根联作为原始凭证:

借:其他货币资金——银行本票存款　　　150 000
　　贷:银行存款　　　　　　　　　　　　　　15 000

(2) 采购材料付款,同时材料验收入库,以发票账单、材料入库单作为原始凭证:

借:原材料——丙材料　　　　　　　　　132 000
　　应交税费——应交增值税(进项税额)　　17 160
　　库存现金　　　　　　　　　　　　　　　840
　　贷:其他货币资金——银行本票存款　　　　　150 000

(四) 信用卡存款的核算

信用卡存款是指企业为取得信用卡而存入银行信用卡专户的款项。企业应填制信用卡申请表,连同支票和有关资料一并送存发卡银行,根据银行盖章退回的进账单第一联,借记"其他货币资金——信用卡存款"科目,贷记"银行存款"科目;企业用信用卡购物或支付有关费用,收到开户银行转来的信用卡存款的付款凭证及所附发票账单,借记"材料采购"或"在途物资""原材料""管理费用"等科目,贷记"其他货币资金——信用卡存款"科目;企业信用卡在使用过程中,需要向其账户续存资金的,借记"其他货币资金——信用卡存款"科目,贷记"银行存款"科目;企业的持卡人若不需要继续使用信用卡,应持信用卡主动到发卡银行办理销户,销户时,单位卡科目余额转入企业基本存款户,不得提取现金,借记"银行存款"科目,贷记"其他货币资金——信用卡存款"科目。

【业务2-13】A公司填制信用卡申请表,连同60 000元转账支票和有关资料一并送交发卡银行,申请信用卡。企业以转账支票的存根作为原始凭证,账务处理应为:

借:其他货币资金——信用卡存款　　　60 000
　　贷:银行存款　　　　　　　　　　　　60 000

【业务2-14】A公司持信用卡消费,共发生费用5 000元,增值税税额为300元。企业以开户银行转来的信用卡存款的付款凭证以及发票账单作为原始凭证,账务处理应为:

借:管理费用——××费用　　　　　　　5 000
　　应交税费——应交增值税(进项税额)　　300
　　贷:其他货币资金——信用卡存款　　　　　5 300

(五) 存出投资款的核算

存出投资款是指企业已存入证券公司但尚未进行股票、债券投资的资金。企业向证券公司划出资金时,应按实际划出的金额,借记"其他货币资金——存出投资款"科目,贷记"银行存款"科目;购买股票、债券等时,按实际发生的金额,借记"交易性金融资产"科目,贷记"其他货币资金——存出投资款"科目。

【业务2-15】A公司向证券公司存入100 000元,20天后用该存款购买M公司股票90 000元。A公司的账务处理应为:

(1) 存入证券公司款项时,以转账支票的存根作为原始凭证:

借：其他货币资金——存出投资款　　　　　100 000
　　贷：银行存款　　　　　　　　　　　　　　100 000

(2) 购买准备近期内出售的股票时，以有关交易单据作为原始凭证：

借：交易性金融资产——M公司股票——成本　90 000
　　贷：其他货币资金——存出投资款　　　　　90 000

其他货币资金的账务处理如表2-4所示。

表2-4　其他货币资金核算

序号	业务内容	账务处理
1	企业申请异地采购专户、申请银行汇票、申请银行本票、申请信用卡等	借：其他货币资金——××× 　　贷：银行存款
2	办理结算	借：在途物资/原材料/库存商品 　　应交税费——应交增值税(进项税额) 　　贷：其他货币资金——×××
3	结清款项	借：银行存款 　　贷：其他货币资金——×××

项 目 小 结

本项目的主要内容结构如表2-5所示。

表2-5　项目二"货币资金"的内容结构表

库存现金的核算	库存现金的管理	库存现金的使用范围
		库存现金的限额管理
		库存现金的收支管理
		库存现金的内部控制
	库存现金的分类核算	库存现金总分类核算
		库存现金明细分类核算
	库存现金的清查	库存现金的清查方法
		库存现金盘盈盘亏的账务处理
银行存款的核算	银行存款及其管理	银行结算账户的种类
		银行结算管理制度
	银行转账结算方式	银行汇票
		银行本票
		商业汇票
		支票
		汇兑
		托收承付
		委托收款
		银行卡
		网上支付
	银行存款的分类核算	银行存款总分类核算
		银行存款明细分类核算

		续表
	银行存款的清查	银行存款清查的内容
		未达账项
		银行存款余额调节表的编制
其他货币资金的核算	其他货币资金的内容	
	其他货币资金的分类核算	外埠存款的核算
		银行汇票存款的核算
		银行本票存款的核算
		信用卡存款的核算
		存出投资款的核算

思考与练习

一、思考题

1. 现金支付存在哪些风险？哪些款项的支付可以使用现金？
2. 企业的库存现金应当如何管理才能保证其安全完整、使用合法合规？
3. 银行结算账户有哪些？如何正确使用、管理银行结算账户？
4. 银行转账结算方式有哪些？企业应如何选择结算方式？
5. 票据结算方式与其他结算方式相比有何特点？它们在账务处理上有何不同？

二、单项选择题

1. 企业在进行现金清查时，发现无法查明原因的现金短缺，按管理权限报经批准后应计入（　　）科目。

　　A. 管理费用　　　　　　　　B. 营业外支出
　　C. 待处理财产损溢　　　　　D. 以前年度损益调整

2. 企业向银行申领信用卡，交存相关款项，收到银行盖章退回的进账单。下列各项中，企业应借记的会计科目是（　　）。

　　A. 应收票据　　　　　　　　B. 其他应收款
　　C. 其他货币资金　　　　　　D. 银行存款

3. 企业现金清查中，经检查仍无法查明原因的现金溢余，经批准后应（　　）。

　　A. 记入"其他应付款"科目　　B. 记入"营业外收入"科目
　　C. 冲减"管理费用"科目　　　D. 记入"以前年度损益调整"科目

4. 2022年3月31日，光华公司银行存款日记账账面余额为150万元，与银行对账单对比，发现3月14日光华公司收到的货款10万元，银行没有收到收款通知；3月30日银行代缴水电费2万元，企业未收到付款通知。不考虑其他因素，调节后的银行存款余额调节表的金额为（　　）万元。

　　A. 148　　　　B. 142　　　　C. 162　　　　D. 158

5. 下列各项中，不会引起其他货币资金发生增减变动的是（　　）。

　　A. 企业销售商品收到商业汇票

B. 企业用银行本票购买办公用品
C. 企业将款项汇往外地开立采购专用账户
D. 企业为购买基金,将资金存入在证券公司指定银行开立的投资款专户

6. 按照规定,企业的工资、奖金等现金的支付,只能通过(　　)办理。
A. 基本存款账户　　　　　　　B. 一般存款账户
C. 临时存款账户　　　　　　　D. 专用存款账户

7. 支票的有效提示付款期为(　　)。
A. 3天　　　　B. 5天　　　　C. 10天　　　　D. 15天

8. 下列各项中,不属于货币资金的是(　　)。
A. 库存现金　　B. 银行存款　　C. 其他货币资金　　D. 应收票据

9. 按照现金管理相关规定,下列各项中,企业一般不能使用库存现金进行结算的经纪业务是(　　)。
A. 按规定颁发给科技人员的创新奖金
B. 发放给职工的劳保福利
C. 向个人收购农产品得到的价款
D. 向外单位支付的机器设备款

10. 2022年11月11日,某企业收到开户银行转回信用证保证金存款余额30 000元的进账通知。下列各项中,该企业会计处理正确的是(　　)。
A. 借:银行存款　　　　　　　　　　　　30 000
　　　贷:其他货币资金——信用证保证金　　　　30 000
B. 借:其他货币资金——信用证保证金　　30 000
　　　贷:应付账款　　　　　　　　　　　　　　30 000
C. 借:银行存款　　　　　　　　　　　　30 000
　　　贷:应收票据　　　　　　　　　　　　　　30 000
D. 借:其他货币资金——信用证保证金　　30 000
　　　贷:应收票据　　　　　　　　　　　　　　30 000

三、业务题(编制以下业务各节点的会计分录)

1. 张三出差暂借现金5 000元。张三出差归来报销差旅费5 300元,补付现金300元。
2. 现金溢余300元。经查,200元应支付给甲单位,100元无法查明原因,经批准处理。
3. 用现金支付业务招待费800元。
4. 现金清查短缺100元。无法查明原因,经批准处理。
5. 开出转账支票一张,归还前欠丙公司货款90 000元。
6. 填制信用卡申请表,存款50 000元申请信用卡。公司持信用卡消费,共发生办公费用3 000元,增值税额为180元。
7. 委托银行汇往采购地上海80 000元。采购归来交回发票账单,买价70 000元,增值税率13%,C材料入库。5天后收到银行退回多余款项。
8. 收到D公司归还前欠货款500 000元存入银行。

项目三
应收及预付款项

> **项目目标**

掌握应收票据、应收账款、预付账款和其他应收款的核算方法,明确坏账及坏账损失的内容,熟悉应收款项减值的核算。

任务一　应收票据的核算

一、应收票据的核算内容

(一) 应收票据及其种类

应收及预付款项是指企业在日常生产经营过程中发生的各项债权,包括应收款项和预付款项。应收款项包括应收票据、应收账款和其他应收款等;预付款项则是指企业按照合同规定预付的款项,如预付账款等。

应收票据是指企业因销售商品、提供劳务等而收到的商业汇票,即企业持有的还未到规定付款日期的、尚未兑现的商业汇票。商业汇票是一种由出票人签发的,委托付款人在指定日期无条件支付确定金额给收款人或持票人的票据。在我国除商业汇票外,大部分票据都是即期票据。即期票据就是见票即付的票据,如支票、银行汇票、银行本票。即期票据可以在较短期限内收款或存入银行成为货币资金,不需要作为应收票据核算。远期票据是在以后日期支付票款的票据,如商业汇票。

商业汇票按照承兑人不同,分为商业承兑汇票和银行承兑汇票。商业承兑汇票是指由收款人或付款人签发由付款人承兑的汇票。银行承兑汇票是指由收款人或付款人签发并由承兑申请人向开户银行申请,经审查同意后由承兑银行承兑的汇票。

商业汇票按其是否计息,分为带息商业汇票(简称带息票据)和不带息商业汇票(简称不带息票据)。带息票据是指票面注明利率,票据到期时,承兑人必须按票据面值及应计利息之和向收款人付款的商业汇票,这类汇票的到期值等于票据面值与票据到期利息之和。不带息票据是指票面未注明利率,票据到期时,承兑人仅按票据面值向收款人付款的商业汇票,这类票据的到期值即为票据的面值。

在我国,应收票据一般按其面值计算,即企业收到应收票据时,应按照票据的票面价值入账。但对于带息的应收票据,应于期末,按应收票据的票面价值和确定的利率计提利息,计提的利息应增加应收票据的账面价值。

(二) 账户设置

为了反映和监督应收票据取得、票款收回等经济业务,企业应当设置"应收票据"科目,借方登记取得的应收票据的面值,贷方登记到期收回票款或到期前向银行贴现的应收票据的票面余额,期末余额在借方,反映企业持有的商业汇票的票面金额。本科目可按照开出、承兑商业汇票的单位进行明细核算,并设置"应收票据备查簿",逐笔登记商业汇票的种类、号数和出票日、票面金额、交易合同号和付款人、承兑人、背书人的姓名或单位名称、到期日、背书转让日、贴现日、贴现率和贴现净额以及收款日和收回金额、退票情况等资料。商业汇票到期结清票款或退票后,在备查簿中应予注销。

二、应收票据取得的核算

(一)取得不带息应收票据的处理

不带息应收票据的到期值等于票据面值。企业因销售商品、提供劳务等而收到对方开出、承兑的商业汇票,按应收票据的面值,借记"应收票据"科目,按实现的营业收入,贷记"主营业务收入"科目;企业收到应收票据以抵付应收账款时,按应收票据面值,借记"应收票据"科目,贷记"应收账款"科目。

应收票据到期收回时,借记"银行存款"科目,贷记"应收票据"科目。商业承兑汇票到期,若付款人无力支付票款或违约拒付,企业收到银行退回的商业承兑汇票、委托收款凭证、未付票款通知书或拒绝付款证明等,按应收票据的账面余额,借记"应收账款"科目,贷记"应收票据"科目。

【业务3-1】A公司向B公司销售甲产品,并收到B公司交来的一张不带息3个月到期的商业承兑汇票,面额为452 000元。合同约定3个月后付款,其中货款400 000元,增值税税额为52 000元。A公司的账务处理应为:

(1)销售产品,以增值税发票的记账联和收到的商业汇票(复印件)及收据作为原始凭证:

借:应收票据——B公司　　　　　　　452 000
　　贷:主营业务收入——甲产品　　　　　　　400 000
　　　　应交税费——应交增值税(销项税额)　52 000

(2)3个月后,商业承兑汇票到期,以收账通知作为原始凭证:

借:银行存款　　　　　　　　　　　452 000
　　贷:应收票据——B公司　　　　　　　452 000

(3)如果商业承兑汇票到期,B公司无力偿还票款,企业内部转账:

借:应收账款——B公司　　　　　　　452 000
　　贷:应收票据——B公司　　　　　　　452 000

(二)取得带息应收票据的处理

对于带息应收票据,应于期末时,按应收票据的票面价值和确定的利率计算计提利息,计提的利息增加应收票据的账面价值,则借记"应收票据"科目,贷记"财务费用"科目。

带息应收票据到期回收时,按实际收到的金额,借记"银行存款"科目,按应收票据的账面价值,贷记"应收票据"科目,按其差额,贷记"财务费用"科目(未计提利息部分)。到期不能收回的带息应收票据,转入"应收账款"科目核算后,期末不再计提利息,其所包含的利息,在有关备查簿中进行登记,待实际收到时再冲减收到当期的财务费用。

票据利息的计算公式为:

带息应收票据利息＝票据面值×票面利率×票据期限
　　　　　　　＝票据面值×票面年利率÷12×月数
　　　　　　　＝票据面值×票面年利率÷360×天数

式中,"票面利率"一般指年利率。应收票据的期限有两种表示方式:

(1) 以"天数"表示,即采用票据签发日与到期日"算头不算尾"或"算尾不算头"的方法,按实际天数计算到期日。

(2) 以"月数"表示,即票据到期日以签发日数月后的对日计算,而不论各月是大月还是小月。例如:3月12日签发、3个月到期的商业汇票,到期日为6月12日。如果票据签发日为月末的最后一天,如1月31日签发、1个月到期的商业汇票,则到期日为2月28日或29日;若2个月到期的商业汇票,则到期日为3月31日。以此类推。

[业务3-2] 2023年2月10日,A公司采用商业承兑汇票结算方式销售给B公司乙产品一批,价税合计226 000元,货已发出,商业汇票已经B公司承兑,年利率为6％,期限为3个月。A公司的账务处理应为:

(1) 2023年2月10日,销售产品,以增值税发票和收到的商业汇票(复印件)及收据作为原始凭证:

　　借:应收票据——B公司　　　　　　　　　　　226 000
　　　　贷:主营业务收入——乙产品　　　　　　　　　200 000
　　　　　　应交税费——应交增值税(销项税额)　　　26 000

(2) 2023年5月10日,商业汇票到期,收款入账,以收账通知作为原始凭证:

　　票据到期利息＝226 000×6％÷12×3＝3 390(元)
　　票据到期值＝226 000＋3 390＝229 390(元)
　　借:银行存款　　　　　　　　　　　　　　　　229 390
　　　　贷:应收票据——B公司　　　　　　　　　　　226 000
　　　　　　财务费用——利息收入　　　　　　　　　　3 390

(3) 假定2023年5月10日,B公司无力支付票款:

　　借:应收账款——B公司　　　　　　　　　　　226 000
　　　　贷:应收票据——B公司　　　　　　　　　　　226 000

(4) 假如2023年5月30日,收到B公司支付的票款,以收账通知作为原始凭证:

　　借:银行存款　　　　　　　　　　　　　　　　229 390
　　　　贷:应收账款——B公司　　　　　　　　　　　226 000
　　　　　　财务费用——利息收入　　　　　　　　　　3 390

[业务3-3] A公司2023年9月1日销售丙产品一批给C公司,售价为100 000元,税率为13％,收到C公司交来的银行承兑汇票一张,期限为6个月,年利率为9％。A公司的账务处理应为:

(1) 2023年9月1日销售产品,以增值税发票和收到的银行承兑汇票(复印件)及收据作为原始凭证:

　　借:应收票据——C公司　　　　　　　　　　　113 000
　　　　贷:主营业务收入——丙产品　　　　　　　　　100 000
　　　　　　应交税费——应交增值税(销项税额)　　　13 000

(2) 2023年12月31日,年末计提票据利息收入,以利息计算表作为原始凭证:

利息收入＝113 000×9％÷12×4＝3 390(元)

借:应收票据——C公司　　　　　　　　　　　　3 390
　　贷:财务费用——利息收入　　　　　　　　　　　　3 390

(3) 2024年3月1日,票据到期收到款项时,以收账通知作为原始凭证:

票据到期值＝113 000×(1＋9％÷12×6)＝118 085(元)

应收票据的账面余额＝113 000＋3 390＝116 390(元)

当期应确认的利息收入＝118 085－116 390＝1 695(元)

借:银行存款　　　　　　　　　　　　　　　　118 085
　　贷:应收票据——C公司　　　　　　　　　　　　116 390
　　　　财务费用——利息收入　　　　　　　　　　　1 695

三、应收票据转让的核算

企业可以将自己持有的商业汇票背书转让。背书是指持票人在票据背面签字,签字人称为背书人,背书人对票据的到期付款负连带责任。票据被拒绝承兑、拒绝付款或超过付款提示期限的,不得背书转让。

企业将持有的应收票据背书转让,以取得所需物资时,按应计入取得物资成本的金额,借记"在途物资"或"原材料""库存商品"等科目,按增值税专用发票上注明的增值税税额,借记"应交税费——应交增值税(进项税额)"科目,按应收票据的账面价值,贷记"应收票据"科目,按其差额,借记或贷记"银行存款"等科目。

如为带息应收票据,企业将持有的应收票据背书转让,以取得所需物资时,按应计入取得物资成本的金额,借记"在途物资"或"原材料""库存商品"等科目,按增值税专用发票上注明的增值税税额,借记"应交税费——应交增值税(进项税额)"科目,按应收票据的账面价值,贷记"应收票据"科目,按尚未计提的利息,贷记"财务费用"科目,按其差额,借记或贷记"银行存款"等科目。

【业务3-4】A公司于2023年12月15日将持有D公司的面值为45 200元的商业汇票背书转让,以取得生产经营所需的丁材料,该材料成本为40 000元,增值税专用发票上注明的税款为5 200元。企业以增值税发票的发票联、入库单、背书转让的商业汇票(复印件)和对方开的收据作为原始凭证,账务处理应为:

借:原材料——丁材料　　　　　　　　　　　　40 000
　　应交税费——应交增值税(进项税额)　　　　5 200
　　贷:应收票据——D公司　　　　　　　　　　　45 200

四、应收票据贴现的核算

企业的应收票据,如到期前急需资金,可向银行申请贴现。企业持未到期的应收票据向银行贴现,应根据银行盖章退回的贴现凭证第四联收账通知,按实际收到的金额(即减去贴现息后的净额),借记"银行存款"科目,按应收票据的账面金额,贷记"应收票据"科目,按其差额,借记或贷记"财务费用"科目。

贴现的商业承兑汇票到期,因承兑人的银行账户不足支付,申请贴现的企业收到银行退回的应收票据、支款通知和拒绝付款理由书或未付票款通知书时,按所支付的本息,借记"应收账款"科目,贷记"银行存款"科目;如果申请贴现企业的银行存款账户余额不足,银行作逾期贷款处理时,应按转作贷款的本息,借记"应收账款"科目,贷记"短期借款"科目。

应收票据贴现的计算可概括为以下三个步骤:

第一步,计算应收票据到期值:

票据到期值=票据面值+票据面值×票面年利率÷360×票据到期天数
　　　　=票据面值+票据面值×票面年利率÷12×票据到期月数

第二步,计算贴现利息:

贴现利息=票据到期值×贴现年利率÷360×贴现天数

式中,贴现天数=票据期限-已持有票据天数。

第三步,计算贴现金额:

贴现金额=票据到期值-贴现利息

应收票据贴现的会计分录为:按实际贴现金额,借记"银行存款"科目,按应收票据账面余额,贷记"应收票据"科目,按其差额,借记或贷记"财务费用"科目。

知识链接

如果票据贴现附追索权,即在应收票据到期无法收回时,银行等金融机构有权向转让应收票据的企业追偿,则企业应将贴现所得确认为一项金融负债(短期借款)。有关账务处理为:按实际贴现所得,借记"银行存款"科目,按应收票据账面价值,贷记"短期借款——成本"科目,按其差额,借记或贷记"短期借款——利息调整"科目。

【业务3-5】A公司2023年9月1日向E公司销售丁产品一批,增值税专用发票上注明的价款为200 000元,增值税税额为26 000元。A公司收到E公司交来的带息的银行承兑汇票一张,面值为226 000元,票面年利率为9%,期限为100天。2023年11月8日,A公司因缺少资金向银行申请贴现,贴现年利率为12%,收到款项存入银行。假定该票据贴现不附追索权,A公司的账务处理如下:

(1) 2023年9月1日销售丁产品时,以增值税发票和收到的银行承兑汇票(复印件)及收据作为原始凭证:

借:应收票据——E公司　　　　　　　　　　226 000
　　贷:主营业务收入——丁产品　　　　　　　　　　200 000
　　　　应交税费——应交增值税(销项税额)　　　　26 000

(2) 2023年11月8日贴现时:

第一步,确定到期日和贴现天数:

票据到期日=100-(30-1)-31-30=10(日)

所以,到期日为2023年12月10日。

贴现天数=(30-8)+10=32(天)

第二步,计算贴现利息和贴现金额:

票据到期值＝面值＋票据到期利息＝226 000＋226 000×9％÷360×100
＝231 650(元)

贴现利息＝231 650×12％÷360×32＝2 471(元)

贴现金额＝票据到期值－贴现利息＝231 650－2 471＝229 179(元)

第三步,根据收账通知和银行收取贴现利息的单据进行具体的账务处理。编制的会计分录应为:

借:银行存款　　　　　　　　　　　　　229 179
　　贷:应收票据——E公司　　　　　　　　　　226 000
　　　　财务费用——利息收入　　　　　　　　　3 179

任务二　应收账款的核算

一、应收账款的核算内容

(一) 应收账款的内容

应收账款是指企业因销售商品、提供劳务等经营活动,应向购货单位或接受劳务单位收取的款项,主要包括企业销售商品或提供劳务等应向有关债务人收取的价款、代购货单位垫付的包装费、运杂费以及应收取的增值税销项税额等,不包括各种非经营业务发生的应收款项,如应收职工欠款、存出保证金、应收股利和利息、应收租金等债权。应收账款应于收入实现时予以确认。

(二) 账户设置

为了反映应收账款的增减变动及其结存情况,企业应设置"应收账款"科目,不单独设置"预收账款"科目的企业,预收的账款也在"应收账款"科目核算。"应收账款"科目的借方登记应收账款的增加,贷方登记应收账款的收回及确认的坏账损失,期末余额一般在借方,反映企业尚未收回的应收账款;如果期末余额在贷方,则反映企业预收的账款。

二、应收账款的账务处理

应收账款通常应按实际发生额计价入账。企业销售产品或材料等发生应收款项时,借记"应收账款"科目,贷记"主管业务收入""应交税费——应交增值税(销项税额)"等科目;收回款项时,借记"银行存款"等科目,贷记"应收账款"科目。

企业代购货单位垫付包装费、运杂费时,借记"应收账款"科目,贷记"银行存款"等科目;收回代垫费用时,借记"银行存款"科目,贷记"应收账款"科目。

【业务3-6】A公司销售给F公司丙产品一批,售价为60 000元,增值税税额为7 800元,

用银行存款代垫运杂费2 000元,已向银行办妥托收款手续。A公司的账务处理应为:

(1) 办妥托收款手续时,以托收凭证的回单、增值税专用发票记账联、支票存根作为原始凭证:

借:应收账款——F公司　　　　　　　　　69 800
　　贷:主营业务收入——丙产品　　　　　　60 000
　　　　应交税费——应交增值税(销项税额)　7 800
　　　　银行存款　　　　　　　　　　　　　2 000

(2) 收到货款时,以收账通知作为原始凭证:

借:银行存款　　　　　　　　　　　　　　69 800
　　贷:应收账款——F公司　　　　　　　　69 800

任务三　预付账款和其他应收款的核算

一、预付账款的核算

(一) 账户设置

预付账款是指企业按照购货合同预付给供应单位的款项。它是企业暂时被供货单位占用的资金。企业预付货款以后,有权要求对方按照购货合同规定发货。预付账款必须以购销双方签订的购货合同为条件,按照规定的程序和方法进行核算。

为了反映和监督预付账款的增减变动情况,企业应设置"预付账款"科目,借方登记预付的款项和补付的款项,贷方登记收到采购货物时按发票金额冲销的预付账款和因预付货款多余而退回的款项,期末余额一般在借方,反映企业实际预付的款项;期末如为贷方余额,反映企业尚未补付的款项。另外本科目还应按供应单位设置明细科目,进行明细核算。预付账款情况不多的企业,可以不设置"预付账款"科目,而直接通过"应付账款"科目核算。

(二) 账务处理

企业根据购货合同的规定向供应单位预付款项时,借记"预付账款"科目,贷记"银行存款"科目。企业收到所购物资,按应计入购入物资成本的金额,借记"材料采购"或"原材料""库存商品""应交税费——应交增值税(进项税额)"等科目;当预付货款小于采购货物所需支付的款项时,应将不足部分补付,借记"预付账款"科目,贷记"银行存款"科目;当预付货款大于采购货物所需支付的款项时,对收回的多余款项应借记"银行存款"科目,贷记"预付账款"科目。

【业务3-7】A公司向B公司采购甲材料5 000千克,单价为10元/千克,所需支付的款项总额为50 000元。按照合同规定,A公司预付货款的60%,B公司20天后发货,A公司验收货物5天后补付其余款项。A公司的账务处理应为:

(1) 预付60%的货款时,以支票存根或付款通知作为原始凭证:

借：预付账款——B公司　　　　　　30 000
　　　　贷：银行存款　　　　　　　　　　　　30 000
（2）收到B公司发来的甲材料5 000千克，验收无误，增值税专用发票注明的价款为50 000元，增值税税额为6 500元。以增值税专用发票发票联、材料入库单作为原始凭证：
　　借：原材料——甲材料　　　　　　　50 000
　　　　应交税费——应交增值税(进项税额)　6 500
　　　　贷：预付账款——B公司　　　　　　　56 500
（3）5天后补付其余款项，以支票存根或付款通知作为原始凭证：
　　借：预付账款——B公司　　　　　　26 500
　　　　贷：银行存款　　　　　　　　　　　　26 500

需要说明的是，预付款项不多的企业，可以不设置"预付账款"科目，而直接通过"应付账款"科目核算。核算时，只需将"预付账款"科目替换成"应付账款"科目即可。此时的"应付账款"科目即成为双重性质的会计科目，当该科目期末余额在借方时，反映的是企业的预付账款，属于资产类。同理，当"预付账款"科目期末余额在贷方时，反映的则是企业的应付账款，又属于负债类了。

二、其他应收款的核算

（一）账户设置

其他应收款是指企业经营活动中发生的除应收票据、应收账款、预付账款、应收利息、应收股利等以外的其他各种应收、暂付款项。其主要内容包括：① 应收的各种赔款、罚款，如因企业财产等遭到意外损失而应向有关保险公司收取的赔款等；② 应收的出租包装物租金；③ 应向职工收取的各种垫付款项，如为职工垫付的水电费，应由职工负担的医药费、房租费；④ 备用金；⑤ 存出保证金，如租入包装物支付的押金；⑥ 其他各种应收、暂付款项。

企业应设置"其他应收款"科目，对其他应收款项进行核算。该科目属于资产类科目，借方登记发生的各种其他应收款，贷方登记企业收到的款项和结转情况，余额一般在借方，表示应收未收的其他应收款项。企业应在"其他应收款"科目下，按债务人设置明细科目，进行明细核算。

（二）账务处理

企业发生其他各种应收款项时，借记"其他应收款"科目，贷记相关科目；收回各种款项时，借记有关科目，贷记"其他应收款"科目。实行定额备用金制度的企业，对于领用的备用金应当定期向财务财会部门报销。财会部门根据其报销数用现金补足备用金定额时，借记"管理费用"等科目，贷记"库存现金"或"银行存款"科目。年末收回备用金时再通过本科目核算。

【业务3-8】A公司为职工李强垫付应由其个人负担的住院医药费6 000元，拟从其工资中扣回。A公司的账务处理应为：
（1）垫付医药费时，以借款单作为原始凭证：

借：其他应收款——李强　　　　　　　　6 000
　　贷：银行存款　　　　　　　　　　　　　6 000
（2）从工资中扣款时，以工资发放表作为原始凭证：
借：应付职工薪酬——职工工资　　　　6 000
　　贷：其他应收款——张强　　　　　　　6 000

【业务3-9】 A公司因业务需要租入包装物一批，以银行存款向出租方支付押金8 000元。A公司的账务处理应为：
（1）支付租入包装物押金时，以支票存根或付款通知作为原始凭证：
借：其他应收款——存出保证金　　　　8 000
　　贷：银行存款　　　　　　　　　　　　　8 000
（2）收到出租方退还的押金时，以进账单的回单或收账通知作为原始凭证：
借：银行存款　　　　　　　　　　　　　8 000
　　贷：其他应收款——存出保证金　　　　8 000

【业务3-10】 A公司在采购过程中发生材料毁损，按保险合同规定，应由M保险公司赔偿损失30 000元。赔款尚未收到。假定A公司对原材料采用计划成本进行日常核算，A公司应编制如下会计分录：
借：其他应收款——M保险公司　　　　30 000
　　贷：材料采购　　　　　　　　　　　　　30 000
当A公司如数收到上述M保险公司的赔款时，A公司应编制如下会计分录：
借：银行存款　　　　　　　　　　　　　30 000
　　贷：其他应收款——M保险公司　　　　30 000

任务四　应收款项减值的核算

一、应收款项减值损失的确认

（一）减值测试的范围

企业的各项应收款项，包括应收票据、应收账款、应收利息、应收股利、其他应收款、长期应收款等，可能会因债务人拒付、破产、死亡等原因而使部分或全部无法收回。这类无法收回的应收款项通常称为坏账。坏账将会给企业带来损失。企业因坏账而产生的损失即为坏账损失。

因此，企业应当定期或至少于年度终了对应收款项的账面价值进行检查，具体分析各应收款项的特性、金额的大小、信用期限、债务人的信誉和当时的经营状况等因素，如有客观证据表明该应收款项发生减值的，应当将该应收款项的账面价值减记至预计未来现金流量现值，减记的金额确认减值损失，计提坏账准备。

（二）坏账确认条件

一般来讲，企业的应收款项符合下列条件之一，应确认为坏账：

（1）债务人依法宣告破产、关闭、解散、被撤销，或者被依法注销、吊销营业执照，其清算财产不足清偿的。

（2）债务人死亡，或者依法被宣告失踪、死亡，其财产或者遗产不足清偿的。

（3）债务人逾期3年以上未清偿，且有确凿证据证明已无力清偿债务的。

（4）与债务人达成债务重组协议或法院批准破产重整计划后，无力追偿的。

（5）因自然灾害、战争等不可抗力导致无法收回的。

（6）国务院财政、税务主管部门规定的其他条件。

二、应收款项减值的核算方法

（一）直接转销法

《小企业会计准则》规定，执行《小企业会计准则》的企业可以采用直接转销法。采用直接转销法时，日常核算中应收款项可能发生的坏账损失不予考虑，不计提坏账准备，只有在实际发生坏账时，才作为损失计入当期损益，同时直接冲销应收款项。其账务处理为：按实际发生的坏账损失，借记"营业外支出"科目，贷记"应收账款"等科目。

【业务3-11】A公司2023年9月发生一笔应收K公司账款20 000元，长期无法收回。2023年12月31日，经批准将其确认为坏账予以转销。A公司的账务处理应为：

借：营业外支出——坏账损失　　　　　20 000
　　贷：应收账款——K公司　　　　　　　　20 000

若已经确认为坏账并已冲销应收账款以后又收回，A公司应当按照下列步骤进行账务处理。

第一步，转回已确认的坏账损失。编制的会计分录为：

借：应收账款——K公司　　　　　　　20 000
　　贷：营业外支出——坏账损失　　　　　　20 000

第二步，进行收款的账务处理。编制的会计分录为：

借：银行存款　　　　　　　　　　　　20 000
　　贷：应收账款——K公司　　　　　　　　20 000

应当注意：对已确认为坏账的应收账款，并不意味着企业放弃了追索权；一旦重新收回，应及时入账。

直接转销法的优点是账务处理简单、将坏账损失在实际发生时确认为损失符合其偶发性特征和小企业经营管理特点。缺点是不符合权责发生制会计基础和资产的定义。在这种方法下，只有在实际发生坏账时，才将其确认为当期损益，导致资产与各期损益不实。另外，在资产负债表上，应收账款是按账面余额而不是按账面价值反映的，这一定程度上高估了期末应收账款。

（二）备抵法

我国企业会计准则规定，企业的坏账损失应当采用备抵法核算。备抵法是指采用一定的方法按期确定预期信用损失计入当期损益，作为坏账准备，待坏账损失实际发生时，冲销已计提的坏账准备和相应的应收款项。采用这种方法，需要对预期信用损失进行复杂的评估和判断，履行预期信用损失的确定程序。

1. 预期信用损失的概念

预期信用损失，是指以发生违约的风险为权重的金融工具信用损失的加权平均值。信用损失，是指企业按照实际利率折现的、根据合同应收的所有合同现金流量与预期收取的所有现金流量之间的差额。

2. 预期信用损失的确定方法

企业对于《企业会计准则第14号——收入》规范的交易形成且不含重大融资成分的应收款项，始终按照相当于整个存续期内预期信用损失的金额计量其损失准备。

信用风险自初始确认后是否显著增加的判断依据：

（1）企业应通过比较应收款项在初始确认时所确定的预计存续期内的违约概率与该工具在资产负债表日所确定的预计存续期内的违约概率，来判定金融信用工具信用风险是否显著增加。

（2）如果企业确定应收款项在资产负债表日只具有较低的信用风险的，可以假设该应收款项的信用风险自初始确认后并未显著增加。通常情况下，如果预期超过30日，则表明应收款项的信用风险已经显著增加。除非企业在无须付出不必要的额外成本或努力的情况下即可获得合理且有依据的信息，证明即使预期超过30日，信用风险自初始确认后仍未显著增加。

（3）在确定信用风险自初始确认后是否显著增加时，企业应考虑无须付出不必要的额外成本或努力即可获得的合理且有依据的信息，包括前瞻性信息。

（4）对于应收款项，企业在单项应收款项层面无法以合理成本获得关于信用风险显著增加的充分证据，而在组合的基础上评估信用风险是否显著增加是可行的，企业应按照应收款项的类型、信用风险评级、初始确认日期、剩余合同期限为共同风险特征，对应收账款进行分组并以组合为基础考虑评估信用风险是否显著增加。

在确定信用风险自初始确认后是否增加时，企业应考虑的具体信息包括：

（1）债务人未能按合同到期日支付款项的情况。

（2）已发生的或预期的债务人的外部或内部信用评级的严重恶化。

（3）已发生的或预期的债务人经营成果的严重恶化。

（4）现存的或预期的技术、市场、经济或法律环境变化，并将对债务人对本企业的还款能力产生重大不利影响。

考虑到应收账款的流动性特征，实务中通常按照应收账款的账面余额和预计可收回金额的差额确定预计信用减值损失。即按照在应收款项初始确认时所确认的预计存续期内的违约概率与该应收款项在资产负债表日所确定的预计存续期内的违约概率，来判定应收款项信用风险是否显著增加。在备抵法下，企业应当根据实际情况合理估计当期坏账损失金额。在实务中，估计坏账损失的方法主要是账龄分析法，就是根据应收款项账龄的长短来估计坏账的方法。

【业务3-12】A公司2023年12月31日编制的应收账款坏账准备计算表如表3-1所示。

表3-1　应收账款坏账准备计算表

单位：万元

应收账款账龄	应收账款账面余额	计提比例(%)	估计损失金额
1年以内	2000	5	100
1—2年	200	10	20
2—3年	50	30	15
3—4年	20	50	10
4—5年	5	80	4
5年以上	1	100	1
合　计	2276		150

由表3-1可以看出，A公司2023年12月31日估计的坏账损失为150万元。

3. 坏账准备的账务处理

企业应设置"坏账准备"科目核算应收款项的坏账准备计提、转销等情况。该科目的贷方登记当期计提的坏账准备金额，借方登记实际发生的坏账损失金额和冲减的坏账准备金额，期末余额一般在贷方，反映企业已计提但尚未转销的坏账准备。

坏账准备可按下列公式计算：

　　当期应计提的坏账准备＝当期按应收款项估计的应计提坏账准备金额－"坏账准备"科目的贷方余额（或＋"坏账准备"科目的借方余额）

企业计提坏账准备时，按应减记的金额，借记"信用减值损失——计提的坏账准备"科目，贷记"坏账准备"科目。冲减多计提的坏账准备时，借记"坏账准备"科目，贷记"信用减值损失——计提的坏账准备"科目。当坏账损失实际发生时，借记"坏账准备"科目，贷记"应收账款""应收票据""预付账款""其他应收款"等科目。

【业务3-13】A公司从2023年开始计提坏账准备。2023年年末应收账款的余额为2 000 000元，该公司根据企业会计准则计提坏账准备的金额为60 000元。以年末坏账准备计提表作为原始凭证，A公司的账务处理应为：

　　借：信用减值损失——计提的坏账准备　　60 000
　　　　贷：坏账准备　　　　　　　　　　　　　　60 000

【业务3-14】接业务3-13，2024年5月31日，A公司确认应收B公司的账款40 000元无法收回，经批准予以转销。2024年12月31日，应收账款余额为2 200 000元。该公司根据企业会计准则应计提坏账准备的金额为110 000元，假定无其他相关业务发生，A公司的账务处理应为：

（1）2024年5月31日，确认已发生的坏账损失，以坏账损失确认单作为原始凭证：

　　借：坏账准备　　　　　　　　　　　40 000
　　　　贷：应收账款——B公司　　　　　　　40 000

（2）2024年12月31日，计提坏账准备时：

当期应计提的坏账准备＝110 000－(60 000－40 000)＝90 000(元)

以年末坏账准备计提表作为原始凭证：

借:信用减值损失——计提的坏账准备　　　　　　90 000
　　贷:坏账准备　　　　　　　　　　　　　　　　　　90 000

[业务3-15] 接业务3-14,假定2025年10月12日,A公司收回于上年作为坏账转销的应收B公司账款40 000元。2025年12月31日,应收账款余额为1 600 000元,该公司根据企业会计准则应计提坏账准备的金额为80 000元,无其他相关业务发生的情况下,A公司的账务处理应为:

(1) 2025年10月12日,收回已转销的坏账时,以坏账准备转销单、收账通知或进账单回单作为原始凭证:

借:应收账款——B公司　　　　　　　　　　40 000
　　贷:坏账准备　　　　　　　　　　　　　　　　　40 000
借:银行存款　　　　　　　　　　　　　　　　40 000
　　贷:应收账款——B公司　　　　　　　　　　　　40 000

(2) 2025年12月31日,计提坏账准备时:

当期应计提的坏账准备＝80 000－(110 000＋40 000)＝－70 000(元)

以年末坏账准备计提表作为原始凭证:

借:坏账准备　　　　　　　　　　　　　　　　70 000
　　贷:信用减值损失——计提的坏账准备　　　　　　70 000

采用备抵法核算信用减值损失的优点主要有:符合权责发生制和会计谨慎性要求,在资产负债表中列示应收款项的净额,使财务报表使用者能了解企业应收款项预期可收回的金额和谨慎的财务状况;在利润表中作为营业利润项目列示,有利于落实企业管理者的经管责任,有利于企业外部利益相关者如实评价企业的经营业绩,做出谨慎的决策。缺点是预期信用损失的估计需要考虑的因素众多,且有部分估计因素带有一定的主观性,对会计职业判断的要求较高,可能导致预期信用损失的确定不够准确、客观;此外,预期信用减值损失影响各期营业利润金额的计算与确定,客观存在企业管理者平滑利润进行盈余管理甚至利润操纵与舞弊的可能性,增加会计职业风险,增加注册会计师审计难度和审计风险,同时,也增加政府和行业的会计监管难度和风险,这对会计制度的制定者、执行者和监管者等提出了更高的要求。

项目小结

本项目的主要内容结构如表3-2所示。

表3-2　项目三"应收及预付款项"的内容结构表

应收票据的核算	应收票据的核算内容	应收票据及其种类
		账户设置
	应收票据取得的核算	取得不带息应收票据的处理
		取得带息应收票据的处理
	应收票据转让的核算	转让形式与账务处理
	应收票据贴现的核算	贴现利息和贴现金额的计算
		账务处理

续表

应收账款的核算	应收账款的核算内容	应收账款的内容
		账户设置
	应收账款的账务处理	应收账款发生和收款的处理
预付账款和其他应收款的核算	预付账款的核算	账户设置
		账务处理
	其他应收款的核算	账户设置
		账务处理
应收款项减值的核算	应收款项减值损失的确认	减值测试的范围
		坏账确认条件
	应收款项减值的核算方法	直接转销法
		备抵法
	坏账准备的核算	坏账损失金额的估计
		坏账准备的账务处理

思考与练习

一、思考题

1. 不带息应收票据与带息应收票据、银行承兑汇票与商业承兑汇票在账务处理上有何异同？
2. 应收账款的核算内容包括哪些？商业折扣和现金折扣对应收账款计价有何影响？
3. 预付账款的性质是什么？为何预付账款可以直接通过"应付账款"科目核算？
4. 什么是坏账？什么是坏账损失？坏账的确认条件包括哪些？
5. 应收款项减值测试的范围是什么？直接转销法与备抵法的理论基础有何不同？

二、单项选择题

1. 票据贴现时，企业实际收到的金额与票面金额的差额，应计入（　　）。
   A. 管理费用 B. 财务费用
   C. 营业外收入 D. 营业外支出
2. 下列各种票据中，应计入"应收票据"科目借方的是（　　）。
   A. 提供服务收到的商业承兑汇票 B. 提供服务收到的银行本票
   C. 销售商品收到的银行汇票 D. 销售原材料收到的转账支票
3. 企业租入包装物而支付给出租人的押金，应计入（　　）。
   A. 银行存款 B. 应收账款
   C. 其他应收款 D. 营业外支出
4. 下列各项中，企业销售商品收到银行承兑汇票，应借记的会计科目是（　　）。
   A. 银行存款 B. 其他货币资金
   C. 其他业务收入 D. 应收票据

5. 企业未设置"预付账款"科目,发生预付货款业务时应借记的会计科目是(   )。

　　A. 预收账款　　　　　　　　　　B. 其他应付款

　　C. 应收账款　　　　　　　　　　D. 应付账款

6. 下列各项中,企业通过"应收账款"科目核算的是(   )。

　　A. 代购货单位垫付的运费　　　　B. 应收租出包装物的租金

　　C. 职工预借的差旅费　　　　　　D. 应收的债券利息

7. 下列各项中,企业应通过"其他应收款"科目核算的是(   )。

　　A. 为职工垫付的水电费　　　　　B. 销售商品应收取的价款

　　C. 销售商品应收取的增值税　　　D. 为购货单位垫付的运杂费

8. 2023年12月月末,某公司确定本月应计提坏账准备金额为6 000元。不考虑其他因素,计提坏账准备的会计处理正确的是(   )。

　　A. 借:信用减值损失　　　　6 000
　　　　贷:应收账款　　　　　　　　6 000

　　B. 借:信用减值损失　　　　6 000
　　　　贷:坏账准备　　　　　　　　6 000

　　C. 借:坏账准备　　　　　　6 000
　　　　贷:信用减值损失　　　　　　6 000

　　D. 借:资产减值损失　　　　6 000
　　　　贷:坏账准备　　　　　　　　6 000

9. 下列关于"预付账款"科目的表述中,不正确的是(   )。

　　A. 预付账款属于负债类科目

　　B. 期末余额在借方,反映企业实际预付的款项

　　C. 期末余额在贷方,反映企业应付或应补付的款项

　　D. 预付款项不多的企业,可以不设置"预付账款"科目,预付的款项通过"应付账款"科目核算

10. 2023年1月1日,某企业"坏账准备——应收账款"明细科目贷方余额为8万元,当期实际发生坏账损失5万元;经减值测试,12月31日"坏账准备——应收账款"应有贷方余额为16万元。不考虑其他因素,12月31日该企业应计提"坏账准备——应收账款"的金额是(   )万元。

　　A. 3　　　　　　B. 8　　　　　　C. 13　　　　　　D. 16

三、业务题(编制以下业务各节点的会计分录)

1. 销售A产品,售价20 000元,税款2 600元,款未收到。

2. 销售B产品,售价60 000元,税款7 800元,收到不带息商业承兑汇票,期限为3个月。3个月后收款。

3. 销售C产品,售价300 000元,税率13%,收到带息银行承兑汇票一张,期限6个月(不跨年),年利率9%。6个月后收到款项。

4. 销售E产品,价款200 000元,税款26 000元,收到带息的银行承兑汇票一张,年利率为9%,期限100天。到期收款。

5. 销售F产品一批,售价50 000元,增值税税额6 500元,用银行存款代垫运费2 000元,已办妥托收手续。5天后收到款项。

6. 9月1日销售K产品一批,价款400 000元,增值税税额52 000元。收到带息的银行承兑汇票一张,票面年利率为8%,期限100天。11月6日,公司向银行申请贴现,贴现年利率12%,收到款项存入银行。假定该票据贴现不附追索权。

7. 公司从2022年开始计提坏账准备。2022年年末应收账款的余额为1 000 000元,估计坏账损失为60 000元,年末计提坏账准备。

8. 公司某月应收乙公司的账款20 000元无法收回,确认为坏账,经批准予以转销。

9. 10月31日,销售M产品,售价200 000元,税率13%,收到带息银行承兑汇票一张,期限6个月(跨年),年利率10%。6个月后收到款项。

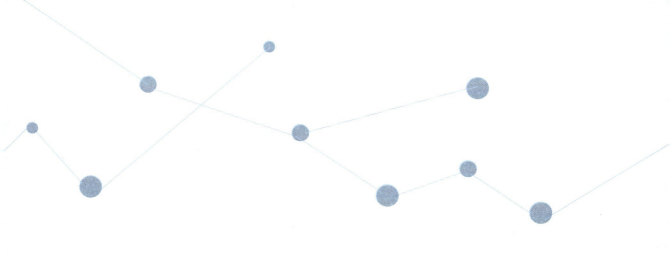

项目四

存 货

项目目标

了解存货的内容、确认条件，明确存货的初始计量和发出存货的计价方法，掌握各种存货的核算方法、存货清查的核算方法、存货的期末计量和存货跌价准备的核算方法。

任务一　存货概述

一、存货的管理

存货是指企业在日常活动中持有以备出售的产品或商品、处在生产过程中的在产品、在生产过程或提供劳务过程中储备的材料或物料等。企业持有存货的最终目的是为了销售，包括可供直接销售的商品和需要经过进一步加工后销售的原材料、在产品等，以及在生产经营管理过程中使用的包装物和低值易耗品等。存货是流动资产中流动性较慢的一项重要资产，具有品种繁多、品质各异、存放方式和地点多样、时效性强、占用资金高、管理难度大要求高等特点；存货质量高低、周转快慢直接影响甚至决定企业的盈利能力、偿债能力和资金周转效率乃至企业经营的成败，在流动资产管理上，人们习惯将减去存货后的流动资产作为速动资产进行管理。积极做好企业会计与管理的协调与配合，加强企业存货的核算和监督管理具有十分重要的作用和意义。

二、存货的核算内容

存货必须在符合定义的前提下，同时具备与该存货有关的经济利益很可能流入企业和该存货的成本能够可靠地计量两个条件，才能予以确认。

企业的存货通常包括原材料、在产品、半成品、产成品、商品以及周转材料等。

（一）原材料

原材料是指企业在生产过程中经过加工改变其形态或性质并构成产品主要实体的各种原料及主要材料、辅助材料、外购半成品（外购件）、修理用备件（备品备件）、包装材料、燃料等。

（二）在产品

在产品是指企业正在制造尚未完工的生产物，包括正在各个生产工序加工的产品和已加工完毕但尚未检验或已检验但尚未办理入库手续的产品。

（三）半成品

半成品是指经过一定生产过程并已检验合格交付半成品仓库保管，但尚未制造完工，仍需进一步加工的中间产品。

（四）产成品

产成品是指企业已经完成全部生产过程并已验收入库，可以按照合同规定的条件送交订货单位，或者可以作为商品对外销售的产品。企业接受来料加工制造的代制品和为外单位加工修理的代修品，制造和修理完成验收入库后，应视同企业的产成品。

（五）商品

商品是指商品流通企业外购或委托加工完成验收入库用于销售的各种商品。

（六）周转材料

周转材料是指企业在生产经营过程中使用的各种物品，包括包装物和低值易耗品。包装物是指为了包装本企业的商品而储备的各种包装容器，如桶、箱、瓶、坛、袋等。其主要作用是盛装、装潢产品或商品；低值易耗品是指单位价值较低，或使用期限相对于固定资产较短，不能作为固定资产核算的各种用具物品，如工具、管理用具、玻璃器皿、劳动保护用品，以及在经营过程中周转使用的容器等。

三、存货的确认条件

存货的确认关系到企业存货的日常核算和管理，也关系到企业期末资产的价值和损益的确认和计量。在会计核算上，存货必须同时满足下列条件，才能予以确认：① 与该存货有关的经济利益很可能流入企业；② 该存货的成本能够可靠地计量。

确认一项存货是否属于企业的存货，应以企业对存货是否具有法定所有权为依据，凡是盘存日期法定所有权属于企业的货物，不论其存放于何处或处于何种状态，都应视为企业的存货。如存放在本企业仓库、门市部，已经发运但尚未办理托收手续，委托其他单位加工或代售的物品，已经购入但尚未入库的在途物品等项目，都应作为企业的存货。凡是盘存日期法定所有权不属于企业的货物，即使货物存放在本企业，尚未远离企业，也不应包括在本企业存货范围之内，如企业已销售的商品、产品等，其所有权已经转移给购货方，不管货物是否已经发出，都不属于本企业的存货。

企业在判断一个资产项目是否属于存货时，还必须考虑取得该资产项目的目的，即在生产过程中的用途或所起的作用。例如：企业为生产产品或提供劳务而购入的材料，属于存货；但为建造固定资产而购入的材料，就不属于存货。再如：对于生产和销售机器设备的企业来说，机器设备属于存货；而对于使用机器设备进行生产的企业来说，机器设备则属于固定资产。此外，企业为国家储备的特种物资、专项物资等，并不参加企业的经营周转，也不属于存货。

四、存货的初始计量

存货应当按照成本进行初始计量。存货成本包括采购成本、加工成本和其他成本。

(一) 存货的采购成本

存货的采购成本,包括购买价款、相关税费、运输费、装卸费、保险费以及其他可归属于存货采购成本的费用。存货的购买价款是指企业购入的材料或商品的发票账单上列明的价款,但不包括按规定可以抵扣的增值税税额。存货的相关税费是指企业购买存货发生的进口关税、消费税、资源税和不能抵扣的增值税进项税额以及相应的教育费附加等应计入存货采购成本的税费。其他可归属于存货采购成本的费用是指采购成本中除上述各项以外的可归属于存货采购的费用,如在存货过程中发生的仓储费、包装费、运输途中的合理损耗、入库前的挑选整理费用等。运输途中的合理损耗,是指商品在运输过程中,因商品的性质、自然条件及技术设备等因素,所发生的自然损耗或不可避免的损耗。

商品流通企业在采购商品过程中发生的运输费、装卸费、保险费以及其他可归属于存货采购成本的费用等进货费用,应当计入存货采购成本,也可以先进行归集,期末根据所购商品的存销情况进行分摊。对于已售商品的进货费用,计入当期损益;对于未售商品的进货费用,计入期末存货成本。企业采购商品的进货费用金额较小的,可以在发生时直接计入当期损益。

(二) 存货的加工成本

存货的加工成本是指在存货的加工过程中发生的追加费用,包括直接人工以及按照一定方法分配的制造费用。

直接人工是指企业在生产产品和提供劳务过程中发生的直接从事产品生产和劳务提供人员的职工薪酬。

制造费用是指企业为生产产品和提供劳务而发生的各项间接费用。

(三) 存货的其他成本

存货的其他成本是指除采购成本、加工成本以外的,使存货达到目前场所和状态所发生的其他支出。企业设计产品发生的设计费用通常应计入当期损益,但是为特定客户设计产品所发生的、可直接确定的设计费用应计入存货的成本。

存货的来源不同,其成本的构成内容也不同。原材料、商品、低值易耗品等通过购买而取得的存货,其成本由采购成本构成;产成品、在产品、半成品等自制或需委托外单位加工完成的存货,其成本由采购成本、加工成本以及使存货达到目前场所和状态所发生的其他成本构成。在会计实务中具体按以下原则确定:

(1) 购入的存货,其成本包括:买价、运杂费(包括运输费、装卸费、保险费、包装费、仓储费等)、运输途中的合理损耗、入库前的挑选整理费用(包括挑选整理中发生的工费支出和挑选整理过程中所发生的数量损耗,并扣除回收的下脚废料价值)以及按规定应计入成本的税费和其他费用。

(2) 自制的存货,其成本包括直接材料、直接人工和制造费用等的各项实际支出。

(3) 委托外单位加工完成的存货,其成本包括实际耗用的原材料或者半成品、加工费、装卸费、保险费、委托加工的往返运输费等费用以及按规定应计入成本的税费。

(4) 投资者投入的存货,其成本应当按照投资合同或协议约定的价值确定,但合同或协议约定价值不公允的除外。在投资合同或协议约定的存货价值不公允的情况下,按照该项存货的公允价值作为其入账价值。

(5)接受捐赠的存货,其成本应按捐赠者提供的有关凭证所确定的价值,或者按同类或类似存货的市场价格,或者按接受捐赠的存货的预计未来现金流量的现值确定。

但是,下列费用不应计入存货成本,而应在其发生时计入当期损益:

(1)非正常消耗的直接材料、直接人工和制造费用,应在发生时计入当期损益,不应计入存货成本。例如:由于自然灾害而发生的直接材料、直接人工和制造费用,因为这些费用的发生无助于使该存货达到目前场所和状态,所以不应计入存货成本,而应确认为当期损益。

(2)仓储费用。仓储费用是指企业在存货采购入库后发生的储存费用,应在发生时计入当期损益。但是,在生产过程中为达到下一个生产阶段所必需的仓储费用应计入存货成本。例如:某种酒类产品生产企业为使生产的酒达到规定的产品质量标准而必须发生的仓储费用,应计入酒的成本,而不应计入当期损益。

(3)不能归属于使存货达到目前场所和状态的其他支出,应在发生时计入当期损益,不得计入存货成本。

五、发出存货成本的计量

企业应当根据各类存货的实物流转方式、企业管理的要求、存货的性质等实际情况,合理地确定发出存货成本的计算方法,以及当期发出存货的实际成本。对于性质和用途相同的存货,应当采用相同的成本计算方法确定发出存货的成本。在实际成本核算方式下,企业可以采用的发出存货成本的计价方法包括个别计价法、先进先出法、月末一次加权平均法和移动加权平均法等。

(一)个别计价法

个别计价法亦称个别认定法、具体辨认法、分批实际法,采用这一方法是假设存货具体项目的实物流转相一致,按照各种存货逐一辨认各批发出存货和期末存货所属的购进批别或生产批别,分别按其购入或生产时所确定的单位成本计算各批发出存货和期末存货成本的方法。在这种方法下,把每一种存货的实际成本作为计算发出存货成本和期末存货成本的基础。

个别计价法的成本计算准确,符合实际情况,但在存货收发频繁的情况下,其发出成本分辨的工作量较大。因此,这种方法适用于一般不能替代使用的存货、为特定项目专门购入或制造的存货以及提供的劳务。

(二)先进先出法

先进先出法是指以先购入的存货应先发出(销售或耗用)这样一种存货实物流动假设为前提,对发出存货进行计价的方法。采用这种方法,先购入存货的成本在后购入存货的成本之前转出,据此确定发出存货和期末存货的成本。

具体方法是:收入存货时,逐笔登记收入存货的数量、单价和金额;发出存货时,按照先进先出的原则逐笔登记存货的发出成本和结存金额。

【业务4-1】 A公司采用先进先出法计算甲材料本月发出和月末结存的成本。2023年6月甲材料收入、发出和结存的数据资料如表4-1所示。

表4-1 甲材料收发结存数据资料

2023年		摘要	收入			发出数量（千克）	库存数量（千克）
月	日		数量（千克）	单价（元/千克）	金额（元）		
6	1	月初结存	500	8.00	4 000		500
	5	购入	1 000	8.50	8 500		1 500
	10	发出				900	600
	15	购入	1 500	8.80	13 200		2 100
	20	发出				1 700	400
	25	购入	500	8.40	4 200		900
	30	期末结存					900

假定A公司采用先进先出法,根据表4-1资料核算的甲材料明细账如表4-2所示。

表4-2 原材料明细账(先进先出法)

品名:甲材料　　　　　　　　数量单位:千克　　　　　　　　金额单位:元

2023年		摘要	收入			发出			结存		
月	日		数量	单价	金额	数量	单价	金额	数量	单价	金额
6	1	期初结存							500	8.00	4 000
	5	购入	1 000	8.50	8 500				500	8.00	4 000
									1 000	8.50	8 500
	10	发出				500	8.00	4 000			
						400	8.50	3 400	600	8.50	5 100
	15	购入	1 500	8.80	13 200				600	8.50	5 100
									1 500	8.80	13 200
	20	发出				600	8.50	5 100			
						1 100	8.80	9 680	400	8.80	3 520
	25	购入	500	8.40	4 200				400	8.80	3 520
									500	8.40	4 200
	30	本月合计	3 000		25 900	2 600		22 180	400	8.80	3 520
									500	8.40	4 200

根据甲材料明细账,采用先进先出法计算确定本月发出甲材料的成本和月末结存甲材料的成本如下:

月末结存甲材料的成本＝400×8.80+500×8.40＝7 720(元)

本月发出甲材料的成本＝4 000+3 400+5 100+9 680＝22 180(元)

先进先出法可以随时结转存货发出成本,但较烦琐;如果存货收发业务较多且存货单价不稳定,则其工作量较大。先进先出法也可以月末结转存货发出成本,但要先计算月末存货的成本,再倒推出存货发出的成本。在物价持续上升时,期末存货成本接近于市价,而发出成本偏低,会高估企业当期利润和库存存货价值;反之,会低估企业存货价值和当期利润。

（三）月末一次加权平均法

月末一次加权平均法是指以本月全部进货数量加上月初存货数量作为权数,去除本月全部进货成本加上月初存货成本,计算出存货的加权平均单位成本,以此为基础计算本月发出存货的成本和期末存货的成本的一种方法。计算公式如下:

存货单位成本＝(月初库存存货的实际成本＋本月各批进货的实际成本之和)
　　　　　　÷(月初库存存货数量＋本月各批进货数量之和)

本月月末库存存货成本＝月末库存存货的数量×存货单位成本

本月发出存货的成本＝月初库存存货的实际成本＋本月收入存货的实际成本
　　　　　　　　　－月末库存存货的实际成本

【业务4-2】假定A公司采用月末一次加权平均法,根据表4-1资料核算的甲材料明细账如表4-3所示。

表4-3　原材料明细账(月末一次加权平均法)

品名:甲材料　　　数量单位:千克　　　金额单位:元

2023年		摘要	收入			发出			结存		
月	日		数量	单价	金额	数量	单价	金额	数量	单价	金额
6	1	期初结存							500	8.00	4 000
	5	购入	1 000	8.50	8 500				1 500		
	10	发出				900			600		
	15	购入	1 500	8.80	13 200				2 100		
	20	发出				1 700			400		
	25	购入	500	8.40	4 200				900		
	30	结转发出材料成本				2 600		22 214	900	8.54	7 686
	30	本月合计	3 000		25 900	2 600		22 214	900	8.54	7 686

根据甲材料明细账,采用月末一次加权平均法计算确定本月发出甲材料的成本和月末结存甲材料的成本如下:

甲材料单位成本＝(500×8＋1 000×8.5＋1 500×8.8＋500×8.4)
　　　　　　÷(500＋1 000＋1 500＋500)
　　　　　　＝8.54(元/千克)

月末库存甲材料的数量＝500＋1 000＋1 500＋500－900－1 700＝900(千克)

月末库存甲材料的成本＝900×8.54＝7 686(元)

本月发出甲材料的成本＝4 000＋8 500＋13 200＋4 200－7 686＝22 214(元)

采用加权平均法只在月末一次计算加权平均单价,比较简单,有利于简化成本计算工作。但由于平时无法从账上提供发出和结存存货的单价及金额,因此不利于存货成本的日常管理与控制。

（四）移动加权平均法

移动加权平均法是指以每次进货的成本加上原有库存存货的成本,除以每次进货数量

加上原有库存存货的数量,据以计算加权平均单位成本,作为在下次进货前计算各次发出存货成本依据的一种方法。计算公式如下:

存货单位成本＝(原有库存存货的实际成本＋本次进货的实际成本)
　　　　　　÷(原有库存存货数量＋本次进货数量)

本次发出存货的成本＝本次发出存货数量×本次发货前的存货单位成本

本月月末库存存货成本＝月末库存存货的数量×本月月末存货单位成本

【业务4-3】假定A公司采用移动加权平均法,根据表4-1资料核算的甲材料明细账如表4-4所示。

表4-4　原材料明细账(移动加权平均法)

品名:甲材料数量　　　　　　　　数量单位:千克　　　　　　　　金额单位:元

2023年		摘要	收入			发出			结存		
月	日		数量	单价	金额	数量	单价	金额	数量	单价	金额
6	1	期初结存							500	8.00	4 000
	5	购入	1 000	8.50	8 500				1 500	8.33	12 500
	10	发出				900		7 502	600	8.33	4 998
	15	购入	1 500	8.80	13 200				2 100	8.67	18 198
	20	发出				1 700		14 730	400	8.67	3 468
	25	购入	500	8.40	4 200				900	8.52	7 668
	30	本月合计	3 000		25 900	2 600		22 232	900	8.52	7 668

根据甲材料明细账,采用移动加权平均法计算确定本月发出甲材料的成本和月末结存甲材料的成本如下:

6月5日进货后移动加权单位成本＝(500×8＋1 000×8.5)÷(500＋1 000)
　　　　　　　　　　　　　　＝8.33(元)

6月10日发货后结存甲材料成本＝600×8.33＝4 998(元)

6月10日发出甲材料成本＝500×8＋1 000×8.5－4 998＝7 502(元)

6月15日进货后移动加权单位成本＝(600×8.33＋1 500×8.8)÷(600＋1 500)
　　　　　　　　　　　　　　＝8.67(元)

6月20日发货后结存甲材料成本＝400×8.67＝3 468(元)

6月20日发出甲材料成本＝600×8.33＋1 500×8.8－3 468＝14 730(元)

6月25日进货后移动加权单位成本＝(400×8.67＋500×8.4)÷(400＋500)
　　　　　　　　　　　　　　＝8.52(元)

月末结存甲材料的成本＝900×8.52＝7 668(元)

本月发出甲材料的成本＝7 502＋14 730＝22 232(元)

采用移动加权平均法能够使企业管理当局及时了解存货的结存情况,计算的平均单位成本以及发出和结存的存货成本比较客观。但由于每次收货都要计算一次平均单价,计算工作量较大,因此对收发较频繁的企业不适用。

任务二 原材料的核算

一、采用实际成本核算

（一）账户设置

原材料按实际成本计价时，材料的收发及结存，无论是总分类核算还是明细分类核算，均按照实际成本计价。为了正确核算和监督原材料的收发及结存，企业应设置"原材料""在途物资"等主要科目。

1."原材料"科目

"原材料"科目用于核算库存各种材料的收发与结存情况。在原材料按实际成本核算时，本科目的借方登记入库材料的实际成本，贷方登记发出材料的实际成本，期末余额在借方，反映企业库存材料的实际成本。

2."在途物资"科目

"在途物资"科目用于企业采用实际成本（进价）进行材料、商品等物资的日常核算，以及核算货款已付但尚未验收入库的各种物资（即在途物资）的采购成本，本科目应按供应单位和物资品种进行明细核算。本科目的借方登记企业购入的在途物资的实际成本，贷方登记验收入库的在途物资的实际成本，期末余额在借方，反映企业在途物资的采购成本。

3."应付账款"科目

"应付账款"科目用于核算企业因购买材料、商品和接受劳务等经营活动应支付的款项。本科目的贷方登记企业因购入材料、商品和接受劳务等尚未支付的款项，借方登记偿还的应付账款，期末余额一般在贷方，反映企业尚未支付的应付账款。

4."预付账款"科目

"预付账款"科目用于核算企业按照合同规定预付的款项。本科目的借方登记预付的款项及补付的款项，贷方登记收到所购物资时根据有关发票账单记入"原材料"等科目的金额，期末余额在借方，反映企业实际预付的款项；期末余额在贷方，反映企业尚未支付的款项。

（二）收入原材料的核算

1. 外购原材料

企业外购的原材料，由于采用的结算方式不同，原材料入库的时间与付款的时间可能一致，也可能不一致，因此，在会计处理上也有所不同。

（1）货款已经支付，同时材料验收入库。应根据有关结算凭证、发票账单和收料单等确定的入库材料的实际成本，借记"原材料"科目，根据取得的增值税专用发票上注明的增值税税额，借记"应交税费——应交增值税（进项税额）"科目，按照实际支付的金额贷记"银行存款"等科目。

【业务4-4】A公司（一般纳税人，下同）从本地购入甲材料一批，增值税专用发票上记载的货款为300 000元,增值税税额为39 000元,全部款项已用转账支票付讫,材料已验收入库。A公司以增值税专用发票的发票联、材料入库单、转账支票的存根作为原始凭证,账务处理应为:

  借:原材料——甲材料   300 000
    应交税费——应交增值税(进项税额) 39 000
    贷:银行存款   339 000

(2) 货款已经支付,材料尚未到达或尚未验收入库。应根据有关结算凭证、发票账单等确定的入库材料的实际成本,借记"在途物资"科目,根据取得的增值税专用发票上注明的税款,借记"应交税费——应交增值税(进项税额)"科目,按照实际支付的金额贷记"银行存款"等科目,待材料到达、验收入库后,再根据收料单,由"在途物资"科目转入"原材料"科目核算。

【业务4-5】A公司采用汇兑结算方式购入乙材料一批,发票及账单已收到,增值税专用发票上记载的货款为40 000元,增值税税额为5 200元。支付运费1 000元,增值税税额为90元,材料尚未到达。6天后收到乙材料,并验收入库。A公司的账务处理应为:

(1) 采购付款时,以增值税专用发票的发票联、汇兑凭证的回单作为原始凭证:

  借:在途物资——乙材料   41 000
    应交税费——应交增值税(进项税额) 5 290
    贷:银行存款   46 290

(2) 乙材料入库时,以材料入库单作为原始凭证:

  借:原材料——乙材料   41 000
    贷:在途物资——乙材料   41 000

(3) 货款尚未支付,材料已经验收入库。对于材料已到达并已验收入库,但发票账单等结算凭证未到、货款尚未支付的采购业务,不做会计处理;等待结算凭证到达付款后,借记"原材料""应交税费——应交增值税(进项税额)"科目,贷记"银行存款"等科目。如果月末结算凭证仍未到,应按材料的暂估价值,借记"原材料"科目,贷记"应付账款——暂估应付款"科目。下月初用红字冲回,继续等待结算凭证到达付款后,借记"原材料""应交税费——应交增值税(进项税额)"科目,贷记"银行存款"等科目。

【业务4-6】2023年7月18日,A公司采用委托收款结算方式购入丙材料一批,材料已验收入库,发票账单未收到。月末发票账单仍未收到,也无法确定其实际成本,暂估价值为30 000元。A公司的账务处理应为:

(1) 2023年7月18日,丙材料已验收入库,发票账单未收到,不做任何会计处理。

(2) 2023年7月31日,发票账单仍未收到,对入库的丙材料估价入账,A公司根据暂估材料入库单,编制会计分录如下:

  借:原材料——丙材料   30 000
    贷:应付账款——暂估应付款   30 000

【业务4-7】接业务4-6,上例购入的丙材料于2023年8月8日收到发票账单,增值税专用发票上注明的货款为31 000元,增值税税额为4 030元,对方代垫运费2 000元,税率为9%,已用银行存款付讫。A公司的账务处理应为:

(1) 2023年8月1日,用红字冲回原估价入账的记录:

借：原材料——丙材料　　　　　　　　　　　30 000
　　　　贷：应付账款——暂估应付账款　　　　　　　　30 000
企业也可以编制如下会计分录，以冲回原记录：
　　借：应付账款——暂估应付账款　　　　　　30 000
　　　　贷：原材料——丙材料　　　　　　　　　　　30 000
　（2）2023年8月8日，结算凭证到达并付款，以增值税专用发票的发票联、材料入库单、付款通知作为原始凭证：
　　借：原材料——丙材料　　　　　　　　　　　33 000
　　　　应交税费——应交增值税（进项税额）　　 4 210
　　　　贷：银行存款　　　　　　　　　　　　　　　 37 210
　（4）采用预付货款方式外购原材料。应根据有关结算凭证、购货合同记载的预付货款，借记"预付账款"科目，贷记"银行存款"科目；收到材料时，根据有关发票账单和收料单等确定的入库材料的实际成本，借记"原材料"科目，根据取得的增值税专用发票上注明的税款，借记"应交税费——应交增值税（进项税额）"科目，按照实际付款金额贷记"预付账款"科目。预付的款项情况不多的企业，可以不设置"预付账款"科目，而将此业务在"应付账款"科目中核算。

【**业务4-8**】根据购销合同规定，A公司为购买丙材料向D公司预付100 000元货款的70%，计70 000元，已通过汇兑方式汇出。A公司以汇兑凭证的回单作为原始凭证，账务处理应为：
　　借：预付账款——D公司　　　　　　　　　　 70 000
　　　　贷：银行存款　　　　　　　　　　　　　　　 70 000

【**业务4-9**】接业务4-8，A公司收到D公司发运来的丙材料，已验收入库。增值税专用发票上注明的价款为100 000元，增值税税额为13 000元，对方代垫运费3 000元，增值税税额为270元，所欠款项以银行存款付讫。A公司的账务处理应为：
　（1）材料入库时，以增值税专用发票的发票联、材料入库单作为原始凭证：
　　借：原材料——丙材料　　　　　　　　　　　103 000
　　　　应交税费——应交增值税（进项税额）　　 13 270
　　　　贷：预付账款——D公司　　　　　　　　　　 116 270
　（2）补付货款时，以补付货款的付款通知作为原始凭证：
　　借：预付账款——D公司　　　　　　　　　　 46 270
　　　　贷：银行存款　　　　　　　　　　　　　　　 46 270
　（5）外购原材料，途中发生短缺与损耗。外购原材料途中发生短缺与损耗，应查明原因，并针对不同的情况进行处理：
　　第一，属于运输途中的合理损耗，应计入材料采购成本，相应地提高入库材料的单位实际成本，不再另做账务处理。
　　第二，应由供应单位或运输单位负责的短缺与损耗。在未付货款前发现的，只按实收数量付款；在支付货款后发现的，应向供应单位索赔，要求供应单位补货或退款；应由运输单位负责的，要求运输单位赔偿。先通过"待处理财产损溢"科目进行账务处理，待查明原因之后，将损失的材料成本和增值税进项税额转入"其他应收款"科目。

第三,自然灾害造成的短缺,应先通过"待处理财产损溢"科目进行账务处理,待查明原因之后,将损失的材料成本列入"营业外支出"科目。税法规定,自然灾害造成的购进货物的损失,其增值税进项税额不属于"不得从销项税额中抵扣的进项税额",所以,结转因自然灾害造成材料损失的成本时,不需转出其对应的增值税进项税额。

【业务4-10】A公司采购丁材料1 000千克,每千克10元,增值税税率为13%,发票账单已到,经核对无误付款,材料尚未到达。A公司以增值税专用发票的发票联、付款通知作为原始凭证,账务处理应为:

借:在途物资——丁材料　　　　　　　　　　　10 000
　　应交税费——应交增值税(进项税额)　　　　1 300
　　贷:银行存款　　　　　　　　　　　　　　　　　　11 300

【业务4-11】接业务4-10,若丁材料验收入库,实际收到998千克,经查,短缺的2千克属于运输途中的合理损耗。A公司以材料入库单作为原始凭证,账务处理应为:

借:原材料——丁材料　　　　　　　　　　　　10 000
　　贷:在途物资——丁材料　　　　　　　　　　　　10 000

需要强调的是,运输途中的合理损耗应计入外购材料的采购成本,但它并不影响外购材料的总采购成本,只是增加了单位采购成本。如业务4-11,原单位采购成本为10元/千克,计入合理损耗后的单位采购成本则为10.02元/千克(10 000÷998=10.02)。

【业务4-12】接业务4-10,若丁材料验收入库,实际收到900千克,经查,短缺的100千克属于运输单位的责任,应由运输单位赔偿。A公司的账务处理应为:

(1) 外购材料入库时,以材料入库单作为原始凭证:

因责任事故造成的材料损失,其对应的增值税进项税额不得从销项税额中抵扣,应与损失材料的成本一并转出。

应转出的增值税进项税额=100×10×13%=130(元)

借:原材料——丁材料　　　　　　　　　　　　9 000
　　待处理财产损溢——待处理流动资产损溢　　1 130
　　贷:在途物资——丁材料　　　　　　　　　　　　10 000
　　　　应交税费——应交增值税(进项税额转出)　　130

(2) 经协商,明确赔偿责任,以短缺材料处理单作为原始凭证:

借:其他应收款——××运输单位　　　　　　　1 130
　　贷:待处理财产损溢——待处理流动资产损溢　　1 130

(3) 收到责任人的赔款时,以进账单回单或收账通知作为原始凭证:

借:银行存款　　　　　　　　　　　　　　　　1 130
　　贷:其他应收款——××运输单位　　　　　　　1 130

【业务4-13】接业务4-10,若丁材料验收入库,实际收到800千克,经查,短缺的200千克属于供货单位少发,经协商要求对方退款。供货单位补来红字增值税发票,企业收款入账。A公司的账务处理应为:

(1) 外购材料入库时,以材料入库单作为原始凭证:

借:原材料——丁材料　　　　　　　　　　　　8 000
　　待处理财产损溢——待处理流动资产损溢　　2 000

　　　　贷:在途物资——丁材料　　　　　　　　　　　　　　　　10 000
　　(2)取得红字增值税专用发票并收到退款时,以红字增值税专用发票、进账单回单或收账通知作为原始凭证:
　　　　借:银行存款　　　　　　　　　　　　　　　　　　　　2 260
　　　　　　应交税费——应交增值税(进项税额)　　　　　　　　 260
　　　　贷:待处理财产损溢——待处理流动资产损溢　　　　　　 2 000

【业务4-14】接业务4-10,若丁材料验收入库,实际收到800千克,经查,短缺的200千克属于自然灾害造成,经批准转作营业外支出处理。A公司的账务处理应为:
　　(1)外购材料入库时,以材料入库单作为原始凭证:
　　　　借:原材料——丁材料　　　　　　　　　　　　　　　　8 000
　　　　　　待处理财产损溢——待处理流动资产损溢　　　　　　2 000
　　　　贷:在途物资——丁材料　　　　　　　　　　　　　　　 10 000
　　(2)经批准结转损失时,以短缺材料处理单作为原始凭证:
　　　　借:营业外支出——非常损失　　　　　　　　　　　　　 2 000
　　　　贷:待处理财产损溢——待处理流动资产损溢　　　　　　 2 000

　　原材料收入业务较少的企业,原材料收入的核算可以根据收料凭证逐日逐笔编制记账凭证,并据以登记总分类账;对于材料收入业务较多的企业,为了简化核算工作,也可以采用汇总核算形式,即定期汇总收料凭证编制收料凭证汇总表,月末,再根据收料凭证汇总表进行原材料收入的核算。

　　小规模纳税人以及购入原材料不能取得增值税抵扣凭证的企业,购入原材料的增值税税额应直接计入原材料成本。采购原材料时,应借记"原材料"或"在途物资"科目,贷记"银行存款"等科目。

2. 自制原材料入库

　　企业基本生产车间或辅助生产车间自制原材料,应先通过"生产成本"科目核算其发生的料、工、费等支出。自制完成的原材料验收入库时,按其实际生产成本借记"原材料"科目,贷记"生产成本"科目。

【业务4-15】A公司的生产车间自行制造完工一批甲材料,已验收入库。经计算,该批甲材料的实际成本为120 000元。A公司以完工材料入库单作为原始凭证,账务处理应为:
　　　　借:原材料——甲材料　　　　　　　　　　　　　　　 120 000
　　　　贷:生产成本　　　　　　　　　　　　　　　　　　　 120 000

3. 投资者投入原材料

　　企业收到投资者投入的原材料,应按照投资合同或协议约定的原材料价值,借记"原材料"科目,按增值税专用发票上注明的税款,借记"应交税费——应交增值税(进项税额)"科目,贷记"实收资本"或"股本"科目。

【业务4-16】A公司收到B公司作为股本投入的乙材料,该材料的计税价格为600 000元,增值税专用发票上注明的税额为78 000元。A公司以增值税专用发票的发票联、材料入库单作为原始凭证,A公司账务处理应为:
　　　　借:原材料——乙材料　　　　　　　　　　　　　　　 600 000
　　　　　　应交税费——应交增值税(进项税额)　　　　　　　 78 000

贷：实收资本——B公司　　　　　　　　　678 000

4. 接受捐赠原材料

企业收到捐赠的原材料时，按确定的原材料入账成本借记"原材料"科目，按实际支付的相关税费贷记"银行存款"科目，按其差额贷记"营业外收入"科目。

【业务4-17】A公司接受捐赠一批丙材料，捐赠方提供的增值税专用发票上标明的价款为100 000元，增值税税额为13 000元。A公司以银行存款支付运杂费3 000元，增值税税额为270元。A公司以增值税专用发票的发票联、材料入库单、付款通知作为原始凭证，账务处理应为：

借：原材料——丙材料　　　　　　　　　103 000
　　应交税费——应交增值税(进项税额)　13 270
　贷：银行存款　　　　　　　　　　　　　3 270
　　　营业外收入——捐赠利得　　　　　113 000

（三）发出原材料的核算

企业发出原材料时，应办理必要的领料手续并填制领发料凭证，作为原材料发出核算的依据。由于企业原材料的种类多，日常领发业务比较频繁，因此为了简化核算，平时一般只登记原材料明细分类账，以反映各种原材料的收发结存情况。不直接根据领发料凭证填制记账凭证，而是在月末将领料单、限额领料单等领发料凭证，按照领用部门和用途进行归类汇总，编制发料凭证汇总表，据以编制记账凭证，借记"生产成本""制造费用""管理费用"等科目，贷记"原材料"科目，进行原材料发出的总分类核算。用于在建工程的原材料，应按材料实际成本加上不予抵扣的增值税税额，借记"在建工程"等科目，按实际成本贷记"原材料"科目，按不予抵扣的增值税税额，贷记"应交税费——应交增值税(进项税额转出)"科目。

【业务4-18】2023年9月30日，甲公司根据领发料凭证汇总编制发料凭证汇总表，如表4-5所示。

表4-5　发料凭证汇总表金额

单位：元

用途 \ 类别	A材料	B材料	C材料	D材料	合计
丙产品	30 000	20 000	20 000		70 000
丁产品	20 000	10 000	5 000		35 000
车间一般性消耗				8 000	8 000
厂部管理部门领用				7 000	7 000
专设销售部门				6 000	6 000
合计	50 000	30 000	25 000	21 000	126 000

根据表4-5，甲公司编制的会计分录如下：

借：生产成本——丙产品　　70 000
　　　　　　　——丁产品　　35 000
　　制造费用　　　　　　　8 000
　　管理费用　　　　　　　7 000

销售费用		6 000		
贷：原材料——A材料		50 000		
——B材料		30 000		
——C材料		25 000		
——D材料		21 000		

（四）原材料收发的明细分类核算

由于企业的原材料品种多、数量大，收发频繁，必须加强日常管理和核算，因此必须合理地进行原材料的明细分类核算，既要掌握按材料品种、规格反映的材料收入、发出和结存的数量以及金额方面的资料，又要掌握按材料类别反映的材料金额增减变化的资料。

1. 原材料收发的明细核算

材料的明细核算包括数量核算和金额核算两部分：数量核算主要由从事材料收发和保管的仓库人员负责；金额核算一般由会计人员负责。根据这一要求，企业可采用设置两套材料明细账或账卡合一的方式进行材料的明细核算。

（1）"账卡分设"，又叫"两套账"，即财会部门设置一套数量金额式材料明细账，核算各种材料收、发、结存的数量和金额；仓库再设一套材料卡片账，核算各种材料收、发、结存的数量。

材料明细账设在财会部门，按材料品种、规格设立，多采用收、发、结存三栏式，如表4-6所示。该账根据材料收、发凭证序时逐笔登记各种材料收、发、结存的数量和金额，不仅核算材料收、发、结存的数量，而且核算其金额。

表4-6　材料明细账

材料类别：　　　　编号：　　　　名称及规格：　　　　计量单位：　　　　存放地点：

年		凭证编号	摘要	借方			贷方			结存		
月	日			数量	单价	金额	数量	单价	金额	数量	单价	金额

材料卡片是仓库登记各种材料收、发、结存数量的明细记录，一般按材料的品种、规格、名称设立，根据材料的收、发凭证序时逐笔登记，只记数量，不记金额。其一般格式如表4-7所示。

表4-7　材料卡片

材料类别：　　　　名称及规格：　　　　最高储备量：　　　　存放地点：
材料编号：　　　　卡片编号：　　　　最低储备量：　　　　计量单位：

年		凭证		收入数量	发出数量	结存数量	稽核	
月	日	名称	编号				日期	签章

由于材料的收发分别由会计人员和仓库人员根据收发料单记账，因此设置两套账进行材料的明细分类核算能够起到互相制约的作用。但是这样做工作量太大，造成记账工作重复。为了简化核算，企业可以采用账卡合一的方法。

（2）"账卡合一"，又叫"一套账"，即财会部门和仓库仅设一套数量金额式明细账，放在仓库由仓管人员随时登记收、发的数量，会计人员定期到仓库进行稽核，审查收发料凭证并登记金额。这种方法既能提供各种材料收、发、结存的明细记录,又能提供各种材料的金额资料,其格式也适于采用收、发、结存三栏式。

采用按实际成本计价进行材料的明细核算,材料明细账收、发的数量栏,应根据材料收、发凭证序时登记,金额栏则根据按材料实际成本计价的收入凭证登记。至于发出的金额,企业可以根据不同情况,采用一定的方法进行计价。计价方法一经确定,不得随意更改。

2. 原材料二级分类核算

为了掌握各类原材料的收、发、结存情况,企业除了按材料的品种、规格进行原材料明细核算外,还应按材料的大类设置二级账,进行材料的分类核算。材料二级分类核算只需进行金额核算,所以材料二级账一般采用借、贷、余三栏式格式。材料二级账通常是定期或月末汇总登记的,可以按收、发料凭证直接汇总登记,也可以根据收、发料凭证汇总表登记。

原材料按实际成本核算,是由于材料日常收、发凭证的填列和账簿的登记都按实际成本计价,因此能客观真实地反映材料收、发、结存的实际情况。但是,这种计价核算不能在账簿中反映采购的材料成本是节约还是超支,不便于对采购部门的工作业绩进行有效的考核;另外,在材料品种较多且收、发业务频繁的情况下,核算工作量较大。因此,这种计价核算方法一般只适用于材料收发业务较少的中小型企业。

二、采用计划成本核算

(一) 账户设置

原材料按计划成本计价是指每种材料的日常收、发、结存都按照事先确定的计划成本计价。为了正确核算和监督原材料的收、发、结存,企业应设置"原材料""材料采购""材料成本差异"等主要科目。"原材料"科目借方登记入库原材料的计划成本,贷方登记发出原材料的计划成本,期末余额在借方,表示库存原材料的计划成本。该科目应按原材料类别设置二级账户进行二级核算,按照材料的品种、规格设置明细账进行明细核算。

1. "材料采购"科目

"材料采购"科目用来核算企业外购材料的采购成本。该科目借方登记采购物资的实际成本和入库材料的节约差异,贷方登记入库材料的计划成本和入库材料的超支差异,期末余额在借方,表示已付款或已开出、承兑商业汇票,但尚未到达或尚未验收入库的在途物资实际成本。本科目应按供货单位和物资类别或品种设置明细分类账,进行明细核算。

2. "材料成本差异"科目

"材料成本差异"科目用来核算企业各种材料实际成本与计划成本的差异。该科目属存货类科目的备抵附加调整账户,借方登记入库材料的超支差异和发出材料的节约差异,贷方登记入库材料的节约差异和发出材料的超支差异。期末如果是借方余额,表示库存材料的超支差异;如果是贷方余额,表示库存材料的节约差异。本科目应分别按"原材料""周转材料"等类别或品种进行明细核算。

（二）收入原材料的核算

1. 外购原材料

企业从外部购入的材料，由于采用的结算方式不同，原材料入库的时间与付款的时间可能一致，也可能不一致，因此，在会计处理上也有所不同。

（1）货款已经支付，材料同时验收入库。应根据有关结算凭证、增值税专用发票支付的材料的价款，借记"材料采购"科目，根据取得的增值税专用发票上注明的增值税税额，借记"应交税费——应交增值税（进项税额）"科目，按照实际付款金额贷记"银行存款"等科目。根据收料单中材料的计划成本，借记"原材料"科目，贷记"材料采购"科目并结转材料成本差异。

【业务4-19】 A公司2023年7月18日从B公司购进甲材料一批，取得的增值税专用发票上注明的价款为10 000元，增值税税额为1 300元，已通过银行转账支付，材料已验收入库，其计划成本为9 800元。A公司的账务处理应为：

（1）付款时，以增值税专用发票的发票联、转账付款的通知作为原始凭证：

借：材料采购——甲材料　　　　　　　　10 000
　　应交税费——应交增值税（进项税额）　1 300
　　贷：银行存款　　　　　　　　　　　　　　　11 300

（2）材料验收入库时，以材料入库单作为原始凭证：

借：原材料——甲材料　　　　　　　　　9 800
　　贷：材料采购——甲材料　　　　　　　　　　9 800

（3）结转入库材料成本超支差异时，以材料成本差异计算表作为原始凭证：

借：材料成本差异——甲材料　　　　　　200
　　贷：材料采购——甲材料　　　　　　　　　　200

需要注意的是，在计划成本法下，购入的材料无论是否验收入库，都要先通过"材料采购"科目进行核算，以反映企业所购材料的实际成本。对于入库的材料平时可不作入库的账务处理，月末，可以根据入库单并计算入库材料的计划成本作入库材料的账务处理，同时结转材料的材料成本差异。

（2）货款已经支付，材料尚未验收入库。应根据有关结算凭证、增值税专用发票上注明的价款，借记"材料采购"科目，根据取得的增值税专用发票上注明的增值税税额，借记"应交税费——应交增值税（进项税额）"科目，按照实际付款金额，贷记"银行存款"等科目。待材料到达验收入库后，再根据收料单中材料的计划成本，贷记"材料采购"科目并结转材料成本差异。如果月末材料仍未到达，"材料采购"科目有借方余额，表示在途材料的实际成本。

【业务4-20】 A公司2023年8月6日从外地C公司购入乙材料一批，有关发票账单已收到，增值税专用发票上注明的材料价款为20 000元，增值税税额为2 600元，运费增值税专用发票上注明的运费为5 000元，增值税进项税额为450元，经核对无误后支付全部款项。8月18日材料到达并验收入库，其计划成本为24 000元。A公司的账务处理应为：

（1）2023年8月6日，支付货款时，以增值税专用发票的发票联、转账付款的通知作为原始凭证：

借：材料采购——乙材料　　　　　　　　25 000

应交税费——应交增值税(进项税额)　　　　　3 050
　　　　贷:银行存款　　　　　　　　　　　　　　　　　28 050

(2) 2023年8月18日,材料验收入库时,以材料入库单作为原始凭证:
　　　借:原材料——乙材料　　　　　　　　　　　　24 000
　　　　贷:材料采购——乙材料　　　　　　　　　　　　24 000

(3) 2023年8月18日,结转入库材料成本超支差异时,以材料成本差异计算表作为原始凭证:
　　　借:材料成本差异——乙材料　　　　　　　　　1 000
　　　　贷:材料采购——乙材料　　　　　　　　　　　　1 000

(3) 材料已验收入库,货款尚未支付。对于材料已到达并已验收入库,但发票账单等结算凭证未到、货款尚未支付的采购业务,为了简化核算手续,在月份内发生的,可以暂不作会计处理,待收到发票账单支付货款后,再按正常程序进行账务处理。在月末,对于那些发票账单尚未到达的入库材料,为了做到账实相符,应按材料的计划成本暂估入账,借记"原材料"科目,贷记"应付账款"科目,下月初用红字冲回,等收到发票账单时,按正常程序进行账务处理。

【业务4-21】A公司采用托收承付结算方式从外地购进的甲材料已于2023年7月28日收到并验收入库。2023年8月6日结算凭证到达,支付货款共计33 900元(其中材料价款为30 000元,增值税税额为3 900元),购进甲材料支付进货运费3 000元,增值税税额为270元。该批甲材料的计划成本为34 000元。A公司的账务处理应为:

(1) 2023年7月28日,材料收到并入库,不做会计处理。

(2) 2023年7月31日,发票账单仍未到,对入库的材料按计划成本暂估入账,以暂估材料入库单作为原始凭证:
　　　借:原材料——甲材料　　　　　　　　　　　　34 000
　　　　贷:应付账款——暂估应付账款　　　　　　　　34 000

(3) 2023年8月1日,用红字冲回上述记录:
　　　借:原材料——甲材料　　　　　　　　　　　　34 000
　　　　贷:应付账款——暂估应付账款　　　　　　　　34 000

A公司也可以编制如下冲回分录:
　　　借:应付账款——暂估应付账款　　　　　　　　34 000
　　　　贷:原材料——甲材料　　　　　　　　　　　　34 000

(4) 2023年8月6日,结算凭证到达,支付货款时,以增值税专用发票的发票联、付款通知作为原始凭证:
　　　借:材料采购——甲材料　　　　　　　　　　　33 000
　　　　应交税费——应交增值税(进项税额)　　　　4 170
　　　　贷:银行存款　　　　　　　　　　　　　　　　　37 170

(5) 2023年8月6日,材料按计划成本入库,以材料入库单作为原始凭证:
　　　借:原材料——甲材料　　　　　　　　　　　　34 000
　　　　贷:材料采购——甲材料　　　　　　　　　　　　34 000

(6) 2023年8月6日,结转入库材料的成本节约差异,以入库材料的成本差异计算表作为原始凭证：

借：材料采购——甲材料　　　　　　　　　　　1 000
　　贷：材料成本差异——甲材料　　　　　　　　　　　1 000

（4）外购材料途中发生的短缺和损耗。外购材料途中的短缺和损耗的账务处理原则与方法，与材料按实际成本计价的核算大致相同，但按计划成本计价核算，应考虑材料成本差异问题。

【业务4-22】 A公司2023年9月6日购入丁材料一批计1 000千克，每千克买价10元，增值税专用发票注明增值税税额1 300元，全部款项以银行存款支付，材料尚未收到。A公司以增值税专用发票的发票联、付款通知作为原始凭证，账务处理应为：

借：材料采购——丁材料　　　　　　　　　　　10 000
　　应交税费——应交增值税（进项税额）　　　　1 300
　　贷：银行存款　　　　　　　　　　　　　　　　　　11 300

【业务4-23】 接业务4-22，2023年9月12日，上述丁材料已收到，实际验收900千克，短缺100千克，该批丁材料单位计划成本为每千克12元。后经查明，外购材料短缺100千克，应由运输单位负责。A公司的账务处理应为：

(1) 材料入库时，以材料入库单作为原始凭证：

借：原材料——丁材料　　　　　　　　　　　　10 800
　　待处理财产损溢——待处理流动资产损溢　　1 000
　　贷：材料采购——丁材料　　　　　　　　　　　　11 800

(2) 结转材料成本差异时，以入库材料的成本差异计算表作为原始凭证：

　　　应结转的材料成本差异＝(12－10)×900＝1 800(元)

借：材料采购——丁材料　　　　　　　　　　　1 800
　　贷：材料成本差异——丁材料　　　　　　　　　　　1 800

(3) 查明原因，明确赔偿责任时，以短缺材料处理单作为原始凭证：

借：其他应收款——××运输单位　　　　　　　1 130
　　贷：待处理财产损溢——待处理流动资产损溢　　1 000
　　　　应交税费——应交增值税(进项税额转出)　　　130

2. 自制材料入库

企业基本生产车间或辅助生产车间自制材料，应先通过"生产成本"科目核算其发生的料、工、费等支出。自制完成的材料验收入库时，如果实际成本小于计划成本，则按其计划成本借记"原材料"科目，按其实际成本贷记"生产成本"科目，按实际成本小于计划成本的节约差异，贷记"材料成本差异"科目；如果实际成本大于计划成本，则按其计划成本借记"原材料"科目，按实际成本大于计划成本的超支差异，借记"材料成本差异"科目，按其实际成本贷记"生产成本"科目。

【业务4-24】 A公司的生产车间自行制造完工一批丙材料，已验收入库。经计算，该批丙材料的实际成本为69 500元，计划成本为70 000元。A公司以完工材料入库单、成本差异计算表作为原始凭证，账务处理应为：

借：原材料——丙材料　　　　　　　　　　　　70 000
　　贷：生产成本　　　　　　　　　　　　　　　　　　69 500

| 材料成本差异——丙材料 | | 500 |

（三）发出原材料的核算

原材料按计划成本计价发出的核算与按实际成本计价发出的核算的方法大致相同，也是月末根据发料凭证汇总编制发料凭证汇总表，据以进行发出材料的核算，所不同的是，发料凭证汇总表中汇总的是计划成本。

原材料按计划成本进行日常核算，给日常核算工作提供了方便。企业发出各种材料时，先根据发出材料的计划成本，按照领用部门和用途分别记入"生产成本""制造费用""管理费用""销售费用"等有关成本费用科目，然后根据材料成本差异资料计算材料成本差异率，分配材料成本差异，将发出材料的计划成本调整为实际成本。

材料成本差异率即材料成本差异与材料计划成本数额的比率。其计算公式如下：

材料成本差异＝材料的实际成本－材料的计划成本

本月材料成本差异率＝（月初结存材料的成本差异＋本月入库材料的成本差异）
　　　　　　　　　　÷（月初结存材料的计划成本＋本月入库材料的计划成本）
　　　　　　　　　　×100%

本月发出材料应负担的成本差异＝本月发出材料的计划成本×本月材料成本差异率

本月发出材料的实际成本＝本月发出材料的计划成本±本月发出材料应负担的成本差异

【业务4-25】A公司2023年9月甲材料明细账列示：月初甲材料计划成本为100 000元，月初甲材料成本节约差异为3 000元；本月收入甲材料计划成本为900 000元，本月收入甲材料成本超支差异为33 000元；本月发出甲材料计划成本为800 000元。A公司计算确定的本月甲材料成本率和本月发出甲材料应负担的成本差异如下：

本月甲材料成本差异率＝[(－3 000)＋33 000]÷(100 000＋900 000)×100%
　　　　　　　　　　＝3%

本月发出甲材料应负担的成本差异＝800 000×3%＝24 000(元)

【业务4-26】接业务4-25，A公司2023年9月月末根据发料凭证编制发料凭证汇总表，如表4-8所示。甲材料本月成本差异率为3%。

表4-8　发料凭证汇总表

2023年9月30日　　　　　　　　　　　　　　　　　　　　　　　　　　　　单位：元

类别 用途	甲材料		
	计划成本	材料成本差异(3%)	实际成本
丙产品	400 000	12 000	412 000
丁产品	300 000	9 000	309 000
车间一般性消耗	50 000	1 500	51 500
厂部管理部门领用	30 000	900	30 900
专设销售机构	20 000	600	20 600
合计	800 000	24 000	824 000

月末根据发料凭证汇总表，A公司的账务处理应为：

（1）结转发出材料的计划成本，以发料凭证汇总表作为原始凭证：

借:生产成本——丙产品　　　　　　　400 000
　　　　　　——丁产品　　　　　　　300 000
　　制造费用　　　　　　　　　　　　 50 000
　　管理费用　　　　　　　　　　　　 30 000
　　销售费用　　　　　　　　　　　　 20 000
　贷:原材料——甲材料　　　　　　　　　　800 000

（2）结转发出材料应负担的差异,以发出材料差异分担计算表作为原始凭证:

借:生产成本——丙产品　　　　　　　 12 000
　　　　　　——丁产品　　　　　　　　9 000
　　制造费用　　　　　　　　　　　　 1 500
　　管理费用　　　　　　　　　　　　 900
　　销售费用　　　　　　　　　　　　 600
　贷:材料成本差异——甲材料　　　　　　　24 000

（四）原材料收发的明细分类核算

1. 原材料明细分类核算

在按计划成本计价下,原材料明细分类核算与实际成本计价的明细核算基本相同。所不同的是,在按计划成本计价下的材料明细分类账和材料二级分类账都是按计划成本登记的,而且材料明细账可以只设收入、发出数量栏,结存栏则要分设数量栏和金额栏,但金额栏不必逐笔计算登记,可以定期计算后登记,其格式如表4-9所示。

表4-9　材料明细分类账

材料科目：　　　　　　名称及规格：　　　　　　存放地点：
材料类别：　　　　　　最低储备量：　　　　　　计量单位：
材料编号：　　　　　　最高储备量：　　　　　　计划单价：

年		凭证编号	摘要	收入数量	发出数量	结存	
月	日					数量	金额

2. 材料采购明细分类核算

为了加强对材料采购的付款、入库和在途情况的核算并计算材料采购业务的成果,财会部门应按材料的类别、品种设置材料采购明细分类账。材料采购明细账采用横线登记法进行登记,即同一批外购材料的付款和收料业务在同一行中登记,登记的依据是盲核后的发票账单和收料单等有关凭证,月终,将已在借方栏和贷方栏登记的材料成本差异结转,贷记"材料成本差异"科目。对于只有借方金额而无贷方金额,即已付款但尚未验收入库的在途材料,应逐笔转入下月材料采购明细账内,以便材料验收入库时进行账务处理。其格式如表4-10所示。

表 4-10 材料采购明细账

明细科目：×材料　　　　　　　　　　　　　　　　　　　　　　　　　　　　　单位：元

年		记账凭证号	发票账单号	供应单位	摘要	借方(实际成本)				年		记账凭证号	收料凭证号	摘要	贷方(计划成本)			材料成本差异
月	日					买价	运杂费	其他	合计	月	日				计划成本	其他	合计	

3. 材料成本差异明细分类核算

材料成本差异明细账的设置口径与材料采购明细账的设置口径是一致的，一般也是按材料的类别或品种设置。材料成本差异明细账中本月收入和发出材料的计划成本，应分别根据收料凭证汇总表和发料凭证汇总表填写；本月收入和本月发出材料的成本差异，应分别根据有关转账凭证或收发凭证汇总表填列；差异率则根据账内有关资料计算填列，发出材料应负担的材料成本差异均从材料成本差异明细账的贷方转出，超支用蓝字，节约用红字。其格式如表 4-11 所示。

表 4-11 材料成本差异明细账

明细科目：×材料　　　　　　　　　　　　　　　　　　　　　　　　　　　　　单位：元

年		凭证字号	摘要	收入			差异分配率	发出		结存		
月	日			计划成本	借方差额	贷方差额		计划成本	贷方差额	计划成本	借方差额	贷方差额

原材料按计划成本计价，能比较有效地避免按实际成本计价的不足。但由于材料成本差异一般只能按材料大类计算，因此会影响材料成本计算的准确性。这种计价方法适用于材料收发业务频繁且具备材料计划成本资料的大型企业。

任务三　周转材料的核算

一、包装物的核算

(一) 包装物的核算内容

包装物是指为了包装本企业商品而储备的各种包装容器，如桶、箱、瓶、坛、袋等。其核算内容包括：

(1) 生产过程中用于包装产品作为产品组成部分的包装物。
(2) 随同商品出售而不单独计价的包装物。
(3) 随同商品出售而单独计价的包装物。
(4) 出租或出借给购买单位使用的包装物。

需要注意的是，下列各项不属于包装物的核算范围：

(1)各种包装材料,如纸、绳、铁丝、铁皮等,这类一次性使用的包装材料应作为原材料进行核算。

(2)用于储存和保管商品、材料而不对外出售、出租、出借的包装物,应按其价值的大小和使用年限的长短分别作为固定资产或低值易耗品进行核算。

(3)作为企业商品的自制包装物,应作为库存商品进行核算。

为了反映和监督各种包装物的增减变化及结存情况,企业应设置"周转材料——包装物"科目。该科目借方登记购入、委托加工收回、自制完工入库的包装物的实际(或计划)成本;贷方登记企业领用、摊销、对外销售等原因减少包装物的实际(或计划)成本;余额在借方,表示月末库存包装物的实际(或计划)成本。该科目应按包装物的种类设置明细科目,进行明细核算。

(二)收入包装物的核算

企业因购入、自制、委托外单位加工完成验收入库等原因增加的包装物,应按照该包装物的实际成本或计划成本入账,账务处理方法可比照原材料的账务处理进行。

【业务4-27】A公司采用实际成本核算周转材料,2023年9月20日从本地某单位购进木箱一批,进价为6 000元,增值税税额为780元,签发转账支票付讫,包装物验收入库。A公司应根据取得的增值税专用发票(发票联)、入库单及银行转账付款凭证等编制如下会计分录:

借:周转材料——包装物——木箱　　　　6 000
　　应交税费——应交增值税(进项税额)　　780
　　贷:银行存款　　　　　　　　　　　　　6 780

(三)发出包装物的核算

企业发出包装物,应按包装物的不同用途分别进行账务处理。

1. 生产领用包装物

对生产领用包装物,应按照领用包装物的实际成本,借记"生产成本"科目,按照领用包装物的计划成本,贷记"周转材料——包装物"科目,按照其差额,借记或贷记"材料成本差异"科目。

【业务4-28】A公司对包装物采用计划成本核算,2023年9月生产甲产品领用包装物的计划成本为100 000元,材料成本差异率为-2%。A公司应根据领料单或材料费用汇总表等编制如下会计分录:

借:生产成本——甲产品　　　　　98 000
　　材料成本差异——包装物　　　 2 000
　　贷:周转材料——包装物　　　　　　100 000

2. 随同商品出售包装物

(1)随同商品出售但不单独计价的包装物。应按其实际成本计入销售费用,借记"销售费用"科目,按其计划成本,贷记"周转材料——包装物"科目,按其差额,借记或贷记"材料成本差异"科目。

【业务4-29】A公司2023年9月销售商品领用不单独计价包装物铁桶的计划成本为

50 000元,材料成本差异率为2％。A公司根据领料单或材料费用汇总表等编制如下会计分录：

借：销售费用　　　　　　　　　　　　　　　　　51 000
　　贷：周转材料——包装物——铁桶　　　　　　　　50 000
　　　　材料成本差异——包装物　　　　　　　　　　 1 000

(2) 随同商品出售且单独计价的包装物。一方面应反映其销售收入，记入"其他业务收入"科目；另一方面应反映其实际销售成本，记入"其他业务成本"科目。

[业务4-30] A公司2023年9月销售领用单独计价包装物的计划成本为30 000元,销售收入为40 000元,增值税税额为5 200元,款项已存入银行。该包装物的材料成本差异率为3％。A公司根据开具的增值税专用发票(记账联)、银行进账单等收款凭证、领料单或材料费用汇总表等编制如下会计分录：

(1) 出售单独计价包装物：

借：银行存款　　　　　　　　　　　　　　　　　45 200
　　贷：其他业务收入　　　　　　　　　　　　　　　40 000
　　　　应交税费——应交增值税(销项税额)　　　　　5 200

(2) 结转所售单独计价包装物的成本：

借：其他业务成本　　　　　　　　　　　　　　　30 900
　　贷：周转材料——包装物　　　　　　　　　　　　30 000
　　　　材料成本差异——包装物　　　　　　　　　　　900

3. 出租出借包装物

出租包装物的租金收入应记入"其他业务收入"和"应交税费——应交增值税(销项税额)"科目，出租包装物的实际成本及修理费用应记入"其他业务成本"科目。出借包装物给购货单位免费使用，其出借包装物的实际成本及修理费用视为企业在销售过程中的耗费，记入"销售费用"科目。

为了督促使用单位如期归还包装物，无论出租还是出借包装物，一般都要收取不低于包装物成本的押金，包装物的押金应通过"其他应付款"科目核算。收取包装物押金时，应借记"银行存款"等科目，贷记"其他应付款"科目；退回押金时作相反的会计分录。至于押金所涉及的相关税费的核算，视所包装的货物有所不同。

(四) 包装物摊销

周转使用包装物在周转使用过程中多次回收利用，实物形态无明显变化，但价值逐渐减少。企业应当采用一次转销法或者分次摊销法对包装物进行摊销，计入相关资产的成本或者当期损益。

1. 一次转销法

一次转销法是指在领用包装物时，将其价值一次、全部计入当期成本费用的一种摊销方法。采用一次摊销法，在领用时，将其全部价值借记"其他业务成本"(出租包装物)、"销售费用"(出借包装物)科目，贷记"周转材料"科目，借记或贷记"材料成本差异"科目，同时作备查记录。报废时，将报废包装物的残料价值作为当月包装物摊销额的减少，冲减有关成本费用，借记"原材料"等科目，贷记"其他业务成本"(出租包装物)、"销售费用"(出借包装物)科目,同时作备查注销。这种摊销方法核算简单,但若领用的包装物价值较大,会使当期成本费用偏高,影响成本费用的均衡性。这种摊销方法主要适用于一次领用、金额不大的包装物的摊销。

【业务4-31】 A公司材料仓库发出一批新的包装物,实际成本为6 000元,用于出租。该包装物采用一次摊销法。A公司应根据领料单等编制如下会计分录:

借:其他业务成本——包装物出租　　　6 000
　　贷:周转材料——包装物　　　　　　　　6 000

2. 分次摊销法

分次摊销法是指按照出租或出借包装物的使用次数摊销其账面价值的一种摊销方法。采用分次摊销法时,一般应在"周转材料"科目下分别设置"库存包装物""出租包装物""出借包装物""包装物摊销"明细科目进行核算。具体账务处理如下:

(1) 领用时,应将领用包装物的全部成本由"库存包装物"明细科目转入"出租(借)包装物"明细科目,借记"周转材料——出租(借)包装物"科目,贷记"周转材料——库存包装物"科目。

(2) 分次摊销时,借记"其他业务成本"(出租包装物)、"销售费用"(出借包装物)科目,贷记"周转材料——包装物摊销"科目。

(3) 包装物收回入库时,则按包装物成本,借记"周转材料——库存包装物"科目,贷记"周转材料——出租(借)包装物"科目。

(4) 报废时,按报废包装物未摊销的部分,借记"其他业务成本"(出租包装物)、"销售费用"(出借包装物)科目,贷记"周转材料——包装物摊销"科目;同时注销报废包装物成本及其已摊销价值,借记"周转材料——包装物摊销"科目,贷记"周转材料——出租(借)包装物""周转材料——库存包装物"科目。

采用计划成本计价时,还应结转报废包装物应分担的成本差异,借记或贷记"其他业务成本"(出租包装物)、"销售费用"(出借包装物)科目,贷记或借记"材料成本差异"科目;报废时如有残值,应借记"原材料"等科目,贷记"其他业务成本"(出租包装物)、"销售费用"(出借包装物)科目。

采用分次摊销法,虽然会计处理略显烦琐,但包装物在报废之前,始终有部分价值保留在账面上,这样有利于加强对周转材料的管理和核算。这种摊销方法主要适用于出租出借包装物数量多、金额大的包装物摊销。

【业务4-32】 A公司领用全新的包装木箱一批,实际成本为40 000元,出租给B公司使用,收取押金50 000元存入银行。租金于B公司退还包装木箱时按实际使用时间计算并从押金中扣除。该包装物采用分次摊销法。预计使用8次。A公司的账务处理应为:

(1) 将领用包装物由库存转入出租时,应根据领料单等编制如下会计分录:

借:周转材料——出租包装物　　　40 000
　　贷:周转材料——库存包装物　　　　40 000

(2) 第一次摊销包装物成本时,会计分录为:

借:其他业务成本　　　　　5 000
　　贷:周转材料——包装物摊销　　5 000

(3) 收到押金时,根据银行进账单等收款凭证编制如下会计分录:

借:银行存款　　　　　　　　　　　　　50 000
　　　　贷:其他应付款——B公司　　　　　　　　　50 000
　　(4) 结转第一次出租应收的租金7 000元、增值税税额910元,并退回押金时,应根据开具的增值税专用发票(记账联)、银行转账支付凭证等编制如下会计分录:
　　借:其他应付款——B公司　　　　　　　　50 000
　　　　贷:其他业务收入　　　　　　　　　　　　7 000
　　　　　　应交税费——应交增值税(销项税额)　　910
　　　　　　银行存款　　　　　　　　　　　　　42 090
　　(5) 将收回包装物由出租转入库存已用时,根据入库单等编制如下会计分录:
　　借:周转材料——库存包装物　　　　　　　40 000
　　　　贷:周转材料——出租包装物　　　　　　　40 000

【业务4-33】 接业务4-32,假定收回的包装物作报废处理,且有残料价值100元入库。A公司的账务处理应为:
　　(1) 报废残料入库,根据入库单等编制如下会计分录:
　　借:原材料　　　　　　　　　　　　　　100
　　　　贷:其他业务成本　　　　　　　　　　　100
　　(2) 最后一次摊销,根据经批准报废申请单和相关账簿记录编制如下会计分录:
　　借:其他业务成本　　　　　　　　　　　5 000
　　　　贷:周转材料——包装物摊销　　　　　　　5 000
　　(3) 注销报废包装物的账面成本,会计分录为:
　　借:周转材料——包装物摊销　　　　　　　40 000
　　　　贷:周转材料——出租包装物　　　　　　　40 000

二、低值易耗品的核算

(一) 低值易耗品的核算内容

　　低值易耗品是指单位价值较低、使用年限较短、不能作为固定资产核算的各种用具物品,如工具、器具、管理用具、玻璃器皿,以及在生产经营过程中周转使用的容器等。低值易耗品按用途一般可以分为以下几类:
　　(1) 一般工具。一般工具是指车间生产产品用的工具,如刀具、量具和各种辅助工具以及供生产周转使用的容器等。
　　(2) 专用工具。专用工具是指为了生产某种特定产品,或在某一特定工序上使用的工具,如专用模具、专用工具等。
　　(3) 替换设备。替换设备是指容易磨损或为制造不同产品需要替换使用的各种设备,如轧钢使用的钢辊等。
　　(4) 管理用具。管理用具是指在管理工作中使用的各种物品,如办公用品、办公家具等。
　　(5) 劳动保护用品。劳动保护用品是指为了能使职工安全生产而发给职工作为劳动保护用的工作服、工作鞋等。

(6) 其他用具。其他用具是指不属于以上各类的低值易耗品。

为了反映和监督低值易耗品的增减变动及结存情况,企业应当设置"周转材料——低值易耗品"科目。该科目借方登记外购、自制或委托加工收回的低值易耗品的实际(或计划)成本,贷方登记发出低值易耗品的实际(或计划)成本,余额在借方,表示库存低值易耗品的实际(或计划)成本。该科目应按低值易耗品的类别、品种、规格设置明细科目,进行明细核算。

(二) 收入低值易耗品的核算

低值易耗品的成本构成,采购、入库的账务处理方法与原材料的账务处理方法相同。

【业务4-34】A公司购入专用工具一批,实际成本为10 000元,增值税税额为1 300元,全部款项用银行存款支付,该批专用工具验收入库。A公司应根据取得的增值税专用发票(发票联)、银行转账支付凭证、入库单等编制如下会计分录:

借:周转材料——低值易耗品——专用工具　　10 000
　　应交税费——应交增值税(进项税额)　　　 1 300
　　贷:银行存款　　　　　　　　　　　　　　　　　11 300

(三) 低值易耗品领用、摊销及报废的核算

由于低值易耗品一般都可经多次使用仍保持原有的实物形态,其价值随着其使用而逐渐转移,而低值易耗品又作为流动资产被管理,因此,领用、发出低值易耗品的成本可以采用摊销的方法,将低值易耗品的价值分期计入企业有关的成本费用中。按照企业会计准则规定,企业应当采用一次转销法或者五五摊销法对低值易耗品进行摊销,计入相关资产的成本或者当期损益。

1. 一次转销法下低值易耗品领用、摊销及报废的核算

一次转销法是指在领用低值易耗品时,将其价值一次计入当期成本费用中的一种摊销方法。在领用时,将其全部价值借记"制造费用""管理费用""销售费用""其他业务成本"等科目,贷记"周转材料"科目,借记或贷记"材料成本差异"科目,同时作备查记录。报废时,将报废低值易耗品的残料价值作为当月低值易耗品摊销额的减少,冲减有关成本费用,借记"原材料"等科目,贷记"制造费用""管理费用""销售费用""其他业务成本"等科目,同时作备查注销。

采用一次转销法,对于在用低值易耗品以及使用部门退回仓库的低值易耗品,应加强实物管理,并在有关备查簿上登记。

【业务4-35】2023年9月,A公司生产车间领用专用工具一批,实际成本为6 000元,该专用工具采用一次转销法。A公司应根据领料单或材料费用汇总表等编制如下会计分录:

借:制造费用　　　　　　　　　　　　　　　　　　6 000
　　贷:周转材料——低值易耗品——专用工具　　6 000

2. 分次摊销法下低值易耗品领用、摊销及报废的核算

分次摊销法是按照低值易耗品的使用次数摊销其账面价值的一种摊销方法。采用分次摊销法时,一般需要在"周转材料"科目下分别设置"在库低值易耗品""在用低值易耗品""低值易耗品摊销"等明细科目。具体的账务处理如下:

(1)领用时,应将领用低值易耗品的全部成本由"在库低值易耗品"明细科目转入"在用低值易耗品"明细科目,借记"周转材料——在用低值易耗品"科目,贷记"周转材料——在库低值易耗品"科目;

(2)每次摊销时,借记"制造费用""管理费用""销售费用""其他业务成本"等科目,贷记"周转材料——低值易耗品摊销"科目。

(3)报废时,注销报废低值易耗品成本及其已摊销价值,借记"周转材料——低值易耗品摊销"科目,贷记"周转材料——在用低值易耗品"科目。

采用计划成本计价时,还应结转报废低值易耗品应分担的成本差异,借记"制造费用""管理费用""销售费用""其他业务成本"等科目,借记或贷记"材料成本差异"科目;报废时如有残值,应借记"原材料"等科目,贷记"制造费用""管理费用""销售费用""其他业务成本"等科目。

分次摊销法下由于账面上能反映在用低值易耗品的成本,因此,有利于加强对财物的管理,但若报废时有关部门不能及时处理,容易造成账实不符。这种摊销方法主要适用于一次领用数量较多、价值较大的低值易耗品。

【业务4-36】2023年10月8日,A公司基本生产车间领用专用用具一批,实际成本为80 000元。该批工具不符合固定资产定义,采用分次摊销法摊销。该批工具估计使用4次。A公司应根据领料单等进行如下账务处理:

(1)将领用低值易耗品由在库转入在用:
借:周转材料——低值易耗品——在用　　80 000
　　贷:周转材料——低值易耗品——在库　　80 000

(2)第一次摊销低值易耗品成本的四分之一:
借:制造费用　　20 000
　　贷:周转材料——低值易耗品——摊销　　20 000

第二次、第三次、第四次摊销低值易耗品成本同上。

(3)报废注销:
借:周转材料——低值易耗品——摊销　　80 000
　　贷:周转材料——低值易耗品——在用　　80 000

【业务4-37】B公司对低值易耗品采用计划成本核算。2023年10月30日,B公司基本生产车间领用专用用具一批,实际成本为80 800元,计划成本为80 000元。该批工具不符合固定资产定义,采用分次摊销法摊销。该批工具估计使用4次,材料成本差异率为1%。B公司应根据领料单等进行如下账务处理:

(1)将领用低值易耗品由在库转入在用:
借:周转材料——低值易耗品——在用　　80 000
　　贷:周转材料——低值易耗品——在库　　80 000

(2)第一次摊销低值易耗品价值的四分之一:
借:制造费用　　20 000
　　贷:周转材料——低值易耗品——摊销　　20 000

同时结转差异:
借:制造费用　　200

  贷:材料成本差异——低值易耗品　　　　200
第二次、第三次、第四次摊销低值易耗品成本同上。结转差异同上。
(3) 报废注销:
借:周转材料——低值易耗品——摊销　　　80 000
  贷:周转材料——低值易耗品——在用　　　　80 000

任务四　委托加工物资的核算

一、委托加工物资的内容和成本

(一) 委托加工物资的内容

  委托加工是指委托方提供原料及主要材料,受托方仅提供辅助材料并收取加工费的一种加工形式。委托加工物资是指企业委托外单位加工的各种材料、零部件、周转材料、商品等物资。企业发出委外单位加工的物资,只是改变了物资的存放地点,其所有权仍属于委托企业,即属于企业存货的范畴。委托加工物资一般要经过物资发出—加工—完成入库这一过程。加工完成收回的物资不仅实物形态、性能会发生变化,其价值也会相应增加。

(二) 委托加工物资的成本

  委托加工物资的实际成本一般应包括:
(1) 加工中耗用材料物资的实际成本。
(2) 支付的加工费(包括代垫部分辅助材料的费用)。
(3) 支付的加工物资的往返运杂费。
(4) 支付的有关税费。
  企业必须按照受托企业收取的加工费和规定的增值税税率支付增值税。凡属于税法规定准予从销项税额中抵扣的,应计入当期的进项税额,不计入委托加工物资的成本;凡属于税法规定不得从销项税额中抵扣的,应将这部分增值税进项税额计入委托加工物资的成本。
  除支付增值税外,属于消费税应税范围的加工物资还要按照规定缴纳消费税。税法规定,需要缴纳消费税的委托加工应税消费品,于委托方提货时,由受托方代扣代缴税款。企业支付的这部分消费税有两种处理方法:凡委托加工物资收回以后用于连续生产应税消费品的,所缴纳的税款按规定准予抵扣以后消费环节应缴纳的消费税,消费税不计入加工物资的实际成本,应记入"应交税费——应交消费税"科目的借方,待用委托加工物资生产出的应税消费品销售时,再计算缴纳消费税;凡委托加工物资收回以后,直接用于销售的,企业应将缴纳的消费税计入应税消费品的成本,即计入委托加工物资的成本。
  为了反映和监督委托外单位加工物资的增减变动及其结存情况,企业应设置"委托加工物资"科目,该科目借方登记发出物资的实际成本或计划成本和成本差异、加工费用、运杂费,贷方登记加工完成入库物资的实际成本,期末借方余额反映企业委托外单位加工尚未完成的实际成本。该科目应按加工合同和受托加工单位设置明细科目,进行明细核算。

二、委托加工物资的账务处理

(一) 发出物资的处理

企业发出加工物资时,应根据发出物资的实际成本,借记"委托加工物资"科目,贷记"原材料""周转材料""库存商品"等科目。如果采用计划成本核算,应按计划成本,借记"委托加工物资"科目,贷记"原材料"科目;同时结转材料成本差异,借记或贷记"委托加工物资"科目,贷记或借记"材料成本差异"科目。

【业务4-38】A公司发出甲材料一批,委托B企业加工成乙材料(属于应税消费品),甲材料的实际成本为50 000元,以银行存款支付运杂费2 000元、增值税180元。A公司应根据发运凭证、银行转账支付凭证等编制如下会计分录:

借:委托加工物资——B企业　　　　　　52 000
　　应交税费——应交增值税(进项税额)　　180
　贷:原材料——甲材料　　　　　　　　　50 000
　　银行存款　　　　　　　　　　　　　 2 180

(二) 支付相关税费的处理

企业支付加工费、增值税时,应借记"委托加工物资""应交税费——应交增值税(进项税额)"科目,贷记"银行存款"等科目。

企业于委托加工环节支付的消费税,应区分以下两种情况分别处理:一是,委托加工物资收回后用于连续生产应税消费品所支付的消费税,应借记"应交税费——应交消费税"科目,贷记"银行存款"等科目;二是,委托加工物资收回以后用于其他方面所支付的消费税,借记"委托加工物资"科目,贷记"银行存款"等科目。

【业务4-39】接业务4-38,A公司以银行存款支付加工费10 000元、增值税1 300元、消费税6 500元。乙材料已加工完成并验收入库(以后用于继续生产应税消费品)。A公司应根据取得的增值税专用发票(发票联)、代收代缴消费税凭证和银行转账支付凭证等编制如下会计分录:

借:委托加工物资——B企业　　　　　　　10 000
　　应交税费——应交增值税(进项税额)　　1 300
　　　　　　——应交消费税　　　　　　　6 500
　贷:银行存款　　　　　　　　　　　　　17 800

(三) 加工完成验收入库的处理

加工完成的物资和剩余材料物资收回入库时,按加工收回物资的实际成本和剩余材料物资的实际成本,借记"原材料""库存商品"等科目,贷记"委托加工物资"科目。采用计划成本核算的企业,应按计划成本,借记"原材料"等科目,贷记"委托加工物资"科目;同时结转成本差异,借记或贷记"委托加工物资"科目,贷记或借记"材料成本差异"科目。

【业务4-40】接业务4-38、业务4-39,A公司收回委托加工的乙材料,以银行存款支付运费2 200元、增值税198元,材料已验收入库。A公司的账务处理应为:

(1) 根据取得的增值税专用发票(发票联)、银行转账支付凭证等编制如下会计分录:

借:委托加工物资——B企业　　　　　　　2 200
　　应交税费——应交增值税(进项税额)　　 198
　　贷:银行存款　　　　　　　　　　　　　　　　　2 398

(2) 根据入库单和"委托加工物资——B企业"明细科目余额,编制如下会计分录:

借:原材料——乙材料　　　　　　　　　　64 200
　　贷:委托加工物资——B企业　　　　　　　　　　64 200

【业务4-41】A公司发出丙商品一批,委托C企业加工成丁商品(不属于应税消费品),丙商品的实际成本为100 000元,支付的加工费为20 000元,往返运杂费为3 000元,增值税为2 870元,款项已用银行存款支付。丁商品已加工完成并验收入库。A公司的账务处理应为:

(1) 发出委托加工的商品时:

借:委托加工物资——C企业　　　100 000
　　贷:库存商品——丙商品　　　　　　　100 000

(2) 支付加工费、运杂费和相关税费时:

借:委托加工物资——C企业　　　　　　　23 000
　　应交税费——应交增值税(进项税额)　 2 870
　　贷:银行存款　　　　　　　　　　　　　　　　　25 870

(3) 丁商品加工完成验收入库时:

借:库存商品——丁商品　　　　　123 000
　　贷:委托加工物资——C企业　　　　　123 000

任务五　库存商品的核算

一、库存商品收发的核算

(一) 账户设置

库存商品一般包括库存产成品、外购商品、存放在门市部准备出售的商品、发出展览的商品、寄存在外的商品、接受来料加工制造的代制品和为外单位加工修理的代修品等。已完成销售手续但购买单位在月末未提取的产品,不应作为企业的库存商品,而应作为代管商品处理,单独设置代管商品备查簿进行登记。

为了反映和监督产成品的收、发、结存情况,企业应设置"库存商品"科目,该科目借方登记验收入库的各种产成品的实际成本,贷方登记发出的产成品的实际成本,余额在借方,表示结存产成品的实际成本。该科目可按产成品的种类、品种和规格设置明细账进行明细核算。

(二) 账务处理

1. 验收入库商品的处理

产成品制造完工经检验合格后,应由生产车间按照交库数量填写产成品入库单,交仓库验收数量并登记明细账。月末,根据产成品入库单和成本计算资料编制产成品入库汇总表,根据产成品入库汇总表中的实际成本,借记"库存商品"科目,贷记"生产成本"科目。

【业务4-42】A公司2023年5月31日编制的产成品入库汇总表如表4-12所示。

表4-12　产成品入库汇总表

2023年5月31日　　　　　　　　　　　　　　　　　　　　单位:元

产品名称	计量单位	数量	单位成本(实际)	总成本	备注
甲产品	台	1 000	30	30 000	
乙产品	台	800	50	40 000	
合计					

根据表4-12,A公司以完工产品入库单作为原始凭证,账务处理应为:

借:库存商品——甲产品　　30 000
　　　　　　——乙产品　　40 000
　贷:生产成本——甲产品　　30 000
　　　　　　——乙产品　　40 000

2. 发出商品的处理

发出商品主要是指因销售而发出产成品。企业销售部门销售商品时,应填制发货单交仓库办理产品出库手续并据以登记明细账。月末,财会部门应根据当月产品出库凭证、库存商品明细账以及确定的计价方法计算发出产成品的实际成本,汇总编制产成品发出汇总表,根据产成品发出汇总表中的实际成本,借记"主营业务成本"科目,贷记"库存商品"科目。

【业务4-43】A公司2023年5月产成品发出汇总情况,如表4-13所示。

表4-13　产成品发出汇总表

2023年5月31日　　　　　　　　　　　　　　　　　　　　单位:元

产品名称	计量单位	销售发出		
		数量	单位成本	总成本
甲产品	台	800	30	24 000
乙产品	台	600	50	30 000
合计				54 000

根据表4-13,A公司以销售产品成本计算单作为原始凭证,账务处理应为:

借:主营业务成本——甲产品　　24 000
　　　　　　　——乙产品　　30 000
　贷:库存商品——甲产品　　24 000
　　　　　　——乙产品　　30 000

如果工业企业产成品种类较多,也可以按计划成本进行日常核算。采用计划成本核算,其账务处理的基本原理与前述的原材料按计划成本计价的核算相同。

二、商品流通企业库存商品的核算

商品流通企业是专门从事商品购销活动的企业,库存商品核算具有一定的特殊性,核算方法有多种,主要包括数量进价金额核算法、数量售价金额核算法、售价金额核算法和进价金额核算法。

(一)数量进价金额核算法

数量进价金额核算法是指对库存商品既要核算数量又要核算进价金额的一种方法。它适用于商品批发企业库存商品的核算。库存商品按数量进价金额核算法进行日常收发核算的特点是:从库存商品的收发凭证到明细分类账户和总分类账户全部按商品进价计价。

1. 商品购进的核算

采用数量进价金额核算法对商品购进进行核算时,与采用实际成本法对原材料购进核算的方法基本相同,只是以下两个方面有所不同:一是在采购过程中发生的运杂费等进货费用,若数额较小可直接记入"销售费用"科目,若数额较大可直接计入商品成本;二是所采购的商品入库时,记入"库存商品"科目,而不是"原材料"科目。

【业务4-44】A公司采用托收承付结算方式从C公司购进甲商品一批,商品价款为30 000元,增值税专用发票上注明的进项税额为3 900元。购进过程中发生运费2 000元,增值税专用发票上注明的进项税额为180元,由销售方垫付,结算凭证已到,核对无误后承付货款,商品未到。10天后商品到达并验收入库。A公司的账务处理应为:

(1)支付款项时,以增值税专用发票的发票联、付款通知作为原始凭证:

借:在途物资——C公司　　　　　　　　30 000
　　应交税费——应交增值税(进项税额)　4 080
　　销售费用　　　　　　　　　　　　　2 000
　　贷:银行存款　　　　　　　　　　　　　　36 080

(2)商品验收入库时,以商品入库单作为原始凭证:

借:库存商品——甲商品　　　　30 000
　　贷:在途物资——C公司　　　　　30 000

2. 商品销售的核算

商品销售的账务处理包括:一是按商品售价反映主营业务收入和销售货款结算情况,二是按已销售商品进价结转商品销售成本并注销库存商品。具体账务处理方法如下:

(1)商品销售货款的结算。对于企业销售的商品,凡符合收入确认条件的,应确认本期实现的营业收入,按实际收到或应收的款项,借记"银行存款""应收账款""应收票据""预收账款"等科目,按实现的营业收入的价款,贷记"主营业务收入"科目,按专用发票上注明的增值税税额,贷记"应交税费——应交增值税(销项税额)"科目。

(2)商品销售成本的计算和结转。商品销售成本的计算和结转,按其计算和结转时间的不同分为两种:一种是逐日(或逐笔)计算和结转,另一种是定期计算和结转。前者于每日反映商品销售收入时,计算并结转商品销售成本,后者于月末计算和结转商品销售成本。企业销售发出的商品,在计算结转商品销售成本时,可采用个别认定法、先进先出法、加权平均法、移动加权平均法和毛利率法等方法。核算方法一经确定,不得随意变更。如需变更,应在会计报表附注中予以说明。无论何时计算和结转商品销售成本,均应借记"主营业务成本"科目,贷记"库存商品"科目。

【业务4-45】A公司为商品批发企业,现售给外地某商场甲商品一批,商品货款为10 000元,增值税专用发票上注明的销项税额为1 300元,发运商品时,为购货单位以银行存款代垫运费2 180元,已向银行办妥货款和代垫费用的托收手续。该批商品的原价为8 000元。A公司的账务处理应为:

(1) 办妥托收手续时,以托收凭证的回单、增值税专用发票的记账联、支票存根作为原始凭证:

借:应收账款——××商场　　　　　　　13 480
　　贷:主营业务收入——甲商品　　　　　　10 000
　　　　应交税费——应交增值税(销项税额)　1 300
　　　　银行存款　　　　　　　　　　　　　 2 180

(2) 结转销售成本时,以已销商品成本计算表作为原始凭证:

借:主营业务成本——甲商品　　　　　　8 000
　　贷:库存商品——甲商品　　　　　　　　8 000

企业可以于月末采用毛利率法计算并结转本期商品销售成本。毛利率法是指用前期实际(或本期计划)毛利率乘以本期销售净额匡算本期销售毛利,从而估算本期发出存货的成本和期末结存存货成本的一种方法。采用毛利率法估算成本的基本步骤如下:

第一步,确定前期实际(或本期计划)毛利率:

毛利率=销售毛利÷销售净额×100%

第二步,估算本期销售毛利:

估计销售毛利=本期销售净额×前期实际(或本期计划)毛利率

第三步,估算本期销售成本:

本期销售成本=本期销售净额−销售毛利

第四步,估算期末结存存货成本:

期末结存存货成本=期初存货成本+本期购货成本−本期销售成本

毛利率法提供的只是存货成本的近似值,不是对存货的准确计价,一般适用于计算每季度前两个月发出存货的成本。为了合理地确定期末存货的实际价值,企业应当在每季季末进行存货盘存,确定本季度期末结存存货的成本,然后根据本季度期初结存存货的成本和本季度购进存货的成本,倒推出本季度发出存货的成本,据以计算本季度第三个月发出存货的成本以及本季度存货的销售毛利率。

【业务4-46】A公司2023年第三季度季末结存甲类商品成本为50 000元,该类商品的销售毛利率为25%。2023年10月该公司购进甲类商品成本150 000元,当月销售甲类商品收入净额220 000元。采用毛利率法计算A公司甲类商品2023年10月的销售成本、销售毛利以及甲类商品的库存结存成本,并做出相关成本的结转分录。A公司的账务处理应为:

甲类商品销售毛利=220 000×25%=55 000(元)

甲类商品销售成本=220 000−55 000=165 000(元)

借:主营业务成本——甲类商品　　　　165 000

贷：库存商品——甲类商品　　　　　　　165 000

7月月末甲类商品结存商品成本＝50 000＋150 000－165 000＝35 000(元)

（二）数量售价金额核算法

数量售价金额核算法一般适用于各种贵重商品的核算，以及面向零售商店的小型批发企业。数量售价金额核算法与数量进价金额核算法基本相似，但它具有以下几个特点：

（1）库存商品总分类账户和明细分类账户一律按商品售价记账。

（2）企业也要建立一套完整的商品明细账，这套明细账按商品的品名、编号分设明细账户，同时进行数量核算和金额核算。

（3）要设置"商品进销差价"科目，以记载商品售价金额和进价金额的差额。

数量售价金额核算法，除保持了数量进价金额核算法的资料较齐全和对商品实物控制较严密的优点之外，还具有便于加强销货款项控制、减轻计算工作量等优点。但是在售价经常变动的情况下，这种方法并不适用。

（三）售价金额核算法

售价金额核算法是指对库存商品按售价核算的一种方法，它适用于商品零售企业库存商品的核算。在售价金额核算法下，企业仍要设置"在途物资""库存商品"科目，不同的是，"库存商品"和"主营业务成本"科目是按售价计价的。还应设置"商品进销差价"科目，该科目属于资产类科目，是"库存商品"科目的备抵调整科目，它核算商品流通企业采用售价金额核算库存商品时，商品的售价与进价之间的差额。该科目贷方登记企业购进、销货退回以及加工收回等增加的库存商品的进销差价，借方登记月末分摊已销商品的进销差价，期末贷方余额反映月末库存商品应保留的进销差价。该科目应按实物负责人进行明细分类核算。"库存商品"科目的借方余额与"商品进销差价"科目的贷方余额之间的差额，即库存商品实际占用的资金数额，也就是库存商品的进价成本。

1. 商品购进的核算

库存商品按售价金额核算法进行日常收发核算的特点是：从库存商品的收发凭证到明细分类账和总分类账全部按商品售价计价。库存商品售价和进价之间的差额，通过"商品进销差价"账户进行核算。

根据发票账单等结算凭证支付或承付货款的账务处理与数量进价金额核算法相同，而商品到达并验收入库的账务处理则不同。在售价金额核算法下，要按商品售价借记"库存商品"科目，按商品进价贷记"在途物资"科目，将商品进价与售价之间的差额贷记"商品进销差价"科目。

【业务4-47】B公司为从事商品零售的企业，且为增值税一般纳税人，库存商品采用售价金额核算。2023年9月6日采用托收承付结算方式从D公司购进乙商品一批，商品价款为20 000元，增值税专用发票上注明的进项税额为2 600元，购进过程中发生运费1 000元，增值税专用发票上注明的进项税额为90元，由销货方垫付。结算凭证已到，承付货款。5天后商品到达并由百货组验收入库，该批乙商品的售价为29 000元。B公司的账务处理应为：

（1）2023年9月6日采购付款时，以增值税专用发票的发票联、付款通知作为原始凭证：

　　借：在途物资——D公司　　　　　　　　　20 000

    应交税费——应交增值税(进项税额)   2 690
    销售费用   1 000
   贷:银行存款   23 690
  (2)2023年9月11日验收入库时,以零售商品验收单作为原始凭证:
   借:库存商品——百货组   30 000
    贷:在途物资——D公司   20 000
     商品进销差价——百货组   10 000

2. 商品销售的核算

  在售价金额核算法下,销售商品的账务处理包括两个方面的内容:一是每日按商品售价反映主营业务收入和销售货款的结算情况,二是每日按已销售商品的售价结转主营业务成本并注销库存商品。零售商品销售的核算之所以平时按售价结转主营业务成本,主要是为了正确反映实物负责人的经济责任,商品销售后,必须按售价及时注销库存商品,因而也就相应地按售价结转主营业务成本。

  在售价金额核算法下,企业需要定期将含增值税的销售收入调整为不含增值税的销售收入。月末,企业还需要计算并结转已销商品应分摊的进销差价,将以售价反映的销售成本调整为以进价反映的销售成本。

  (1)销售收入的调整。

  第一步,计算本期增值税销项税额。

    本期增值税销项税额＝本期实际销售收入÷(1＋适用的增值税税率)
           ×适用的增值税税率

  第二步,编制会计分录,将本期含税销售收入调整为不含税销售收入。

    本期不含税销售收入＝本期含税销售收入－本期增值税销项税额

会计分录为:

  借:主营业务收入
   贷:应交税费——应交增值税(销项税额)

知识链接

  企业计算增值税销项税额并调整本期含税销售收入的期限应与增值税的纳税期限相一致。例如,若企业根据税法规定,确定的纳税期限为15天,那么企业计算增值税销项税额并调整销售收入的期限也应当是15天。

  (2)销售成本的调整。

  月末,企业应当采用一定的方法计算已销商品应分摊的进销差价,把按售价结转的主营业务成本调整为进价成本。具体调整步骤如下:

  第一步,计算本月商品进销差价率。

    本月商品进销差价率＝月末分摊前"商品进销差价"账户余额
         ÷(月末库存商品账户余额
        ＋本月主营业务成本账户借方发生额)×100％

第二步,计算本月已销商品应摊销的进销差价。

  本月已销商品应摊销的进销差价＝月末调整前"主营业务成本"账户借方发生额×本月商品进销差价率

第三步,编制会计分录,将以售价反映的销售成本调整为以进价反映的销售成本。

借:商品进销差价
  贷:主营业务成本

【业务4-48】 接业务4-47,B公司2023年9月15日根据商品销售日报表和内部交款单回单等凭证得知百货组销售收入26 000元。B公司的账务处理应为:

(1)平时反映商品销售收入时,以商品销售日报表和内部交款单回单作为原始凭证:

借:银行存款   26 000
  贷:主营业务收入——百货组 26 000

(2)平时按销售额结转销售成本并注销库存商品时:

借:主营业务成本——百货组 26 000
  贷:库存商品——百货组   26 000

【业务4-49】 接业务4-48,B公司2023年9月月末百货组账户资料如下:"商品进销差价"账户月末调整前为200 000元,"库存商品"账户月末余额为300 000元,"主营业务成本"账户本月借方发生额为700 000元,"主营业务收入"账户本月贷方发生额为700 000元。假定百货组销售的商品适用13%的增值税税率,且按月计算缴纳增值税。B公司的账务处理应为:

(1)计算增值税销项税额,将平时反映的含税销售收入调整为不含税销售收入,以已销商品增值税销项税额计算表作为原始凭证:

  本月增值税销项税额＝700 000÷(1＋13%)×13%＝80 531(元)

会计分录为:

借:主营业务收入——百货组   80 531
  贷:应交税费——应交增值税(销项税额) 80 531

(2)计算并结转已销商品的进销差价,以已销商品进销差价计算表作为原始凭证:

  本月百货组商品进销差价率＝200 000÷(300 000＋700 000)×100%＝20%
  本月百货组已销售商品应分摊的进销差价＝700 000×20%＝140 000(元)

会计分录为:

借:商品进销差价——百货组 140 000
  贷:主营业务成本——百货组 140 000

(四)进价金额核算法

  零售企业经营的鲜活商品具有质量变化快、损耗量大和季节性强等特点,因而需要及时清选整理、分等分级、按质论价,并按新鲜程度和市场供求变化情况随时调整售价。采用数量金额核算法,账面上很难全面反映鲜活商品的各种变化情况;采用售价金额核算法,由于售价变动很快,因此变价商品盘点不胜其烦。综上,进价金额核算法是最适合鲜活商品的核算方法。

  进价金额核算法是采用"进价记账、盘存计销"的方法,即用进价反映购进商品总额,期末按实际盘存商品进价金额倒推已销商品进价成本。其主要做法是：

(1) 商品购进后，财会部门按购进原价登记"库存商品"总分类账户，并按商品大类或柜组、门市部门进行分户，只登记进价金额，不登记数量。各实物负责人可以根据经营管理需要，设置主要商品进销存数量备查簿。

(2) 商品销售后，财会部门根据实际销售收入登记"主营业务收入"和"银行存款"等账户，平时不结转主营业务成本，不注销库存商品。

(3) 内部调拨商品时，如果库存商品已进行明细分类核算，则应按原进价内部移库处理，否则财会部门不做任何财务处理。

(4) 商品溢耗和商品调价，财会部门不做账务处理，但是对责任事故必须及时查究。

(5) 已销商品成本于月末根据实际盘存商品进价金额倒推，或采用批清批结方法计算出已销商品成本后，借记"主营业务成本"账户，贷记"库存商品"账户。主营业务成本的计算公式是：

本期商品销售成本＝期初库存商品金额＋本期购进商品金额－期末商品盘存金额

【业务4-50】A商店为增值税小规模纳税人，其经营的鲜活商品采用进价金额核算。本月该商店购进鲜活商品总额为24 000元，销售总额为30 000元，月初库存商品为4 000元，期末实际盘存商品额为4 500元。该商场的账务处理应为：

(1) 平时进货时，以商品入库单、付款单作为原始凭证：

借：库存商品　　　　　　　24 000
　　贷：银行存款　　　　　　　24 000

(2) 平时销货时，以销售日报表、存款进账单作为原始凭证：

借：银行存款　　　　　　　30 000
　　贷：主营业务收入　　　　　30 000

(3) 月末计算并结转主营业务成本时，以成本计算表作为原始凭证：

主营业务成本＝4 000＋24 000－4 500＝23 500(元)

借：主营业务成本　　　　　23 500
　　贷：库存商品　　　　　　　23 500

进价金额核算法简便易行，符合鲜活商品的特点和管理要求。其缺点是核算不够严密，平时账上分别反映商品进价金额和售价金额，无法掌握商品实际变化情况，其经营成果好坏要待商品实地盘点后才能知道；另外，商品损耗、工作差错以及不法分子的舞弊等，全部挤入主营业务成本，容易掩盖经营管理中存在的问题。因此，采用这种方法的企业，应加强进货验收工作，建立健全商品及货币管理制度，以减少或消除不正常现象。

任务六　存货清查与减值

一、存货清查

(一) 存货清查方法

存货清查是指通过对存货的实地盘点,确定存货的实有数量,并与账面资料核对,从而确定存货实存数与账面数是否相符的一种专门方法。

企业的存货种类繁多、收发频繁,由于存货日常收发、计量和计算上的错误、检验疏忽、管理不善、核算错误、自然损耗和丢失、毁损以及贪污盗窃等原因,往往会造成存货库存数与账面结存数不一致的情况。为了加强对存货的控制,维护存货的安全完整,有必要定期或不定期地对存货进行清查,核对账存和实存,查明存货的盘盈、盘亏和毁损的数额及原因,分清经济责任并进行处理,从而达到账实相符。企业至少应当在编制年度财务会计报告之前,对存货进行一次全面的清查盘点。

企业在进行存货的清查时,既要清查存货的数量盈亏,又要检查其质量的好坏。因此应根据存货的实物形态、体积重量、存放方式等的不同,采用不同的清查方法。常用的存货清查方法有实地盘点法和技术推算法两种。

在实地盘点存货之前,应先把有关存货明细账登记齐全,算出结存数量和金额,以备核对。盘存后,应填制存货盘存单,并以实存数与账面数进行核对,核实盘盈、盘亏与毁损的数量,查明造成盘亏和毁损的原因,并据以编制存货盘盈盘亏报告表,如表4-14所示。

表4-14　存货盘盈盘亏报告表

存货类别	名称规格	计量单位	数量		单价	盘盈		盘亏		盈亏原因
			账存	实存		数量	金额	数量	金额	

(二) 存货清查结果的处理

为了反映在清查中查明的存货的盘盈、盘亏和毁损的情况,企业应设置"待处理财产损溢"科目。若企业存货是采用计划成本或售价金额核算的,盘盈、盘亏和毁损的存货还应当同时结转成本差异或进销差价。对存货的盘盈、盘亏,都应于期末前查明原因,并根据企业的管理权限,经股东大会、董事会、经理(厂长)会议或类似机构批准后,在期末结账前处理完毕。

1. 存货盘盈的处理

存货盘盈是指存货实存数量超过账面结存数量。存货发生盘盈,应根据存货盘盈盘亏报告表所列盘盈存货的类别、数量、金额,及时办理存货入账的手续,调整存货的账目数,借记"原材料""周转材料""库存商品"等有关存货科目,贷记"待处理财产损溢——待处理流动资产损溢"科目。由于存货的盘盈通常是企业日常收发、计量或核算上的错误所致,因此报经有关部门批准后应冲减当期管理费用,借记"待处理财产损溢——待处理流动资产损溢"科目,贷记"管理费用"科目。

【业务4-51】A公司年末进行存货清查,发现盘盈丙材料一批,其实际成本为1 000元。丙材料盘盈的原因已查明,属于材料收发计量方面的错误,经批准后进行处理。A公司以存货盘盈盘亏报告表作为原始凭证,账务处理应为:

(1) 处理之前:

借:原材料——丙材料　　　　　　　　　　　　1 000
　　贷:待处理财产损溢——待处理流动资产损溢　　　1 000

(2) 经批准处理时:

借:待处理财产损溢——待处理流动资产损溢　　　1 000
　　贷:管理费用　　　　　　　　　　　　　　　　　1 000

2. 存货盘亏和毁损的处理

存货的盘亏和毁损是指存货实存数量少于账面结存数量。存货发生盘亏和毁损,应根据存货盘盈盘亏报告表所列盘亏和损毁存货的类别、数量、金额,调整存货的账目数,借记"待处理财产损溢——待处理流动资产损溢"科目,贷记"原材料""周转材料""库存商品"等有关存货科目;盘亏存货涉及增值税的,还需进行相应的处理。造成存货盘亏和毁损的原因有多种,报经批准后,应根据造成盘亏和毁损的原因,分别按以下情况进行处理:

(1) 属于自然损耗产生的定额内损耗,经批准后转作管理费用。

(2) 属于收发计量差错和管理不善等原因造成的短缺和毁损,应将扣除残料价值、可以收回的保险赔偿和过失人的赔偿后的净损失,计入管理费用。

(3) 属于自然灾害或意外事故等非常原因造成的毁损,将扣除残料价值、可以收回的保险赔偿后的净损失,计入营业外支出。

【业务4-52】B公司由于自然灾害毁损丁材料一批,实际成本为100 000元,其进项税额为13 000元,原因尚未查明。B公司的账务处理应为:

借:待处理财产损溢——待处理流动资产损溢　　　100 000
　　贷:原材料——丁材料　　　　　　　　　　　　　100 000

【业务4-53】接业务4-52,经查明,上述丁材料毁损应由保险公司赔偿60 000元,收回残料价值为25 000元,其余为无法收回的净损失,按规定程序报经批准处理。B公司以存货盘盈盘亏报告表作为原始凭证,账务处理应为:

借:原材料　　　　　　　　　　　　　　　　　　25 000
　　其他应收款——应收保险赔款　　　　　　　　60 000
　　营业外支出——非常损失　　　　　　　　　　15 000
　　贷:待处理财产损溢——待处理流动资产损溢　　　100 000

【业务4-54】C公司在存货清查中发现盘亏乙材料一批,增值税税率为13%,计划成本为2 000元,材料成本差异率为2%,经查明属于管理不善造成,应由过失人赔偿1 000元,其余为无法收回的净损失,按规定程序报经批准处理。C公司以存货盘盈盘亏报告表作为原始凭证,账务处理应为:

(1) 处理之前,根据存货盘盈盘亏报告表编制如下会计分录:

借:待处理财产损溢——待处理流动资产损溢　　　2 040
　　贷:原材料——乙材料　　　　　　　　　　　　　　2 000
　　　　材料成本差异　　　　　　　　　　　　　　　　　40
(2) 经批准处理时,根据管理层的审批意见做如下账务处理:
借:其他应收款——过失人　　　　　　　1 000.00
　　管理费用　　　　　　　　　　　　　　1 305.20
　　贷:待处理财产损溢——待处理流动资产损溢　　 2 040.00
　　　　应交税费——应交增值税(进项税额转出)　　 265.20

二、存货减值

(一) 存货期末计量原则

我国企业会计准则规定,资产负债表日,存货应当按照成本与可变现净值孰低计量。成本与可变现净值孰低法是指按照成本与可变现净值两者之中较低者对期末存货进行计量的一种方法:当期末存货成本低于可变现净值时,存货按成本计量;当期末存货可变现净值低于成本时,存货按可变现净值计量。

其中,成本是指期末存货的实际成本,即采用先进先出法、加权平均法等计价方法对发出存货(或期末存货)进行计价所确定的期末存货价值的账面实际成本。如企业在存货成本的日常核算中采用计划成本法、售价金额核算法等简化核算方法,则期末存货的成本是指经过调整后的实际成本。

可变现净值是指在日常活动中,存货的估计售价减去至完工时将要发生的成本、估计的销售费用以及相关税费后的金额。它不是指存货的预计售价或合同价,而是指存货的预计未来净现金流入量。

(二) 存货跌价准备的计提与转回

资产负债表日,存货应当按照成本与可变现净值孰低法计量:当存货成本低于其可变现净值时,存货按成本计量;当存货成本高于其可变现净值时,表明存货可能发生损失,应在存货销售之前确认这一损失,计入当期损益,并相应减少存货的账面价值,计提存货跌价准备。以前减记存货价值的影响因素已经消失的,减记的金额应当予以恢复,并在原已计提的存货跌价准备金额内转回,转回的金额计入当期损益。

(三) 存货跌价准备的账务处理

为了核算企业提取的存货跌价准备,应设置"存货跌价准备"科目,该科目贷方登记存货可变现净值低于成本的差额,借方登记已计提跌价准备的存货的价值以后又得以恢复的金额和其他原因冲减已计提跌价准备的金额,期末贷方余额反映企业已提取的存货跌价准备。"存货跌价准备"科目是有关存货科目的抵减调整科目。

资产负债表日,企业应比较存货的成本与可变现净值,计算出应计提的跌价准备,然后与"存货跌价准备"科目的余额进行比较:若应提数大于"存货跌价准备"科目的余额,应予以补提,借记"资产减值损失"科目,贷记"存货跌价准备"科目;反之,应予以冲销,借记"存货跌价准备"科目,贷记"存货减值损失"科目。若已计提跌价准备的存货的价值以后又得以恢复,其冲减的跌价准备金额,应以"存货跌价准备"科目的余额冲减至0为限。

企业结转存货销售成本时,对于已计提存货跌价准备的,应当一并结转,同时调整销售成本,借记"存货跌价准备"科目,贷记"主营业务成本""其他业务成本"等科目。

【业务4-55】2023年12月31日,K公司甲材料的账面金额为100 000元,由于市场价格持续下跌,预计可变现净值为80 000元。假定以前期间甲材料未计提跌价准备。K公司以存货跌价准备计算表作为原始凭证,账务处理应为:

应计提的存货跌价准备=100 000-80 000=20 000(元)

借:资产减值损失——计提的存货跌价准备　　20 000
　　贷:存货跌价准备　　　　　　　　　　　　　　20 000

【业务4-56】接业务4-55,2024年6月30日,甲材料的账面金额为120 000元,由于市场价格有所上升,因此甲材料的预计可变现净值为115 000元。K公司以存货跌价准备计算表作为原始凭证,账务处理应为:

应计提的存货跌价准备=120 000-115 000-20 000=-15 000(元)

即应转回的存货跌价准备为15 000元。

借:存货跌价准备　　　　　　　　　　　　　　15 000
　　贷:资产减值损失——计提的存货跌价准备　　15 000

项目小结

本项目的主要内容结构如表4-15所示。

表4-15　项目四"存货"的内容结构表

存货概述	存货的确认	存货及其构成
		存货的确认条件
	存货的初始计量	存货的采购成本
		存货的加工成本
		存货的其他成本
	发出存货成本的计量	个别计价法
		先进先出法
		月末一次加权平均法
		移动加权平均法
原材料的核算	采用实际成本核算	账户设置
		收入原材料的核算
		发出原材料的核算
		原材料收发的明细分类核算
	采用计划成本核算	账户设置
		收入原材料的核算
		发出原材料的核算
		原材料收发的明细分类核算

续表

周转材料的核算	包装物的核算	包装物的核算内容
		收入包装物的核算
		发出包装物的核算
		包装物摊销
	低值易耗品的核算	低值易耗品的核算内容
		收入低值易耗品的核算
		低值易耗品领用、摊销及报废的核算
委托加工物资的核算	委托加工物资的内容和成本	委托加工物资的内容
		委托加工物资的成本
	委托加工物资的账务处理	发出物资的处理
		支付相关税费的处理
		加工完成验收入库的处理
库存商品的核算	库存商品收发的核算	账户设置
		账务处理
	商品流通企业库存商品的核算	数量进价金额核算法
		数量售价金额核算法
		售价金额核算法
		进价金额核算法
存货清查与减值	存货清查	存货清查方法
		存货清查结果的处理
	存货减值	存货期末计量原则
		存货跌价准备的计提与转回
		存货跌价准备的账务处理

思考与练习

一、思考题

1. 如何正确理解存货确认条件？确认存货应考虑哪些因素？

2. 存货成本包括哪些？它们是如何计量的？

3. 发出存货的计价方法有哪些？它们的基本特点有哪些？为什么存货计价方法一经选定不得随意变更？

4. 比较原材料的实际成本核算法和计划成本核算法，它们具有哪些特点与异同？

5. 存货期末计量原则是什么？存货跌价准备是如何计提与转回的？

二、单项选择题

1. 下列各项中，不属于企业库存商品的是(　　)。

A. 存放在门市部准备出售的商品

B. 接受来料加工制造的代制品

C. 已完成销售手续但购买单位在月末未提取的产品

D. 发出展览的商品

2. 某企业采用月末一次加权平均法计算发出材料成本。3月1日结存甲材料200件，单位成本为40元；3月15日购入甲材料400件，单位成本为35元；3月20日购入甲材料400件，单位成本为38元；当月共发出甲材料500件。则3月发出甲材料的成本为（　　）元。

  A. 18 500　　　　B. 18 600　　　　C. 19 000　　　　D. 20 000

3. 甲公司对原材料采用计划成本法进行核算。2022年12月初，结存的M材料的账面余额为30万元，该材料负担的节约差为2万元；本期购入M材料的实际成本为110万元，计划成本为120万元，当月发出M材料的计划成本为100万元。不考虑其他因素，甲公司2022年12月发出M材料的实际成本为（　　）万元。

  A. 100　　　　B. 92　　　　C. 108　　　　D. 46

4. 下列各项中，关于周转材料会计处理表述不正确的是（　　）。

  A. 多次使用的包装物应根据使用次数分次进行摊销
  B. 低值易耗品金额较小的可在领用时一次计入成本费用
  C. 随同商品销售出租的包装物的摊销额应记入"管理费用"
  D. 随同商品出售单独计价的包装物取得的收入记入"其他业务收入"

5. 下列各项中，企业按管理权限报经批准后的原材料毁损的会计处理表述不正确的有（　　）。

  A. 应当由过失人承担的赔款，记入"应收账款"科目的借方
  B. 毁损净损失属于非常损失的部分，记入"营业外支出"科目的借方
  C. 毁损净损失属于一般经营损失的部分，记入"管理费用"科目的借方
  D. 入库的残料价值，记入"原材料"科目的借方

6. 某企业为增值税一般纳税人，2023年6月5日购入材料一批，价款为20000元、增值税税额2 600元，另发生包装费500元、增值税税额65元，上述款项以银行存款支付并取得增值税专用发票。不考虑其他因素，该企业购入材料的入账价值为（　　）元。

  A. 22 600　　　　B. 23 165　　　　C. 20 000　　　　D. 20 500

7. 某企业采用先进先出法核算发出存货成本。2023年11月期初结存M材料100千克，每千克实际成本为30元；11日购入M材料260千克，每千克实际成本为23元；21日发出M材料240千克。不考虑其他因素，该企业发出M材料的成本为（　　）元。

  A. 6 220　　　　B. 7 200　　　　C. 5 520　　　　D. 5 986.67

8. 企业采用计划成本法核算原材料，对于货款已付但尚未验收入库的在途的材料应记入的会计科目是（　　）。

  A. 原材料　　　B. 材料采购　　　C. 在途物资　　　D. 银行存款

9. 某企业本期购进5批存货，发出2批，在物价持续上升的情况下，与加权平均法相比，该企业采用先进先出法导致的结果是（　　）。

  A. 当期利润较低　　　　　　　　B. 库存存货价值较低
  C. 期末存货成本接近于市价　　　D. 发出存货的成本较高

10. 下列各项中，存货盘亏损失报经批准后，计入营业外支出的是（　　）。

  A. 自然灾害造成的净损失　　　　B. 收发计量差错造成的净损失
  C. 计算错误造成的净损失　　　　D. 管理不善造成的净损失

11. 企业委托加工应税消费品收回后直接对外销售,由受托方代收代缴的消费税应记入的会计科目是( )。

　　A. 发出商品　　　　　B. 委托加工物资　　　C. 税金及附加　　　D. 应交税费

12. 外购材料的采购成本不包括( )。

　　A. 买价　　　　　　　　　　　　　　　　B. 入库前的挑选整理费

　　C. 运输途中的合理损耗　　　　　　　　　D. 入库后的挑选整理费

13. 下列各种物资中,不应当作为企业存货核算的是( )。

　　A. 委托加工材料　　　　　　　　　　　　B. 发出商品

　　C. 约定未来购入的商品　　　　　　　　　D. 自制半成品

14. 光华公司为增值税一般纳税人,采用实际成本法进行存货的日常核算。2023 年 8 月 18 日,光华公司购入一批原材料,取得的增值税专用发票上注明的货款为 200 万元,增值税税额为 26 万元,全部款项已支付,材料已验收入库。下列有关购入材料的会计分录正确的是( )。

　　A. 借:在途物资　　　　　　　　　　　　2 260 000
　　　　　贷:银行存款　　　　　　　　　　　　　　2 260 000

　　B. 借:原材料　　　　　　　　　　　　　2 000 000
　　　　　应交税费——应交增值税(进项税额)　 260 000
　　　　　贷:银行存款　　　　　　　　　　　　　　2 260 000

　　C. 借:材料采购　　　　　　　　　　　　2 000 000
　　　　　应交税费——应交增值税(进项税额)　 260 000
　　　　　贷:银行存款　　　　　　　　　　　　　　2 260 000

　　D. 借:在途物资　　　　　　　　　　　　2 000 000
　　　　　应交税费——应交增值税(进项税额)　 260 000
　　　　　贷:银行存款　　　　　　　　　　　　　　2 260 000

15. 出租包装物的成本计入( )科目。

　　A. 其他业务成本　　　B. 管理费用　　　　C. 销售费用　　　　D. 制造费用

三、业务题(编制以下业务各节点的会计分录)

1. 购入 A 材料,货款为 60 000 元,增值税税率 13%,付款、入库。

2. 购入 B 材料,发票已到,支付价款 50 000 元,增值税税率 13%。支付运费 3 000 元,增值税税率 9%,材料未到。6 天后收到 B 材料,入库。

3. 采购 C 材料 3 000 千克,每千克 10 元,增值税税率 13%,付款,材料未到。5 天后 C 材料验收入库,实际收到 2 600 千克,短缺原因待查。经查,短缺的 400 千克应由运输单位赔偿。后期收到赔偿款。

4. 预付给甲公司货款 100 000 元。一个月后收到甲公司发来的 D 材料入库,价款为 200 000 元,增值税 26 000 元,运费 3 000 元,增值税为 270 元。5 天后结清款项。

5. 月末,甲公司根据领发料凭证汇总编制发料凭证汇总表(表 4-16)如下:

4-16 发料凭证汇总表

单位：千克

类别\用途	A材料	B材料	C材料	D材料	合计
M产品	30 000	40 000	20 000		90 000
N产品	10 000	30 000	20 000		60 000
车间一般性消耗				8 000	8 000
厂部管理部门领用				6 000	6 000
专设销售部门				6 000	6 000
合计	40 000	70 000	40 000	20 000	170 000

6. 购入E材料，发票账单已到，价款为22 000元，增值税为2 860元，运费为4 000元，增值税为360元，支付全部款项。月末材料到达并验收入库，其计划成本为24 000元。

7. 购入F材料1 000千克，每千克10元，增值税1 300元，付款，材料未到。月末F材料已到，实收800千克，短缺100千克，F材料计划成本为每千克12元。后经查明，短缺100千克，应由运输单位负责赔偿。

8. 甲公司2023年5月份A材料明细账列示：月初A材料计划成本为100 000元，月初A材料节约差异为4 000元；本月购入A材料计划成本为900 000元，本月购入A材料成本超支差异为34 000元；本月发出A材料计划成本为800 000元。计算甲公司的本月A材料成本差异率和本月发出A材料应负担的成本差异，填制表4-17并进行账务处理。

表4-17 发料凭证汇总表

2023年5月31日　　　　　　　　　　　　　　　单位：元

类别\用途	A材料		
	计划成本	材料成本差异	实际成本
丙产品	400 000		
丁产品	300 000		
车间一般性消耗	50 000		
厂部管理部门领用	30 000		
专设销售机构	20 000		
合计	800 000		

9. 生产A产品领用包装物的计划成本为100 000元，材料成本差异率为-2%。

10. 销售领用单独计价包装物的计划成本为20 000元，销售收入为30 000元，增值税为3 900元，款存银行。该包装物的材料成本差异率为3%。

11. 购专用工具一批，成本为30 000元，增值税为3 900元，付款、入库。

12. 购A商品一批，商品价款为60 000元，增值税进项税额为7 800元，发生运费4 000元，增值税为520元，结算凭证已到付款，商品未到。10天后商品到达并验收入库。

13. 批发企业售给外地某商场B商品一批，价款为80 000元，增值税销项税为10 400元，发货时代垫运费5 650元，已向银行办妥托收手续。该批商品的原价为60 000元。

14. 零售企业库存商品采用售价金额核算。购进B商品价款为30 000元，增值税为3 900元，运费3 000元，增值税额为270元，结算凭证到，付款。6天后商品到达并由百货组验收入库,该批B商品的售价为42 000元。

15. 发出C材料一批,委托丙企业加工成D材料(属于应税消费品),C材料的实际成本为50 000元。支付加工费20 000元、增值税2 600元、消费税6 500元、运费4 000元、增值税360元。D材料已加工完成并验收入库(以后用于继续生产应税消费品)。

16. 存货清查,发现盘盈M材料一批,其实际成本为3 000元,待查。原因已查明,属于材料收发计量方面的错误,经批准后进行处理。

17. 存货清查发现盘亏E材料一批,增值税率为13%,计划成本为2 000元,材料成本差异率为2%,待查。经查属于管理不善造成,应由过失人赔偿1 000元,其余为无法收回的净损失,报批处理。

18. 2023年年末,L材料的账面金额为5 000 000元,预计可变现净值为4 200 000元。2024年年末,L材料的账面金额为7 000 000元,由于市场价格有所上升,使得L材料的预计可变现净值为6 500 000元。

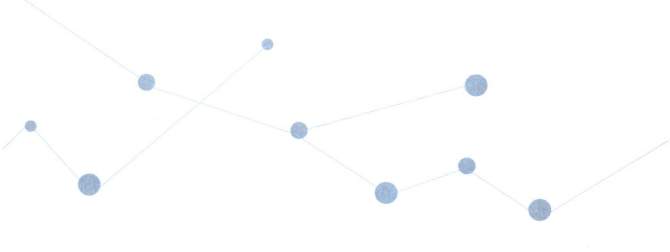

项目五

固定资产

项目目标

掌握固定资产的定义和确认条件,以及固定资产的初始计量、后续计量方法,能够根据企业会计准则进行相应的会计处理。

任务一　固定资产的确认

一、固定资产的定义和特征

(一)固定资产的定义

固定资产是指企业为生产产品、提供劳务、出租或经营管理而持有的,使用寿命超过一个会计年度的有形资产。

(二)固定资产的特征

从固定资产的定义看,固定资产具有以下三个特征:

1. 为生产产品、提供劳务、出租或经营管理而持有

企业持有固定资产的目的是生产产品、提供劳务、出租或经营管理,即企业持有的固定资产是企业的劳动工具或手段,而不是用于出售的产品。其中,"出租"的固定资产是指企业以经营租赁方式出租的机器设备类固定资产,不包括以经营租赁方式出租的建筑物。后者属于企业的投资性房地产,不属于固定资产。

2. 使用寿命超过一个会计年度

固定资产的使用寿命是指企业使用固定资产的预计期间,或者该固定资产所能生产产品或提供劳务的数量。通常情况下,固定资产的使用寿命是指使用固定资产的预计期间,比如自用房屋建筑物的使用寿命表现为企业对该建筑物的预计使用年限。对于某些机器设备或运输设备等固定资产,其使用寿命表现为以该固定资产所能生产产品或提供劳务的数量。例如:汽车或飞机等按其预计行驶或飞行里程估计使用寿命。企业使用固定资产的期限较长,使用寿命一般超过一个会计年度。这一特征表明固定资产属于非流动资产。固定资产随着使用和磨损,通过计提折旧方式逐渐减少其账面价值,同时表明固定资产能在一年以上的时间里为企业创造经济利益。

3. 固定资产为有形资产

固定资产具有实物形态的特征,这一特征将固定资产与无形资产区别开来。有些无形资产可能同时符合固定资产的其他特征,如无形资产为生产产品、提供劳务而持有,使用寿命超过一个会计年度,但是因为其没有实物形态,所以不属于固定资产。

二、固定资产的分类

企业的固定资产种类繁多、规格不一,为加强管理,便于组织会计核算,有必要对其进行科学合理的分类。企业根据不同的管理需要和核算要求,可以对固定资产进行不同的分类,主要有以下几种分类方法。

(一) 按经济用途分类

按经济用途分类,固定资产可分为生产经营用固定资产和非生产经营用固定资产。

(1) 生产经营用固定资产。生产经营用固定资产是指直接服务于企业生产、经营过程的各种固定资产,如生产经营用的房屋、建筑物、机器、设备、器具、工具等。

(2) 非生产经营用固定资产。非生产经营用固定资产是指不直接服务于生产、经营过程的各种固定资产,如职工宿舍、食堂、浴池等使用的房屋、设备和其他固定资产等。

按照固定资产的经济用途分类,可以反映和监督企业生产经营用固定资产和非生产经营用固定资产之间以及生产经营用各类固定资产之间的组成和变化情况,借以考核和分析企业固定资产的利用情况,促使企业合理地配备固定资产,充分发挥其效用。

(二) 按使用情况分类

按使用情况分类,固定资产可分为使用中固定资产、未使用固定资产和不需用固定资产。

(1) 使用中固定资产。使用中固定资产是指正在使用的生产经营用和非生产经营用固定资产。由于季节性经营或大修理等原因,暂时停止使用的固定资产仍属于使用中固定资产。企业出租给其他单位使用的固定资产和内部替换使用的固定资产也属于使用中固定资产。

(2) 未使用固定资产。未使用固定资产是指已完工或已购建的尚未交付使用的新增固定资产以及因改建、扩建等原因暂停使用的固定资产。

(3) 不需用固定资产。不需用固定资产是指本企业多余的或不适用的,需要调配处理的固定资产。

这种分类有利于反映固定资产的使用情况及其比例关系,有助于分析固定资产的利用效率,挖掘固定资产的使用潜力,促使企业合理地使用固定资产。

(三) 综合分类

按经济用途和使用情况等综合分类,固定资产可分为六大类:① 生产经营用固定资产;② 非生产经营用固定资产;③ 租出固定资产(指在经营租赁方式下出租给外单位使用的固定资产);④ 不需用固定资产;⑤ 未使用固定资产;⑥ 土地(指过去已经估价单独入账的土地,因征地而支付的补偿费应计入与土地有关的房屋、建筑物的价值内,不单独作为土地价值入账;企业取得的土地使用权应作为无形资产管理,不作为固定资产管理)。

固定资产的综合分类,既可以反映固定资产的组成情况,又可以反映固定资产的利用情况。在实际工作中,企业大多采用综合分类的方法作为编制固定资产目录、进行固定资产核算的依据。

三、固定资产的确认条件

固定资产在符合定义的前提下，只有同时满足以下条件才能予以确认。

（一）与该固定资产有关的经济利益很可能流入企业

资产最基本的特征是预期能给企业带来经济利益，如果某一资产预期不能给企业带来经济利益，就不能确认为企业的资产。对固定资产的确认来说，如果某一固定资产预期不能给企业带来经济利益，就不能确认为企业的固定资产。在会计实务中，判断固定资产包含的经济利益是否可能流入企业，主要依据与该固定资产所有权相关的风险和报酬是否转移给了企业。其中，与固定资产所有权相关的风险，是指由于经营情况变化造成的相关收益的变动，以及由于资产闲置、技术陈旧等原因造成的损失；与固定资产所有权相关的报酬，是指在固定资产使用寿命内直接使用该资产而获得的收入以及处置该资产所实现的利得等。通常，取得固定资产的所有权是判断与固定资产所有权相关的风险和报酬转移给了企业的一个重要标志。凡是所有权已属于企业，不论企业是否收到还是持有该固定资产，均可作为企业的固定资产；反之，如果没有取得所有权，即使存放在企业，也不能作为企业的固定资产。

（二）该固定资产的成本能够可靠地计量

成本能够可靠地计量，是资产确认的一项基本条件。企业在确定固定资产成本时，有时需要根据所获得的最新资料，对固定资产的成本进行合理的估计。比如，企业对于已达到预定可使用状态的固定资产，在尚未办理竣工决算前，需要根据工程预算、工程造价或者工程实际发生的成本等资料，按估计价值确定固定资产的成本，待办理竣工决算后，再按实际成本调整原来的暂估价值，但不需调整已计提的累计折旧。

在实务中，对固定资产进行确认时，固定资产的各组成部分具有不同使用寿命或者以不同方式为企业提供经济利益，适用不同折旧率或折旧方法的，应当分别将各组成部分确认为单项固定资产。

任务二　固定资产的初始计量

一、固定资产初始计量原则

固定资产的初始计量是指确定固定资产的取得成本。固定资产应当按照成本进行初始计量。成本是指企业购建某项固定资产达到预定可使用状态前所发生的一切合理、必要的支出。这些支出包括直接发生的价款、运杂费、包装费和安装成本等，也包括间接发生的，如应承担的借款利息、外币借款折算差额以及应分摊的其他间接费用。

在实务中，企业取得固定资产的方式是多种多样的，包括外购、自行建造、投资者投入等,取得的方式不同,其成本的具体构成内容及确定方法也不尽相同,账务处理也存在一定的差异。

二、外购固定资产的初始计量

(一) 账户设置

企业外购的固定资产,应以实际支付的购买价款、相关税费以及使固定资产达到预定可使用状态前所发生的可归属于该项资产的运输费、装卸费、安装费和专业人员服务费等,作为固定资产的取得成本。

为核算企业固定资产的取得成本(即原价),企业应设置"固定资产"科目。该科目包括借方登记企业增加的固定资产原价,贷方登记企业减少的固定资产原价,期末借方余额,反映企业期末固定资产的账面原价。企业还应当设置"固定资产登记簿"和"固定资产卡片",按固定资产类别、使用部门和每项固定资产进行明细核算。

(二) 账务处理

企业购入固定资产的账务处理应区分不需要安装的固定资产和需要安装的固定资产两种情形,分别进行处理。

1. 购入不需要安装的固定资产

购入不需要安装的固定资产,应以实际支付的购买价款、相关税费以及使固定资产达到预定可使用状态前所发生的可归属于该项资产的运输费、装卸费和专业人员服务费等,作为固定资产成本,借记"固定资产"等科目,贷记"银行存款"等科目。

【业务5-1】A公司为增值税一般纳税人(下同),2023年9月6日购入一台不需要安装的生产经营用设备,取得的增值税专用发票上注明的设备价款为50 000元、增值税税额为6 500元,另支付运费3 000元、增值税税额270元,款项以银行存款支付,直接交付使用。A公司应根据取得的增值税专用发票(发票联)、固定资产验收单等做如下账务处理:

　　　　固定资产的成本＝50 000＋3 000＝53 000(元)
借:固定资产——生产经营用固定资产　　　53 000
　　应交税费——应交增值税(进项税额)　　 6 770
　贷:银行存款　　　　　　　　　　　　　　　　59 770

2. 购入需要安装的固定资产

购入需要安装的固定资产,应在购入的固定资产取得成本的基础上加上安装调试成本等,作为购入固定资产的成本,先通过"在建工程"科目核算,待安装完毕达到预定可使用状态时,再由"在建工程"科目转入"固定资产"科目。其中,"在建工程"科目是为了核算企业安装工程、基本建设、更新改造等工程成本而设置的会计科目,该科目的借方登记企业各项在建工程的实际支出,贷方登记完工工程转出的成本,期末借方余额反映企业尚未达到预定可使用状态的在建工程的成本。

企业购入固定资产时,按实际支付的购买价款、运输费、装卸费和其他相关税费等,借记"在建工程"科目,贷记"银行存款"等科目;支付安装费用等时,借记"在建工程"等科目,贷记

"银行存款"等科目；安装完毕达到预定可使用状态时，按其实际成本，借记"固定资产"科目，贷记"在建工程"科目。

企业基于产品价格等因素的考虑，可能以一笔款项购入多项没有单独标价的固定资产。如果这些资产均符合固定资产的定义，并满足固定资产的确认条件，则应将各项资产单独确认为固定资产，并按各项固定资产公允价值的比例对总成本进行分配，分别确定各项固定资产的成本。

【业务5-2】A公司2023年8月10日购入一台需要安装的生产经营用设备，增值税专用发票上注明的设备价款为300 000元、增值税税额为39 000元，支付安装费20 000元、增值税税额1 800元，款项以银行存款支付。A公司的账务处理应为：

（1）购入设备并交付安装时，根据取得的增值税专用发票（发票联）、银行转账支付凭证等编制如下会计分录：

借：在建工程　　　　　　　　　　　　　　　　　300 000
　　应交税费——应交增值税（进项税额）　　　　 39 000
　　　贷：银行存款　　　　　　　　　　　　　　　　　　339 000

（2）以存款支付安装费时，根据取得的增值税专用发票（发票联）、银行转账支付凭证等编制如下会计分录：

借：在建工程　　　　　　　　　　　　　　　　　 20 000
　　应交税费——应交增值税（进项税额）　　　　 1 800
　　　贷：银行存款　　　　　　　　　　　　　　　　　　 21 800

（3）安装完毕达到可使用状态，根据"在建工程"明细账余额编制如下会计分录：

借：固定资产——生产经营用固定资产　　　　　 320 000
　　　贷：在建工程　　　　　　　　　　　　　　　　　　320 000

【业务5-3】A公司2023年7月8日一次性购进D公司甲、乙、丙三种不同的设备，共计支付价款3 900 000元，增值税税额为507 000元，全部款项用存款支付。经评估，上述三项设备的公允价值分别为1 500 000元、1 200 000元和1 300 000元。假设设备不需要安装、改建和扩建，均可直接投入使用。A公司的账务处理应为：

第一步，确定应计入固定资产成本的金额为3 900 000元。

第二步，确定各单项资产应分配的固定资产价值比例。

　　　　甲设备应分配的固定资产价值比例＝1 500 000÷(1 500 000＋1 200 000＋1 300 000)
　　　　　　　　　　　　　　　　　　　＝37.5％
　　　　乙设备应分配的固定资产价值比例＝1 200 000÷(1 500 000＋1 200 000＋1 300 000)
　　　　　　　　　　　　　　　　　　　＝30％
　　　　丙设备应分配的固定资产价值比例＝1 300 000÷(1 500 000＋1 200 000＋1 300 000)
　　　　　　　　　　　　　　　　　　　＝32.5％

第三步，确定各单项资产的成本。

　　　　甲设备的成本＝3 900 000×37.5％＝1 462 500(元)
　　　　乙设备的成本＝3 900 000×30％＝1 170 000(元)
　　　　丙设备的成本＝3 900 000×32.5％＝1 267 500(元)

第四步，进行具体的账务处理。

借:固定资产——生产经营用固定资产——甲设备　　　1 462 500
　　　　　　——生产经营用固定资产——乙设备　　　1 170 000
　　　　　　——生产经营用固定资产——丙设备　　　1 267 500
　　应交税费——应交增值税(进项税额)　　　　　　　　507 000
　　贷:银行存款　　　　　　　　　　　　　　　　　　　　　　4 407 000

三、自行建造固定资产的初始计量

企业自行建造固定资产,应以建造该项资产达到预定可使用状态前所发生的必要支出作为固定资产的成本,先通过"在建工程"科目核算,工程达到预定可使用状态时,再从"在建工程"科目转入"固定资产"科目。企业自建资产,主要有自营和出包两种方式,由于采用的建设方式不同,其会计处理也不同。

(一) 自营工程的核算

自营工程是指企业自行组织工程物资采购、自行组织施工人员施工的建筑工程和安装工程。核算为在建工程而准备的各种物资的实际成本,企业应设置"工程物资"科目。该科目借方登记企业购入工程物资的成本,贷方登记领用工程物资的成本,期末借方余额反映企业为在建工程准备的各种物资的成本。具体的账务处理是:

(1) 购入工程物资时,借记"工程物资""应交税费——应交增值税(进项税额)"等科目,贷记"银行存款"等科目。领用工程物资时,借记"在建工程"科目,贷记"工程物资"科目。

(2) 在建工程领用本企业原材料时,借记"在建工程"科目,贷记"原材料"科目。在建工程领用本企业生产的商品时,借记"在建工程"科目,贷记"库存商品"科目。

(3) 自营工程发生的其他费用（如分配工程人员工资等）,借记"在建工程"科目,贷记"银行存款""应付职工薪酬"等科目。

(4) 自营工程达到预定可使用状态时,按其成本,借记"固定资产"科目,贷记"在建工程"科目。

【业务5-4】A公司自建厂房一幢,购入为工程准备的各种物资1 000 000元,支付的增值税税额为130 000元,全部用于工程建设。领用本公司生产的水泥一批,实际成本为200 000元;领用本企业生产用的丁材料一批,实际成本为60 000元;工程人员应计工资300 000元;支付其他费用40 000。工程完工并达到预定可使用状态。A公司的账务处理应为:

(1) 购入工程物资时,根据取得的增值税专用发票(发票联)、银行转账支付凭证等编制如下会计分录:

借:工程物资　　　　　　　　　　　　　1 000 000
　　应交税费——应交增值税(进项税额)　　130 000
　　贷:银行存款　　　　　　　　　　　　　　　1 130 000

(2) 领用工程物资时,根据工程物资领料单编制如下会计分录:

借:在建工程——厂房工程　　　　　　　1 000 000
　　贷:工程物资　　　　　　　　　　　　　　　1 000 000

(3) 领用本公司生产的水泥时,根据领料单等编制如下会计分录:

借:在建工程——厂房工程　　200 000
　　贷:库存商品——水泥　　　　　　200 000

(4) 领用丁材料时,根据领料单等编制如下会计分录:

借:在建工程——厂房工程　　60 000
　　贷:原材料——丁材料　　　　　　60 000

(5) 分配工程人员工资时,根据工薪费用分配表等编制如下会计分录:

借:在建工程——厂房工程　　300 000
　　贷:应付职工薪酬——职工工资　　300 000

(6) 支付其他费用,根据相关发票编制如下会计分录:

借:在建工程——厂房工程　　40 000
　　贷:银行存款　　　　　　　　　　40 000

(7) 工程达到预定可使用状态时,根据在建工程明细账余额编制如下会计分录:

　　厂房工程成本＝1 000 000＋200 000＋60 000＋300 000＋40 000＝1 600 000(元)

借:固定资产——生产经营用固定资产——厂房　　1 600 000
　　贷:在建工程——厂房工程　　　　　　　　　　1 600 000

自营工程的账务处理如表5-1所示。

表5-1　固定资产自营工程的账务处理

业务类型	业务内容	账务处理
直接费用	购入工程物资	借:工程物资 　　应交税费——应交增值税(进项税额) 　　贷:银行存款等
	领用工程物资	借:在建工程 　　贷:工程物资
	领用自产产品	借:在建工程 　　贷:库存商品
	领用外购原材料	借:在建工程 　　贷:原材料
	支付人工费用	借:在建工程 　　贷:应付职工薪酬等
	计提工程机械折旧费	借:在建工程 　　贷:累计折旧
间接费用	支付工程管理费	借:在建工程 　　贷:应付职工薪酬等
	支付其他费用	借:在建工程 　　贷:银行存款
工程总成本	结转工程总成本	借:固定资产 　　贷:在建工程

（二）出包工程的核算

出包工程是指企业通过招标等方式将工程项目发包给建造承包商,由建造承包商组织施工的建筑工程和安装工程。企业采用出包方式进行的固定资产工程,其工程的具体支出主要由建造承包商核算,在这种方式下,"在建工程"科目主要核算企业与建造承包商办理工程结算的价款。具体的账务处理是：

（1）企业按合理估计的发包工程进度和合同规定向建造承包商结算的进度款,借记"在建工程"科目,贷记"银行存款"等科目；工程完成时按合同规定补付的工程款,借记"在建工程"科目,贷记"银行存款"等科目。

（2）工程达到预定可使用状态时,按其成本,借记"固定资产"科目,贷记"在建工程"科目。

【业务5-5】A公司将一幢厂房的建造工程出包给D公司承建,按合理估计的发包工程进度和合同规定,向D公司结算进度款1 600 000元、增值税税额144 000元。工程完工后,收到D公司有关工程结算单据,补付工程款1 400 000元、增值税税额126 000元。工程完工并达到预定可使用状态。A公司的账务处理应为：

（1）结算工程进度款时,根据D公司开具的增值税专用发票（发票联）、银行转账支付凭证等编制如下会计分录：

借：在建工程——出包工程——厂房　　　1 600 000
　　应交税费——应交增值税（进项税额）　144 000
　　贷：银行存款　　　　　　　　　　　　　　　　1 744 000

（2）补付工程款时,根据D公司开具的增值税专用发票（发票联）、银行转账支付凭证等编制如下会计分录：

借：在建工程——出包工程——厂房　　　1 400 000
　　应交税费——应交增值税（进项税额）　126 000
　　贷：银行存款　　　　　　　　　　　　　　　　1 526 000

（3）工程完工并达到预定可使用状态时：

借：固定资产——生产经营用固定资产——厂房　3 000 000
　　贷：在建工程——出包工程——厂房　　　　　　　　3 000 000

四、投资者投入固定资产的初始计量

企业对投资者投入的固定资产的成本,应当按投资合同或协议约定的价值确定,但投资合同或协议约定的价值不公允的除外。在投资合同或协议约定价值不公允的情况下,应按固定资产的公允价值入账。

投资者投入的固定资产,应按确定的入账价值,借记"固定资产""应交税费——应交增值税（进项税额）"等科目,贷记"实收资本"或"股本"等科目。

【业务5-6】A公司收到C公司投入的机器设备一台,双方协议确定该设备价值1 000 000元（等于公允价值）。收到C公司开来的增值税专用发票,增值税税额为130 000元。A公司应根据C公司开具的增值税专用发票（发票联）、固定资产验收单等编制如下会计分录：

借:固定资产——生产经营用(设备)　　　　　1 000 000
　　应交税费——应交增值税(进项税额)　　　130 000
　贷:实收资本——C公司　　　　　　　　　　　　1 130 000

任务三　固定资产的后续计量

一、固定资产折旧

(一)固定资产折旧的定义

折旧是指企业在固定资产的使用寿命内,按照确定的方法对应计折旧额进行系统分摊。应计折旧额是指应当计提折旧的固定资产原价扣除其预计净残值后的金额。企业应根据固定资产的性质和使用情况,合理确定固定资产的预计使用寿命和预计净残值。固定资产的预计使用寿命、预计净残值一经确定,不得随意变更。上述事项在报经股东大会或董事会、经理(厂长)会议或类似机构批准后,作为计提折旧的依据,并按照法律、行政法规等规定报送有关各方备案。

(二)影响固定资产折旧的因素

影响固定资产折旧的因素主要有以下几个:
(1)原价。原价是指固定资产的成本。
(2)预计净残值。预计净残值是指假定固定资产预计使用寿命已满并处于使用寿命终了时的预期状态,企业目前从该项资产处置中获得的扣除预计处置费用后的金额。
(3)减值准备。减值准备是指固定资产已计提的固定资产减值准备累计金额。
(4)预计使用寿命。预计使用寿命是指企业使用固定资产的预计期间,或者该固定资产所能生产产品或提供劳务的数量。
企业确定固定资产预计使用寿命时,应当考虑下列因素:
(1)该项资产预计生产能力或实物产量。
(2)该项资产预计有形损耗,如设备使用中发生磨损、房屋建筑物受到自然侵蚀等。
(3)该项资产预计无形损耗,如因新技术的出现而使现有的资产技术水平相对陈旧、市场需求变化使产品过时等。
(4)法律或者类似规定对该项资产使用的限制。
总之,企业应当根据固定资产的性质和使用情况,合理确定固定资产的使用寿命和预计净残值。固定资产的使用寿命、预计净残值一经确定,不得随意变更。

(三)固定资产折旧范围

除以下情况外,企业应当对所有固定资产计提折旧:
(1)已提足折旧仍继续使用的固定资产。

(2)单独计价入账的土地。

在确定计提折旧的范围时,还应注意以下几点:

(1)固定资产应当按月计提折旧,当月增加的固定资产,当月不计提折旧,从下月起计提折旧;当月减少的固定资产,当月计提折旧,从下月起不计提折旧。

(2)固定资产提足折旧后,不论能否继续使用,均不再计提折旧;提前报废的固定资产也不再补提折旧。所谓提足折旧,是指已经提足该项固定资产的应计折旧额。

(3)已达到预定可使用状态但尚未办理竣工决算的固定资产,应当按照估计价值确定其成本并计提折旧;待办理竣工决算后,再按实际成本调整原来的暂估价值,但不需要调整原已计提的折旧额。

企业至少应当于每年年度终了,对固定资产的预计使用寿命、预计净残值和折旧方法进行复核。使用寿命预计数与原先估计数有差异的,应当调整固定资产使用寿命。预计净残值预计数与原先估计数有差异的,应当调整预计净残值。与固定资产有关的经济利益预期实现方式有重大改变的,应当改变固定资产折旧方法。固定资产使用寿命、预计净残值和折旧方法的改变应当做会计估计变更。

(四)固定资产折旧方法

企业应当根据与固定资产有关的经济利益的预期实现方式,合理选择固定资产折旧方法。可选用的折旧方法包括年限平均法、工作量法、双倍余额递减法和年数总和法等。

1. 年限平均法

年限平均法又称直线法,是指将固定资产的应计折旧额均衡地分摊到固定资产预计使用寿命内的一种方法。采用这种方法计算的每期折旧额是相等的。年限平均法的计算公式如下:

年折旧额＝(固定资产原价－预计净残值)÷预计使用寿命

月折旧额＝年折旧额÷12

年折旧率＝(1－预计净残值率)÷预计使用寿命×100%

月折旧率＝年折旧率÷12

月折旧额＝固定资产原价×月折旧率

【业务5-7】A公司有一幢厂房,原价为5 000 000元,预计可使用20年,采用年限平均法计提折旧,预计报废时的净残值率为2%。该厂房的折旧率和折旧额的计算如下:

年折旧率＝(1－2%)÷20×100%＝4.9%

月折旧率＝4.9%÷12＝0.41%

月折旧额＝5 000 000×0.41%＝20 500(元)

2. 工作量法

工作量法是指根据实际工作量计算每期应提折旧额的一种方法。工作量法的计算公式如下:

单位工作量折旧额＝固定资产原价×(1－预计净残值率)÷预计总工作量

某项固定资产月折旧额＝该项固定资产当月实际工作量×单位工作量折旧额

【业务5-8】企业一辆货运卡车的原价为160 000元,预计净残值率为5%,预计总行驶里程为400 000千米,当月行驶里程5 000千米。该货运卡车当月折旧额计算如下:

单位里程折旧额＝160 000×(1－5％)÷400 000＝0.38（元/千米）

当月折旧额＝5 000×0.38＝1 900（元）

3. 双倍余额递减法

双倍余额递减法是指在不考虑固定资产预计净残值的情况下，根据每期期初固定资产原价减去累计折旧后的金额和双倍的直线法折旧率计算固定资产折旧的一种方法。采用双倍余额递减法计提固定资产折旧，一般应在固定资产使用寿命到期前两年内，将固定资产账面净值扣除预计净残值后的余额平均摊销。双倍余额递减法的计算公式如下：

年折旧率＝2÷预计使用寿命×100％

月折旧率＝年折旧率÷12

月折旧额＝每月初固定资产账面净值×月折旧率

【业务5-9】企业一项固定资产的原价为1 000 000元，预计使用年限为5年，预计净残值为4 000元，按双倍余额递减法计提折旧。每年的折旧额计算如下：

年折旧率＝2÷5×100％＝40％

第1年应提的折旧额＝1 000 000×40％＝400 000（元）

第2年应提的折旧额＝(1 000 000－400 000)×40％＝240 000（元）

第3年应提的折旧额＝(1 000 000－400 000－240 000)×40％＝144 000（元）

从第4年起改用年限平均法(直线法)计提折旧。

第4年、第5年的年折旧额＝[(1 000 000－400 000－240 000－144 000)
－4 000]÷2＝106 000（元）

每年各月的折旧额根据当年的年折旧额除以12计算。

4. 年数总和法

年数总和法又称年限合计法，是指将固定资产的原价减去预计净残值后的余额，乘以一个逐年递减的分数计算每年的折旧额，这个分数的分子代表固定资产尚可使用寿命，分母代表预计使用寿命逐年数字总和。年数总和法的计算公式如下：

年折旧率＝尚可使用年数/预计使用寿命的年数总和×100％

或者，

年折旧率＝(预计使用寿命－已使用年限)÷[预计使用寿命
×(预计使用寿命＋1)÷2]×100％

年折旧额＝(固定资产原价－预计净残值)×年折旧率

月折旧率＝年折旧率÷12

月折旧额＝(固定资产原价－预计净残值)×月折旧率

【业务5-10】接业务5-9，假如采用年数总和法，计算的各年折旧额如表5-2所示。

表5-2　固定资产折旧计算表(年数总和法)金额

单位：元

年　份	尚可使用年限	原价－净残值	变动折旧率	年折旧额	累计折旧
1	5	996 000	5/15	332 000	332 000
2	4	996 000	4/15	265 600	597 600
3	3	996 000	3/15	199 200	796 800
4	2	996 000	2/15	132 800	929 600

续表

年 份	尚可使用年限	原价-净残值	变动折旧率	年折旧额	累计折旧
5	1	996 000	1/15	66 400	996 000

（五）固定资产折旧的账务处理

固定资产应当按月计提折旧，计提的折旧应当记入"累计折旧"科目，并根据用途计入相关资产的成本或者当期损益。"累计折旧"科目属于"固定资产"的备抵调整科目，核算企业固定资产的累计折旧，贷方登记企业计提的固定资产折旧，借方登记处置固定资产转出的累计折旧，期末贷方余额反映企业固定资产的累计折旧额。

企业自行建造固定资产过程中使用的固定资产，其计提的折旧应计入在建工程成本；基本生产车间所使用的固定资产，其计提的折旧应计入制造费用；管理部门所使用的固定资产，其计提的折旧应计入管理费用；销售部门所使用的固定资产，其计提的折旧应计入销售费用；经营租出的固定资产，其计提的折旧应计入其他业务成本。账务处理是：按应计提固定资产折旧额，借记"制造费用""销售费用""管理费用""其他业务成本"等科目，贷记"累计折旧"科目。

【业务5-11】A公司2023年10月固定资产计提折旧情况如下：生产车间一车间计提折旧38 000元，二车间计提折旧42 000元，三车间计提折旧40 000元；管理部门房屋建筑物计提折旧65 000元，运输工具计提折旧24 000元；销售部门房屋建筑物计提折旧32 000元，运输工具计提折旧26 000元。A公司应根据固定资产折旧计算表编制如下会计分录：

```
借：制造费用——一车间      38 000
         ——二车间      42 000
         ——三车间      40 000
    管理费用              89 000
    销售费用              58 000
    贷：累计折旧                 267 000
```

二、固定资产的后续支出

固定资产的后续支出是指固定资产在使用过程中发生的更新改造支出、修理费用等。企业的固定资产投入使用后，由于各个组成部分耐用程度不同或者使用的条件不同，因而往往发生固定资产的局部损坏。为了保持固定资产的正常运转和使用，充分发挥其使用效能，就必须对其进行必要的后续支出。对于固定资产发生的后续支出，满足固定资产确认条件的，应当计入固定资产成本；不满足固定资产确认条件的，应当在发生时计入当期损益。

（一）费用化后续支出的核算

固定资产在使用过程中，需要对局部损坏的固定资产进行日常维护和定期检修。固定资产根据修理范围、间隔时间、修理费用等的不同，分为大、中、小修理。但无论哪种修理，都只是确保固定资产的正常工作状况，而不能导致固定资产性能的改变或未来经济利益的增加。因此，对机器设备等固定资产的日常修理没有满足固定资产的确认条件，应将该项固定资产的后续支出在其发生时计入当期损益,属于生产车间(部门)和行政管理部门等发生的固定资产修理费用等后续支出,应记入"管理费用"科目,属于销售部门发生的固定资产修理费用等后续支出,应记入"销售费用"科目。企业的修理费用不得采用预提或者待摊的方式处理。

【业务5-12】2023年9月6日,A公司对现有的一台生产机器设备进行日常修理,修理过程中发生的丙材料费为100 000元,应支付的维修人员工资为20 000元。A公司应根据领料单、工薪费用分配表等编制如下会计分录:

借:管理费用　　　　　　　　　　　　　120 000
　　贷:原材料——丙材料　　　　　　　　　　　100 000
　　　　应付职工薪酬——职工工资　　　　　　　20 000

(二) 资本化后续支出的核算

企业将固定资产进行更新改造的,如符合资本化的条件,应当计入固定资产成本,但若有被替换的部分,应同时将被替换部分的账面价值从该固定资产原账面价值中扣除。应将该固定资产的原价、已计提的累计折旧和减值准备转销,将固定资产的账面价值转入"在建工程""累计折旧""固定资产减值准备"等科目,贷记"固定资产"科目。待更新改造等工程完工并达到预定可使用状态时,再从"在建工程"科目转入"固定资产"科目,并按重新确定的使用寿命、预计净残值和折旧方法计提折旧。

【业务5-13】A公司对办公楼进行改扩建,该办公楼的原价为8 000 000元,已提折旧5 000 000元,以银行存款支付改扩建支出2 200 000元、增值税税额198 000元,拆除部分取得的变价收入200 000元、增值税税额26 000元存入银行。A公司的账务处理应为:

(1) 改扩建时,根据相关账簿记录将该办公楼的账面价值转入在建工程,编制如下会计分录:

借:在建工程——改扩建工程　　　　　　　3 000 000
　　累计折旧　　　　　　　　　　　　　　　5 000 000
　　贷:固定资产——生产经营用固定资产——办公楼　　8 000 000

(2) 支付改扩建支出时,A公司应根据取得的增值税专用发票(发票联)、银行转账支付凭证等编制如下会计分录:

借:在建工程——改扩建工程　　　　　　　2 200 000
　　应交税费——应交增值税(进项税额)　　　198 000
　　贷:银行存款　　　　　　　　　　　　　　　2 398 000

(3) 取得变价收入时,根据开具的增值税专用发票(记账联)、银行进账单等收款凭证编制如下会计分录:

借:银行存款　　　　　　　　　　　　　　226 000
　　贷:在建工程——改扩建工程　　　　　　　　200 000
　　　　应交税费——应交增值税(销项税额)　　　26 000

(4) 待改扩建后的办公楼达到预定可使用状态时,根据"在建工程"账户余额编制如下会计分录:

改扩建工程成本=3 000 000+2 200 000-200 000=5 000 000(元)

借:固定资产——生产经营用固定资产——办公楼　　5 000 000
　　贷:在建工程——改扩建工程　　　　　　　　　　　　　5 000 000

【业务5-14】A航空公司2014年12月购入一架飞机总计花费80 000 000元(含发动机),发动机当时的购价为5 000 000元。2023年初,A航空公司开辟新航线,航程增加。为延长飞机的空中飞行时间,公司决定更换一部性能更为先进的发动机。新发动机的成本为7 000 000元、增值税税额910 000元。支付安装费用100 000元,增值税税额9 000元。假定飞机的年折旧率为3%,不考虑预计净残值的影响,替换下的老发动机报废无残值收入。A公司的账务处理应为:

(1)更换发动机前(使用了8年):

　　2023年初飞机的累计折旧额=80 000 000×3%×8=19 200 000(元)

借:在建工程——××飞机　　　　60 800 000
　　累计折旧　　　　　　　　　　19 200 000
　　贷:固定资产——××飞机　　　　　　　　80 000 000

(2)安装新发动机:

借:在建工程——××飞机　　　　7 000 000
　　应交税费——应交增值税(进项税额)　910 000
　　贷:银行存款　　　　　　　　　　　　　　7 910 000

(3)终止老发动机:

　　老发动机的账面价值=5 000 000-5 000 000×3%×8=3 800 000(元)

借:营业外支出——非流动资产毁损报废损失　3 800 000
　　贷:在建工程——××飞机　　　　　　　　　3 800 000

(4)支付安装费用:

借:在建工程——××飞机　　　　100 000
　　应交税费——应交增值税(进项税额)　9 000
　　贷:银行存款　　　　　　　　　　　　　　109 000

(5)新发动机安装完毕,投入使用:

借:固定资产——××飞机　　　　64 100 000
　　贷:在建工程——××飞机　　　　　　　　64 100 000

资本化后续支出的账务处理如表5-3所示。

表5-3　固定资产资本化后续支出的账务处理

序号	业务内容	账务处理
1	结转原固定资产的账面价值	借:在建工程 　　累计折旧 　贷:固定资产
2	冲减拆除部分的账面价值	借:营业外支出——非流动资产毁损报废损失 　贷:在建工程
3	确认拆除部分的变价收入	借:银行存款等 　贷:营业外支出——非流动资产毁损报废损失 　　应交税费——应交增值税(销项税额)

项目五　固定资产

续表

序号	业务内容	账务处理
4	发生更新改造支出	借:在建工程 　　应交税费——应交增值税(进项税额) 贷:银行存款等
5	达到预定可使用状态,结转工程成本	借:固定资产 贷:在建工程

三、固定资产的减值

固定资产的初始入账价值是历史成本。固定资产使用年限较长,市场条件和经营环境的变化、科学技术的进步以及经营管理不善等,都可能导致固定资产创造未来经济利益的能力大大下降。因此,固定资产的真实价值有可能低于账面价值,在期末必须对固定资产减值损失进行确认。

企业应定期或者至少于每年年末对存在减值迹象的固定资产进行减值测试,当其可收回金额低于账面价值时,应当将该固定资产的账面价值减记至可收回金额,减记的金额确认为减值损失,计入当期损益,同时计提相应的减值准备,借记"资产减值损失——计提的固定资产减值准备"科目,贷记"固定资产减值准备"科目。

固定资产减值损失一经确认,在以后会计期间不得转回。

【业务5-15】2023年12月31日,A公司的某生产线存在可能发生减值的迹象。经计算,该机器的可收回金额合计为2 200 000元,账面价值为2 400 000元,以前期间未对该生产线计提减值准备。

由于该生产线的可收回金额为2 400 000元,账面价值为2 200 000元,可收回金额低于账面价值,应按两者之间的差额200 000(＝2 400 000－2 200 000)元计提固定资产减值准备。A公司的账务处理应为:

借:资产减值损失——计提的固定资产减值准备　　200 000
　　贷:固定资产减值准备　　　　　　　　　　　　　　　　200 000

任务四　固定资产的清查与处置

一、固定资产的清查

企业应定期或者至少于每年年末对固定资产进行清查盘点,以保证固定资产核算的真实性,充分挖掘企业现有固定资产的潜力。在固定资产清查过程中,如果发现盘盈、盘亏的固定资产,应填制固定资产盘盈、盘亏报告表,并及时查明原因,按照规定程序报批处理。

（一）固定资产盘盈的核算

企业在财产清查中盘盈的固定资产,作为前期差错处理。企业在财产清查中盘盈的固定资产,在按管理权限报经批准处理前,应先通过"以前年度损益调整"科目核算。盘盈的固定资产,应按重置成本确定其入账价值,借记"固定资产"科目,贷记"以前年度损益调整"科目。

【业务5-16】2023年1月5日,A公司在财产清查过程中发现2021年12月购入的一台设备尚未入账,其重置成本为50 000元（假定与其计税基础不存在差异）。根据《企业会计准则第28号——会计政策、会计估计变更和差错更正》的规定,该盘盈固定资产作为前期差错进行处理。假定公司按净利润的10%计提法定盈余公积,不考虑相关税费和其他因素的影响。A公司的账务处理应为：

（1）盘盈固定资产时,根据固定资产盘点报告表等编制如下会计分录：

借：固定资产　　　　　　　　　　　　50 000
　　贷：以前年度损益调整　　　　　　　　　50 000

（2）结转为留存收益时,根据有关批准文件编制如下会计分录：

借：以前年度损益调整　　　　　　　　50 000
　　贷：盈余公积——法定盈余公积　　　　　5 000
　　　　利润分配——未分配利润　　　　　　45 000

（二）固定资产盘亏的核算

企业在财产清查中盘亏的固定资产,按盘亏固定资产的账面价值借记"待处理财产损溢"科目,按已计提的累计折旧借记"累计折旧"科目,按已计提的减值准备借记"固定资产减值准备"科目,按固定资产的原价贷记"固定资产"科目。按管理权限报经批准后处理时,按可收回的保险赔偿或过失人赔偿借记"其他应收款"科目,按应计入营业外支出的金额,借记"营业外支出——固定资产盘亏"科目,贷记"待处理财产损溢"科目。

【业务5-17】B公司进行财产清查时发现短缺一台笔记本电脑,原价为10 000元,已计提折旧7 000元。B公司的账务处理应为：

（1）盘亏固定资产时,根据固定资产盘点报告表等编制如下会计分录：

借：待处理财产损溢——待处理固定资产损溢　　3 000
　　累计折旧　　　　　　　　　　　　　　　　7 000
　　贷：固定资产　　　　　　　　　　　　　　　　10 000

（2）转出不可抵扣的进项税额时,编制如下会计分录：

借：待处理财产损溢——待处理固定资产损溢　　390
　　贷：应交税费——应交增值税(进项税额转出)　　390

（3）报经批准转销时,根据有关批准文件编制如下会计分录：

借：营业外支出——盘亏损失　　　　　　　　3 390
　　贷：待处理财产损溢——待处理固定资产损溢　　3 390

二、固定资产的处置

(一) 固定资产处置的核算内容

固定资产处置是指企业由于各种原因需退出生产经营过程所做的处理活动。固定资产处置包括固定资产的出售、报废、毁损、对外投资、非货币性资产交换、债务重组等。处于处置状态的固定资产不再用于生产商品、提供劳务、出租或经营管理,因此不再符合固定资产的定义,应予终止确认。

为核算固定资产处置损益,企业应设置"固定资产清理"科目。该科目核算企业因出售、报废、毁损、对外投资、非货币性资产交换、债务重组等原因转出的固定资产价值以及在清理过程中发生的费用等,借方登记转出的固定资产价值、清理过程中应支付的相关税费及其他费用,贷方登记固定资产清理完成的处理,期末借方余额反映企业尚未清理完毕的固定资产清理净损失。该科目应按被清理的固定资产项目设置明细账,进行明细核算。

固定资产处置的核算,主要包括以下内容:

(1) 固定资产转入清理。企业因出售、报废、毁损、对外投资、非货币性资产交换、债务重组等转出的固定资产,按该项固定资产的账面价值,借记"固定资产清理"科目,按已计提的累计折旧,借记"累计折旧"科目,按已计提的减值准备,借记"固定资产减值准备"科目,按其账面原价,贷记"固定资产"科目。

(2) 发生的清理费用等。固定资产清理过程中应支付的相关税费及其他费用,借记"固定资产清理"科目,贷记"银行存款""应交税费"等科目。

(3) 收回出售固定资产的价款、残料价值和变价收入等,借记"银行存款""原材料"等科目,贷记"固定资产清理"等科目。

(4) 保险赔偿等的处理。应由保险公司或过失人赔偿的损失,借记"其他应收款"等科目,贷记"固定资产清理"科目。

(5) 清理净损益的处理。固定资产清理完成后,属于生产经营期间正常的报废损失,借记"营业外支出——非流动资产毁损报废损失"科目,贷记"固定资产清理"科目;属于自然灾害等非正常原因造成的损失,借记"营业外支出——非常损失"科目,贷记"固定资产清理"科目;属于出售固定资产而产生的处置利得,借记"固定资产清理"科目,贷记"资产处置损益"科目。若为处置损失,借记"资产处置损益"科目,贷记"固定资产清理"科目。

(二) 固定资产处置的账务处理

1. 固定资产出售的处理

企业应将闲置的或不需再用的固定资产,出售给其他需要该项固定资产的企业,以收回资金,避免资源的浪费。出售固定资产的损益是指出售固定资产取得的价款与固定资产的账面价值、发生的清理费用以及出售不动产缴纳的相关税费之间的差额。

【业务5-18】A公司出售一座建筑物,原价为2 000 000元,已计提折旧1 000 000元,未计提减值准备,实际出售价格为1 200 000元、增值税税额为108 000元,已通过银行收回价款。A公司的账务处理应为:

(1) 将出售的固定资产转入清理,根据有关批准文件编制如下会计分录:
借:固定资产清理　　　　　　　1 000 000
　　累计折旧　　　　　　　　　1 000 000
　　贷:固定资产　　　　　　　　　　　　2 000 000

(2) 出售固定资产收到价款,根据开具的增值税专用发票(发票联)、银行进账单等收款凭证编制如下会计分录:
借:银行存款　　　　　　　　　1 308 000
　　贷:固定资产清理　　　　　　　　　　1 200 000
　　　　应交税费——应交增值税(销项税额)　108 000

(3) 结转出售固定资产实现的利得,根据"固定资产清理"账户余额编制如下会计分录:
　　处置净收益=1 200 000－1 000 000=200 000(元)
借:固定资产清理　　　　　　　200 000
　　贷:资产处置损益　　　　　　　　　　200 000

2. 固定资产报废的处理

固定资产报废是指固定资产不能被继续使用而退出企业,主要有到期正常报废、因毁损提前报废和超龄使用后报废三种情况。无论是哪种情况的报废,其计算损益的方法是一致的,都是指报废时固定资产的残料变价收入与固定资产的账面价值、发生的清理费用之间的差额。

[业务5-19] B公司现有一台设备由于性能等原因决定提前报废,原价为500 000元,已计提折旧450 000元,未计提减值准备。报废时的残值变价收入为20 000元、增值税税额为2 600元,报废清理过程中发生清理费用3 500元、增值税税额为315元,有关收入、支出均通过银行办理结算。B公司的账务处理应为:

(1) 将报废固定资产转入清理,根据经批准的固定资产报废清单等编制如下会计分录:
借:固定资产清理　　　　　　　50 000
　　累计折旧　　　　　　　　　450 000
　　贷:固定资产　　　　　　　　　　　　500 000

(2) 收回残料变价收入,根据开具的增值税专用发票(记账联)、银行进账单等收款凭证编制如下会计分录:
借:银行存款　　　　　　　　　22 600
　　贷:固定资产清理　　　　　　　　　　20 000
　　　　应交税费——应交增值税(销项税额)　2 600

(3) 支付清理费用,根据取得的增值税专用发票(发票联)、银行转账支付凭证等编制如下会计分录:
借:固定资产清理　　　　　　　3 500
　　应交税费——应交增值税(进项税额)　315
　　贷:银行存款　　　　　　　　　　　　3 815

(4) 结转报废固定资产发生的净损失,根据"固定资产清理"账户余额编制如下会计分录:
　　处置净损失=50 000－20 000+3 500=33 500(元)

借:营业外支出——非流动资产毁损报废损失　33 500
　　贷:固定资产清理　　　　　　　　　　　　　　　　33 500

3. 固定资产非常损失的处理

固定资产非常损失有的是自然灾害(如水灾、火灾、风灾、震灾等)等不可抗力因素造成的,也有的是责任事故等人为因素造成的。无论什么原因,固定资产发生毁损对企业的影响都是负面的。因此,企业应加强对固定资产的管理,防止类似事情的发生,减少企业的意外损失。固定资产非常损失净额是指毁损固定资产的账面价值,加上发生的清理费用,扣除残料变价收入以及保险赔款、责任人赔款后的净额。

【业务5-20】C公司因遭受水灾而毁损一座仓库,该仓库原价4 000 000元,已计提折旧1 000 000元,未计提减值准备。其残料估计价值为50 000元,残料已办理入库。发生的清理费用为20 000元、增值税税额为1 800元,以银行存款支付,经保险公司核定应赔偿损失1 500 000元,尚未收到赔款。C公司的账务处理应为:

(1) 将毁损的仓库转入清理,根据固定资产毁损报告单等编制如下会计分录:
借:固定资产清理　　　　　　3 000 000
　　累计折旧　　　　　　　　1 000 000
　　贷:固定资产　　　　　　　　　　4 000 000

(2) 残料入库,根据材料入库单等编制如下会计分录:
借:原材料　　　　　　　　　　50 000
　　贷:固定资产清理　　　　　　　　　50 000

(3) 支付清理费用,根据取得的增值税专用发票(发票联)、银行转账支付凭证等编制如下会计分录:
借:固定资产清理　　　　　　　　20 000
　　应交税费——应交增值税(进项税额)　1 800
　　贷:银行存款　　　　　　　　　　　21 800

(4) 确定应由保险公司理赔的损失,根据保险公司出具的保险理赔单等编制如下会计分录:
借:其他应收款——×××保险公司　1 500 000
　　贷:固定资产清理　　　　　　　　　　1 500 000

(5) 结转固定资产发生非常损失净额时,根据"固定资产清理"科目余额编制如下会计分录:
损失净额=3 000 000-50 000+20 000-1 500 000=1 470 000(元)
借:营业外支出——非常损失　1 470 000
　　贷:固定资产清理　　　　　　　1 470 000

固定资产处置的账务处理如表5-4所示。

表5-4　固定资产处置的账务处理

序号	业务内容	账务处理
1	结转处置固定资产的账面价值	借:固定资产清理 　　累计折旧 　　贷:固定资产

续表

序号	业务内容		账务处理
2	残值处理	残料估价入库	借:原材料(或周转材料) 　　贷:固定资产清理
		残料出售	借:银行存款 　　贷:固定资产清理 　　　　应交税费——应交增值税(销项税额)
3	保险公司理赔或责任人赔偿部分的处理		借:其他应收款 　　贷:固定资产清理
4	支付清理费用的处理		借:固定资产清理 　　　应交税费——应交增值税(进项税额) 　　贷:银行存款等
5	结转出售净收益		借:固定资产清理 　　贷:资产处置损益
6	结转清理净损失	正常报废损失	借:营业外支出——非流动资产毁损报废损失 　　贷:固定资产清理
		自然灾害等损失	借:营业外支出——非常损失 　　贷:固定资产清理

项目小结

本项目的主要内容结构如表5-5所示。

表5-5　项目五"固定资产"的内容结构表

固定资产的确认	固定资产的定义和特征	固定资产的定义
		固定资产的特征
	固定资产的分类	按经济用途分类
		按使用情况分类
		综合分类
	固定资产的确认条件	与该固定资产有关的经济利益很可能流入企业
		该固定资产的成本能够可靠地计量
固定资产的初始计量	固定资产初始计量原则	应按成本进行初始计量
	外购固定资产的初始计量	购入不需要安装的固定资产
		购入需要安装的固定资产
	自行建造固定资产的初始计量	自营工程的核算
		出包工程的核算
	投资者投入固定资产的初始计量	入账价值的确定
		账务处理

		固定资产折旧的定义
固定资产的后续计量	固定资产折旧	影响固定资产折旧的因素
		固定资产折旧范围
		固定资产折旧方法
		固定资产折旧的账务处理
	固定资产的后续支出	费用化后续支出的核算
		资本化后续支出的核算
	固定资产的减值	减值测试
		账务处理
固定资产的清查与处置	固定资产的清查	固定资产盘盈的核算
		固定资产盘亏的核算
	固定资产的处置	固定资产处置的核算内容
		固定资产处置的账务处理

思考与练习

一、思考题

1. 如何理解固定资产的定义与特征？固定资产分类有何现实意义？
2. 不同方式取得的固定资产，其入账价值的确定有何异同？
3. 固定资产折旧的实质是什么？影响固定资产折旧的因素之间是如何联系的？
4. 年限平均法、工作量法及双倍余额递减法分别适用于哪些固定资产折旧的计算？

二、单项选择题

1. 下列不符合固定资产确认条件的是（   ）。

    A. 与该固定资产有关的经济利益很可能流入企业

    B. 该固定资产的成本能够可靠地计量

    C. 企业由于安全或环保的要求购入设备等，虽然不能直接给企业带来未来经济利益，但有助于企业从其他相关资产的使用获得未来经济利益或者将减少企业未来经济利益的流出，也应确认为固定资产

    D. 以短期租赁方式租入的固定资产

2. 下列各项中，属于企业固定资产的是（   ）。

    A. 工业企业外购价值很低的生产工具

    B. 房地产开发企业开发待售的商品房

    C. 商贸企业销售的电脑

    D. 汽车4S店自用的小汽车

3. 企业购入需要安装的固定资产发生的安装费用应记入（   ）科目。

    A."固定资产"   B."在建工程"   C."管理费用"   D."营业外支出"

4. 阳光公司为增值税一般纳税人,购入生产用设备一台,增值税专用发票上注明价款为10万元,增值税税额为1.3万元,发生运杂费0.5万元、保险费0.3万元、安装费1万元,该设备取得时的成本为( )万元。
A. 10 B. 11.8 C. 11 D. 13.1

5. 下列固定资产折旧方法中,开始使用时不考虑预计净残值的是( )。
A. 年限平均法 B. 工作量法 C. 双倍余额递减法 D. 年数总和法

6. 阳光公司2023年8月购入一台施工机械,应从2023年( )月开始计提折旧。
A. 8 B. 9 C. 10 D. 11

7. 某企业为增值税一般纳税人,销售商品适用的增值税税率为13%。2023年10月,自营建造厂房一幢,领用本企业生产的水泥一批,实际成本为100 000元,不考虑其他因素,下列各项中该企业自营建造厂房领用自产水泥的会计处理正确的是( )。

A. 借:在建工程　　　　　　　　　　　　100 000
　　　贷:工程物资　　　　　　　　　　　　　　100 000
B. 借:在建工程　　　　　　　　　　　　113 000
　　　贷:库存商品　　　　　　　　　　　　　　100 000
　　　　　应交税费——应交增值税(销项税额)　13 000
C. 借:在建工程　　　　　　　　　　　　100 000
　　　贷:库存商品　　　　　　　　　　　　　　100 000
D. 借:在建工程　　　　　　　　　　　　100 000
　　　　应交税费——应交增值税(进项税额转出)　13 000
　　　贷:库存商品　　　　　　　　　　　　　　113 000

8. 2022年12月31日,某企业购入一台生产设备并直接投入使用。该设备的入账价值为121万元,预计净残值为1万元,预计使用寿命为4年,采用年数总和法计提折旧。不考虑其他因素,2024年该设备应计提的折旧金额为( )万元。
A. 36 B. 48 C. 36.3 D. 30

9. 下列关于企业计提固定资产折旧会计处理的表述中,不正确的是( )。
A. 对管理部门使用的固定资产计提的折旧应计入管理费用
B. 对财务部门使用的固定资产计提的折旧应计入财务费用
C. 对生产车间使用的固定资产计提的折旧应计入制造费用
D. 对专设销售机构使用的固定资产计提的折旧应计入销售费用

10. 某企业对一条生产线进行改扩建,该生产线原价1 000万元,已计提折旧300万元,改扩建生产线发生相关支出800万元,满足固定资产确认条件,则改扩建后生产线的入账价值为( )万元。
A. 1 500 B. 800 C. 1 800 D. 1 000

三、业务题(编制以下业务各节点的会计分录)

1. 购入一台不需要安装的设备,价款为40 000元,增值税为5 200元,运费2 000元,增值税为180元,付款,交付使用。

2. 购入一台需要安装的设备,买价为100 000元,增值税为13 000元,运费为4 000元,增值税为 360 元,付款。安装时支付安装费用 2 000 元,增值税为 180 元。安装完毕,交付使用。

3. 企业自行建造办公楼,购入工程物资 600 000 元,增值税额为 78 000 元,全部用于建造工程。领用本企业生产的 A 产品一批,实际成本为 100 000 元。领用本企业生产用的 K 材料一批,实际成本为 70 000 元。计提工程人员工资 200 000 元。支付其他费用 30 000 元,增值税为 3 900 元。工程完工并交付使用。

4. 企业有货车 1 辆,采用工作量法计提折旧。原值为 200 000 元,预计使用 10 年,行驶里程 600 000 千米,净残值率为 5%,当月行驶里程 4 000 千米。计算当月的折旧并进行账务处理。

5. 企业购入不需要安装生产设备一台,原值为 350 万元,预计使用年限为 5 年,预计净残值率为 5%,采用双倍余额递减法计提折旧。计算出每年的折旧额并写出相关分录。

6. 公司接受一台全新专用设备的捐赠,捐赠者提供的有关价值凭证上标明的价格为 113 000 元,办理产权过户手续时支付相关税费 3 000 元。

7. 企业办公大楼原价 2 400 000 元,预计可使用 40 年,采用年限平均法计提折旧,该办公楼报废时的净残值率为 4%。

8. 企业一项固定资产的原价为 100 000 元,预计使用年限为 5 年,预计净残值为 400 元,按年数总合法计提折旧。

9. 公司固定资产计提折旧情况如下:一车间计提折旧 20 000 元,二车间计提折旧 22 000 元,三车间计提折旧 30 000 元;管理部门计提折旧 60 000 元;销售部门计提折旧 50 000 元。

10. 公司对以经营租赁方式租入的办公楼进行装修,发生以下有关支出:领用生产用甲材料实际成本为 400 000 元,用存款支付其他费用 30 000 元,应付工程人员工资等为 170 000 元。装修完工并交付使用。假定该办公楼租赁期为 5 年,不考虑其他因素。

11. 公司出售一座建筑物,原价为 3 000 000 元,已计提折 2 000 000 元,未计提减值准备,实际出售价格为 1 600 000 元,税率 9%。收回价款。

12. 公司现有一台设备提前报废,原价为 800 000 元,已计提折旧 740 000 元,已计提减值准备 30 000 元。残值变价收入为 20 000 元,增值税为 2 600 元。发生清理费用 3 000 元,增值税 390 元。有关收入、支出均通过银行办理结算。

13. 固定资产原价 100 万元,残值 0,使用年限 10 年,按直线法计算折旧,资料如下。

时间	原价	累计折旧	可收回金额	减值	计提减值准备
第一年年末	100 万元	10 万元	92 万元		
第二年年末	100 万元	20 万元	75 万元		
第三年年末	100 万元	30 万元	62 万元		
第四年年末	100 万元	40 万元	54 万元		

填写空白部分,做会计分录。

14. 公司发现一台未入账的设备,其重置成本为 20 000 元。根据规定,该盘盈固定资产作为前期差错进行处理。假定不考虑相关税费,按净利润的 10% 计提法定盈余公积。

15. 公司发现短缺一台笔记本电脑,原价为 12 000 元,已计提折旧 8 000 元,增值税率 13%。批准处理。

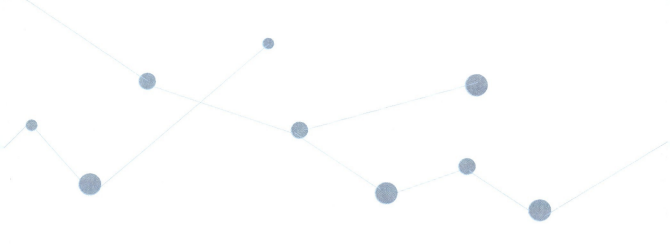

项目六
无形资产

> **项目目标**
>
> 掌握无形资产确认、初始计量、后续计量的基本原则与方法;能够依据企业会计准则进行无形资产的取得、摊销、出租、减值及处置的会计处理。

任务一　无形资产的确认

一、无形资产的特征

无形资产是指企业拥有或者控制的没有实物形态的可辨认的非货币性资产。相对于其他资产而言,无形资产具有四个主要特征:

(一) 由企业拥有或者控制并能为其带来未来经济利益

预计能为企业带来未来经济利益是作为一项资产的本质特征,无形资产也不例外。通常情况下,企业拥有或控制的无形资产应当拥有其所有权并且能够为企业带来经济利益。但在某些情况下并不需要企业拥有其所有权,如果企业有权获得某项无形资产产生的经济利益,同时又能约束其他人获得这些经济利益,则说明企业控制了该无形资产,或者说控制了该无形资产产生的经济利益,具体表现为企业拥有该无形资产的法定所有权或者使用权,并受法律的保护。例如:企业自行研制的技术通过申请依法取得专利权后,在一定期限内拥有了该专利技术的法定所有权;企业与其他企业签订合同转让商标权,由于合约的签订,商标使用权受让方的相关权利受到法律的保护。

(二) 不具有实物形态

无形资产通常表现为某种权利、某项技术或某种获取超额利润的综合能力,不具有实物形态,看不见、摸不着,如土地使用权、非专利技术等。无形资产为企业带来经济利益的方式与固定资产不同:固定资产是通过实物价值的磨损和转移来为企业带来未来经济利益,无形资产很大程度上是通过自身所具有的技术等优势为企业带来未来经济利益。不具有实物形态是无形资产区别于其他资产的特征之一。

需要指出的是,某些无形资产的存在有赖于实物载体。例如:计算机软件需要存储在介质中,但这并不改变无形资产本身不具有实物形态的特征。在确定一项包含无形和有形要素的资产是属于固定资产还是属于无形资产时,需要通过判断来加以确定,通常以哪个要素更重要作为判断依据。例如:如果计算机控制的机械工具没有特定计算机软件就不能运行,则说明该软件是构成相关硬件不可缺少的组成部分,该软件应作为固定资产处理;如果计算机软件不是相关硬件不可缺少的组成部分,则该软件应作为无形资产核算。无论是否存在实物载体,只要将一项资产归类为无形资产,则不具有实物形态就仍然是该无形资产的特征之一。

(三) 具有可辨认性

要作为无形资产进行核算,该资产必须是能够区别于其他资产可单独辨认的,如企业持有的专利权、非专利技术、商标权、土地使用权、特许权等。从可辨认性角度考虑,商誉是与企业整体价值联系在一起的,无形资产的定义要求无形资产是可辨认的,以便与商誉清楚地区分开来。资产满足下列条件之一的,则认为其具有可辨认性:

(1) 能够从企业中分离或者划分出来,并能单独用于出售或转让等,而不需要同时处置在同一获利活动中的其他资产,则说明无形资产可以辨认。某些情况下无形资产可能需要与有关的合同一起用于出售、转让等,这种情况下也视为可辨认无形资产。

(2) 产生于合同性权利或其他法定权利,无论这些权利是否可以从企业或其他权利和义务中转移或者分离。如一方通过与另一方签订特许权合同而获得的特许使用权,通过法律程序申请获得的商标权、专利权等。

如果企业有权获得一项无形资产产生的未来经济利益,并能约束其他方获取这些利益,则表明企业控制了该项无形资产。例如:对于会产生经济利益的技术知识,如果其受到版权、贸易协议约束(如果允许)等法定权利或雇员保密法定职责的保护,那么说明该企业控制了相关利益。

企业的客户关系、人力资源等,由于企业无法控制其带来的未来经济利益,不符合无形资产的定义,不应将其确认为无形资产。

企业内部产生的品牌、报刊名、刊头、客户名单和实质上类似项目的支出不能与整个业务开发成本区分开来,因此这类项目不应确认为无形资产。

(四) 属于非货币性资产

非货币性资产是指企业持有的货币资金和将以固定或可确定的金额收取的资产以外的其他资产。无形资产由于没有发达的交易市场,一般不容易转化成现金,在持有过程中为企业带来未来经济利益的情况不确定,不属于以固定或可确定的金额收取的资产,属于非货币性资产。货币性资产主权有现金、银行存款、应收账款、应收票据和短期有价证券等,它们的共同特点是直接表现为固定的货币数额,或在将来收到一定货币数额的权利。应收款项等资产也没有实物形态,其与无形资产的区别在于无形资产属于非货币性资产,而应收款项等资产则属于货币性资产。另外,虽然固定资产也属于非货币性资产,但其存在实物形态,是通过实物价值的磨损和转移来为企业带来未来经济利益的,而无形资产不具有实物形态,在很大程度上是通过某些权利、技术等优势为企业带来未来经济利益的。

二、无形资产的内容

无形资产主要包括专利权、非专利技术、商标权、著作权、土地使用权、特许权等。

(一) 专利权

专利权是指国家专利主管机关依法授予发明创造专利申请人,对其发明创造在法定期限内所享有的专有权利,包括发明专利权、实用新型专利权和外观设计专利权。它给予持有者独家使用或控制某项发明的特殊权利。《中华人民共和国专利法》明确规定,专利人拥有的专利权受到国家法律保护。专利权是允许其持有者独家使用或控制的特权,但它并不保证一定能给持有者带来经济效益,如有的专利可能会被另外更有经济价值的专利所淘汰等。因此,企业不应将其所拥有的一切专利权都予以资本化,作为无形资产管理和核算。一般而言,只有从外单位购入的专利或者自行开发并按法律程序申请取得的专利,才能作为无形资产管理和核算。这种专利可以降低成本,或者提高产品质量,或者将其转让出去获得转让收入。

企业从外单位购入的专利权,应以实际支付的价款作为专利权的成本。企业自行开发并按法律程序申请取得的专利权,应按照《企业会计准则第6号——无形资产》确定的金额作为成本。

(二) 非专利技术

非专利技术即专有技术,或称技术秘密、技术诀窍,是指先进的、未公开的、未申请专利的、可以带来经济效益的技术及诀窍。其主要内容包括:

(1) 工业专有技术,即在生产上已经采用,仅限于少数人知道,不享有专利权或发明权的生产、装配、修理、工艺或加工方法的技术知识。

(2) 商业(贸易)专有技术,即具有保密性质的市场情报、原材料价格情报以及用户、竞争对象的情况和有关知识。

(3) 管理专有技术,即生产组织的经营方式、管理方式、培训职工方法等保密知识。

非专利技术并不是《中华人民共和国专利法》的保护对象,专有技术所有人依靠自我保密的方式来维持其独占权,可以用于转让和投资。

企业的非专利技术,有些是自己开发研究的,有些是根据合同规定从外部购入的。如果是企业自己开发研究的,应将符合《企业会计准则第6号——无形资产》规定的开发支出资本化条件的,确认为无形资产。对于从外部购入的非专利技术,应将实际发生的支出予以资本化,作为无形资产入账。

(三) 商标权

商标是用来辨认特定的商品或劳务的标记。商标权是指专门在某类指定的商品或产品上使用特定的名称或图案的权利。商标经过注册登记,就获得了法律的保护。《中华人民共和国商标法》明确规定,经商标局核准注册的商标为注册商标,商标注册人享有商标专用权,受法律的保护。

企业自创的商标并将其注册登记,所花费用一般不大,是否将其资本化并不重要。能够给拥有者带来获利能力的商标,往往是通过多年的广告宣传和其他传播商标名称的手段,以及客户的信赖等树立起来的。广告费一般不作为商标权的成本,而是在发生时直接计入当期损益。按《中华人民共和国商标法》的规定,商标可以转让,但受让人应保证使用该注册商标的产品质量。如果企业购买他人的商标,一次性支出费用较大的,可以将其资本化,作为无形资产管理。这时,应以购入商标的价款、支付的手续费及有关费用作为商标的成本。

（四）著作权

著作权又称版权，是指作者对其创作的文学、科学和艺术作品依法享有的某种特殊权利。著作权包括两方面的权利，即精神权利(人身权利)和经济权利(财产权利)。前者是指作品署名、发表作品、确认作者身份、保护作品的完整性、修改已经发表的作品等各项权利，包括发表权、署名权、修改权和保护作品完整权；后者是指以出版、表演、广播、展览、录制唱片、摄制影片等方式使用作品以及因授权他人使用作品而获得经济利益的权利。

（五）土地使用权

土地使用权是指国家准许某一企业或单位在一定期间内对国有土地享有开发、利用、经营的权利。根据《中华人民共和国土地管理法》的规定，我国实行土地的社会主义公有制。任何单位和个人不得侵占、买卖或者以其他方式转让土地。土地使用权可以依法转让。企业以缴纳土地出让金、投资者投入等方式取得的土地使用权，应将取得时发生的支出资本化，作为土地使用权的成本，作为无形资产核算。

（六）特许权

特许权又称经营特许权、专营权，是指企业在某一地区经营或销售某种特定商品的权利或者一家企业接受另一家企业使用其商标、商号、技术秘密等的权利。前者一般是指政府机关授权、准许企业使用或在一定地区享有经营某种业务的特权，如水、电、通信等专营权，烟草专卖权等；后者是指企业间依照签订的合同，有限期或无限期使用另一家企业的某些权利，如连锁店分店使用总店的名称等。

三、无形资产的确认条件

无形资产在符合定义的前提下，只有同时满足以下两个条件才能予以确认。

（一）与该无形资产有关的经济利益很可能流入企业

资产最基本的特征是产生的经济利益预期很可能流入企业。如果某一无形资产产生的经济利益预期不能流入企业，就不能确认为企业的无形资产；如果某一无形资产产生的经济利益很可能流入企业，并同时满足无形资产确认的其他条件，则企业应将其确认为无形资产。例如：企业外购一项专利权，从而拥有法定所有权，使得企业的相关权利受到法律的保护，此时，表明企业能够控制该项无形资产所产生的经济利益。

在实务工作中，要确定无形资产产生的经济利益是否可以流入企业，应当对无形资产在预计使用寿命内可能存在的各种经济因素做出合理估计，并且应当有明确证据支持。在进行这种判断时，需要考虑相关的因素，如企业是否有足够的人力资源、高素质的管理队伍、相关硬件设备等来配合无形资产为企业创造经济利益。最为重要的是应关注外界因素的影响，如是否存在相关的新技术、新产品冲击与无形资产相关的技术或利用其生产的产品的市场等。

（二）该无形资产的成本能够可靠地计量

成本能够可靠地计量是资产确认的一项基本条件。对于无形资产而言，这个条件显得十分重要。例如：一些高科技领域的人才，假定其与企业签订了服务合同，且合同规定其在一定期限内不能为其他企业提供服务。在这种情况下，虽然这些高科技人才的知识在规定的期限内预期能够为企业创造经济利益，但由于这些高科技人才的知识难以准确或合理辨认，加之为形成这些知识所发生的支出难以计量，因此不能作为企业的无形资产加以确认。

任务二　无形资产的初始计量

无形资产的初始计量是指无形资产初始成本的确定。根据企业会计准则的规定，无形资产一般按照实际成本进行初始计量，即以取得无形资产并使之达到预定用途而发生的全部支出作为其入账价值。企业取得无形资产的主要方式有外购、投资者投入、自行研究开发等，取得的方式不同，其初始成本的构成也不相同。

一、外购的无形资产

外购的无形资产，其成本包括购买价款、相关税费以及直接归属于使该项资产达到预定用途所发生的其他支出。其中，直接归属于使该项资产达到预定用途所发生的其他支出包括使无形资产达到预定用途所发生的专业服务费用、测试无形资产能否正常发挥作用的费用等，但为引入新产品进行宣传而发生的广告费、管理费用、其他间接费用和无形资产已经达到预定用途以后发生的费用等经营活动的支出，并非无形资产达到预定用途必不可少的，应于发生时直接计入当期损益，不构成无形资产的成本。

为核算持有的无形资产的成本，企业应设置"无形资产"科目。该科目借方登记取得无形资产的成本，贷方登记出售无形资产转出的无形资产的账面余额，期末借方余额反映企业无形资产的成本。其账务处理是：企业购入的无形资产，应按实际支付的成本，借记"无形资产"科目，按支付的增值税税额，借记"应交税费——应交增值税（进项税额）"科目，按实际支付的价款，贷记"银行存款"等科目。

【业务6-1】A公司2023年3月7日购入一项专利权，支付价款500 000元、增值税税额30 000元，以银行存款支付。A公司应根据取得的增值税专用发票（发票联）、银行支付凭证等编制如下会计分录：

借：无形资产——专利权　　　　　　　　　500 000
　　应交税费——应交增值税（进项税额）　 30 000
　　贷：银行存款　　　　　　　　　　　　　　　　530 000

二、投资者投入的无形资产

投资者投入的无形资产的成本,应当按照投资合同或协议约定的价值确定,但合同或协议约定价值不公允的除外。在投资合同或协议约定价值不公允的情况下,应按无形资产的公允价值入账。

投资者投入的无形资产,应按确定的入账价值,借记"无形资产""应交增值税——应交增值税(进项税额)"等科目,贷记"实收资本"或"股本"科目。

【业务6-2】A公司接受C公司一项非专利技术作为投资,合同约定的价值(等于公允价值)为700 000元,增值税税额为42 000元,相关手续已办妥。A公司应根据C公司开具的增值税专用发票(发票联)、投资合同等编制如下会计分录:

借:无形资产——非专利技术　　　　　　　　700 000
　　应交税费——应交增值税(进项税额)　　　 42 000
　　贷:实收资本——C公司　　　　　　　　　　　　742 000

三、取得的土地使用权

企业取得的土地使用权通常应确认为无形资产。一般企业(非房地产开发企业)的土地使用权用于自行开发建造厂房等地上建筑物时,土地使用权的账面价值不与地上建筑物合并计算其成本,仍作为无形资产核算,土地使用权与地上建筑物分别按照无形资产和固定资产进行核算;房地产开发企业取得的土地使用权用于建造对外出售的房屋建筑物,相关的土地使用权的账面价值应当计入所建造的房屋建筑物成本,不再作为无形资产核算。

企业外购的房屋建筑物所支付的价款中通常包括土地使用权和建筑物的价值,应当在地上建筑物与土地使用权之间采用合理的方法(如公允价值比例等)进行分配,分别作为无形资产和固定资产核算;难以合理分配的,应当全部作为固定资产核算。

企业已作为无形资产核算的土地使用权,如果改变其用途,应当在停止自用土地使用权用于赚取租金或资本增值时,将其账面价值转为投资性房地产。

【业务6-3】2023年1月1日,A公司购入一块土地的使用权,以银行存款转账支付土地出让金9 000万元,并在该土地上自行建造厂房等工程。A公司应根据土地出让金收据、银行转账支付凭证等编制如下会计分录:

借:无形资产——土地使用权　　　　90 000 000
　　贷:银行存款　　　　　　　　　　　　　90 000 000

四、自行研究开发的无形资产

企业研究与开发活动发生的费用,除了要遵循无形资产确认和初始计量的一般要求外,还需要满足其他特定的条件,才能确认为一项无形资产。

(一) 研究阶段和开发阶段的划分

我国《企业会计准则第6号——无形资产》规定,对于企业自行进行的研究开发项目,应当区分研究阶段和开发阶段分别进行核算。

1. 研究阶段

研究阶段是指为获取新的技术和知识等进行的有计划的调查。研究阶段是探索性的,是为进一步的开发活动进行资料及相关方面的准备,已进行的研究活动将来是否会转入开发、开发后是否会形成无形资产等均有较大的不确定性。例如:意在获取知识而进行的活动,研究成果或其他知识的应用研究、评价和最终选择,材料、设备、产品、工序、系统或服务的替代品的研究,新的或经改进的材料、设备、产品、工序、系统或服务的可能替代品的配制、设计、评价和最终选择等活动。由于在这一阶段不会形成阶段性成果,因此研究阶段的支出不能资本化,而是在发生时全部计入当期损益。

2. 开发阶段

开发阶段是指在进行商业性生产或使用前,将研究成果或其他知识应用于某项计划或设计,以生产出新的或具有实质性改进的材料、装置、产品等。例如:生产或使用前的原型和模型的设计、建造和测试,含新技术的工具、夹具、模具和冲模的设计,不具有商业性生产经济规模的试生产设施的设计、建造和运营,新的或经改造的材料、设备、产品、工序、系统或服务所选定的替代品的设计、建造和测试等活动。

(二) 开发阶段有关支出资本化的条件

相对于研究阶段而言,开发阶段应当是已完成研究阶段的工作,在很大程度上具备了形成一项新产品或新技术的基本条件。对于开发阶段的支出,如果满足一定的条件应予以资本化,计入无形资产的成本。这些条件包括:

(1) 完成该无形资产以使其能够使用或出售,在技术上具有可行性。

(2) 具有完成该无形资产并使用或出售的意图。

(3) 无形资产产生经济利益的方式,包括能够证明运用该无形资产生产的产品存在市场或无形资产自身存在市场,无形资产将在内部使用的,应当证明其有用性。

(4) 有足够的技术、财务资源和其他资源支持,以完成该无形资产的开发,并有能力使用或出售该无形资产。

(5) 归属于该无形资产开发阶段的支出能够可靠地计量。

需要指出的是,企业对于开发活动所发生的支出应当单独核算,如发生的开发人员的工资、材料费等。在企业同时从事多项开发活动的情况下,所发生的支出同时用于支持多项开发活动的,应按一定的标准在各项开发活动之间分配,无法划分的应予费用化,计入当期损益。

(三) 内部研发活动形成的无形资产的计量

内部研发活动形成的无形资产成本,由可直接归属于该资产的创造、生产并使该资产能按管理层预定的方式运作的所有必要支出构成。可直接归属的所有必要支出包括开发该无形资产过程中耗费的材料费、劳务费、注册费,使用的其他无形资产的摊销以及按规定可以资本化的利息支出,但不包括开发该无形资产过程中发生的管理费用等间接费用、该无形资产达到预定用途前发生的可辨认的无效运作损失、为运行该无形资产发生的培训支出等。

需要指出的是,对于内部研究活动形成的无形资产,在其开发过程中达到资本化条件之前已经费用化的支出,不再进行调整。

(四) 内部研究开发费用的核算

如前所述,企业内部研究和开发无形资产,在研究阶段发生的支出全部费用化,计入当期损益;在开发阶段发生的支出,符合资本化条件的予以资本化,不符合资本化条件的计入当期损益。无法区分属于研究阶段还是开发阶段的支出,应当将其全部费用化,计入当期损益。

企业应当设置"研发支出"科目,核算企业研究与开发无形资产过程中发生的各项支出,按照研究开发项目,分为"费用化支出"与"资本化支出"进行明细核算。

企业自行研究开发无形资产发生的研发支出,不满足资本化条件的,借记"研发支出——费用化支出"科目,满足资本化条件的,借记"研发支出——资本化支出"科目,贷记"原材料""银行存款""应付职工薪酬"等科目。期末,应将"研发支出——费用化支出"科目归集的金额转入"管理费用"科目,借记"管理费用"科目,贷记"研发支出——费用化支出"科目。研究开发项目达到预定用途形成无形资产的,应按"研发支出——资本化支出"科目的余额,借记"无形资产"科目,贷记"研发支出——资本化支出"科目。

企业以其他方式取得的正在进行的研究开发项目,应按确定的金额,借记"研发支出——资本化支出"科目,贷记"银行存款"等科目。以后发生的研发支出,应当比照企业自行研究开发无形资产发生的研发支出进行处理。

【业务6-4】A公司自行研究、开发一项技术,截至2023年12月31日,发生研发支出合计1 000 000元,以银行存款支付,经测试该研发活动完成了研究阶段;自2024年1月1日开始进入开发阶段,至2024年4月30日该项研发活动结束并最终开发完成一项非专利技术止,共发生开发支出400 000元,且符合《企业会计准则第6号——无形资产》规定的开发支出资本化条件。A公司的账务处理应为:

(1) 2023年发生的研发支出:
借:研发支出——费用化支出 　　1 000 000
　　贷:银行存款等 　　　　　　　　　1 000 000

(2) 2023年12月31日,发生的研发支出全部属于研究阶段的支出:
借:管理费用 　　　　　　　　　1 000 000
　　贷:研发支出——费用化支出 　　　1 000 000

(3) 2024年发生开发支出:
借:研发支出——资本化支出 　400 000
　　贷:银行存款等 　　　　　　　　　400 000

(4) 2024年4月30日,该技术研发完成并形成无形资产:
借:无形资产——非专利技术 　400 000
　　贷:研发支出——资本化支出 　　　400 000

任务三　无形资产的后续计量

一、无形资产后续计量的原则

无形资产初始确认和计量后,在其后使用该项无形资产期间内应以成本减去累计摊销额和累计减值损失后的余额计量。要确定无形资产在使用过程中的累计摊销额,基础是估计其使用寿命,而使用寿命有限的无形资产才需要在估计使用寿命内采用系统合理的方法进行摊销,对于使用寿命不确定的无形资产则不需要摊销。

（一）估计无形资产的使用寿命

企业应当在取得无形资产时分析判断其使用寿命。无形资产的使用寿命如为有限的,应当估计该使用寿命的年限或者构成使用寿命的产量等类似计量单位数量;无法预见无形资产为企业带来未来经济利益期限的,应当视为使用寿命不确定的无形资产。

估计无形资产使用寿命应考虑的主要因素包括：
(1) 该资产通常的寿命周期及可获得的类似资产使用寿命的信息。
(2) 技术、工艺等方面的现实情况及对未来发展的估计。
(3) 该资产在该行业运用的稳定性和生产的产品或服务的市场需求情况。
(4) 现在或潜在的竞争者预期采取的行动。
(5) 为维持该资产产生未来经济利益的能力所需要的维护支出,以及企业预计支付有关支出的能力。
(6) 对该资产的控制期限,以及对该资产使用的法律或类似限制,如特许使用期间、租赁期间等。
(7) 与企业持有的其他资产使用寿命的关联性等。

案例分析

A公司以支付土地出让金方式取得一块土地50年的使用权,如果企业准备持续持有,在50年内没有计划出售,则该项土地使用权预期为企业带来未来经济利益的期间为50年。

（二）无形资产使用寿命的确定

某些无形资产的取得源自合同性权利或其他法定权利,其使用寿命不应超过合同性权利或其他法定权利的期限。但如果企业使用资产的预期期限短于合同性权利或其他法定权利规定的期限,则应当按照企业预期使用的期限确定其使用寿命。

案例分析

企业取得一项专利技术,法律保护期间为20年,企业预计运用该专利技术生产的产品在未来15年内会为企业带来经济利益。就该项专利技术,第三方向企业承诺在5年内以其取得之日公允价值的60%购买该专利权。从企业管理层目前的持有计划来看,准备在5年内将其出售给第三方。为此,该项专利权的实际使用寿命为5年。

如果合同性权利或其他法定权利能够在到期时因续约等延续,则仅当有证据表明企业续约不需要付出重大成本时,续约期才能够包括在使用寿命的估计中。在下列情况中,一般说明企业无须付出重大成本即可延续合同性权利或其他法定权利:

(1)有证据表明合同性权利或法定权利将被重新延续,如果在延续之前需要第三方同意,则还需有第三方将会同意的证据。

(2)有证据表明为获得重新延续所必需的所有条件将被满足,以及企业为延续持有无形资产付出的成本与预期从重新延续中流入企业的未来经济利益相比不具有重要性。如果企业为延续无形资产持有期间而付出的成本与预期从重新延续中流入企业的未来经济利益相比具有重要性,则从本质上来看是企业获得的一项新的无形资产。

没有明确的合同或法律规定无形资产的使用寿命的,企业应当综合各方面情况,如企业经过努力,聘请相关专家进行论证、与同行业的情况进行比较以及参考企业的历史经验等,来确定无形资产为企业带来未来经济利益的期限。如果经过努力,确实无法合理确定无形资产为企业带来经济利益的期限,则将该无形资产作为使用寿命不确定的无形资产。

案例分析

企业取得了一项在过去几年市场份额领先的、畅销产品的商标。该商标按照法规规定还有5年的使用寿命,但是在保护期届满时,企业可每10年以较低的手续费申请延期,同时有证据表明企业有能力申请延期。此外,有关的调查表明,根据产品生命周期、市场竞争等方面情况综合判断,该品牌将在不确定的期间内为企业产生现金流量。综合各方面情况,该商标可视为使用寿命不确定的无形资产。

(三)无形资产使用寿命的复核

企业至少应当于每年年度终了,对无形资产的使用寿命及摊销方法进行复核,如果有证据表明无形资产的使用寿命及摊销方法不同于以前的估计,如由于合同的续约或无形资产应用条件的改善,延长了无形资产的使用寿命,则对于使用寿命有限的无形资产,应改变其摊销年限及摊销方法,并按照会计估计变更进行处理。例如:企业使用的某项非专利技术,原预计使用寿命为5年,使用至第2年年末,该企业计划再使用2年即不再使用,为此,企业应当在第2年年末变更该项无形资产的使用寿命,并作为会计估计变更进行处理。又如:某项无形资产计提了减值准备,这可能表明企业原估计的摊销期限需要做出变更。

对于使用寿命不确定的无形资产,如果有证据表明其使用寿命是有限的,则应视为会计估计变更,应当估计其使用寿命并按照使用寿命有限的无形资产的处理原则进行处理。

二、使用寿命有限的无形资产

使用寿命有限的无形资产,应在预计的使用寿命内采用系统且合理的方法对应摊销金额进行摊销。应摊销金额是指无形资产的成本扣除残值后的金额。已计提减值准备的无形资产,还应扣除已计提的无形资产减值准备累计金额。使用寿命有限的无形资产,其残值一般为0。

(一) 摊销期和摊销方法

无形资产的摊销期自其可供使用(即达到预定用途)时起至终止确认时止,即无形资产摊销的起始和停止日期为:当月增加的无形资产,当月开始摊销;当月减少的无形资产,当月不再摊销。

无形资产的摊销方法有多种,包括直线法、生产总量法等。企业应当根据无形资产有关的经济利益的预期实现方式选择其摊销方法,并一致地运用于不同会计期间。例如:受技术陈旧因素影响较大的专利权和专有技术等无形资产,可采用类似固定资产加速折旧的方法进行摊销;有特定产量限制的特许经营权或专利权,应采用生产总量法进行摊销;无法可靠确定其预期实现方式的,应当采用直线法进行摊销。

(二) 残值的确定

除下列情况外,无形资产的残值一般为0:
(1) 有第三方承诺在无形资产使用寿命结束时购买该项无形资产。
(2) 可以根据活跃市场得到无形资产预计残值信息,并且该市场在该项无形资产使用寿命结束时可能存在。

无形资产存在残值,意味着在其经济寿命结束之前企业预计将会处置该无形资产,并且从该处置中取得利益。估计无形资产的残值应以资产处置时的可收回金额为基础,此时的可收回金额是指在预计出售日,出售一项使用寿命已满且处于类似使用状况下,同类无形资产的预计的处置价格(扣除相关税费)。残值确定以后,在持有无形资产期间,至少应于每年年末进行复核,预计其残值与原估计金额不同的,应按照会计估计变更进行处理。如果重新估计的无形资产残值高于其账面价值,则无形资产不再摊销,直至残值降至低于账面价值时再恢复摊销。

> **案例分析**
>
> 企业从外单位购入一项实用专利技术的成本为100万元,根据目前企业管理层的持有计划,预计5年后转让给第三方。根据目前活跃市场上得到的信息,该实用专利技术预计残值为10万元。企业采用生产总量法对该无形资产进行摊销。到第3年年末,市场发生变化,经复核重新估计,该项实用专利技术预计残值为30万元。假定此时该实用专用技术已摊销72万元,账面价值为28万元,低于重新估计的该项实用专利技术的残值,则不再对该项实用专利技术进行摊销,直至残值降至低于其账面价值时再恢复摊销。

(三) 使用寿命有限的无形资产摊销的账务处理

为核算使用寿命有限的无形资产的累计摊销额,企业应设置"累计摊销"科目。该科目属于"无形资产"科目的备抵调整科目,贷方登记企业计提的无形资产摊销,借方登记处置无形资产转出的累计摊销,期末贷方余额反映无形资产的累计摊销额。

企业应当按月对无形资产进行摊销。无形资产的摊销额一般应当计入当期损益,但如果某项无形资产是专门用于生产某种产品或者其他资产的,其所包含的经济利益是通过转入所生产的产品或其他资产实现的,则无形资产的摊销费用应当计入相关资产的成本。具体的账务处理为:企业自用的无形资产,按其摊销金额,借记"管理费用"科目,贷记"累计摊销"科目;出租的无形资产,按其摊销金额,借记"其他业务成本"科目,贷记"累计摊销"科目;专门用于某种产品生产的无形资产,按其摊销金额,借记"制造费用"等科目,贷记"累计摊销"科目。

【业务6-5】A公司购买了一项自用特许权,成本为1 200 000元,合同规定受益年限为10年。假定该特许权的净残值为0,并按直线法摊销,A公司的账务处理应为:

每月应摊销金额＝1 200 000÷10÷12＝10 000(元)

借:管理费用——无形资产摊销　　　10 000
　　贷:累计摊销　　　　　　　　　　　　　10 000

三、使用寿命不确定的无形资产

根据可获得的相关信息判断,无法合理估计某项无形资产使用寿命的,应作为使用寿命不确定的无形资产。对于使用寿命不确定的无形资产,在持有期间内不需要摊销,但应当在每一会计期末进行减值测试。如果经减值测试表明已发生减值,则需要计提相应的减值准备,相关的账务处理为:借记"资产减值损失"科目,贷记"无形资产减值准备"科目。

【业务6-6】A公司于2023年1月1日外购一项非专利技术,价款为10 000 000元、增值税税额为600 000元,合同规定购入方可以无限期使用。该公司综合各方面因素仍无法确定该非专利技术的使用寿命,将其视为使用寿命不确定的无形资产。2023年底,重新复核后仍为使用寿命不确定,但有证据表明,该非专利技术的公允价值为9 000 000元。A公司的账务处理如下:

(1) 2023年1月1日,购入非专利技术时:

借:无形资产——非专利技术　　　　　10 000 000
　　应交税费——应交增值税(进项税额)　600 000
　　贷:银行存款　　　　　　　　　　　　　　10 600 000

(2) 2023年12月31日,发生减值时:

本期应确认的减值损失＝10 000 000－9 000 000＝1 000 000(元)

借:资产减值损失　　　　　　　　　　1 000 000
　　贷:无形资产减值准备——非专利技术　　　1 000 000

任务四　无形资产的处置

无形资产的处置,主要是指无形资产出售、对外出租、对外捐赠,或者是无法为企业带来经济利益时,予以终止确认并转销。

一、无形资产的出售

企业出售无形资产,应当将取得的价款扣除该无形资产账面价值以及出售相关税费后的差额计入资产处置损益。无形资产的账面价值是无形资产账面余额扣除累计摊销和累计减值准备后的金额。

企业处置无形资产时,应按实际收到的金额等借记"银行存款"等科目,按已计提的累计摊销借记"累计摊销"科目,按已计提的减值准备借记"无形资产减值准备"科目,按应支付的相关税费及其他费用贷记"银行存款""应交税费"等科目,按无形资产账面余额贷记"无形资产"科目,按其差额贷记"资产处置损益"科目或借记"资产处置损益"科目。

【业务6-7】A公司将其购买的一项专利权转让给C公司,该项专利权的成本为600 000元,已提摊销220 000元,实际取得的转让价款为500 000元、增值税税额为30 000元,款项已存入银行。A公司应根据开具的增值税专用发票(记账联)、银行进账单等收款凭证和相关账簿记录编制如下会计分录:

处置收益=500 000-(600 000-220 000)=120 000(元)

借:银行存款　　　　　　　　　　　530 000
　　累计摊销　　　　　　　　　　　220 000
　贷:无形资产——××专利权　　　　　　　600 000
　　　应交税费——应交增值税(销项税额)　　30 000
　　　资产处置损益　　　　　　　　　　　120 000

二、无形资产的出租

无形资产的出租是指企业将所拥有的无形资产的使用权让渡给他人并收取租金的行为。企业让渡无形资产使用权确认的出租收入,借记"银行存款"科目,贷记"其他业务收入""应交税费——应交增值税(销项税额)"科目;摊销其成本、发生与出租有关的其他费用时,借记"其他业务成本"科目,贷记"累计摊销""银行存款"等科目。

【业务6-8】B公司2023年1月4日将其自行开发完成的非专利技术使用权出租给D公司,该非专利技术的成本为3 600 000元,摊销期限为10年,采用直线法摊销。合同规定按承租单位D公司营业收入的10%提取使用费。假定2023年D公司实现收入5 000 000元,适用的增值税税率为6%。B公司的账务处理应为:

(1) 取得该项专利技术使用费时,应根据开具的增值税专用发票(记账联)、银行收款凭证等编制如下会计分录:

该项专利技术使用费=5 000 000×10%=500 000(元)
增值税销项税额=500 000×6%=30 000(元)

借:银行存款　　　　　　　　　　　530 000
　贷:其他业务收入　　　　　　　　　500 000
　　　应交税费——应交增值税(销项税额)　30 000

(2) 按月摊销时,根据无形资产摊销计算表编制如下会计分录:

该项专利技术摊销额＝3 600 000÷10÷12＝30 000(元)

借:其他业务成本　　　　　　　30 000

　　贷:累计摊销　　　　　　　　　　30 000

三、无形资产的报废

在无形资产使用的某一个期间,由于各种因素的影响,无形资产预期不能为企业带来经济利益,如该无形资产已被其他新技术所代替,则应将该无形资产转入报废处理,无形资产的账面价值应作为非流动资产处置损失予以转销,计入营业外支出。

【业务6-9】2023年12月31日,C公司某项专利权的账面余额为300 000元,摊销期限为10年,残值为0,采用直线法摊销,已摊销6年。该专利权已提摊销180 000元,已提减值准备40 000元。以该专利权生产的产品已没有市场,预期不能再为企业带来经济利益,经批准予以报废。C公司应根据经审批的资产报废审批单和相关账簿记录编制如下会计分录:

借:累计摊销　　　　　　　　　　　　　　180 000

　　无形资产减值准备　　　　　　　　　　40 000

　　营业外支出——非流动资产毁损报废损失　80 000

　　贷:无形资产——专利权　　　　　　　　　　300 000

项目小结

本项目的主要内容结构如表6-1所示。

表6-1　项目六"无形资产"的内容结构表

无形资产的确认	无形资产的特征	由企业拥有或者控制并能为其带来未来经济利益
		不具有实物形态
		具有可辨认性
		属于非货币性资产
	无形资产的内容	专利权
		非专利技术
		商标权
		著作权
		土地使用权
		特许权
	无形资产的确认条件	与该无形资产有关的经济利益很可能流入企业
		该无形资产的成本能够可靠地计量

续表

无形资产的初始计量	外购的无形资产	外购无形资产成本的构成
		账务处理
	投资者投入的无形资产	投资者投入无形资产成本的确定
		账务处理
	取得的土地使用权	土地使用权的特别处理
		账务处理
	自行研究开发的无形资产	研究阶段和开发阶段的划分
		开发阶段有关支出资本化的条件
		内部研发活动形成的无形资产的计量
		内部研究开发费用的核算
无形资产的后续计量	无形资产后续计量的原则	估计无形资产的使用寿命
		无形资产使用寿命的确定
		无形资产使用寿命的复核
	使用寿命有限的无形资产	摊销期和摊销方法
		残值的确定
		使用寿命有限的无形资产摊销的账务处理
	使用寿命不确定的无形资产	减值测试，发生减值的，计提减值准备
无形资产的处置	无形资产的出售	账务处理
	无形资产的出租	账务处理
	无形资产的报废	账务处理

思考与练习

一、思考题

1. 如何理解无形资产的可辨认性？无形资产的核算范围包括哪些具体内容？
2. 与其他无形资产相比，外购土地使用权的核算有何不同？
3. 自行研究开发阶段应如何划分？不同阶段的研发支出应如何处理？
4. 使用寿命有限的无形资产和使用寿命不确定的无形资产在后续计量上有何不同？如何合理估计无形资产的使用寿命？
5. 无形资产的处置方式包括哪些？不同处置方式下的处置损益是如何核算的？

二、单项选择题

1. 下列应当计入外购无形资产成本的有（　　）。

A. 购买价款

B. 相关税费（不包括可以抵扣的增值税）

C. 为使无形资产达到预定用途所发生的测试费用

D. 无形资产达到预定用途后发生的费用

2. 企业进行研究与开发无形资产过程中发生的各项支出,发生时应借记的会计科目是( )。
   A. "管理费用" B. "无形资产" C. "研发支出" D. "销售费用"

3. 外购无形资产成本不包括( )。
   A. 购买价款 B. 宣传广告费用 C. 测试费用 D. 专业服务费用

4. 宏华公司自行研究开发一项技术,共发生研发支出450万元,其中,研究阶段发生职工薪酬100万元,专用设备折旧费用50万元;开发阶段满足资本化条件支出300万元,取得增值税专用发票上注明的增值税税额为39万元,开发阶段结束研究开发项目达到预定用途形成无形资产,不考虑其他因素,下列各项中,关于该企业研发支出会计处理表述正确的是( )。
   A. 确认管理费用150万元,确认无形资产300万元
   B. 确认管理费用150万元,确认无形资产339万元
   C. 确认管理费用100万元,确认无形资产350万元
   D. 确认管理费用100万元,确认无形资产389万元

5. 2023年8月10日,宏华公司开始自行研究开发一套软件,研究阶段发生支出50万元,开发阶段发生支出125万元,开发阶段的支出均满足资本化条件。12月25日,该软件开发成功并依法申请了专利,支付相关手续费1万元。不考虑其他因素,该项无形资产的入账价值为( )万元。
   A. 126 B. 125 C. 175 D. 176

6. 下列有关无形资产的表述中,正确的是( )。
   A. 使用寿命有限的无形资产其残值一律应视为零
   B. 已经达到预定可使用状态但尚未投入使用的无形资产的价值不应进行摊销
   C. 无法预见为企业带来经济利益期限的无形资产也应进行摊销
   D. 只有很可能为企业带来经济利益且其成本能够可靠计量的无形资产才能予以确认

7. 阳光司购入一项财务软件用于企业财务部门,该公司将此软件作为无形资产核算。企业计提摊销时应计入的会计科目是( )。
   A. "管理费用" B. "销售费用" C. "财务费用" D. "其他业务成本"

8. 甲公司为增值税一般纳税人,现将一项专利权转让给乙公司,开具的增值税专用发票上注明的价款为40万元,增值税税额为2.4万元。该专利权成本为30万元。已累计摊销15万元。不考虑其他因素,转让该项专利权应确认的处置净损益为( )万元。
   A. 12.4 B. 27.4 C. 10 D. 25

9. 企业出租无形资产使用权的收入应计入( )。
   A. 营业外收入 B. 资产处置损益 C. 其他业务收入 D. 投资收益

10. 某企业2021年1月1日购入一项专利权,实际支付价款为100万元,按10年采用直线法摊销,无残值。2022年年末,该无形资产的可收回金额为60万元。2023年1月1日,对无形资产的使用寿命和摊销方法进行复核,该无形资产的尚可使用年限为5年,摊销方法仍采用直线法,预计净残值仍为0。该专利权2023年应摊销的金额为( )万元。
    A. 16 B. 12 C. 20 D. 10

三、业务题

1. 购专利权,价款为 600 000 元、增值税率 6%,以存款支付。

2. 公司购入一块土地的使用权,支付土地出让金 8 000 万元。

3. 接受 C 企业一项非专利技术作为投资,合同约定的价值(等于公允价值)为 1 000 000 元,增值税率 6%。手续已办妥。

4. 公司自行研究、开发一项技术,截至 2023 年 12 月 31 日,发生研发支出合计 1 300 000 元,以存款支付,经测试该研发活动完成了研究阶段;从 2024 年 1 月 1 日开始进入开发阶段,发生材料费 300 000 元、工资 200 000 元、其他费用 100 000 元,假定符合规定的资本化条件的支出 600 000 元。9 月 20 日研发成功,形成非专利技术。

5. 公司将某专利技术使用权出租,该专利技术的账面余额为 600 000 元,摊销期限为 10 年,采用直线法摊销。合同规定按承租单位营业收入的 5% 提取使用费,当年承租单位营业收入为 2 000 000 元,税率 6%。收款存入银行。

6. 公司一项无形资产的账面原值为 1 600 万元,摊销年限为 10 年,预计净残值为 0,采用直线法摊销,已摊销年限为 5 年。2023 年 12 月 31 日经减值测试,该专利技术的可收回金额为 750 万元。计算应计提的减值准备并写出相关分录。

7. 公司将其购买的一项专利所有权转让给乙公司,成本为 700 000 元,已摊销 300 000 元,取得转让价款为 500 000 元,增值税率 6%,款项已存入银行。

8. 公司某专利权的账面年末余额为 500 000 元,摊销期限为 10 年,残值为 0,采用直线法摊销,已摊销 8 年。已摊销 400 000 元,已提减值准备 80 000 元。假定以该专利权生产的产品已没有市场,预期不能再为企业带来经济利益。

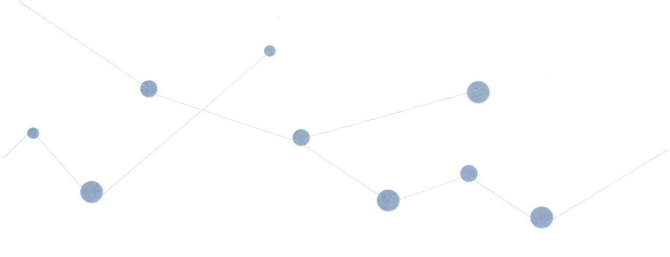

项目七

投资性房地产

项目目标

明确投资性房地产的特征与范围,能依据企业会计准则对投资性房地产进行确认与计量,并做出相应的会计处理。

任务一　投资性房地产的确认

一、投资性房地产的定义及特征

房地产是土地和房屋及其权属的总称。投资性房地产是指为赚取租金或资本增值,或者两者兼有而持有的房地产。投资性房地产应当能够单独计价和出售。投资性房地产具有以下特征:

(一)投资性房地产是一种经营性活动

投资性房地产的主要形式是出租建筑物、出租土地使用权,实质上属于让渡资产使用权的行为。房地产租金就是让渡资产使用权取得的使用费收入,是企业为完成其经营目标所从事的经营性活动以及与之相关的其他活动形成的经济利益总流入。投资性房地产的另一种形式是持有并准备增值后转让的土地使用权,尽管增值收益通常与市场供求、经济发展等因素相关,但目的是增值后转让以赚取增值收益,也是企业为完成其经营目标所从事的经营性活动以及与之相关的其他活动形成的经济利益总流入。

(二)投资性房地产在用途、状态、目的等方面有别于作为生产经营场所的房地产和用于销售的房地产

企业持有的房地产除了用于自身管理、生产经营活动场所和对外销售之外,出现了将房地产用于赚取租金或增值收益的活动,甚至成为个别企业的主营业务。这就需要将投资性房地产单独作为一项资产进行核算和反映,与自用的厂房、办公楼等房地产和作为存货(已建完工商品房)的房地产加以区别,从而更加清晰地反映企业所持有房地产的构成情况和盈利能力。

二、投资性房地产的范围

投资性房地产主要包括已出租的土地使用权、持有并准备增值后转让的土地使用权和已出租的建筑物。

（一）属于投资性房地产的项目

1. 已出租的土地使用权

已出租的土地使用权是指企业通过出让或转让方式取得并以经营租赁方式出租的土地使用权。企业计划用于出租但尚未出租的土地使用权不属于此类。对于租入土地使用权再转租给其他单位的，不能确认为投资性房地产。

案例分析

2023年5月10日，A公司与B公司签订了一项租赁合同，约定2023年6月1日起，A公司以年租金1 200 000元租赁使用B公司拥有的10万平方米的场地，租期5年。2023年7月1日，A公司又将这块场地转租给C公司以赚取租金差价，租期为4年。以上交易假设不违反国家有关规定。

本例中，对于A公司而言，这项土地使用权不能确认为投资性房地产。对于B公司而言，自租赁期开始日，即2023年6月1日起，这项土地使用权属于投资性房地产。

2. 持有并准备增值后转让的土地使用权

持有并准备增值后转让的土地使用权是指企业取得的、准备增值后转让的土地使用权。但按照国家有关规定认定的闲置土地，不属于持有并准备增值后转让的土地使用权，也就不属于投资性房地产。

案例分析

A公司为实施企业环保战略，决定将其电镀车间搬迁至郊区，原在市区的电镀车间厂房占用的土地停止自用。公司管理层决定继续持有这部分土地使用权，待其增值后转让以赚取增值收益，A公司持有的在市区的这部分土地的土地使用权应确认为投资性房地产。

3. 已出租的建筑物

出租的建筑物是指企业拥有产权的、以经营租赁方式出租的建筑物，包括自行建造或开发活动完成后用于出租的建筑物。

企业在判断和确认已出租的建筑物时，应当把握以下要点：

（1）用于出租的建筑物是指企业拥有产权的建筑物，企业租入再转租的建筑物不属于投资性房地产。

案例分析

2023年8月20日，A公司与B公司签订了一项租赁合同，B公司将其拥有产权的两间房屋出租给A公司，租期5年。A公司起初将这两间房屋用于自营餐馆。由于连续亏损，2年后，A公司把餐馆转租给C公司，以赚取租金差价。

本例中，对于A公司而言，这两间房屋属于租入后又转租的建筑物，A公司并不拥有其产权，因此不能将其确认为投资性房地产。B公司拥有这两间房屋的产权并以经营租赁方式对外出租，则应确认为投资性房地产。

(2) 已出租的建筑物是企业已经与其他方签订了租赁协议,约定以经营租赁方式出租的建筑物。一般应自租赁协议规定的租赁期开始日起,租出的建筑物才作为已出租的建筑物。

(3) 企业将建筑物出租,按租赁协议向承租人提供的相关辅助服务在整个协议中不重大的,应当将该建筑物确认为投资性房地产。例如,企业将其办公楼出租,同时向承租人提供维护、安保等日常辅助服务,企业应当将其确认为投资性房地产。

(二) 不属于投资性房地产的项目

1. 自用房地产

自用房地产是指为生产商品、提供劳务或者经营管理而持有的房地产,包括自用建筑物和自用土地使用权。

2. 作为存货的房地产

作为存货的房地产,通常是指房地产开发企业在正常经营过程中销售的或为销售而正在开发的商品房和土地。

如果某项房地产部分用于赚取租金或资本增值、部分自用(即用于生产商品、提供劳务或经营管理),能够单独计量和出售的、用于赚取租金或资本增值的部分,应当确认为投资性房地产;不能够单独计量和出售的、用于赚取租金或资本增值的部分,不确认为投资性房地产。该项房地产自用的部分,以及不能够单独计量和出售的、用于赚取租金或资本增值的部分,应当确认为固定资产或无形资产。

案例分析

A公司为房地产开发企业,其开发建造了一栋商住两用楼盘:一层出租给一家大型超市,已签订经营租赁合同;其余楼层均为普通住宅,正在公开销售中。在这种情况下,如果一层商铺能够单独计量和出售,应当确认为A公司的投资性房地产,其余楼层为A公司的存货,即开发产品。

三、投资性房地产的确认与计量

(一) 投资性房地产的确认

1. 投资性房地产的确认条件

与其他资产一样,投资性房地产只有在符合定义,并同时满足下列条件时,才能予以确认:

(1) 与该投资性房地产有关的经济利益很可能流入企业。
(2) 该投资性房地产的成本能够可靠地计量。

2. 投资性房地产的确认时点

对已出租的土地使用权、已出租的建筑物,其作为投资性房地产的确认时点一般为租赁期开始日,即土地使用权、建筑物进入出租状态、开始赚取租金的日期。但对企业持有以备经营出租的空置建筑物,董事会或类似机构做出书面决议,明确表明将其用于经营出租且持有意图短期内不再发生变化的,即使尚未签订租赁协议,也应视为投资性房地产。

对于持有并准备增值后转让的土地使用权,其作为投资性房地产的确认时点为企业将自用土地使用权停止自用、准备增值后转让的日期。

(二) 投资性房地产的计量

1. 成本模式

成本模式是指投资性房地产的初始计量和后续计量均采用实际成本进行核算。外购、自行建造等按照初始购置或自行建造的实际成本计量,后续发生符合资本化条件的支出计入账面成本。后续计量按照固定资产或无形资产的相关规定按期计提折旧或摊销,资产负债表日发生减值的计提减值准备。

2. 公允价值模式

公允价值模式是指投资性房地产初始计量采用实际成本核算,后续计量按照投资性房地产的公允价值进行计量。按照准则规定,只有存在确凿证据表明投资性房地产的公允价值能够持续可靠取得的情况下,企业才可以采用公允价值模式进行后续计量。可靠证据是指投资性房地产所在地有活跃的房地产交易市场、企业能够从活跃的交易市场上取得同类或类似房地产的市场价格及其他相关信息,从而对投资性房地产的公允价值做出合理的估计。企业一旦选择采用公允价值模式,就应当对其所有投资性房地产均采用公允价值模式进行后续计量。

两种模式的会计核算结果及其经济后果存在一定的差异。成本模式下会计核算结果的可靠性较高、可比性较强,会计处理比较简单,便于监督管理;公允价值模式的核算结果相关性强,但可靠性较低、可比性较差,且受企业自由裁量权的影响,会计监督管理的难度较大。为此,准则规定,企业通常应当采用成本模式对投资性房地产进行后续计量,对采用公允价值模式的条件做了限制性规定,且同一企业只能采用一种模式对所有投资性房地产进行后续计量,不得同时采用两种计量模式;同时规定,企业可以从成本模式变更为公允价值模式,已采用公允价值模式不得转为成本模式。

(三) 投资性房地产的会计科目设置

为了反映和监督投资性房地产的取得、计提折旧或摊销、公允价值变动和处置等情况,企业应按照成本模式和公允价值模式分别设置"投资性房地产"等会计科目。具体设置情况如表7-1所示。

表7-1 投资性房地产会计科目设置情况表

业务性质	成本模式	公允价值模式
初始核算	设置"投资性房地产"科目,核算其实际成本及其增减变化,按具体项目(如厂房、已出租土地使用权等)设置明细科目	设置"投资性房地产——成本"科目,核算其实际成本及其增减变化

续表

业务性质	成本模式	公允价值模式
后续核算	(1) 设置"投资性房地产累计折旧"和"投资性房地产累计摊销"科目,分别核算计提折旧或计提摊销。 (2) 设置"投资性房地产减值准备"科目,核算计提的减值准备	(1) 设置"投资性房地产——公允价值变动"科目,核算公允价值增减变动。 (2) 设置"公允价值变动损益"科目,核算投资性房地产公允价值变动损益。 (3) 设置"其他综合收益"科目,核算非投资性房地产转换为投资性房地产转换日的公允价值高于账面价值的差额
处置核算	设置"其他业务收入"和"其他业务成本"科目,核算处置收益和结转的成本	设置"其他业务收入"和"其他业务成本"科目,核算处置收益和结转的成本

任务二 投资性房地产的初始计量

一、外购投资性房地产的初始计量

投资性房地产应当按照成本进行初始计量。企业外购的房地产,只有在购入的同时开始对外出租或用于资本增值,才能作为投资性房地产加以确认。企业购入房地产,自用一段时间之后再改为出租或用于资本增值的,应当先将外购的房地产确认为固定资产或无形资产,自租赁期开始日或用于资本增值之日起,才能从固定资产或无形资产转换为投资性房地产。

企业外购投资性房地产时,应当按照取得时的实际成本进行初始计量。取得时的实际成本包括购买价款、相关税费和可直接归属于该资产的其他支出。外购投资性房地产初始计量的账务处理应注意区分以下两种情况:

(1) 采用成本模式进行后续计量的,企业应当在购入时,借记"投资性房地产""应交税费——应交增值税(进项税额)"科目,贷记"银行存款"等科目。

(2) 采用公允价值模式进行后续计量的,企业应当在购入时,借记"投资性房地产——成本""应交税费——应交增值税(进项税额)"科目,贷记"银行存款"等科目。

【业务7-1】2023年3月,A公司计划购入一栋写字楼用于对外出租。3月15日,A公司与B公司签订了租赁合同,约定自写字楼购买日起将这栋写字楼租给B公司,租期为5年。4月5日,A公司实际购入写字楼,支付价款12 000 000元、增值税税额1 080 000元。假定A公司采用成本模式进行后续计量。A公司应根据增值税专用发票和支付结算凭证做如下账务处理:

借:投资性房地产——写字楼　　　　　　　　12 000 000
　　应交税费——应交增值税(进项税额)　　　1 080 000
　　贷:银行存款　　　　　　　　　　　　　　　　　　13 080 000

二、自行建造投资性房地产的初始计量

企业自行建造的房地产,只有在自行建造活动完成(即达到预定可使用状态)的同时开始对外出租或用于资本增值,才能将自行建造的房地产确认为投资性房地产。企业自行建造房地产达到预定可使用状态后一段时间才对外出租或用于资本增值的,应当先将自行建造的房地产确认为固定资产、无形资产或存货,自租赁期开始日或用于资本增值之日开始,从固定资产、无形资产或存货转换为投资性房地产。

自行建造投资性房地产,其成本由建造该项资产达到预定可使用状态前发生的必要支出构成,包括土地开发费、建筑成本、安装成本、应予以资本化的借款费用、支付的其他费用和分摊的间接费用等。自行建造投资性房地产的账务处理应注意区分以下两种情况:

(1)采用成本模式进行后续计量的,应按照确定的自行建造房地产成本,借记"投资性房地产"科目,贷记"在建工程"或"开发产品"科目。

(2)采用公允价值模式进行后续计量的,应按照确定的自行建造投资性房地产成本,借记"投资性房地产——成本"科目,贷记"在建工程"或"开发产品"科目。

【业务7-2】2022年2月,A公司从其他单位购入一块使用期限为50年的土地,并在这块土地上开始自行建造两栋厂房。2022年11月,A公司预计厂房即将完工,与B公司签订了经营租赁合同,将其中的一栋厂房租赁给B公司使用。租赁合同约定,该厂房于完工时开始起租。2022年12月5日,两栋厂房同时完工,实际造价均为12 000 000元,能够单独出售。A公司采用成本模式进行后续计量,应根据租赁合同、相关账簿记录做如下的账务处理:

借:投资性房地产——厂房　　　　12 000 000
　　固定资产——厂房　　　　　　12 000 000
　　贷:在建工程——厂房　　　　　　　　24 000 000

需要注意的是,A公司于2022年2月购入土地时,应确认为无形资产。但因A公司在购入的土地上建造的两栋厂房中的一栋用于出租,所以应当将土地使用权中的对应部分同时转换为投资性房地产。投资性房地产转换的账务处理将在"任务四"中介绍,此处暂略。

另外,自行建造投资性房地产成本的核算与固定资产建造成本的核算相同,即通过"在建工程"账户归集应计入建造成本的各项支出,待该项资产达到预定可使用状态时,再将确定的建造成本转入"投资性房地产"账户;不符合投资性房地产确认条件的,则转入"固定资产"等账户。

三、与投资性房地产有关的后续支出

(一)资本化的后续支出

与投资性房地产有关的后续支出,满足投资性房地产确认条件的,应当计入投资性房地产成本。例如,企业为了提高投资性房地产的使用效能,往往需要对投资性房地产进行改建、扩建而使其更加坚固耐用,或者通过装修而改善其室内装潢。改扩建或装修支出满足投资性房地产确认条件的,应当将其资本化。

采用成本模式计量的投资性房地产进入改扩建或装修阶段后,应当将其账面价值转入改扩建工程。借记"投资性房地产——在建""投资性房地产累计折旧"等科目,贷记"投资性房地产"科目。发生资本化的改良或装修支出,通过"投资性房地产——在建"科目归集,借记"投资性房地产——在建"科目,贷记"银行存款""应付账款"等科目。改扩建或装修完成后,借记"投资性房地产"科目,贷记"投资性房地产——在建"科目。

采用公允价值模式计量的,投资性房地产进入改扩建或装修阶段,借记"投资性房地产——在建"科目,贷记"投资性房地产——成本""投资性房地产——公允价值变动"等科目;改扩建或装修完成后,借记"投资性房地产——成本"科目,贷记"投资性房地产——在建"科目。

企业对某项投资性房地产进行改扩建等再开发且将来仍作为投资性房地产的,再开发期间应继续将其作为投资性房地产,再开发期间不计提折旧或摊销。

【业务7-3】 2022年3月,A公司与B公司的一项厂房租赁合同即将到期。该厂房原价为20 000 000元,已计提折旧6 000 000元。为了提高厂房的租金收入,A公司决定在租赁期满后对厂房进行改扩建,并与C公司签订了租赁合同,约定自改扩建完工时将厂房出租给C公司。3月15日,与B公司的租赁合同到期,厂房随即进入改扩建工程。12月10日,厂房改扩建完工,共发生支出1 500 000元、增值税税额135 000元,即日按照租赁合同出租给C公司。假定A公司采用成本计量模式,相关的账务处理如下:

(1) 2022年3月15日,投资性房地产转入改扩建工程:

借:投资性房地产——厂房——在建　　14 000 000
　　投资性房地产累计折旧　　　　　　 6 000 000
　　　贷:投资性房地产——厂房　　　　　　　　20 000 000

(2) 2022年3月15日至12月10日,发生改扩建支出:

借:投资性房地产——厂房——在建　　 1 500 000
　　应交税费——应交增值税(进项税额)　 135 000
　　　贷:银行存款　　　　　　　　　　　　　　 1 635 000

(3) 2022年12月10日,改扩建工程完工:

借:投资性房地产——厂房　　　　　　15 500 000
　　　贷:投资性房地产——厂房——在建　　　　15 500 000

【业务7-4】 A公司的投资性房地产采用公允价值模式计量。2023年1月15日,该公司出租厂房的租赁期已满,随即进入改扩建工程。当日,该厂房的账面价值为12 000 000元,其中成本10 000 000元,累计公允价值变动2 000 000元。6月6日,改扩建完工,共发生支出2 000 000元、增值税税额180 000元。工程完工后,该厂房继续用于出租,则A公司的账务处理应为:

(1) 2023年1月15日,投资性房地产转入改扩建工程:

借:投资性房地产——厂房——在建　　12 000 000
　　　贷:投资性房地产——厂房——成本　　　　10 000 000
　　　　　　　　　　　　　——公允价值变动　　 2 000 000

(2) 2023年1月15日至6月6日,发生改扩建支出:

借:投资性房地产——厂房——在建　　 2 000 000

  应交税费——应交增值税(进项税额)   180 000
    贷:银行存款   2 180 000
 (3) 2023年6月6日,改扩建工程完工:
  借:投资性房地产——厂房——成本 14 000 000
    贷:投资性房地产——厂房——在建   14 000 000

(二) 费用化的后续支出

  与投资性房地产有关的后续支出,不满足投资性房地产确认条件的,应当在发生时计入当期损益。如企业对投资性房地产进行日常维护所发生的支出,应当在发生时计入当期损益,借记"其他业务成本"等科目,贷记"银行存款"等科目。

  【业务7-5】 A公司对其某项投资性房地产进行日常维修,发生维修支出15 000元、增值税税额1 350元。由于日常维修支出属于费用化的后续支出,应当计入当期损益。A公司根据增值税专用发票和支付结算凭证做出的账务处理应为:

  借:其他业务成本   15 000
    应交税费——应交增值税(进项税额) 1 350
      贷:银行存款   16 350

任务三 投资性房地产的后续计量

一、采用成本模式计量的投资性房地产

  企业通常应当采用成本模式对投资性房地产进行后续计量。采用成本模式进行后续计量的投资性房地产,应当遵循以下会计处理规定:

  (1) 按照固定资产或无形资产的有关规定,按期(月)计提折旧或摊销,借记"其他业务成本"科目,贷记"投资性房地产累计折旧"或"投资性房地产累计摊销"科目。

  (2) 取得的租金收入,借记"银行存款"等科目,贷记"其他业务收入"等科目。

  (3) 投资性房地产存在减值迹象的,适用资产减值的有关规定。经减值测试后确定发生减值的,应当计提减值准备,借记"资产减值损失"科目,贷记"投资性房地产减值准备"科目。已经计提减值准备的投资性房地产,其减值损失在以后的会计期间不得转回。

  【业务7-6】 A公司的一栋办公楼出租给B公司使用,已确认为投资性房地产,采用成本模式进行后续计量。假设这栋办公楼的成本为18 000 000元,按照直线法计提折旧,使用寿命为20年,预计净残值为0。按照合同约定,B公司每月支付给A公司租金80 000元、增值税税额7 200元。当年12月,这栋办公楼发生减值迹象,经减值测试,其可收回金额为12 000 000元,此时办公楼的账面价值为15 000 000元,以前年度未计提减值准备。A公司的账务处理应为:

  (1) 每月计提折旧:
    每月计提的折旧=18 000 000÷20÷12=75 000(元)

借:其他业务成本——出租办公楼折旧　　　　75 000
　　贷:投资性房地产累计折旧　　　　　　　　　　75 000
（2）每月确认租金收入：
借:银行存款(或其他应收款)　　　　　　　　87 200
　　贷:其他业务收入——出租办公楼租金收入　　80 000
　　　　应交税费——应交增值税(销项税额)　　　 7 200
（3）年末计提减值准备：
　　该项投资性房地产应计提的减值准备＝15 000 000－12 000 000＝3 000 000（元）
借:资产减值损失　　　　　3 000 000
　　贷:投资性房地产减值准备　　3 000 000

二、采用公允价值模式计量的投资性房地产

（一）采用公允价值模式计量的条件

采用公允价值模式计量的投资性房地产,应当同时满足下列条件：

(1) 投资性房地产所在地有活跃的房地产交易市场。所在地,通常是指投资性房地产所在的城市。对于大中型城市,应当为投资性房地产所在的城区。

(2) 企业能够从活跃的房地产交易市场上取得同类或类似房地产的市场价格及其他相关信息,从而对投资性房地产的公允价值做出合理的估计。

同类或类似的房地产,对建筑物而言,是指所处地理位置和地理环境相同、性质相同、结构类型相同或相近、新旧程度相同或相近、可使用状况相同或相近的建筑物;对土地使用权而言,是指同一位置区域、所处地理环境相同或相近、可使用状况相同或相近的土地。

投资性房地产的公允价值是市场参与者在计量日的有序交易中,出售该房地产所能收到的金额。确定投资性房地产的公允价值时,应当参照活跃市场上同类或类似房地产的现行市场价格(市场公开报价);无法取得同类或类似房地产现行市场价格的,应当参照活跃市场上同类或类似房地产的最近交易价格,并考虑交易情况、交易日期、所在区域等因素,从而对投资性房地产的公允价值做出合理的估计;也可以基于预计未来获得的租金收益和相关现金流量予以估计。

（二）采用公允价值模式计量的会计处理

采用公允价值模式进行后续计量的投资性房地产,应当遵循以下会计处理规定：

(1) 不对投资性房地产计提折旧或摊销。企业应当以资产负债表日投资性房地产的公允价值为基础调整其账面价值,公允价值与原账面价值之间的差额计入当期损益。

资产负债表日,投资性房地产的公允价值高于原账面价值的差额,借记"投资性房地产——公允价值变动"科目,贷记"公允价值变动损益"科目;公允价值低于原账面价值的差额做相反的账务处理,即按其差额,借记"公允价值变动损益"科目,贷记"投资性房地产——公允价值变动"科目。

(2) 取得的租金收入,借记"银行存款"等科目,贷记"其他业务收入"等科目。

【业务7-7】 2022年9月27日,A公司以公开市场价格购入写字楼,支付价款共计80 000 000元、增值税税额7 200 000元。A公司于购入时即将该写字楼出租,以赚取租金收入。该写字楼所在区域有活跃的房地产交易市场,而且能够从房地产市场上获得同类房地产的市场报价。为此,A公司采用公允价值模式对该项出租房地产进行后续核算。2022年12月31日,该写字楼的公允价值为84 000 000元。A公司的账务处理应为:

(1) 2022年9月27日,A公司购入并出租写字楼:

借:投资性房地产——写字楼——成本　　　80 000 000
　　应交税费——应交增值税(进项税额)　　7 200 000
　　贷:银行存款　　　　　　　　　　　　　　　　87 200 000

(2) 2022年12月31日,按照公允价值调整其账面价值,公允价值与原账面价值之间的差额4 000 000(=84 000 000−80 000 000)元计入当期损益:

借:投资性房地产——写字楼——公允价值变动　4 000 000
　　贷:公允价值变动损益——投资性房地产　　　　　4 000 000

现将投资性房地产后续计量的账务处理概括为表7-2。

表7-2　投资性房地产后续计量的账务处理

后续计量模式	业务内容	账务处理
采用成本模式计量	按期(月)计提折旧或摊销	借:其他业务成本 　贷:投资性房地产累计折旧 　　(或投资性房地产累计摊销)
	取得租金收入	借:银行存款(或其他应收款) 　贷:其他业务收入 　　应交税费——应交增值税(销项税额)
	计提减值准备	借:资产减值损失 　贷:投资性房地产减值准备
采用公允价值模式计量	取得租金收入	借:银行存款(或其他应收款) 　贷:其他业务收入 　　应交税费——应交增值税(销项税额)
	资产负债表日公允价值高于原账面价值的差额	借:投资性房地产——公允价值变动 　贷:公允价值变动损益
	资产负债表日公允价值低于原账面价值的差额	借:公允价值变动损益 　贷:投资性房地产——公允价值变动

三、投资性房地产后续计量模式的变更

为保证会计信息的可比性,企业对投资性房地产的计量模式一经确定,不得随意变更。只有在房地产市场比较成熟、能够满足采用公允价值模式计量条件的情况下,才允许企业对投资性房地产从成本模式变更为公允价值模式计量。

成本模式转为公允价值模式的,应当作为会计政策变更处理,并按计量模式变更日公允价值与账面价值的差额调整期初留存收益。账务处理为:按照计量模式变更日投资性房地产的公允价值,借记"投资性房地产——成本"科目,按照已计提的折旧或摊销,借记"投资性

房地产累计折旧"或"投资性房地产累计摊销"科目,原已计提减值准备的,借记"投资性房地产减值准备"科目,按照原账面余额,贷记"投资性房地产"科目,按照公允价值与其账面价值的差额,调整期初留存收益,借记或贷记"盈余公积""利润分配——未分配利润"科目。

已采用公允价值模式计量的投资性房地产,不得从公允价值模式转为成本模式。

【业务7-8】A公司将某一栋写字楼租赁给B公司使用,并一直采用成本模式进行后续计量。2023年1月1日,A公司认为,出租给B公司使用的写字楼,其所在地的房地产交易市场比较成熟,具备采用公允价值模式计量的条件,决定对该项投资性房地产从成本模式转换为公允价值模式计量。该写字楼的原造价为90 000 000元,已计提折旧2 700 000元,账面价值为87 300 000元。2023年1月1日,该写字楼的公允价值为95 000 000元。假定不考虑所得税的影响,A公司按净利润的10%计提盈余公积。

根据管理层的书面决定和相关账簿记录,A公司的账务处理应为:

借:投资性房地产——写字楼——成本　　95 000 000
　　投资性房地产累计折旧　　　　　　　 2 700 000
　　贷:投资性房地产——写字楼　　　　　　　　90 000 000
　　　　盈余公积　　　　　　　　　　　　　　　770 000
　　　　利润分配——未分配利润　　　　　　　6 930 000

> **知识链接**
>
> 会计政策变更是指企业对相同的交易或者事项由原来采用的会计政策改用另一会计政策的行为。其中,会计政策是指企业在会计确认、计量和报告中所采用的原则、基础和会计处理方法,如存货计价方法、长期股权投资的核算方法、投资性房地产的后续计量等。一般情况下,企业在不同的会计期间应采用相同的会计政策,不应也不能随意变更会计政策,但以下两种情况除外:一是法律、行政法规或国家统一的会计准则制度等要求变更;二是会计政策的变更能够提供更可靠、更相关的会计信息。

任务四　投资性房地产的转换和处置

一、投资性房地产的转换

(一)投资性房地产的转换形式和转换日

房地产的转换是指房地产用途的变更。企业有确凿证据表明房地产用途发生改变,且满足下列条件之一的,应当将投资性房地产转换为其他资产或者将其他资产转换为投资性房地产。

(1)投资性房地产开始自用,即将投资性房地产转为自用房地产。在这种情况下,转换日为房地产达到自用状态,企业开始将其用于生产商品、提供劳务或者经营管理的日期。

(2) 作为存货的房地产改为出租。通常指房地产开发企业将其持有的开发产品以经营租赁的方式出租，存货相应地转换为投资性房地产。在这种情况下，转换日为房地产的租赁开始日。租赁开始日是指承租人有权行使其使用租赁资产权利的日期。

(3) 自用土地使用权停止自用，用于赚取租金或资本增值。即企业将原本用于生产商品、提供劳务或者经营管理的土地使用权改用于赚取租金或资本增值，该土地使用权相应地转换为投资性房地产。在这种情况下，转换日为自用土地使用权停止自用后，确定用于赚取租金或资本增值的日期。

(4) 自用建筑物停止自用改为出租。即企业将原本用于生产商品、提供劳务或者经营管理的房地产改用于出租，固定资产相应地转换为投资性房地产。在这种情况下，转换日为租赁期开始日。

(5) 房地产企业将用于经营出租的房地产重新开发用于对外销售，从投资性房地产转为存货。在这种情况下，转换日为租赁期满，企业董事会或类似机构做出书面决议明确表明将其重新开发用于对外销售的日期。

以上所指确凿证据包括两个方面：一是企业董事会或类似机构应当就改变房地产用途形成正式的书面决议；二是房地产因用途改变而发生实际状态上的改变，如从自用状态改为出租状态。

（二）投资性房地产转换的会计处理

1. 成本模式下的转换

(1) 投资性房地产转换为自用房地产。企业将采用成本模式计量的投资性房地产转换为自用房地产时，应当按该项投资性房地产在转换日的账面余额、累计折旧、减值准备等，分别转入"固定资产""累计折旧""固定资产减值准备"等科目。即按其账面余额，借记"固定资产"或"无形资产"科目，贷记"投资性房地产"科目；按已计提的折旧或摊销，借记"投资性房地产累计折旧"或"投资性房地产累计摊销"科目，贷记"累计折旧"或"累计摊销"科目；按已计提的减值准备，借记"投资性房地产减值准备"科目，贷记"固定资产减值准备"或"无形资产减值准备"科目。

【业务7-9】2023年8月1日，A公司将出租在外的厂房收回，开始用于本企业生产商品。转换日，该厂房的账面价值为37 650 000元，其中，原价50 000 000元，累计已提折旧12 350 000元。A公司对投资性房地产采用成本模式进行后续计量。

本例属于成本模式下投资性房地产转换为自用房地产，A公司应当将投资性房地产在转换日的账面余额50 000 000元转入"固定资产——厂房"；将投资房地产在转换日的累计折旧12 350 000元转入"累计折旧——厂房"。2023年8月1日，A公司根据管理层的书面决议和相关账簿记录做出的账务处理应为：

借：固定资产——厂房　　　　　50 000 000
　　投资性房地产累计折旧　　　12 350 000
　　贷：投资性房地产——厂房　　　　　50 000 000
　　　　累计折旧　　　　　　　　　　　12 350 000

(2) 投资性房地产转换为存货。企业将采用成本模式计量的投资性房地产转换为存货时，应当按照该项房地产在转换日的账面价值，借记"开发产品"科目，按照已计提的折旧或摊销,借记"投资性房地产累计折旧"或"投资性房地产累计摊销"科目,按照已计提的减值准备,借记"投资性房地产减值准备"科目,按其账面余额,贷记"投资性房地产"科目。

【**业务7-10**】A公司为房地产开发企业,其将开发的部分写字楼用于出租。2023年7月31日,因租赁期满,A公司将出租的写字楼收回,并做出书面决议,将该写字楼重新开发用于对外销售。转换日,该写字楼的账面价值为21 000 000元,其中,原价24 000 000元,累计已提折旧3 000 000元。该公司的投资性房地产采用成本模式进行后续计量。

2023年7月31日,A公司根据管理层的书面决议和相关账簿记录做出的账务处理应为:

借:开发产品　　　　　　　　　　21 000 000
　　投资性房地产累计折旧　　　　 3 000 000
　　　贷:投资性房地产——写字楼　　　　　24 000 000

(3) 自用房地产转换为投资性房地产。企业将自用房地产转换为以成本模式计量的投资性房地产时,应当按该自用房地产在转换日的原价、累计折旧、减值准备等,分别转入"投资性房地产""投资性房地产累计折旧"或"投资性房地产累计摊销""投资性房地产减值准备"等科目。即按其账面余额,借记"投资性房地产"科目,贷记"固定资产"或"无形资产"科目;按已计提的折旧或摊销,借记"累计折旧"或"累计摊销"科目,贷记"投资性房地产累计折旧"或"投资性房地产累计摊销"科目;按已计提的减值准备,借记"固定资产减值准备"或"无形资产减值准备"科目,贷记"投资性房地产减值准备"科目。

【**业务7-11**】A公司拥有一栋办公楼,用于本企业总部办公。2023年3月10日,A公司与B公司签订了租赁协议,将这栋办公楼整体出租给B公司使用,租赁期开始日为2023年4月15日,为期5年。2023年4月15日,这栋办公楼的账面余额为50 000 000元,已计提折旧3 000 000元。A公司对投资性房地产采用成本模式进行后续计量。

2023年4月15日,A公司根据租赁协议和有关账簿记录做出的账务处理应为:

借:投资性房地产——办公楼　　　50 000 000
　　累计折旧　　　　　　　　　　 3 000 000
　　　贷:固定资产——办公楼　　　　　　　50 000 000
　　　　　投资性房地产累计折旧　　　　　 3 000 000

(4) 作为存货的房地产转换为投资性房地产。企业将作为存货的房地产转换为采用成本模式计量的投资性房地产时,应当按该项存货于转换日的账面价值,借记"投资性房地产"科目,按已计提的跌价准备,借记"存货跌价准备"科目,按其账面余额,贷记"开发产品"等科目。

【**业务7-12**】A公司是从事房地产开发业务的企业,2023年3月10日,A公司与B公司签订了租赁协议,将其开发的一栋写字楼出租给B公司使用,租赁开始日为2023年4月15日。2023年4月15日,该写字楼的账面余额为55 000 000元,未计提存货跌价准备。A公司对投资性房地产采用成本模式进行后续计量。

2023年4月15日,A公司根据租赁协议和有关账簿记录做出的账务处理应为:

借:投资性房地产——写字楼　　　55 000 000
　　　贷:开发产品　　　　　　　　　　　　55 000 000

2. 公允价值模式下的转换

(1) 投资性房地产转换为自用房地产。企业将采用公允价值模式计量的投资性房地产转换为自用房地产时,应当以其转换当日的公允价值作为自用房地产的账面价值,公允价值与原账面价值的差额计入当期损益。

转换日,按该项投资性房地产的公允价值,借记"固定资产"或"无形资产"科目,按该项投资性房地产的成本,贷记"投资性房地产——成本"科目,按该项投资性房地产的累计公允价值变动,贷记或借记"投资性房地产——公允价值变动"科目,按其差额,贷记或借记"公允价值变动损益"科目。

【业务7-13】2023年4月15日,甲公司因租赁期满,将出租的厂房收回,开始用于本公司的生产经营。2023年4月15日,该厂房的公允价值为4 800 000元。该项房地产在转换前采用公允价值模式计量,原账面价值为4 500 000元,其中,成本为4 000 000元,公允价值变动为500 000元。

2023年4月15日,甲公司根据管理层书面决议、公允价值确定资料和相关账簿记录等做出的账务处理应为:

借:固定资产——厂房　　　　　　　　　4 800 000
　　贷:投资性房地产——厂房——成本　　　　　4 000 000
　　　　　　　　　　　　　——公允价值变动　　500 000
　　　　公允价值变动损益——投资性房地产　　　300 000

(2) 投资性房地产转换为存货。企业将采用公允价值模式计量的投资性房地产转换为存货时,应当以其转换当日的公允价值作为存货的账面价值,公允价值与原账面价值的差额计入当期损益。转换日,按该项投资性房地产的公允价值,借记"开发产品"等科目,按该项投资性房地产的成本,贷记"投资性房地产——成本"科目,按该项投资性房地产的累计公允价值变动,贷记或借记"投资性房地产——公允价值变动"科目,按其差额,贷记或借记"公允价值变动损益"科目。

【业务7-14】A公司是从事房地产开发的企业,其投资性房地产采用公允价值模式计量。2023年8月31日,该公司用于出租的一栋写字楼因租赁期满予以收回,准备出售。2023年8月31日,该写字楼的公允价值为26 000 000元,原账面价值为24 500 000元,其中,成本为24 000 000元,公允价值变动增值为500 000元。

2023年8月31日,根据管理层的书面决议、公允价值确定资料和相关账簿记录,A公司的账务处理应为:

借:开发产品——写字楼　　　　　　　　　26 000 000
　　贷:投资性房地产——写字楼——成本　　　　24 000 000
　　　　　　　　　　　　　——公允价值变动　　500 000
　　　　公允价值变动损益——投资性房地产　　　1 500 000

(3) 自用房地产转换为投资性房地产。企业将作为存货的房地产或自用的房地产转换为采用公允价值计量的投资性房地产时,应当按该项土地使用权或建筑物在转换日的公允价值,借记"投资性房地产——成本"科目,按已计提的累计摊销或累计折旧,借记"累计摊销"或"累计折旧"科目,按已计提的减值准备,借记"无形资产减值准备"或"固定资产减值准备"科目,按其账面余额,贷记"无形资产"或"固定资产"科目。同时,转换日的公允价值低于账面价值的,按其差额,借记"公允价值变动损益"科目;转换日的公允价高于账面价值的,按其差额,贷记"其他综合收益"科目。当该项投资性房地产处置时,因转换计入其他综合收益的部分应转入当期损益。

【业务 7-15】 A 公司将自用的一栋仓库租赁给 B 公司,租赁期为 3 年,起租日为 2023 年 6 月 1 日。租赁开始日,该栋仓库的原价为 1 500 000 元,累计折旧为 100 000 元,公允价值为 1 200 000 元。A 公司的投资性房地产采用公允价值模式计量。

2023 年 6 月 1 日,该仓库的公允价值为 1 200 000 元,账面价值为 1 400 000(=1 500 000－100 000)元,公允价值低于账面价值的差额 200 000 元应计入当期损益。A 公司的账务处理应为:

借:投资性房地产——仓库——成本　　　1 200 000
　　公允价值变动损益——投资性房地产　　200 000
　　累计折旧　　　　　　　　　　　　　　100 000
　贷:固定资产——仓库　　　　　　　　　　　　　1 500 000

若租赁开始日,该栋仓库的公允价值为 1 600 000 元,公允价值高于账面价值,两者之间的差额 200 000[=1 600 000－(1 500 000－100 000)]元应计入"其他综合收益",待该投资性房地产处置时,再转入当期损益。A 公司的账务处理应为:

借:投资性房地产——仓库——成本　　　1 600 000
　　累计折旧　　　　　　　　　　　　　　100 000
　贷:固定资产——仓库　　　　　　　　　　　　　1 500 000
　　　其他综合收益　　　　　　　　　　　　　　　200 000

(4) 作为存货的房地产转换为投资性房地产。企业将作为存货的房地产转换为采用公允价值计量的投资性房地产时,应当按该项房地产在转换日的公允价值,借记"投资性房地产——成本"科目,按已计提的跌价准备,借记"存货跌价准备"科目,按其账面余额,贷记"开发产品"科目。同时,转换日的公允价值低于账面价值的,按其差额,借记"公允价值变动损益"科目;转换日的公允价值高于账面价值的,按其差额,贷记"其他综合收益"科目。当该项投资性房地产处置时,因转换计入其他综合收益的部分应转入当期损益。

【业务 7-16】 A 公司为房地产开发企业,2023 年 3 月 10 日,该公司与 B 公司签订了租赁协议,将其开发的一栋写字楼出租给 B 公司。租赁期开始日为 2023 年 4 月 15 日。2023 年 4 月 15 日,该写字楼的账面余额为 450 000 000 元,公允价值为 470 000 000 元。

2023 年 4 月 15 日,因该写字楼的公允价值高于其账面价值,两者之间的差额 20 000 000(=470 000 000－450 000 000)元应计入"其他综合收益"。A 公司的账务处理应为:

借:投资性房地产——写字楼——成本　　470 000 000
　贷:开发产品　　　　　　　　　　　　　　　　450 000 000
　　　其他综合收益　　　　　　　　　　　　　　 20 000 000

现将投资性房地产转换的账务处理概括为表 7-3。

表 7-3　投资性房地产转换的账务处理

转换形式	成本模式计量下的转换	公允价值模式计量下的转换
投资性房地产转换为自用房地产	借:固定资产(或无形资产) 　　投资性房地产累计折旧(或投资 　　性房地产累计摊销) 　贷:投资性房地产 　　累计折旧(或累计摊销) 借:投资性房地产减值准备 　贷:固定资产减值准备(或无形资 　　产减值准备)	借:固定资产(或无形资产) 　贷:投资性房地产——成本 　　　　　　　　——公允价值变动 　　公允价值变动损益 若投资性房地产的公允价值低于其账面价值, 则借记"公允价值变动损益"科目
投资性房地产转换为存货	借:开发产品 　　投资性房地产累计折旧(或投资 　　性房地产累计摊销) 　　投资性房地产减值准备 　贷:投资性房地产	借:开发产品 　贷:投资性房地产——成本 　　　　　　　　——公允价值变动 　　公允价值变动损益 若投资性房地产的公允价值低于其账面价值, 则借记"公允价值变动损益"科目
自用房地产转换为投资性房地产	借:投资性房地产 　　累计折旧(或累计摊销) 　贷:固定资产(或无形资产) 　　投资性房地产累计折旧(或投 　　资性房地产累计摊销) 借:固定资产减值准备(或无形资产 　　减值准备) 　贷:投资性房地产减值准备	借:投资性房地产 　　累计折旧(或累计摊销) 　　固定资产减值准备(或无形资产减值准备) 　贷:固定资产(或无形资产) 　　其他综合收益 若转换日房地产的公允价值低于其账面价值, 则按其差额借记"公允价值变动损益"科目
作为存货的房地产转换为投资性房地产	借:投资性房地产 　　存货跌价准备 　贷:开发产品	借:投资性房地产 　　存货跌价准备 　贷:开发产品 　　其他综合收益 若转换日房地产的公允价值低于其账面价值, 则按其差额借记"公允价值变动损益"科目

二、投资性房地产的处置

当投资性房地产被处置或者永久退出使用且预计不能从其处置中取得经济利益时,应当终止确认该项投资性房地产。企业出售、转让、报废投资性房地产或者发生投资性房地产毁损,应当将处置收入扣除其账面价值和相关税费后的金额计入当期损益。

(一) 处置成本模式计量的投资性房地产

出售、转让按成本模式进行后续计量的投资性房地产时,应当按实际收到的处置收入金额,借记"银行存款"等科目,贷记"其他业务收入""应交税费——应交增值税(销项税额)"科目;按该项投资性房地产的账面价值,借记"其他业务成本"科目,按其账面余额,贷记"投资性房地产"科目,按已计提的折旧或摊销,借记"投资性房地产累计折旧"或"投资性房地产累计摊销"科目,原已计提减值准备的,还应借记"投资性房地产减值准备"科目。

【业务7-17】2023年8月20日,A公司将其出租的一栋写字楼于租赁期满时出售给B公司,合同价款为30 000 000元、增值税税额为2 700 000元,B公司已用银行存款付清。该项投资性房地产采用成本模式计量。出售时,该栋写字楼的成本为28 000 000元,已计提折旧3 000 000元。A公司的账务处理应为:

第一步,确认处置收入。会计分录为:
借:银行存款　　　　　　　　　　　32 700 000
　　贷:其他业务收入　　　　　　　　　　　30 000 000
　　　　应交税费——应交增值税(销项税额)　2 700 000

第二步,结转处置投资性房地产的账面价值。会计分录为:
借:其他业务成本　　　　　　　　　25 000 000
　　投资性房地产累计折旧　　　　　 3 000 000
　　贷:投资性房地产——写字楼　　　　　　28 000 000

(二) 处置公允价值模式计量的投资性房地产

处置采用公允价值模式计量的投资性房地产时,应当按实际收到的金额,借记"银行存款"等科目,贷记"其他业务收入""应交税费——应交增值税(销项税额)"科目;按该项投资性房地产的账面价值,借记"其他业务成本"科目,按其成本,贷记"投资性房地产——成本"科目,按其累计公允价值变动,贷记或借记"投资性房地产——公允价值变动"科目。同时结转投资性房地产累计公允价值变动。若存在于转换日计入其他综合收益的金额,也一并结转,计入当期损益。

【业务7-18】A公司将其出租的一栋写字楼确认为投资性房地产,并采用公允价值模式计量。租赁期满后,A公司于2023年7月24日将该栋写字楼出售给B公司,合同价款为150 000 000元、增值税税额为13 500 000元,B公司已用银行存款付清。出售时,该栋写字楼的成本为120 000 000元,公允价值变动增值为10 000 000元。A公司的账务处理如下:

第一步,确认处置收入。会计分录为:
借:银行存款　　　　　　　　　　　163 500 000
　　贷:其他业务收入　　　　　　　　　　　150 000 000
　　　　应交税费——应交增值税(销项税额)　13 500 000

第二步,结转处置成本。会计分录为:
借:其他业务成本　　　　　　　　　130 000 000
　　贷:投资性房地产——写字楼——成本　　　120 000 000
　　　　　　　　　　　　　　——公允价值变动　10 000 000

第三步,结转投资性房地产累计公允价值变动。会计分录为:
借:公允价值变动损益　　　　　　　10 000 000
　　贷:其他业务成本　　　　　　　　　　　10 000 000

如果投资性房地产存在于转换日计入其他综合收益的金额,在处置该投资性房地产时,应一并结转。假定A公司于该项投资性房地产转换日计入其他综合收益的金额为2 000 000

元,则A公司还应编制如下会计分录:

借:其他综合收益　　　　　　　2 000 000
　　贷:其他业务成本　　　　　　　　　　2 000 000

项目小结

本项目的主要内容结构如表7-4所示。

表7-4　项目七"投资性房地产"的内容结构表

投资性房地产的确认	投资性房地产的定义及特征	投资性房地产的定义
		投资性房地产的特征
	投资性房地产的范围	属于投资性房地产的项目
		不属于投资性房地产的项目
	投资性房地产的确认与计量	投资性房地产的确认
		投资性房地产的计量
		投资性房地产的会计科目设置
投资性房地产的初始计量	外购投资性房地产的初始计量	成本构成
		账务处理
	自行建造投资性房地产的初始计量	成本构成
		账务处理
	与投资性房地产有关的后续支出	资本化的后续支出
		费用化的后续支出
投资性房地产的后续计量	采用成本模式计量的投资性房地产	采用成本模式计量的会计处理
	采用公允价值模式计量的投资性房地产	采用公允价值模式计量的条件
		采用公允价值模式计量的会计处理
	投资性房地产后续计量模式的变更	应作为会计政策变更处理
投资性房地产的转换和处置	投资性房地产的转换	投资性房地产转换形式和转换日
		投资性房地产转换的会计处理
	投资性房地产的处置	处置成本模式计量的投资性房地产
		处置公允价值模式计量的投资性房地产

思考与练习

一、思考题

1. 投资性房地产有何特征?包括哪些项目?
2. 投资性房地产应当如何进行初始计量?有关的后续支出应当如何处理?
3. 投资性房地产采用成本模式和公允价值模式计量的要求有何不同?
4. 将投资性房地产转为其他资产或将其他资产转换为投资性房地产的条件有哪些?在成本模式计量和公允价值模式计量下应当如何进行会计处理?

5. 处置以成本模式和以公允价值模式计量的投资性房地产时应当如何进行会计处理？

二、单项选择题

1. 下列项目中,属于投资性房地产的是(　　)。
   A. 自用的房地产
   B. 房地产开发企业在正常经营活动中销售的或为销售而正在开发的商品房和土地
   C. 已出租的建筑物
   D. 出租给本企业职工居住的宿舍

2. 下列各项中,不属于投资性房地产项目的是(　　)。
   A. 已出租的土地使用权　　　　　　　B. 企业租入再对外转租的建筑物
   C. 持有并准备增值后转让的土地使用权　D. 企业出租拥有产权的建筑物

3. 2023年1月1日,甲公司购入一幢建筑物用于出租,取得发票上注明的价款为800万元、增值税税额为72万元,款项以银行存款支付。购入该建筑物发生的相关费用为5万元。该投资性房地产的入账价值为(　　)万元。
   A. 800　　　　　B. 872　　　　　C. 877　　　　　D. 805

4. 关于投资性房地产后续计量模式,下列说法中错误的是(　　)。
   A. 成本模式转换为公允价值模式属于会计政策变更
   B. 企业对投资性房地产只能采用一种模式进行计量
   C. 企业对投资性房地产可以同时采用公允价值模式和成本模式
   D. 成本模式转换为公允价值模式后,不得从公允价值模式转换为成本模式

5. 投资性房地产的租金收入及计提的折旧应记入的会计科目分别为(　　)。
   A. 营业外收入、管理费用　　　　　　B. 营业外收入、其他业务成本
   C. 其他业务收入、其他业务成本　　　D. 其他业务收入、管理费用

6. 投资性房地产的后续计量从成本模式转为公允价值模式的,转换日投资性房地产的公允价值高于其账面价值的差额会对下列财务报表项目产生影响的是(　　)。
   A. 公允价值变动损益　B. 营业外收入　C. 未分配利润　D. 投资收益

7. A公司的投资性房地产采用成本计量模式。2023年1月1日,该企业将一项投资性房地产转换为固定资产。该投资性房地产的账面余额为100万元,已提折旧为20万元,已经计提的减值准备为10万元。该投资性房地产的公允价值为75万元。转换日固定资产的账面价值为(　　)万元。
   A. 100　　　　　B. 80　　　　　C. 70　　　　　D. 75

8. 企业将采用公允价值模式计量的投资性房地产转换为自用房地产时,公允价值与原账面价值的差额应计入(　　)。
   A. 投资收益　　　　　　　　　　　　B. 公允价值变动损益
   C. 其他综合收益　　　　　　　　　　D. 其他业务收入

9. 自用房地产转换为采用公允价值模式计量的投资性房地产,转换日该房地产公允价值高于账面价值的差额,正确的会计处理是(　　)。
   A. 计入其他综合收益　　　　　　　　B. 计入期初留存收益
   C. 计入营业外收入　　　　　　　　　D. 计入公允价值变动损益

10. A公司处置一项以公允价值模式计量的投资性房地产,实际收到的金额为100万元,投资性房地产的账面价值为80万元,其中成本为70万元、公允价值变动为10万元。该项投资性房地产是由自用房地产转换的,转换日公允价值高于账面价值的差额为10万元。假设不考虑相关税费,处置该项投资性房地产的净收益为( )万元。
A. 30　　　　　　B. 20　　　　　　C. 40　　　　　　D. 10

三、业务题

1. 2022年12月31日,甲公司以银行存款购入一栋写字楼,价款为2 000万元、增值税税额为180万元,其他相关税费为100万元,并于当日出租给乙公司使用,租期为3年,年租金为60万元、增值税税额为5.4万元,每年年初支付。甲公司对该写字楼采用成本模式计量,预计尚可使用20年,预计净残值为0,采用直线法折旧。

要求:

(1) 编制2022年12月31日购入该写字楼的会计分录。
(2) 编制收到年租金时的会计分录。
(3) 编制按月确认租金收入时的会计分录。
(4) 编制按月计提该写字楼折旧时的会计分录。
(5) 假定2025年12月31日租赁期满,甲公司将该写字楼收回,转为自用。编制转为自用时的会计分录。

2. 2022年11月10日,A公司将自用的厂房一栋出租给B公司。因厂房交易市场活跃,公允价值能够可靠取得,A公司采用公允价值模式计量投资性房地产。转换日,该厂房的公允价值为1 500万元,其账面价值为1 450万元,其中原价为1 600万元、累计折旧为150万元。

要求:

(1) 编制该房地产于转换日的会计分录。
(2) 2022年12月31日,该厂房的公允价值为1 600万元,编制相应的会计分录。
(3) 2023年6月30日,该厂房的公允价值为1 550万元,编制相应的会计分录。
(4) 2023年9月10日,A公司以1 450万元的价格(不含税)将该出租厂房出售,款项全额收讫,并存入银行。转让不动产的增值税税率为9%。编制相关会计分录。

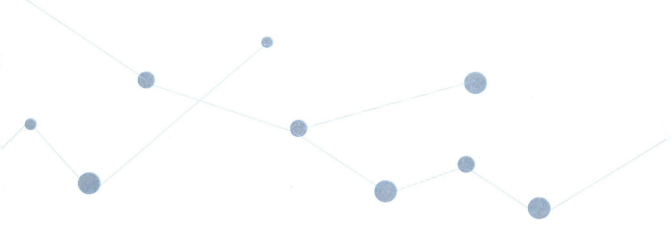

项目八

金融资产

项目目标

系统了解金融资产的主要内容与分类,以及以摊余成本计量的金融资产、以公允价值计量且其变动计入其他综合收益的金融资产的核算原理与方法;掌握以公允价值计量且其变动计入当期损益的金融资产的会计处理。

任务一 金融资产的确认

一、金融资产的内容

(一) 金融工具及其种类

金融是现代经济的核心,金融市场(包括资本市场)的健康、可持续发展离不开金融工具的广泛运用和不断创新。金融工具,是指形成一方的金融资产,并形成其他方的金融负债或权益工具的合同。

金融工具可以分为基础金融工具和衍生工具。其中,基础金融工具包括企业持有的现金、存放于金融机构的款项、普通股,以及代表未来期间收取或支付金融资产的合同权利或义务等,如应收账款、应付账款、其他应收款、其他应付款、存出保证金、存入保证金、客户贷款、客户存款、债券投资、应付债券等;衍生工具是指金融工具确认和计量准则涉及的具有下列特征的金融工具或其他合同:

(1) 其价值随着特定利率、金融价格、商品价格、汇率、价格指数、费率指数、信用等级、信用指数或其他类似变量的变动而变动。变量为非金融变量的(比如特定区域的地震损失指数、特定城市的气温指数等),该变量与合同的任一方不存在特定关系。

衍生工具的价值变动取决于标的变量的变化。例如,国内甲金融企业与境外乙金融企业签订了一份1年期利率互换合约,每半年甲企业向乙企业支付美元固定利息、从乙企业收到以6个月美元LIBOR(浮动利率)计算确定的浮动利息,合约名义金额为1亿美元。合约签订时,其公允价值为0。假定合约签订半年后,浮动利率(6个月美元LIBOR)与合约签订时不同,甲企业将根据未来可收到的浮动利息现值扣除将支付的固定利息现值确定该合约的公允价值,合约的公允价值因浮动利率的变化而改变。

(2) 不要求初始净投资,或与对市场情况变动有类似反应的其他类似合同相比,要求很少的初始净投资。

企业从事衍生工具交易不要求初始净投资,通常指签订某项衍生工具合同时不需要支付现金。例如,某企业与其他企业签订一项将来买入债券的远期合同,就不需要在签订合同时支付将来购买债券所需的现金。但是,不要求初始净投资,并不排除企业按照约定的交易惯例或规则相应缴纳一笔保证金。比如,企业进行期货交易时要求缴纳一定的保证金。缴纳保证金不构成一项企业解除负债的现时义务,因为保证金仅具有"保证"性质。

在某些情况下,企业在从事衍生工具交易也会遇到要求进行现金支付的情况,但该现金支付只是相对很少的初始净投资。例如,从市场上购入备兑认股权证,就需要先支付一笔款项。但相对于行权时购入相应股份所需支付的款项,此项支付往往是很小的。又如,企业进行货币互换时,通常需要在合同签订时支付某种货币表示的一笔款项,但同时也会收到以另一种货币表示的"等值"的一笔款项,无论是从该企业的角度,还是从其对手(合同的另一方)看,初始净投资均为0。

(3)在未来某一日期结算。衍生工具在未来某一日期结算,表明衍生工具结算需要经历一段特定期间。衍生工具通常在未来某一特定日期结算,也可能在未来多个日期结算。例如,利率互换可能涉及合同到期前多个结算日期。另外,有些期权可能由于是价外期权而到期不行权,也是在未来日期结算的一种方式。

(二) 金融资产的定义

金融资产是指企业持有的现金、其他方的权益工具以及符合下列条件之一的资产:

(1)从其他方收取现金或其他金融资产的合同权利。

(2)在潜在有利条件下,与其他方交换金融资产或金融负债的合同权利。

(3)将来须用或可用企业自身权益工具进行结算的非衍生工具合同,且企业根据该合同将收到可变数量的自身权益工具。

(4)将来须用或可用企业自身权益工具进行结算的衍生工具合同,但以固定数量的自身权益工具交换固定金额的现金或其他金融资产的衍生工具合同除外。

其中,企业自身权益工具不包括应当按照《企业会计准则第37号——金融工具列报》分类为权益工具的可回售工具或发行方仅在清算时才有义务向另一方按比例交付其净资产的金融工具,也不包括本身就要求在未来收取或交付企业自身权益工具的合同。

根据金融资产的定义,金融资产通常包括下列资产:库存现金、银行存款、应收账款、应收票据、贷款、股权投资、债权投资和远期合同、期货合同、互换合同、期权合同等衍生工具形成的资产。但预付账款不是金融资产,因其产生的未来经济利益是商品或服务,不是收取现金或其他金融资产的权利。

本项目不涉及以下金融资产的会计处理:① 长期股权投资(即企业对外能够形成控制、共同控制和重大影响的股权投资);② 货币资金(即库存现金、银行存款、其他货币资金);③ 贷款和应收款项(即贷款、应收账款、应收票据等)。

二、金融资产分类的依据

(一) 企业管理金融资产的业务模式

1. 业务模式及其类型

企业管理金融资产的业务模式,是指企业如何管理其金融资产以产生现金流量。业务模式决定企业所管理金融资产现金流量的来源是收取合同现金流量、出售金融资产还是两者兼有。

(1)以收取合同现金流量为目标的业务模式。在该业务模式下,企业管理金融资产旨在通过在金融资产存续期内收取合同付款来实现现金流量,而不是通过持有并出售金融资产产生整体回报。

例如,甲企业购买了某公司发行的5年期债券,面值为1 000万元、票面利率为8%,每年年末付息一次,到期还本。甲企业准备持有至到期,没有到期前出售的打算。则甲企业管理该债券的业务模式是以收取合同现金流量为目标。即甲企业于每年年末收取债券利息80万元,到期时收回本金1 000万元。

(2) 以收取合同现金流量和出售金融资产为目标的业务模式。在该业务模式下,企业的关键管理人员认为收取合同现金流量和出售金融资产对于实现其管理目标而言都是不可或缺的。与以收取合同现金流量为目标的业务模式相比,该业务模式涉及的出售通常频率更高、价值更大。因为出售金融资产是该业务模式的目标之一,但在该业务模式下不存在出售金融资产的频率或者价值的明确界限。

依前例,甲企业管理层决定,在企业资金紧张时可以出售该批1 000万元的债券,且根据公司惯例,出售该批债券的可能性较大。则甲企业该债券的业务模式以收取合同现金流量和出售金融资产为目标。

(3) 其他业务模式。如果企业管理金融资产的业务模式,不是以收取合同现金流量为目标,也不是既以收取合同现金流量又出售金融资产来实现其目标,则该企业管理金融资产的业务模式是其他业务模式。

依前例,如果甲企业持有该批债券的目的是交易性的或者基于金融资产的公允价值做出决策并对其进行管理。在这种情况下,企业管理该批债券的目标是通过出售该批债券以实现现金流量。即使企业在持有债券的过程中会收取合同现金流量(即债券利息),企业管理该批债券的业务模式不是既以收取合同现金流量又出售金融资产来实现其目标,因为收取合同现金流量对实现该业务模式目标来说只是附带性质的活动。

2. 业务模式的评估

业务模式是金融资产分类的重要依据,企业确定其管理金融资产的业务模式时,应注意以下方面:

(1) 企业应当在金融资产组合的层次上确定管理金融资产的业务模式,而不必按照单个金融资产逐项确定业务模式。金融资产组合的层次应当反映企业管理该金融资产的层次。有些情况下,企业可能将金融资产组合拆分为更小的组合,以合理反映企业管理该金融资产的层次。如企业购买一个抵押贷款组合,以收取合同现金流量为目标管理该组合中的一部分贷款,以出售为目标管理该组合中的其他贷款。

(2) 一个企业可能会采用多个业务模式管理其金融资产。如企业持有一组以收取合同现金流量为目标的投资组合,同时还持有另一组既以收取合同现金流量为目标又以出售该金融资产为目标的投资组合。

(3) 企业应当以企业关键管理人员决定的对金融资产进行管理的特定业务目标为基础,确定管理金融资产的业务模式。其中,"关键管理人员"是指有权力并负责计划、指挥和控制企业活动的人员。

(4) 企业的业务模式并非企业自愿指定,通常可以从企业为实现其目标而开展的特定活动中得以反映。

(5) 企业不得以按照合理预期不会发生的情形为基础确定管理金融资产的业务模式。如对于某金融资产组合,如果企业预期仅会在压力情形下将其出售,且企业合理预期该压力情形不会发生,则该压力情形不得影响企业对该类金融资产的业务模式的评估。

此外,如果金融资产实际现金流量的实现方式不同于评估业务模式时的预期,只要企业在评估业务模式时已经考虑了当时所有可获得的相关信息,这一差异不构成企业财务报表的前期差错,也不改变企业在该业务模式下持有的剩余金融资产的分类。但是,企业在评估新的金融资产的业务模式时,应当考虑这些信息。

(二) 金融资产的合同现金流量特征

金融资产的合同现金流量特征,是指金融工具合同约定的、反映相关金融资产经济特征的现金流量属性。如普通债券的合同现金流量特征通常与基本借贷安排一致。即相关金融资产在特定日期产生的合同现金流量仅为对本金和以未偿付本金金额为基础的利息的支付,即"本金加利息的合同现金流量特征"。

其中,本金是指金融资产在初始确认时的公允价值。本金金额可能因提前还款等原因在金融资产的存续期内发生变动;利息包括对货币时间价值、与特定时期未偿付本金金额相关的信用风险,以及其他基本借贷风险(如流动性风险)、成本(如管理成本)和利润的对价。在基本借贷安排中,利息的构成要素中最重要的通常是货币时间价值和信用风险的对价。

如果金融资产合同中包含与基本借贷安排无关的合同现金流量风险敞口或波动性敞口(如权益价格或商品价值变动敞口)的条款,则此类合同不符合本金加利息的合同现金流量特征。如A公司持有一项可转换成固定数量的发行人权益工具的债券,则该债券不符合本金加利息的合同现金流量特征,因为其回报与发行人的权益价值挂钩。

货币时间价值是利息要素中仅因为时间流逝而提供对价的部分,不包括为所持有金融资产的其他风险或成本提供的对价。货币时间价值要素有时可能存在修正。在货币时间价值要素存在修正的情况下,企业应当对相关修正进行评估,以确定其是否满足上述合同现金流量特征的要求。此外,金融资产包含可能导致其合同现金流量的时间分布或金额发生变更的合同条款(如包含提前还款特征)的,企业应当对相关条款进行评估,如果评估认为提前还款特征的公允价值非常小,可以认为其满足上述合同现金流量特征的要求。

三、金融资产的具体分类

(一) 金融资产的类别

企业应当根据其管理金融资产的业务模式和金融资产的合同现金流量特征,将取得的金融资产在初始确认时划分为以下三类:① 以摊余成本计量的金融资产;② 以公允价值计量且其变动计入其他综合收益的金融资产;③ 以公允价值计量且其变动计入当期损益的金融资产。

1. 以摊余成本计量的金融资产

摊余成本是指该金融资产或金融负债的初始确认金额经下列调整后的结果:① 扣除已偿还的本金;② 加上或减去采用实际利率法将初始确认金额与到期日金额之间的差额进行摊销形成的累计摊销额;③ 扣除计提的累计信用减值准备(仅适用于金融资产)。其中,实际利率法是指计算金融资产或金融负债的摊余成本以及将利息收入或利息费用分摊计入各会计期间的方法。

金融资产同时符合下列条件的,应当分类为以摊余成本计量的金融资产:

(1) 企业管理该金融资产的业务模式是以收取合同现金流量为目标。

(2) 该金融资产的合同条款规定,在特定日期产生的现金流量,仅为对本金和以未偿付本金金额为基础的利息的支付。

例如,普通债券的合同现金流量是到期收回本金及按约定利率在合同期间按时收取固定或浮动利息。在没有其他特殊安排的情况下,普通债券通常可能符合本金加利息的合同现金流量特征。如果企业管理该债券的业务模式是以收取合同现金流量为目标,则该债券可以分类为以摊余成本计量的金融资产。

再如,银行向企业客户发放的固定利率的贷款,在没有其他特殊安排的情况下,贷款的合同现金流量一般情况下可能符合仅为对本金和以未偿付本金金额为基础的利息支付的要求。如果银行管理该贷款的业务模式以收取合同现金流量为目标,则该贷款应当分类为以摊余成本计量的金融资产。

企业一般应当设置"银行存款""贷款""应收账款""债权投资"等科目核算分类为以摊余成本计量的金融资产。

2. 以公允价值计量且其变动计入其他综合收益的金融资产

金融资产同时符合下列条件的,应当分类为以公允价值计量且其变动计入其他综合收益的金融资产:

(1) 企业管理该金融资产的业务模式既以收取合同现金流量为目标又以出售该金融资产为目标。

(2) 该金融资产的合同条款规定,在特定日期产生的现金流量,仅为对本金和以未偿付本金金额为基础的利息的支付。

例如,企业持有的普通债券的合同现金流量是到期收回本金及按约定利率在合同期间按时收取固定或浮动利息的权利。在没有其他特殊安排的情况下,普通债券的合同现金流量一般情况下可能符合仅为对本金和以未偿付本金金额为基础的利息支付的要求。如果企业管理该债券的业务模式既以收取合同现金流量为目标又以出售该债券为目标,则该债券应当分类为以公允价值计量且其变动计入其他综合收益的金融资产。

企业应当设置"其他债权投资"账户核算分类为以公允价值计量且其变动计入其他综合收益的金融资产。

3. 以公允价值计量且其变动计入当期损益的金融资产

分类为以摊余成本计量的金融资产和以公允价值计量且其变动计入其他综合收益的金融资产之外的金融资产,企业应当将其分类为以公允价值计量且其变动计入当期损益的金融资产。

例如,企业持有的普通股股票的合同现金流量是收取被投资企业未来股利分配以及其清算时获得剩余收益的权利。由于股利及获得剩余收益的权利均不符合本金和利息的定义,因此企业持有的普通股股票应当分类为以公允价值计量且其变动计入当期损益的金融资产。

企业应当设置"交易性金融资产"科目核算以公允价值计量且其变动计入当期损益的金融资产。企业持有的直接指定为以公允价值计量且其变动计入当期损益的金融资产,也在本科目核算。

(二) 金融资产分类的特殊规定

权益工具投资一般不符合本金加利息的合同现金流量特征,因此应当分类为以公允价值计量且其变动计入当期损益的金融资产。然而在初始确认时,企业可以将非交易性权益工具投资指定为以公允价值计量且其变动计入其他综合收益的金融资产。该指定一经做出,不得撤销。企业投资其他上市公司股票或者非上市公司股权的,都可能属于这种情形。

需要注意的是,金融资产满足下列条件之一的,表明企业持有该金融资产的目的是交易性的:

(1) 取得相关金融资产的目的,主要是为了近期出售或回购。

(2) 相关金融资产在初始确认时属于集中管理的可辨认金融资产组合的一部分,且有客观证据表明近期实际存在短期获利模式。在这种情况下,即使组合中有某个组成项目持有的期限稍长也不受影响。

(3) 相关金融资产属于衍生工具。但符合财务担保合同定义的衍生工具以及被指定为有效套期工具的衍生工具除外。

只有不符合上述条件的非交易性权益工具投资才可以进行该指定。企业应当设置"其他权益工具投资"科目核算指定为以公允价值计量且其变动计入其他综合收益的非交易性权益工具投资。

综上所述,金融资产分类的流程,如图8-1所示。

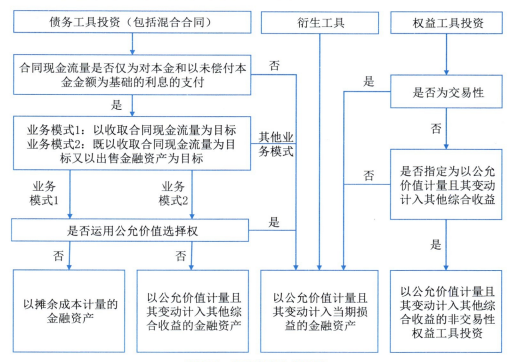

图8-1 金融资产分类流程

任务二 债权投资的核算

一、初始计量

企业将取得的债权分类为以摊余成本计量的金融资产时,该类金融资产即为债权投资,应通过"债权投资"账户核算。企业应当按照该债权的公允价值进行初始计量,相关交易费用计入初始入账金额。

交易费用是指可直接归属于购买、发行或处置金融工具的增量费用。增量费用是指企业没有发生购买、发行或处置相关金融工具的情形就不会发生的费用,包括支付给代理机构、咨询公司、券商、证券交易所、政府有关部门等的手续费、佣金、相关税费以及其他必要支出,不包括债券溢价、折价、融资费用、内部管理成本和持有成本等与交易不直接相关的费用。

债权投资的公允价值通常为该债权的交易价格。企业取得该债权所支付的价款中包含的已到付息期但尚未领取的债券利息,应单独确认为应收项目。

债权投资的相关会计处理如下:

(1)企业初始确认债权投资时,应按该债权的面值,借记"债权投资——成本"科目,按支付的价款中包含的已到付息期但尚未领取的利息,借记"应收利息"科目,按实际支付的金额,贷记"银行存款"或"其他货币资金——存出投资款"等科目,按其差额,借记或贷记"债权投资——利息调整"科目。

(2)初始确认该债权投资时,应当计算确定其实际利率,并在该债权预期存续期间内保持不变。

实际利率是指将金融资产在预期存续期的估计未来现金流量折现为该金融资产账面余额(不考虑减值)所使用的利率。在确定实际利率时,应当在考虑金融资产所有合同条款(如提前还款、展期、看涨期权或其他类似期权等)的基础上估计预期现金流量,但不应当考虑预期信用损失。

【业务8-1】2023年1月1日,甲公司委托证券公司以211 101.20元(含交易费用)的价格从活跃市场上购入A公司同日发行的3年期债券,面值为200 000元,票面年利率6%,按年支付利息(即每年利息为12 000元),到期一次性偿还本金。甲公司根据其管理该债券的业务模式和该债券的合同现金流量特征,将该债券分类为以摊余成本计量的金融资产。

2023年1月1日,甲公司应根据公司的投资策略文件和有关交易凭证等进行如下会计处理:

(1)购入A公司债券的账务处理:

借:债权投资——A公司债券——成本　　200 000.00
　　　　　　　　　　　　——利息调整　　 11 101.20
　　贷:其他货币资金——存出投资款　　　　　　　211 101.20

(2)计算该债券的实际利率 r:

$$12\ 000\times(1+r)^{-1}+12\ 000\times(1+r)^{-2}+(200\ 000+12\ 000)\times(1+r)^{-3}$$
$$=211\ 101.20$$

经计算，$r=4\%$。

二、后续计量

企业应当采用实际利率法，按摊余成本对该债权投资进行后续计量。

企业应当按照实际利率法确认利息收入。利息收入应当根据债权投资期初摊余成本乘以实际利率计算确定。相关账务处理如下：

（1）计息日，该债权为分期付息、一次还本债券的，应按面值和票面利率计算确定的应收未收利息，借记"应收利息"科目，按该债权投资的期初摊余成本乘以实际利率计算确定的利息收入，贷记"投资收益"科目，按其差额，借记或贷记"债权投资——利息调整"科目。

该债权为一次还本付息债券投资的，应按面值和票面利率计算确定的应收未收利息，借记"债权投资——应计利息"科目，按该债权投资的期初摊余成本乘以实际利率计算确定的利息收入，贷记"投资收益"科目，按其差额，借记或贷记"债权投资——利息调整"科目。

（2）债权到期收回本息时，应按实际收到的债权本金和利息额，借记"银行存款"或"其他货币资金——存出投资款"科目，按该债权投资的账面余额，贷记"债权投资——成本""债权投资——应计利息"或"应收利息"科目。

【业务8-2】接业务8-1，2023年12月31日，甲公司确认A公司债券实际利息收入，并收到债券利息。甲公司的相关会计处理如下：

第一步，计算实际利息收入和该债权投资的期末摊余成本。

本期应收债券利息＝债券面值×票面利率＝200 000×6%＝12 000（元）

本期实际利息收入＝本期期初摊余成本×实际利率
$$=211\ 101.20\times4\%=8\ 444.05（元）$$

本期期末摊余成本＝本期期初摊余成本＋本期实际利息收入－本期应收利息
$$=211\ 101.20+8\ 444.05-12\ 000$$
$$=207\ 545.25（元）$$

第二步，进行具体的账务处理。会计分录为：

借：应收利息——A公司　　　　　　　　12 000.00
　　贷：投资收益　　　　　　　　　　　　　8 444.05
　　　　债权投资——A公司债券——利息调整　3 555.95

甲公司应于实际收到债券利息时：

借：其他货币资金——存出投资款　　12 000
　　贷：应收利息——A公司　　　　　　　12 000

【业务8-3】接业务8-1、业务8-2，假定2024年12月31日，甲公司确认A公司债券实际利息收入，并收到债券利息。甲公司的相关会计处理如下：

第一步，计算实际利息收入和该债权投资的期末摊余成本。

本期应收债券利息＝200 000×6%＝12 000（元）

本期实际利息收入＝207 545.25×4%＝8 301.81（元）

本期期末摊余成本＝207 545.25＋8 301.81－12 000＝203 847.06（元）
第二步,进行具体的账务处理。会计分录为：
　　借:应收利息——A公司　　　　　　　　　　12 000.00
　　　　贷:投资收益　　　　　　　　　　　　　　8 301.81
　　　　　　债权投资——A公司债券——利息调整　3 698.19
甲公司应于实际收到债券利息时：
　　借:其他货币资金——存出投资款　　　　　　12 000
　　　　贷:应收利息——A公司　　　　　　　　　12 000

【业务8-4】 接业务8-1、业务8-2、业务8-3,假定甲公司于2026年1月10日收到A公司债券本金和最后一期利息,其账务处理应为:
（1）2025年12月31日,确认A公司债券利息收入：
　　本期应收债券利息＝200 000×6％＝12 000（元）
　　本期利息调整摊销额＝"债权投资——A公司——利息调整"账户余额
　　　　　　　　　　　＝3 847.06(元)
　　本期末实际利息收入＝12 000－3 847.06＝8 152.94(元)
或
　　　　　　　　　　　＝212 000－203 847.06＝8 152.94(元)
　　借:应收利息——A公司　　　　　　　　　　　12 000.00
　　　　贷:债权投资——A公司债券——利息调整　　3 847.06
　　　　　　投资收益　　　　　　　　　　　　　　8 152.94
（2）2026年1月10日,收到A公司债券本金和最后一期利息：
　　借:其他货币资金——存出投资款　　　　　　212 000
　　　　贷:债权投资——A公司债券——成本　　　200 000
　　　　　　应收利息——A公司　　　　　　　　　12 000

实务中,债权投资各期实际利息收入和期末摊余成本的计算也可以通过编制计算表完成,如表8-1所示。

表8-1　债权投资摊余成本计算表

单位:元

日期	期初摊余成本	实际利息收入	现金流入	期末摊余成本
	①	②＝①×4％	③	④＝①＋②－③
2023年1月1日				211 101.20
2023年12月31日	211 101.20	8 444.05	12 000	207 545.25
2024年12月31日	207 545.25	8 301.81	12 000	203 847.06
2025年12月31日	203 847.06	8 152.94*	212 000	0

注:8 152.94＝212 000－203 847.06,该数字含有计算过程中出现的尾差0.94（＝203 847.06×4％－8 152.94）元。

综上所述,以摊余成本计量的金融资产(即债权投资)的账务处理概括为表8-2。

表 8-2　以摊余成本计量的金融资产的账务处理

业务类型	业务内容	账务处理
初始计量	购入债券	借:债权投资——成本 　　　——利息调整(溢价) 　贷:其他货币资金——存出投资款 或 借:债权投资——成本 　贷:债权投资——利息调整(折价) 　　其他货币资金——存出投资款
后续计量	计息日	借:应收利息(或债权投资——应计利息) 　贷:债权投资——利息调整(溢价摊销额) 　　投资收益 或 借:应收利息(或债权投资——应计利息) 　　债权投资——利息调整(折价摊销额) 　贷:投资收益
	分期收到债券利息	借:其他货币资金——存出投资款 　贷:应收利息
	到期收回债券本金和利息	借:其他货币资金——存出投资款 　贷:债权投资——成本 　　应收利息(或债权投资——应计利息)

任务三　其他债权投资的核算

一、初始计量

当企业将取得的债权分类为以公允价值计量且其变动计入其他综合收益的金融资产时,该类金融资产即为其他债权投资,应通过"其他债权投资"账户核算。企业应当按照该债权的公允价值进行初始计量,相关交易费用应当计入初始确认金额。企业取得该债权所支付的价款中包含的已到付息期但尚未领取的债券利息,应单独确认为应收项目。

其他债权投资初始核算的账务处理为:企业取得普通债券,并分类为以公允价值计量且其变动计入其他综合收益的金融资产时,应按债券的面值,借记"其他债权投资——成本"科目,按支付的价款中包含的已到付息期但尚未领取的利息,借记"应收利息"科目,按实际支付的金额,贷记"银行存款"或"其他货币资金——存出投资款"等科目,按其差额,借记或贷记"其他债权投资——利息调整"科目。

现举例说明。

【业务8-5】2023年1月1日,甲公司委托证券公司以价款142 263元(含交易费用)购入乙公司同日发行的3年期公司债券,该债券的票面总金额为150 000元,票面年利率为6%,实际年利率为8%,利息每年年末支付,本金到期支付。甲公司根据其管理该债券的业务模式和该债券的合同现金流量特征,将该债券分类为以公允价值计量且其变动计入其他综合收益的金融资产。

2023年1月1日,甲公司应根据公司投资策略文件和有关交易凭证做如下账务处理:

借:其他债权投资——乙公司债券——成本　　　150 000
　　贷:其他货币资金——存出投资款　　　　　　　　142 263
　　　　其他债权投资——乙公司债券——利息调整　　7 737

二、后续计量

其他债权投资产生的所有利得或损失,除减值损失或利得、汇兑损益之外,均应当计入其他综合收益,直至该债权终止确认或被重分类。但是,采用实际利率法计算的该债权的利息应当计入当期损益。该债权计入各期损益的金额应当与视同其一直按摊余成本计量而计入各期损益的金额相等。具体账务处理如下:

（1）资产负债表日,该债权为分期付息、一次还本债券投资的,应按其面值和票面利率计算确定的应收未收利息,借记"应收利息"科目,按该债权的摊余成本和实际利率计算确定的利息收入,贷记"投资收益"科目,按其差额,借记或贷记"其他债权投资——利息调整"科目。

该债权为一次还本付息债券投资的,应按其面值和票面利率计算确定的应收未收利息,借记"其他债权投资——应计利息"科目,按该债权的摊余成本和实际利率计算确定的利息收入,贷记"投资收益"科目,按其差额,借记或贷记"其他债权投资——利息调整"科目。

（2）资产负债表日,该债权的公允价值高于其账面余额的差额,借记"其他债权投资——公允价值变动"科目,贷记"其他综合收益"科目;该金融资产的公允价值低于其账面余额的差额,做相反的会计分录。

现举例说明。

【业务8-6】接业务8-5,假定2023年12月31日,该债券的市场价格为145 300元。
2023年12月31日,甲公司的相关账务处理如下:
第一步,确认乙公司债券实际利息收入和期末摊余成本。

　　　　应收债券利息＝债券面值×票面利率＝150 000×6％＝9 000（元）
　　　　实际利息收入＝期初摊余成本×实际利率＝142 263×8％＝11 381.04（元）
　　　　期末摊余成本＝期初摊余成本＋本期实际利息－本期应收利息
　　　　　　　　　　＝142 263＋11 381.04－9 000
　　　　　　　　　　＝144 644.04（元）

借:应收利息——乙公司　　　　　　　　　　　　　9 000.00
　　其他债权投资——乙公司债券——利息调整　　　2 381.04
　　贷:投资收益　　　　　　　　　　　　　　　　　　11 381.04

甲公司应于实际收到债券利息时:

借:其他货币资金——存出投资款　　　　9 000
　　贷:应收利息——乙公司　　　　　　　　9 000

第二步,确认乙公司债券的公允价值变动。

乙公司债券公允价值变动额＝145 300－144 644.04＝655.96（元）

借：其他债权投资——乙公司债券——公允价值变动　　　　655.96
　　贷：其他综合收益——公允价值变动——乙公司债券　　　　655.96

需要强调的是，企业应通过比较该债券资产负债表日的公允价值和同日的摊余成本，以确定其公允价值变动额。具体计算公式如下：

本期公允价值变动额＝计量日公允价值－计量日摊余成本－公允价值变动累计金额

【业务8-7】接业务8-5、业务8-6，假定2024年12月31日，甲公司仍持有该债券且其市场价格为148 000元。

2024年12月31日，甲公司的相关账务处理如下：

第一步，确认乙公司债券实际利息收入和期末摊余成本。

应收债券利息＝债券面值×票面利率＝150 000×6％＝9 000（元）
实际利息收入＝144 644.04×8％＝11 571.52（元）
期末摊余成本＝144 644.04＋11 571.52－9 000＝147 215.56（元）

借：应收利息——乙公司　　　　　　　　　　　　　9 000.00
　　其他债权投资——乙公司债券——利息调整　　2 571.52
　　贷：投资收益　　　　　　　　　　　　　　　　11 571.52

甲公司应于实际收到债券利息时：

借：其他货币资金——存出投资款　　　　　9 000
　　贷：应收利息——乙公司　　　　　　　　　9 000

第二步，确认乙公司债券的公允价值变动。

乙公司债券公允价值变动额＝148 000－147 215.56－655.96＝128.48（元）

借：其他债权投资——乙公司债券——公允价值变动　　128.48
　　贷：其他综合收益——公允价值变动——乙公司债券　　128.48

三、出售核算

出售其他债权投资时，应按实际收到的金额，借记"银行存款"或"其他货币资金——存出投资款"等科目，按其账面余额，贷记"其他债权投资——成本""其他债权投资——应计利息"科目，借记或贷记"其他债权投资——公允价值变动""其他债权投资——利息调整"科目，按其差额，贷记或借记"投资收益"科目。同时，将之前计入其他综合收益的累计利得或损失从其他综合收益中转出，计入当期损益，借记或贷记"其他综合收益"科目，贷记或借记"投资收益"科目。

【业务8-8】接业务8-5、业务8-6、业务8-7，假定2025年1月20日，甲公司委托证券公司以148 520元价格将持有的乙公司债券全部出售。

2025年1月20日，甲公司的账务处理如下：

第一步，确认出售乙公司债券实现的损益。

乙公司债券的成本＝150 000（元）
乙公司债券的利息调整余额（贷方）＝7 737－2 381.04－2 571.52＝2 784.44（元）
乙公司债券公允价值变动余额（借方）＝655.96＋128.48＝784.44（元）

出售乙公司债券实现的损益＝148 520－(150 000－2 784.44＋784.44)
＝520(元)

借:其他货币资金——存出投资款　　　　　　　148 520.00
　　其他债权投资——乙公司债券——利息调整　　2 784.44
　贷:其他债权投资——乙公司债券——成本　　　　　　　150 000.00
　　　　　　　　　——乙公司债券——公允价值变动　　　784.44
　　投资收益　　　　　　　　　　　　　　　　　　　　520.00

第二步,转出之前计入其他综合收益的公允价值累计变动额。
　　应从所有者权益中转出的公允价值累计变动额＝655.96＋128.48＝784.44(元)
借:其他综合收益——公允价值变动——乙公司债券　784.44
　贷:投资收益　　　　　　　　　　　　　　　　　　　　　784.44

任务四　其他权益工具投资的核算

一、初始计量

企业将取得的非交易性权益工具指定为以公允价值计量且其变动计入其他综合收益的金融资产时,该类金融资产即为其他权益工具投资,应当通过"其他权益工具投资"账户核算。企业应当按照该权益工具的公允价值计量,相关交易费用应当计入初始确认金额。企业取得该权益工具支付的价款中包含的已宣告但尚未发放的现金股利,应单独确认为应收项目。

其他权益工具投资的账务处理为:企业取得非交易性权益工具,并指定为以公允价值计量且其变动计入其他综合收益的金融资产,应按其公允价值与交易费用之和,借记"其他权益工具投资——成本"科目,按支付的价款中包含的已宣告但尚未发放的现金股利,借记"应收股利"科目,按实际支付的金额,贷记"银行存款"或"其他货币资金——存出投资款"等科目。

现举例说明。

【业务8-9】2023年3月10日,A公司委托证券公司以1 260 000元(含交易费用8 000元和已宣告但尚未发放的现金股利100 000元)的价格从二级市场上购入B公司股票100 000股,占B公司有表决权股份的0.1％。A公司将其指定为以公允价值计量且其变动计入其他综合收益的非交易性权益工具投资。

2023年3月10日,A公司应根据公司投资策略文件和有关交易凭证做如下账务处理:
　　B公司股票的初始确认金额＝1 260 000－100 000＝1 160 000(元)
借:其他权益工具投资——B公司股票——成本　　1 160 000
　应收股利——B公司　　　　　　　　　　　　　　100 000
　贷:其他货币资金——存出投资款　　　　　　　　　　1 260 000

假定2023年4月10日,A公司收到B公司发放的2022年现金股利100 000元,A公司编制的会计分录为：

借：其他货币资金——存出投资款　　100 000
　　贷：应收股利——B公司　　　　　　　　100 000

值得注意的是，根据该类金融资产的初始计量原则，本例中的交易费用8 000元应计入初始确认金额，支付价款中包含的现金股利100 000元应单独确认为应收项目，所以，在确定该金融资产初始确认金额时，应将应收的现金股利从实际支付的价款中扣除，而支付的交易费用则不必扣除，应包括在初始确认金额之中。

二、后续计量

对于指定为以公允价值计量且其变动计入其他综合收益的非交易性权益工具投资，除了获得的股利（属于投资成本收回部分的除外）计入当期损益外，其他相关利得和损失（包括汇兑损益）均应计入其他综合收益，且后续不得转入当期损益。其中，企业只有在同时符合下列条件时，才能确认股利收入并计入当期损益：

(1) 企业收取股利的权利已经确立。
(2) 与股利相关的经济利益很可能流入企业。
(3) 股利的金额能够可靠计量。

具体账务处理如下。

(1) 持有期间，被投资单位宣告发放现金股利时，按应享有的金额，借记"应收股利"科目，贷记"投资收益"科目。

(2) 资产负债表日，该金融资产的公允价值高于其账面余额的差额，借记"其他权益工具投资——公允价值变动"科目，贷记"其他综合收益"科目；该金融资产的公允价值低于其账面余额的差额做相反的会计分录。

【业务8-10】接业务8-9，假定A公司持有B公司股票期间发生如下相关业务。

2023年6月30日，该股票市价为每股12.10元。

2023年12月31日，A公司仍持有该股票，当日该股票市价为每股11.80元。

2024年5月9日，B公司宣告发放现金股利4 000万元。

2024年5月13日，A公司收到B公司发放的现金股利。

假定不考虑其他因素，A公司的账务处理如下：

(1) 2023年6月30日，确认股票价格变动。

　　公允价值变动额＝12.10×100 000－1 160 000＝50 000(元)

借：其他权益工具投资——B公司股票——公允价值变动　　50 000
　　贷：其他综合收益　　　　　　　　　　　　　　　　　　50 000

(2) 2023年12月31日，确认股票价格变动。

　　公允价值变动额＝(11.80－12.10)×100 000＝－30 000(元)

借：其他综合收益　　　　　　　　　　　　　　　　　　　30 000
　　贷：其他权益工具投资——B公司股票——公允价值变动　　30 000

(3) 2024年5月9日，确认应收现金股利。

　　应收现金股利额＝40 000 000×0.1%＝40 000(元)

```
借:应收股利——B公司                    40 000
    贷:投资收益                              40 000
```
(4) 2024年5月13日,收到现金股利。
```
借:其他货币资金——存出投资款       40 000
    贷:应收股利——B公司                    40 000
```

三、出售核算

出售该权益工具投资时,企业应当按实际收到的金额,借记"银行存款"或"其他货币资金——存出投资款"等科目,按其账面余额,贷记"其他权益工具投资——成本"科目,借记或贷记"其他权益工具投资——公允价值变动"科目,按其差额,贷记或借记"盈余公积——法定盈余公积""利润分配——未分配利润"科目。同时,应将之前计入其他综合收益的累计利得或损失从其他综合收益中转出,计入留存收益。即借记或贷记"其他综合收益"科目,贷记或借记"盈余公积——法定盈余公积""利润分配——未分配利润"科目。

现举例说明。

【业务8-11】接业务8-9、业务8-10,假定2024年5月20日,A公司委托证券公司以每股11.40元的价格将股票全部转让。

假定不考虑其他因素,A公司的账务处理如下:

出售股票损益=(11.40-11.80)×100 000=-40 000(元)

```
借:其他货币资金——存出投资款(11.40×100 000)        1 140 000
    盈余公积——法定盈余公积(40 000×10%)                  4 000
    利润分配——未分配利润(40 000-4 000)                 36 000
    贷:其他权益工具投资——B公司股票——成本                    1 160 000
                     ——B公司股票——公允价值变动(50 000-30 000)20 000
```

同时结转之前计入其他综合收益的公允价值变动累计金额20 000元。

```
借:其他综合收益                                        20 000
    贷:盈余公积——法定盈余公积(20 000×10%)                 2 000
        利润分配——未分配利润(20 000-2 000)                18 000
```

综上所述,以公允价值计量且其变动计入其他综合收益金融资产的账务处理概括为表8-3。

表8-3 以公允价值计量且其变动计入其他综合收益的账务处理

业务类型	非交易性权益工具投资	债券投资
取得	借:其他权益工具投资——成本 　　贷:其他货币资金——存出投资款	借:其他债权投资——成本 　　　　　　——利息调整(溢价) 　　贷:其他货币资金——存出投资款 或 借:其他债权投资——成本 　　贷:其他债权投资——利息调整(折价) 　　　　其他货币资金——存出投资款

续表

业务类型	非交易性权益工具投资	债券投资
确认投资收益	借:应收股利 　　贷:投资收益	借:应收利息(或其他债权投资——应计利息) 　　贷:其他债权投资——利息调整 　　　　投资收益 或 借:应收利息(或其他债权投资——应计利息) 　　其他债权投资——利息调整 　　贷:投资收益
期末计量	借:其他权益工具投资——公允价值变动 　　贷:其他综合收益 或 借:其他综合收益 　　贷:其他权益工具投资——公允价值变动	借:其他债权投资——公允价值变动 　　贷:其他综合收益 或 借:其他综合收益 　　贷:其他债权投资——公允价值变动
出售	借:其他货币资金——存出投资款 　　贷:其他权益工具投资——成本 　　　　　　　　　　——公允价值变动(或借记) 　　　　盈余公积——法定盈余公积(或借记) 　　　　利润分配——未分配利润(或借记) 同时, 借:其他综合收益(或贷记) 　　贷:盈余公积——法定盈余公积(或借记) 　　　　利润分配——未分配利润(或借记)	借:其他货币资金——存出投资款 　　贷:其他债权投资——成本 　　　　　　　　　　——利息调整(或借记) 　　　　　　　　　　——公允价值变动(或借记) 　　　　投资收益(或借记) 同时, 借:其他综合收益(或贷记) 　　贷:投资收益(或借记)

任务五　交易性金融资产的核算

一、初始计量

交易性金融资产是指以公允价值计量且其变动计入当期损益的金融资产。交易性金融资产是企业为了近期内出售而持有的金融资产,如企业以赚取差价为目的从二级市场购入的股票、债券、基金等。

企业取得交易性金融资产时,应按公允价值计量,相关交易费用应当直接计入当期损益,冲减投资收益。企业取得交易性金融资产所支付价款中包含的已宣告未发放现金股利或已到付息期未领取债券利息,应当单独确认为应收项目。具体账务处理为:企业取得该金融资产时,应当以该金融资产取得时的公允价值作为其初始确认金额,借记"交易性金融资产——成本"科目。按支付价款中所包含的已宣告未发放现金股利或已到付息期未领取债券利息,借记"应收股利"或"应收利息"科目。企业应当按照实际支付的价款,贷记"银行存款"或"其他货币资金——存出投资款"等科目。

【**业务8-12**】2023年5月6日,甲公司支付价款1 016万元(含交易费用1万元和已宣告发放现金股利15万元),购入乙公司发行的股票200万股,占乙公司有表决权股份的0.5%。甲公司根据其管理乙公司股票的业务模式和乙公司股票的合同现金流量特征,将乙公司股票分类为交易性金融资产。

2023年5月6日,甲公司根据投资策略文件和有关交易凭证做出的账务处理应为:

A公司股票的初始确认金额＝1 016－15－1＝1 000(万元)

借:交易性金融资产——乙公司股票——成本　10 000 000
　　应收股利——乙公司　　　　　　　　　　　　150 000
　　投资收益　　　　　　　　　　　　　　　　　　10 000
　　贷:银行存款　　　　　　　　　　　　　　　　　　　10 160 000

在本例中,取得交易性金融资产所发生的相关交易费用10 000元应当在发生时计入投资收益,不应计入交易性金融资产的初始确认金额。支付价款中包含的已宣告未发放现金股利150 000元应确认为应收项目,也不构成交易性金融资产的初始确认金额。

【**业务8-13**】2023年1月25日,甲公司委托证券公司购入丙公司发行的公司债券25 000份,支付价款2 600 000元(含已到付息日未领取利息50 000元),另支付交易费用30 000元。该债券于2022年7月1日发行,面值为2 500 000元,票面利率为4%,每半年付息一次,到期还本。甲公司根据其管理该债券的业务模式和该债券的合同现金流量特征,将该债券分类为交易性金融资产。

2023年1月25日,甲公司根据投资策略文件和有关交易凭证做出的账务处理应为:

丙公司债券的初始确认金额＝2 600 000－50 000＝2 550 000(元)

借:交易性金融资产——丙公司债券——成本　2 550 000
　　应收利息——丙公司　　　　　　　　　　　　50 000
　　投资收益　　　　　　　　　　　　　　　　　　30 000
　　贷:其他货币资金——存出投资款　　　　　　　　　　2 630 000

二、后续计量

企业持有交易性金融资产期间取得的现金股利或债券利息,以及发生的公允价值变动额,均应当计入当期损益。具体账务处理如下:

(1)企业持有该金融资产期间对于被投资单位宣告发放的现金股利或企业在资产负债表日按分期付息、一次还本债券投资的票面利率计算的利息收入,应当在确认为应收项目的同时,计入当期的投资收益。即借记"应收股利"或"应收利息"科目,贷记"投资收益"科目。

(2)资产负债表日(如各年度的6月30日和12月31日),该金融资产应当按照公允价值计量,公允价值与账面余额之间的差额计入当期损益。即按该金融资产的公允价值高于其账面余额的差额,借记"交易性金融资产——公允价值变动"科目,贷记"公允价值变动损益"

科目;或按该金融资产的公允价值低于其账面余额的差额,借记"公允价值变动损益"科目,贷记"交易性金融资产——公允价值变动"科目。

现举例说明。

【业务8-14】 接业务8-12,假定甲公司持有乙公司股票期间,发生如下经济业务:

2023年5月10日,甲公司收到乙公司发放的现金股利15万元。

2023年6月30日,该股票市价为每股5.2元。

2023年12月31日,该股票市价为每股4.8元。

2024年4月10日,乙公司宣告发放股利4 000万元。

2024年4月15日,甲公司收到乙公司发放的现金股利。

假定不考虑其他因素,甲公司的账务处理如下:

(1) 2023年5月10日,收到现金股利。

借:银行存款　　　　　　　　　　　150 000
　　贷:应收股利——乙公司　　　　　　　　150 000

(2) 2023年6月30日,确认股票价格变动。

公允价值变动额=(5.2-5)×200=40(万元)

借:交易性金融资产——公允价值变动　400 000
　　贷:公允价值变动损益　　　　　　　　　400 000

(3) 2023年12月31日,确认股票价格变动。

公允价值变动额=(4.8-5.2)×200=-80(万元)

借:公允价值变动损益　　　　　　　　800 000
　　贷:交易性金融资产——公允价值变动　　800 000

(4) 2024年4月10日,确认应收现金股利。

应收股利额=40 000 000×0.5%=200 000(元)

借:应收股利——乙公司　　　　　　　200 000
　　贷:投资收益　　　　　　　　　　　　　200 000

(5) 2024年4月15日,收到现金股利。

借:银行存款　　　　　　　　　　　200 000
　　贷:应收股利——乙公司　　　　　　　　200 000

【业务8-15】 接业务8-13,假定甲公司持有丙公司债券期间发生如下经济业务:

2023年1月5日,甲公司收到丙公司债券2022年下半年利息50 000元。

2023年6月30日,丙公司债券的市价为2 570 000元(不含利息)。

2023年7月5日,甲公司收到丙公司债券2023年上半年利息50 000元。

2023年12月31日,该债券的市价为2 560 000元(不含利息)。

2024年1月5日,甲公司收到丙公司债券2023年下半年利息50 000元。

假定不考虑其他因素,甲公司的账务处理如下:

(1) 2023年1月5日,收到丙公司债券2022年下半年利息50 000元。

借:其他货币资金——存出投资款　　　50 000
　　贷:应收利息——丙公司　　　　　　　　50 000

(2) 2023年6月30日,确认丙公司债券2023年上半年利息收入和公允价值变动。

应收利息＝2 500 000×4％÷2＝50 000(元)

借:应收利息——丙公司　　　　　50 000
　　贷:投资收益　　　　　　　　　　　　　　50 000

应确认的公允价值变动收益＝2 570 000－2 550 000＝20 000(元)

借:交易性金融资产——丙公司债券——公允价值变动　20 000
　　贷:公允价值变动损益　　　　　　　　　　　　　　20 000

(3) 2023年7月5日,收到丙公司债券2023年上半年利息50 000元。

借:其他货币资金——存出投资款　　　50 000
　　贷:应收利息——丙公司　　　　　　　　　　50 000

(4) 2023年12月31日,确认丙公司债券2023年下半年利息收入和公允价值变动。

应收利息＝2 500 000×4％÷2＝50 000(元)

借:应收利息——丙公司　　　　　50 000
　　贷:投资收益　　　　　　　　　　　　　　50 000

应确认的公允价值变动损失＝2 560 000－2 570 000＝－10 000(元)

借:公允价值变动损益　　　　　　　　　　10 000
　　贷:交易性金融资产——丙公司债券——公允价值变动　10 000

(5) 2024年1月5日,收到丙公司债券2023年下半年利息50 000元。

借:其他货币资金——存出投资款　　50 000
　　贷:应收利息——丙公司　　　　　　　　　50 000

三、出售核算

出售交易性金融资产时,应当将该金融资产出售时的公允价值与其账面余额之间的差额确认为投资收益,即企业应按实际收到的金额,借记"银行存款"或"其他货币资金——存出投资款"科目,按该金融资产的账面余额,贷记"交易性金融资产——成本"科目,贷记或借记"交易性金融资产——公允价值变动"科目,按其差额,贷记或借记"投资收益"科目。

现举例说明。

【业务8-16】接业务8-12、业务8-14,假定甲公司于2024年4月22日以每股5.30元的价格将持有的乙公司股票全部转让。不考虑相关税费,甲公司的账务处理应为:

出售乙公司股票取得的价款＝5.30×2 000 000＝10 600 000(元)

乙公司股票的账面余额＝"交易性金融资产——成本"明细科目的借方余额
　　　　　　　　　　＋"交易性金融资产——公允价值变动"明细科目的借方
　　　　　　　　　　　余额(如果为贷方余额则"－")
　　　　　　　　　　＝10 000 000＋(400 0000－800 000)
　　　　　　　　　　＝9 600 000(元)

出售乙公司股票的损益＝10 600 000－9 600 000＝1 000 000(元)

借:银行存款　　　　　　　　　　　　10 600 000
　　交易性金融资产——公允价值变动　　　400 000
　　贷:交易性金融资产——成本　　　　　　　10 000 000

　　　　投资收益　　　　　　　　　　　　　　　　　　　1 000 000

【业务8-17】 接业务8-13、业务8-15,假定2024年1月20日,甲公司委托证券公司将持有的丙公司债券全部出售,售价为2 565 000元。不考虑相关税费,甲公司的账务处理立为:

　　出售丙公司债券取得的价款＝2 565 000(元)

　　丙公司债券的账面余额＝"交易性金融资产——成本"明细科目的借方余额
　　　　　　　　　　　　＋"交易性金融资产——公允价值变动"明细科目的借方
　　　　　　　　　　　　　余额(如果为贷方余额则"－")
　　　　　　　　　　　　＝2 550 000＋(20 000－10 000)
　　　　　　　　　　　　＝2 560 000(元)

　　出售丙公司债券的损益＝2 565 000－2 560 000＝5 000(元)

　　借:其他货币资金——存出投资款　　　　　　2 565 000
　　　贷:交易性金融资产——丙公司债券——成本　　　　　2 550 000
　　　　　　　　　　　　——丙公司债券——公允价值变动　　10 000
　　　　投资收益　　　　　　　　　　　　　　　　　　　　　5 000

综上所述,以公允价值计量且其变动计入当期损益的金融资产(即交易性金融资产)的账务处理概括为表8-4。

表8-4　以公允价值计量的金融资产的账务处理

业务类型	业务内容	账务处理
初始计量	支付购买价款	借:交易性金融资产——成本 　　应收股利(或应收利息) 　贷:其他货币资金——存出投资款
	支付交易费用	借:投资收益 　贷:其他货币资金——存出投资款
	收到购买价款中含有的现金股利或债券利息	借:其他货币资金——存出投资款 　贷:应收股利(或应收利息)
后续计量	持有期间取得现金股利或债券利息	借:应收股利(或应收利息) 　贷:投资收益
	收到现金股利或债券利息	借:其他货币资金——存出投资款 　贷:应收股利(或应收利息)
	资产负债表日按公允价值计量	1. 公允价值上涨 借:交易性金融资产——公允价值变动 　贷:公允价值变动损益 2. 公允价值下跌 借:公允价值变动损益 　贷:交易性金融资产——公允价值变动
出售	公允价值累计上涨	借:其他货币资金——存出投资款 　贷:交易性金融资产——成本 　　　　　　　　　　——公允价值变动 　　投资收益(若为损失,则借记)

业务类型	业务内容	账务处理
	公允价值累计下跌	借:其他货币资金——存出投资款 　　交易性金融资产——公允价值变动 　贷:交易性金融资产——成本 　　投资收益(若为损失,则借记)

四、转让金融商品应交增值税

金融商品转让按照卖出价扣除买入价(不需要扣除已宣告未发放现金股利和已到付息期未领取利息)后的余额作为销售额计算增值税,即转让金融商品按盈亏相抵后的余额为销售额。若相抵后出现负差,可结转下一纳税期与下期转让金融商品销售额互抵,但年末时仍出现负差的,不得转入下一会计年度。

转让金融资产当月月末,如产生转让收益,则按应纳税额,借记"投资收益"等科目,贷记"应交税费——转让金融商品应交增值税"科目;如产生转让损失,则按可结转下月抵扣税额,借记"应交税费——转让金融商品应交增值税"科目,贷记"投资收益"等科目。

年末,如果"应交税费——转让金融商品应交增值税"科目有借方余额,说明本年度的金融商品转让损失无法弥补,且本年度的金融商品转让损失不可转入下年度继续抵减转让金融商品的收益,应将"应交税费——转让金融商品应交增值税"科目的借方余额转出,计入当期损益。即借记"投资收益"等科目,贷记"应交税费——转让金融商品应交增值税"科目。

现举例说明。

【业务8-18】接业务8-16、业务8-17,分别计算甲公司转让股票和债券应交增值税。转让金融商品适用的增值税税率为6%。

　　甲公司转让乙公司股票应交增值税＝(10 600 000－10 150 000)÷(1＋6%)×6%
　　　　　　　　　　　　　　　　　＝25 471.70(元)

甲公司应编制如下会计分录:

借:投资收益　　　　　　　　　　　　　　　25 471.70
　贷:应交税费——转让金融商品应交增值税　　　25 471.70

　　甲公司转让丙公司债券应交增值税＝(2 565 000－2 600 000)÷(1＋6%)×6%
　　　　　　　　　　　　　　　　　＝－1 981.13(元)

借:应交税费——转让金融商品应交增值税　　1 981.13
　贷:投资收益　　　　　　　　　　　　　　　1 981.13

值得注意的是,在计算转让金融商品销售额时,扣除的买入价包括已宣告未发放股利和已到付息期未领取利息,但不应包括支付的交易费用。在买卖金融商品中发生交易费用并取得增值税专用发票的,专用发票上注明的增值税税额允许抵扣,应记入"应交税费——应交增值税(进项税额)"科目。

项目小结

本项目的主要内容结构如表8-5所示。

表8-5　项目八"金融资产"的内容结构表

金融资产的确认	金融资产的内容	金融工具及其种类
		金融资产的定义
	金融资产分类的依据	企业管理金融资产的业务模式
		金融资产的合同现金流量特征
	金融资产的具体分类	金融资产的类别
		金融资产分类的特殊规定
债权投资的核算	初始计量	按照公允价值计量,相关交易费用计入初始确认金额
	后续计量	实际利率法
		摊余成本的计量
其他债权投资的核算	初始计量	按照公允价值计量,相关交易费用计入初始确认金额
	后续计量	确认应收利息、利息收入
		确认公允价值变动,变动额计入其他综合收益
	出售核算	实际收到的金额与账面价值的差额计入当期损益,之前计入其他综合收益的累计利得或损失应当从其他综合收益中转出,计入当期损益
其他权益工具投资的核算	初始计量	按照公允价值计量,相关交易费用计入当期损益
	后续计量	持有期间取得的现金股利,计入当期损益
		确认公允价值变动利得或损失,计入其他综合收益
	出售核算	实际收到的金额与账面价值的差额计入留存收益,之前计入其他综合收益的累计利得或损失应当从其他综合收益中转出,计入留存收益
交易性金融资产的核算	初始计量	按照公允价值计量,相关交易费用计入当期损益
	后续计量	持有期间取得的现金股利或利息,计入当期损益
		持有期间公允价值变动利得或损失,计入当期损益
	出售核算	实际收到的金额与账面价值的差额计入当期损益
	转让金融商品应交增值税	按照卖出价扣除买入价后的余额作为销售额计算增值税

思考与练习

一、思考题

1. 金融资产与金融工具间存在怎样的联系?金融资产的分类依据是什么?

2. 以摊余成本计量的金融资产、以公允价值计量且其变动计入其他综合收益的金融资产及以公允价值计量且其变动计入当期损益的金融资产在初始确认金额确定上存在哪些差别?

3. 以摊余成本计量的金融资产的摊余成本是如何计算确定的?实际利率应在何时计算又是如何计算的?

4. 指定为以公允价值计量且其变动计入其他综合收益的非交易性权益工具投资与分类为以公允价值计量且其变动计入其他综合收益的金融资产在账务处理上有何异同?

5. 转让金融商品应交增值税是如何计算的?

二、单项选择题

1. 下列资产中,不属于金融资产的是( )。
   A. 银行存款　　　　　B. 应收账款　　　　C. 预付账款　　　　D. 股票投资

2. 下列各项中,不属于金融工具的是( )
   A. 金融资产　　　　　B. 金融负债　　　　C. 权益工具　　　　D. 购销合同

3. 企业在同时以收取合同现金流量和出售金融资产为目标的业务模式下管理其所持有的公司债券,则该公司债券应通过( )进行核算。
   A. "债权投资"科目　　　　　　　　B. "其他债权投资"科目
   C. "交易性金融资产"科目　　　　　D. "其他权益工具投资"科目

4. 下列金融资产中,应分类为以摊余成本计量的金融资产的是( )。
   A. 以出售为目标的债券投资
   B. 以收取合同现金流量为目标的债券投资
   C. 同时以收取合同现金流量和出售为目标的债券投资
   D. 以出售为目标的股票投资

5. 下列各项中,不应计入相关金融资产初始入账价值的是( )。
   A. 取得债权投资发生的交易费用　　　B. 取得交易性金融资产发生的交易费用
   C. 其他权益工具投资发生的交易费用　D. 取得其他债权投资发生的交易费用

6. 甲公司支付价款 10 150 000 元(含已宣告未发放现金股利 150 000 元)购入乙公司股票 2 000 000 股,占乙公司有表决权股份的 0.5%。同时支付交易费用 10 000 元、增值税税额 600 元。甲公司将其指定为以公允价值计量且其变动计入其他综合收益的非交易性权益工具投资,则该股票投资的初始确认金额应为( )元。
   A. 10 150 000　　　B. 10 160 600　　　C. 10 010 000　　　D. 10 010 600

7. 下列各项中,关于交易性金融资产会计处理表述不正确的是( )。
   A. 取得时发生的交易费用应计入当期损益
   B. 取得时支付价款中包含的已宣告发放但尚未支付的现金股利应计入初始入账金额
   C. 持有期间发生的公允价值变动应计入公允价值变动损益
   D. 出售时实际收到的款项与其账面余额之间的差额应计入投资收益

8. 出售指定为以公允价值计量且其变动计入其他综合收益的非交易性权益工具投资时,企业应将实收金额与该投资账面价值的差额计入( )。
   A. 其他综合收益　　B. 投资收益　　C. 公允价值变动损益　　D. 留存收益

9. 乙公司出售所持有的全部 B 公司债券,价款为 35 500 000 元。该批债券的取得价款为 26 000 000 元(含已到付息期未领取的利息 500 000),另支付交易费用 300 000 元,取得增值税专用发票上注明的增值税税额为 18 000 元。乙公司出售 B 公司债券应交增值税( )元。

　　A. 537 735.85　　　　B. 566 037.74　　　　C. 549 056.60　　　D. 548 037.74

三、业务题

甲公司于 2023 年度发生如下经济业务：

（1）1 月 10 日，在南方证券公司开立证券交易账户，并存入款项 5 000 000 元。

（2）1 月 15 日，委托南方证券公司购入 A 公司股票 100 000 股，买入价为 15.00 元/股，交易费用为 2 500 元。甲公司将 A 公司股票分类为以公允价值计量且其变动计入当期损益的金融资产。

（3）4 月 10 日，A 公司宣告发放现金股利 0.50 元/股。

（4）5 月 20 日，甲公司收到 A 公司发放的现金股利。

（5）6 月 30 日，A 公司股票市价为 18.50 元/股。

（6）7 月 10 日，甲公司以 18.00 元/股的价格出售 A 公司股票 100 000 股，支付交易费用 2 500 元。

要求：

（1）根据上述资料编制相应的会计分录。

（2）计算转让 A 公司股票应交增值税税额，并编制相应的会计分录。

项目九

长期股权投资

> 项目目标

系统了解长期股权投资的范围,理解控制、共同控制和重大影响等基本概念,掌握长期股权投资成本法和权益法核算。

任务一 长期股权投资的初始计量

一、长期股权投资的范围

长期股权投资是指应当按照《企业会计准则第2号——长期股权投资》进行核算的权益性投资,主要包括对子公司投资、对合营企业投资和对联营企业投资三大类。

(一)对子公司投资

对子公司投资是指投资方能够对被投资单位实施控制的权益性投资。其中,控制是指投资方拥有对被投资单位的权力,通过参与被投资单位的相关活动而享有可变回报,并且有能力运用对被投资单位的权力影响其回报金额。其中,相关活动是指对被投资方的回报产生重大影响的活动,通常包括商品或劳务购买、金融资产的管理、资产的购买和处置、研究与开发活动以及融资活动等。

投资方要实现对被投资单位的控制,必须具备两项基本要素:一是因涉入被投资方而享有可变回报;二是拥有对被投资单位的权力,并且有能力运用对投资单位的权力影响其回报金额。投资方只有同时具备上述两个要素时,才能控制被投资单位。

(二)对合营企业投资

对合营企业投资是指投资方与其他合营方一同对被投资单位实施共同控制且对被投资单位净资产享有权利的权益性投资。其中,共同控制是指按照相关约定对某项安排所共有的控制,并且该安排的相关活动必须经过分享控制权的参与方一致同意后才能决策。这里的"相关活动"是指对某项安排的回报产生重大影响的活动,通常包括商品或劳务购买、金融资产的管理、资产的购买和处置、研究与开发活动以及融资活动等。

一项由两个或两个以上的参与方共同控制的安排,即为合营安排。任何一个参与方都不能够单独控制该安排,对该安排具有共同控制的任何一个参与方均能够阻止其他参与方或参与方组合单独控制该安排。具有合营安排特征的投资为对合营企业投资,被投资单位为投资方的合营企业。

(三)对联营企业投资

对联营企业投资是指投资方对被投资单位具有重大影响的权益性投资。其中,重大影响是指对一个企业的财务和经营政策有参与决策的权力,但并不能够控制或者与其他方一起共同控制这些政策的制定。

实务中,较为常见的重大影响体现为在被投资单位的董事会或类似权力机构中派有代表,通过在被投资单位财务和经营决策制定过程中的发言权实施重大影响。投资方直接或通过子公司间接拥有被投资单位20%以上但低于50%的表决权时,一般认为对被投资单位具有重大影响,除非有明确的证据表明该种情况下不能参与被投资单位的生产经营决策,不形成重大影响。在确定能否对被投资单位施加重大影响时,一方面应考虑投资方直接或间接持有被投资单位的表决权股份,同时要考虑投资方及其他方持有的当期可执行潜在表决权在假定转换为对被投资单位的股权后产生的影响,如被投资单位发行的当期可转换的认股权证、股份期权和可转换公司债券等的影响。

企业应当以对被投资单位的影响程度为判断基础,根据《企业会计准则第2号——长期股权投资》《企业会计准则第22号——金融工具确认和计量》所规定的适用范围对其取得的权益性投资选择适当的会计准则进行会计处理。

知识链接

财政部于2011年10月18日发布了《小企业会计准则》,该准则适用于在我国境内依法设立的、符合《中小企业划型标准规定》所规定的小型企业标准的企业,并自2013年1月1日起施行。该准则将投资分为短期投资和长期投资。短期投资是指企业购入的能随时变现并且持有时间不准备超过1年(含1年)的投资。长期投资则进一步划分为长期债权投资和长期股权投资。长期债权投资是指企业准备长期(在1年以上)持有的债券投资;长期股权投资仅指企业准备长期持有的权益工具投资。

二、长期股权投资的初始计量

(一)企业合并形成的长期股权投资

企业合并是指将两个或者两个以上单独的企业合并形成一个报告主体的交易或事项,包括同一控制下的企业合并和非同一控制下的企业合并。同一控制下的企业合并是指参与合并的企业在合并前后均受同一方或相同的多方最终控制且该控制并非暂时性的;非同一控制下的企业合并是指参与合并的企业在合并前后不受同一方或相同的多方最终控制的合并交易。合并方式不同,长期股权投资的初始计量亦不同。

1. 同一控制下企业合并形成的长期股权投资

同一控制下企业合并实质是集团内部资产的重新配置与账面调拨,仅涉及集团内部不同企业间资产和所有者权益的变动,不具有商业实质,不应产生损益。因此,同一控制下企业合并取得的长期股权投资,其初始投资成本应按合并日取得的被合并方所有者权益在最终控制方合并财务报表中的账面价值的份额计量。具体的账务处理如下:

(1)合并方以支付现金、转让非现金资产或承担债务方式作为合并对价的,应在合并日按取得被合并方所有者权益在最终控制方合并财务报表中的账面价值的份额,借记"长期股权投资"科目,按支付的合并对价的账面价值,贷记或借记有关资产、负债科目,按其差额,贷记"资本公积——资本溢价或股本溢价"科目;如为借方差额,借记"资本公积——资本溢价或股本溢价"科目,资本公积(资本溢价或股本溢价)不足冲减的,应依次冲减盈余公积和未分配利润,即依次借记"盈余公积""利润分配——未分配利润"科目。

【业务9-1】A公司和B公司同为C公司的子公司。2023年6月30日,A公司支付现金35 000 000元取得B公司80%的股权,于当日起能够对B公司实施控制。合并日,C公司合并报表中B公司的净资产账面价值为45 000 000元。假定不考虑相关税费等因素影响,A公司于合并日的账务处理应为:

初始投资成本=45 000 000×80%=36 000 000(元)

借:长期股权投资——B公司　　36 000 000
　　贷:银行存款　　　　　　　　　35 000 000
　　　　资本公积——股本溢价　　　 1 000 000

(2) 合并方以发行权益性证券作为合并对价的,应当在合并日按照被合并方所有者权益在最终控制方合并财务报表中的账面价值的份额,借记"长期股权投资"科目,按照发行股份的面值总额,贷记"股本"科目,按其差额,贷记"资本公积——股本溢价"科目;如为借方差额,借记"资本公积——资本溢价或股本溢价"科目,资本公积(股本溢价)不足冲减的,应依次冲减盈余公积和未分配利润,即依次借记"盈余公积""利润分配——未分配利润"科目。

【业务9-2】甲公司和乙公司同为丙公司的子公司。2023年6月30日,甲公司向其母公司——丙公司发行10 000 000股普通股(每股面值为1元,每股公允价值为4.50元),取得乙公司100%的股权,并于当日起能够对乙公司实施控制。合并日,丙公司合并财务报表中的乙公司净资产账面价值为40 000 000元。假定不考虑相关税费等因素的影响,甲公司于合并日的账务处理应为:

借:长期股权投资——乙公司　　40 000 000
　　贷:股本　　　　　　　　　　　10 000 000
　　　　资本公积——股本溢价　　　30 000 000

2. 非同一控制下企业合并形成的长期股权投资

非同一控制下企业合并实质是不同市场主体间的产权交易,购买方如果以转让非现金资产方式作为对价的,实质是转让或处置了非现金资产,具有商业实质。因此,非同一控制下企业合并形成的长期股权投资,其初始投资成本应当按照确定的合并成本计量。合并成本包括购买方付出的资产、发生或承担的负债、发行的权益性工具或债务性工具的公允价值之和。购买方为企业合并发生的审计、法律服务、评估咨询等中介费用以及其他相关管理费用,应于发生时计入当期损益;购买方作为合并对价发行的权益性工具或债务性工具的发行费用,应当计入权益性工具或债务性工具的初始确认金额。具体的账务处理如下:

(1) 购买方以支付现金、转让非现金资产或承担债务等方式作为合并对价的,应在购买日按照现金、非现金资产的公允价值,借记"长期股权投资"科目,按付出合并对价的账面价值,贷记或借记有关资产、负债科目,按照其差额,贷记或借记"资产处置损益"等科目。

【业务9-3】2023年3月31日,A公司以自用土地使用权为对价取得B公司70%的股权,并于当日起能够对B公司实施控制。购买日,A公司转让的自用土地使用权的公允价值为32 000 000元,成本为30 000 000元,累计摊销为10 000 000元。合并中,A公司支付评估费用500 000元。合并前A公司和B公司不存在任何关联方关系。假定不考虑相关税费等其他因素影响，A公司于合并日的账务处理应为：

借：长期股权投资——B公司　　32 000 000
　　累计摊销　　　　　　　　　10 000 000
　　贷：无形资产　　　　　　　　　　　30 000 000
　　　　资产处置损益　　　　　　　　　12 000 000

支付评估费用：
借：管理费用　　　　　　　　　　500 000
　　贷：银行存款　　　　　　　　　　　　500 000

（2）购买方以发行权益性证券作为合并对价的，应在购买日按照发行的权益性证券的公允价值，借记"长期股权投资"科目，按照发行的权益性证券的面值总额，贷记"股本"科目，按其差额，贷记"资本公积——股本溢价"科目。支付的发行费用直接冲减发行溢价，即借记"资本公积——股本溢价"科目，贷记"银行存款"科目。

【业务9-4】2023年6月30日，A公司定向发行普通股90 000 000股取得B公司60%的股权，并于当日起能够对B公司实施控制。购买日，A公司股票为每股面值为1元，每股公允价值5元。同时支付股票发行费用12 000 000元。合并前A公司和B公司不存在任何关联方关系。假定不考虑其他因素影响，A公司于购买日的账务处理应为：

合并成本＝5×90 000 000＝450 000 000（元）

借：长期股权投资——B公司　　450 000 000
　　贷：股本　　　　　　　　　　　　　90 000 000
　　　　资本公积——股本溢价　　　　360 000 000

支付发行费用：
借：资本公积——股本溢价　　　12 000 000
　　贷：银行存款　　　　　　　　　　　12 000 000

（二）企业合并以外的其他方式取得的长期股权投资

1. 以支付现金取得的长期股权投资

以支付现金取得的长期股权投资，应当按照实际支付的购买价款作为初始投资成本，包括与取得长期股权投资直接相关的费用、税金及其他必要支出，但不包括应自被投资单位收取的已宣告未发放的现金股利或利润。账务处理为：按照实际支付的购买价款，借记"长期股权投资"等科目，贷记"银行存款"科目。

【业务9-5】A公司于2023年2月10日自公开市场上买入B公司20%的股权，实际支付价款80 000 000元，其中含B公司已宣告未发放现金股利300 000元。同时支付手续费等相关费用1 000 000元。A公司取得该部分股权后能够对B公司施加重大影响，则A公司的账务处理应为：

初始投资成本＝80 000 000－300 000＋1 000 000＝80 700 000（元）

借：长期股权投资——B公司　　80 700 000
　　应收股利——B公司　　　　　　300 000
　　贷：银行存款　　　　　　　　　　　81 000 000

2. 以发行权益性证券取得的长期股权投资

以发行权益性证券取得的长期股权投资,应当按照发行权益性证券的公允价值作为初始投资成本,但不包括应自被投资单位收取的已宣告未发放现金股利或利润。为发行权益性证券支付的手续费、佣金等与发行直接相关的费用,不构成长期股权投资的初始投资成本。这部分费用应自所发行证券的溢价发行收入中扣除,溢价收入不足冲减的,应依次冲减盈余公积和未分配利润。账务处理应为:按照初始投资成本,借记"长期股权投资"科目,按权益性证券的面值总额,借记"股本"科目,按其差额,贷记"资本公积——股本溢价"科目。按实际支付的发行费用,借记"资本公积——股本溢价"等科目,贷记"银行存款"科目。

[业务9-6] 2023年5月,A公司通过增发30 000 000股(每股面值为1元)本公司普通股为对价,取得非关联方B公司20%的股权,且能够对B公司施加重大影响。发行日,增发股份的公允价值为52 000 000元。为发行新股,A公司支付了2 000 000元的佣金和手续费。假定不考虑相关税费等其他因素影响,则A公司的账务处理应为:

借:长期股权投资——B公司　　52 000 000
　　贷:股本　　　　　　　　　　　　30 000 000
　　　　资本公积——股本溢价　　　　22 000 000

支付发行费用:
借:资本公积——股本溢价　　2 000 000
　　贷:银行存款　　　　　　　　　 2 000 000

任务二　长期股权投资的后续计量

一、成本法

企业取得的长期股权投资,在持续持有期间,视对被投资单位的影响程度等情况的不同,应分别采用成本法及权益法进行核算。对子公司的长期股权投资应当按成本法核算,对合营企业、联营企业的长期股权投资应当按权益法核算。

采用成本法核算的长期股权投资,应当按照初始投资成本计价。追加或收回投资应当调整长期股权投资的成本。在追加投资时,按照追加投资支付对价的公允价值及发生的相关交易费用增加长期股权投资的账面价值。

被投资单位宣告分派现金股利或利润的,投资方根据应享有的部分确认为当期投资收益,借记"应收股利"科目,贷记"投资收益"科目。

投资企业在确认自被投资单位应分得的现金股利或利润后,应当考虑长期股权投资是否发生减值。在判断该类长期股权投资是否存在减值迹象时,应当关注长期股权投资的账面价值是否大于享有被投资单位净资产(包括相关商誉)账面价值的份额等情况。出现类似情况时,企业应当按照《企业会计准则第8号——资产减值》的规定对长期股权投资进行减值测试,可收回金额低于长期股权投资账面价值的,应当计提减值准备,借记"资产减值损失"科目,贷记"长期股权投资减值准备"科目。长期股权投资减值损失一经确认,在以后会计期间不得转回。

【业务9-7】 A公司于2022年4月10日取得B公司60%的股权,成本为12 000 000元,相关手续于当日完成,并能够对B公司实施控制。2023年2月6日,B公司宣告分派现金股利,A公司按照持股比例可分得100 000元。B公司于2023年2月12日实际分派现金股利。合并前,A公司和B公司不存在关联方关系。假定不考虑相关税费等其他因素的影响,A公司相关账务处理应为:

(1) 2022年4月10日取得B公司股权:

借:长期股权投资——B公司　　12 000 000
　　贷:银行存款　　　　　　　　　　　12 000 000

(2) 2023年2月6日B公司宣告分派现金股利:

借:应收股利——B公司　　100 000
　　贷:投资收益　　　　　　　　100 000

(3) 2023年2月12日收到B公司分派的现金股利:

借:银行存款　　　　　100 000
　　贷:应收股利——B公司　　100 000

二、权益法

对合营企业和联营企业投资应当采用权益法核算。采用权益法核算的长期股权投资,一般的会计处理为:

(1) 初始投资或追加投资时,按照初始投资成本或追加投资的投资成本,增加长期股权投资的账面价值。

(2) 比较初始投资成本与投资时应享有被投资单位可辨认净资产公允价值的份额,前者大于后者的,不调整长期股权投资账面价值;前者小于后者的,应当按照两者之间的差额调增长期股权投资的账面价值,同时计入取得投资当期损益。

(3) 持有投资期间,随着被投资单位所有者权益的变动相应调整增加或减少长期股权投资的账面价值,并分情况计入当期损益、其他综合收益或资本公积(其他资本公积)。

(一) 初始投资成本的调整

投资方取得对合营企业或联营企业的投资后,对取得投资时初始投资成本与应享有被投资单位可辨认净资产公允价值份额之间的差额,应区别情况处理。

(1) 初始投资成本大于取得投资时应享有被投资单位可辨认净资产公允价值份额的。该部分差额实为投资方支付的被投资单位商誉的对价。取得的被投资单位商誉不需要在个别财务报表列报,所支付的对价应包含在初始投资成本中,因此不要求对长期股权投资的成本进行调整。

(2) 初始投资成本小于取得投资时应享有被投资单位可辨认净资产公允价值份额的。该部分差额体现为投资过程中,转让方在交易价格上的让步,该部分经济利益流入应计入取得投资当期的营业外收入,同时调整增加长期股权投资的账面价值。即借记"长期股权投资"科目,贷记"营业外收入"科目。

【业务9-8】 2023年1月20日，A公司取得B公司30%的股权，支付价款30 000 000元。A公司在取得B公司股权后，派人参与了B公司的财务和生产经营决策，能够对B公司的生产经营决策施加重大影响。A公司的账务处理应为：

  借：长期股权投资——B公司——投资成本　　30 000 000
    贷：银行存款　　　　　　　　　　　　　　　　　　30 000 000

  因A公司取得B公司股权后能够对B公司施加重大影响，B公司成为A公司的联营企业，A公司对B公司的投资即为对联营企业投资，应采用权益法核算。因此，需要比较初始投资成本和投资时应享有被投资单位可辨认净资产公允价值的份额。

  假定2023年1月20日，B公司所有者权益的账面价值为90 000 000元，与其公允价值一致。则当日，A公司享有的份额为27 000 000（＝90 000 000×30%）元。初始投资成本大于取得投资时应享有B公司可辨认净资产公允价值的份额，因此不调整该长期股权投资的初始投资成本。

  假定2023年1月20日，B公司可辨认净资产公允价值为120 000 000元，A公司按持股比例30%计算确定应享有36 000 000元，则初始投资成本与应享有B公司可辨认净资产公允价值份额之间的差额6 000 000元应计入当期损益，同时调整增加长期股权投资的账面价值，账务处理应为：

  借：长期股权投资——B公司——成本　　6 000 000
    贷：营业外收入　　　　　　　　　　　　　　　6 000 000

(二) 被投资单位实现净利润或发生净亏损

  持有长期股权投资期间，投资企业应根据持股比例和被投资单位实现的净利润或发生的净亏损计算其应享有或应分担的份额，并确认投资损益。具体的账务处理如下：

  (1) 当被投资单位实现净利润时，投资企业应根据其应享有的份额，借记"长期股权投资——损益调整"科目，贷记"投资收益"科目。

  (2) 当被投资单位产生净亏损时，投资企业应根据其应分担的份额，借记"投资收益"科目，贷记"长期股权投资——损益调整"科目。

【业务9-9】 接业务9-8，2023年度B公司实现净利润20 000 000元。假定B公司采用的会计政策和会计期间与A公司相同，且不存在其他利润调整事项，则A公司相关账务处理如下：

  A公司享有B公司净利润的份额＝20 000 000×30%＝6 000 000（元）
  借：长期股权投资——B公司——损益调整　　6 000 000
    贷：投资收益　　　　　　　　　　　　　　　　　6 000 000

  假定2023年度B公司发生亏损10 000 000元，则A公司应分担的亏损额为3 000 000元，相关账务处理应为：

  借：投资收益　　　　　　　　　　　　　　　　　3 000 000
    贷：长期股权投资——B公司——损益调整　　　3 000 000

(三) 被投资单位其他综合收益变动

  在持股比例不变的情况下，被投资单位其他综合收益变动，投资企业应按持股比例计算应享有的份额,借记或贷记"长期股权投资——其他综合收益"科目,贷记或借记"其他综合收益"科目。

【业务9-10】接业务9-8,2023年12月31日,B公司持有其他债权投资的公允价值增值4 000 000元,并计入其他综合收益。

2023年12月31日,A公司应确认享有B公司其他综合收益变动,相关账务处理如下:

A公司应享有B公司其他综合收益变动的份额＝4 000 000×30％＝1 200 000(元)
借:长期股权投资——B公司——其他综合收益　　1 200 000
　　贷:其他综合收益　　　　　　　　　　　　　　　　1 200 000

假定B公司持有其他债权投资的公允价值下跌了2 000 000元,A公司应分担的份额为600 000(＝2 000 000×30％)元,其账务处理则为:

借:其他综合收益　　　　　　　　　　　　　　　　600 000
　　贷:长期股权投资——B公司——其他综合收益　　600 000

(四) 取得现金股利或利润

持有长期股权投资期间,被投资单位宣告发放现金股利或利润,投资企业应按照持股比例计算应分得的份额,借记"应收股利"科目,贷记"长期股权投资——损益调整"科目。

【业务9-11】接业务9-8,假定2024年3月15日,B公司宣告发放现金股利6 000 000元。2024年4月10日,A公司收到B公司发放的现金股利。

(1) 2024年3月15日,B公司宣告发放现金股利:
A公司应分得的现金股利＝6 000 000×30％＝1 800 000(元)
借:应收股利——B公司　　　　　　　　　　　　　1 800 000
　　贷:长期股权投资——B公司——损益调整　　　　1 800 000

(2) 2024年4月10日,收到B公司发放的现金股利:
借:银行存款　　　　　　　　　　　　　　　　　　1 800 000
　　贷:应收股利——B公司　　　　　　　　　　　　　1 800 000

(五) 被投资单位除净损益、其他综合收益以及利润分配以外的所有者权益的其他变动

被投资单位除净损益、其他综合收益以及利润分配以外的所有者权益的其他变动因素,主要包括被投资单位接受其他股东的资本性投入、其他股东对被投资单位增资导致投资方持股比例变动等。投资方应按所持股权比例计算应享有的份额,调整长期股权投资的账面价值,同时计入资本公积(其他资本公积),即借记或贷记"长期股权投资——其他权益变动"科目,贷记或借记"资本公积——其他资本公积"科目。

【业务9-12】接业务9-8、业务9-9、业务9-10、业务9-11,假定2024年4月30日,经协商,B公司股东之一甲公司追加投资35 000 000元,增资后B公司净资产为143 000 000元,A公司的持股比例降至25％,但对B公司仍具有重大影响,仍采用权益法核算对B公司的长期股权投资。

2024年4月30日,A公司应确认享有B公司其他权益变动,相关账务处理如下:

增资前B公司净资产的账面价值＝90 000 000＋20 000 000＋4 000 000－6 000 000

=108 000 000(元)

增资前 A 公司享有 B 公司权益的份额=108 000 000×30%=32 400 000(元)

增资后 A 公司享有 B 公司权益的份额=143 000 000×25%=35 750 000(元)

A 公司享有的权益份额变动=35 750 000－32 400 000=3 350 000(元)

借:长期股权投资——B 公司——其他权益变动　　3 350 000

　　贷:资本公积——其他资本公积　　　　　　　　　　3 350 000

三、长期股权投资的处置

长期股权投资的处置是指将所持有的对被投资单位的股权全部或部分对外出售。处置长期股权投资时,按实际取得的价款与长期股权投资账面价值的差额确认为投资损益。

采用成本法核算的长期股权投资处置的具体账务处理是:按处置长期股权投资实际收到的金额,借记"银行存款"科目,按已计提的减值准备,借记"长期股权投资减值准备"科目,按该项长期股权投资的账面余额,贷记"长期股权投资"科目,按其差额,贷记或借记"投资收益"账户。

采用权益法核算的长期股权投资处置的具体账务处理是:按照实际收到的金额,借记"银行存款"科目,按已计提的减值准备,借记"长期股权投资减值准备"科目,按照该长期股权投资的账面价值,贷记"长期股权投资"科目,按其差额,贷记或借记"投资收益"科目。同时,还应结转原计入其他综合收益、资本公积(其他资本公积)中的金额,借记或贷记"其他综合收益""资本公积——其他资本公积"科目,贷记或借记"投资收益"科目。

【业务9-13】2023 年 7 月 26 日,甲公司将其作为长期股权投资持有的丙公司股份 15 000 股以每股 10 元价格全部售出,并支付相关税费 1 000 元,取得价款 149 000 元。该项长期股权投资的账面价值为 140 000 元,其中成本 150 000 元、已计提的减值准备 10 000 元。

2023 年 7 月 26 日,甲公司的账务处理如下:

第一步,计算投资收益。

丙公司股票转让取得价款=149 000(元)

丙公司股票的账面价值=150 000－10 000=140 000(元)

应确认的投资收益=149 000－140 000=9 000(元)

第二步,进行具体的账务处理。会计分录为:

借:银行存款　　　　　　　　　　149 000

　　长期股权投资减值准备　　　　 10 000

　　贷:长期股权投资——丙公司　　　　 150 000

　　　　投资收益　　　　　　　　　　　　 9 000

【业务9-14】接业务9-8 至业务9-12,假定 2024 年 6 月 20 日,A 公司将其持有的 B 公司股份全部出售,实际取得价款 42 000 000 元。该项投资未计提减值准备。

2024 年 6 月 20 日,A 公司的账务处理如下:

第一步,确认该项投资的处置损益。

处置收入=42 000 000(元)

出售时,A 公司账面上对 B 公司长期股权投资的构成为:

投资成本＝30 000 000（元）

损益调整＝6 000 000－1 800 000＝4 200 000（元）

其他综合收益＝1 200 000（元）

其他权益变动＝3 350 000（元）

A公司应确认的处置损益＝42 000 000－（30 000 000＋4 200 000＋1 200 000＋3 350 000）
＝3 250 000（元）

借：银行存款　　　　　　　　　　　　　　42 000 000
　　贷：长期股权投资——B公司——投资成本　　30 000 000
　　　　　　　　　　　　　　——损益调整　　　4 200 000
　　　　　　　　　　　　　　——其他综合收益　1 200 000
　　　　　　　　　　　　　　——其他权益变动　3 350 000
　　　　投资收益　　　　　　　　　　　　　　3 250 000

第二步，结转原计入其他综合收益、资本公积（其他资本公积）的金额。

借：其他综合收益　　　　　　　　　　　1 200 000
　　资本公积——其他资本公积　　　　　3 350 000
　　贷：投资收益　　　　　　　　　　　　　4 550 000

需要说明的是，长期股权投资的部分出售可能导致核算方法的转换，如出售子公司的部分股权后丧失了对被投资单位的控制，则该股权投资就不再采用成本法核算，而应根据出售部分股权后的具体情况采用权益法核算，或者将剩余股权投资按照《企业会计准则第22号——金融工具确认和计量》进行核算。长期股权投资核算方法的转换方式包括公允价值计量转权益法核算、公允价值计量或权益法核算转成本法核算、权益法核算转公允价值计量、成本法转权益法、成本法核算转公允价值计量等。长期股权投资核算方法转换的会计处理将在其他相关课程中再做介绍。

现将长期股权投资的账务处理概括为表9-1。

表9-1　长期股权投资的账务处理

业务类型	成本法	权益法
初始计量	1. 取得投资时 借：长期股权投资 　　应收股利 　　贷：银行存款（或其他货币资金） 2. 收到支付价款中含有的现金股利 借：银行存款（或其他货币资金） 　　贷：应收股利	1. 初始投资成本大于投资时享有被投资单位可辨认净资产公允价值的份额 借：长期股权投资——投资成本 　　应收股利 　　贷：银行存款（或其他货币资金） 2. 初始投资成本小于投资时享有被投资单位可辨认净资产公允价值的份额 借：长期股权投资——投资成本 　　应收股利 　　贷：银行存款（或其他货币资金） 　　　　营业外收入 3. 收到支付价款中含有的现金股利 借：银行存款（或其他货币资金） 　　贷：应收股利

续表

业务类型	成本法	权益法
后续计量	1.被投资单位宣告发放现金股利 借:应收股利 　　贷:投资收益 2.收到已宣告发放的现金股利 借:银行存款(或其他货币资金) 　　贷:应收股利	1.被投资单位实现净利润或发生净亏损 借:长期股权投资——损益调整 　　贷:投资收益 或编制相反的会计分录 2.被投资单位其他综合收益变动 借:长期股权投资——其他综合收益 　　贷:其他综合收益 或编制相反的会计分录 3.取得现金股利或利润 借:应收股利 　　贷:长期股权投资——损益调整 4.其他权益变动 借:长期股权投资——其他权益变动 　　贷:资本公积——其他资本公积 或编制相反的会计分录
期末计量	已发生减值的,应计提减值准备 借:资产减值损失 　　贷:长期股权投资减值准备	已发生减值的,应计提减值准备 借:资产减值损失 　　贷:长期股权投资减值准备
处置核算	借:银行存款(或其他货币资金) 　　长期股权投资减值准备 　　贷:长期股权投资 　　　　投资收益(或借记)	借:银行存款(或其他货币资金) 　　长期股权投资减值准备 　　贷:长期股权投资——成本 　　　　　　　　——损益调整(或借记) 　　　　　　　　——其他综合收益(或借记) 　　　　　　　　——其他权益变动(或借记) 　　　　投资收益(或借记) 同时结转原直接计入所有者权益的金额 借:其他综合收益(或贷记) 　　资本公积——其他资本公积(或贷记) 　　贷:投资收益(或借记)

项目小结

本项目的主要内容结构如表9-2所示。

表9-2　项目九"长期股权投资"的内容结构表

长期股权投资的初始计量	长期股权投资的范围	对子公司投资
		对合营企业投资
		对联营企业投资
	长期股权投资的初始计量	企业合并形成的长期股权投资
		企业合并以外的其他方式取得的长期股权投资

		续表
长期股权投资的后续计量	成本法	投资收益的确认
		长期股权投资减值
	权益法	初始投资成本的调整
		被投资单位实现净利润或发生净亏损
		被投资单位其他综合收益变动
		取得现金股利或利润
		其他权益变动
长期股权投资的处置		处置成本法核算的长期股权投资
		处置权益法核算的长期股权投资

思考与练习

一、思考题

1. 哪些股权投资属于长期股权投资的核算范围？什么是控制、共同控制和重大影响？应如何判断？

2. 长期股权投资的核算方法包括哪些？它们分别适用于哪些股权投资的核算？

3. 什么是企业合并？同一控制下的企业合并与非同一控制下的企业合并有何不同？它们在长期股权投资初始投资成本的确定方面存在哪些差异？

4. 成本法和权益法在投资收益确认及取得现金股利或利润核算上存在哪些不同？

5. 在长期股权投资初始计量上，成本法与权益法存在哪些差异？

二、单项选择题

1. 下列项目中，不属于长期股权投资范围的是(　　)。
  A. 对子公司的投资　　　　B. 对合营企业的投资
  C. 对联营企业的投资　　　D. 不存在控制、共同控制和重大影响的权益工具投资

2. 下列交易或事项中，不属于企业合并的是(　　)。
  A. 甲公司和乙公司同属于一个企业集团，甲公司能够对乙公司实施控制
  B. 甲公司持有乙公司60%有表决权的股份
  C. 甲公司和乙公司是非关联方，甲公司收购乙公司，取得其100%股权
  D. 甲公司持有乙公司30%有表决权的股份，且能够对乙公司施加重大影响

3. A公司和B公司同为C公司控制。2023年3月10日，A公司发行本公司普通股1 000万股(每股面值为1元，发行价格为每股5元)作为对价，取得B公司60%的股权，同时取得对B公司的控制权。合并日，B公司净资产的账面价值为3 200万元、公允价值为3 500万元。假定合并前双方采用的会计政策和会计期间均相同，且不考虑其他因素，则A公司对B公司长期股权投资的初始投资成本为(　　)万元。
  A. 1 920　　　　B. 2 100　　　　C. 3 200　　　　D. 3 500

4. 非同一控制下的企业合并中，购买方应当按照确定的企业合并成本作为长期股权投资的初始投资成本。企业合并成本不应包括(　　)。

A. 购买方付出资产的公允价值
B. 发行的权益性证券的公允价值
C. 支付价款中包含的已宣告未发放的现金股利
D. 发生的手续费、佣金等直接相关费用

5. 同一控制下的企业合并中,合并方确定的长期股权投资的初始投资成本与支付对价之间的差额,应调整的项目不应包括( )。
A. 营业外收入　　B. 资本公积　　　　C. 盈余公积　　　　D. 未分配利润

6. 企业以固定资产作为对价取得长期股权投资时(不属于企业合并),该固定资产的公允价值低于其账面价值的差额应计入( )。
A. 资本公积　　B. 资产处置损益　　C. 初始投资成本　　D. 留存收益

7. 甲公司于2023年4月10日自公开市场购入乙公司20%的股份,实际支付价款8 000万元(含已宣告未发放现金股利30万元)。同时支付手续费等相关费用100万元。取得该股份后,甲公司能够对乙公司施加重大影响。甲公司应确认的长期股权投资的初始投资成本应为( )万元。
A. 8 100　　　　B. 8 070　　　　　C. 8 970　　　　　D. 8 000

8. 采用成本法核算的长期股权投资,投资方应确认投资收益的是( )。
A. 被投资单位实现净利润　　　　B. 被投资单位发生净亏损
C. 被投资方宣告发放现金股利　　D. 被投资单位实际支付现金股利

9. 采用权益法核算的长期股权投资,投资方确认投资收益时应考虑的因素是( )。
A. 被投资单位宣告发放现金股利　　B. 被投资单位实际支付现金股利
C. 被投资单位实现净利润　　　　　D. 被投资单位确认其他综合收益

10. 2023年1月10日,A公司以银行存款从证券市场上购入B公司25%的股份,实际支付价款500万元,另支付相关费用5万元。同日,B公司可辨认净资产的公允价值为2 200万元、账面价值为2 100万元。取得股权后,A公司能对B公司施加重大影响,则A公司于投资日应确认的损益为( )万元。
A. 45　　　　　B. 0　　　　　　C. 50　　　　　　D. 20

三、业务题

1. 2022年6月10日,甲公司以银行存款500万元投资于乙公司,并享有乙公司30%的股权,并能够对乙公司实施重大影响。同日,乙公司所有者权益的账面价值为1500万元,与其公允价值不存在差异。其他相关业务资料如下:

(1) 2022年度乙公司实现净利润300万元。
(2) 2023年2月10日,乙公司宣告分配利润200万元。
(3) 2023年3月20日,收到乙公司分配的利润。
(4) 2023年度乙公司发生净亏损100万元。
(5) 2023年12月31日,乙公司持有的以公允价值计量且其变动计入其他综合收益的金融资产的公允价值增加了50万元。
(6) 2024年2月10日,以550万元的价格将持有的乙公司股权全部转让给丙公司。

要求：

（1）编制对乙公司投资初始计量的会计分录。

（2）编制对乙公司投资后续计量的会计分录。

2. 2022年3月，A公司通过增发3 000万股（每股面值为1元）本公司普通股为对价取得B公司80%的股权，从而实现对B公司的控制。按照增发前一定时期的平均股价计算，该3000万股普通股的公允价值为5 200万元。为增发该部分普通股，A公司支付了200万元的佣金和手续费。投资日，B公司所有者权益的账面价值为8 000万元（与公允价值一致），且A公司与B公司和其股东不存在任何关联方关系。其他资料如下：

（1）2023年2月12日，B公司宣告发放现金股利1 200万元。

（2）2023年3月15日，收到B公司发放的现金股利。

要求：

（1）该企业合并属于何种类型的企业合并？为什么？

（2）该投资的初始投资成本应如何确定？应采用何种方法进行后续计量？

（3）根据上述资料编制相应的会计分录。

项目十
流动负债

项目目标

掌握流动负债的具体内容及其确认与计量方法,能够依据企业会计准则进行相关的会计处理。

任务一　短期借款的核算

一、短期借款的核算要求

短期借款是指企业向金融机构等借入的期限在一年以内(含一年)的各种借款。无论借入款项的来源如何,企业借入的短期借款构成了一项负债,均需要向债权人按期偿还借款的本金及利息。

为了及时如实地反映短期借款的借入、利息的发生及本金和利息的偿还情况,企业应设置"短期借款""应付利息""财务费用"等科目。"短期借款"科目核算短期借款的取得及偿还情况。该科目贷方登记取得借款的本金数额,借方登记偿还借款的本金数额,期末余额在贷方,表示尚未偿还的短期借款。本科目可按借款种类、贷款人和币种进行明细核算。

二、短期借款的会计处理

(一)短期借款的取得

企业从金融机构取得短期借款时,按实际借入的金额,借记"银行存款"科目,贷记"短期借款"科目。

【业务10-1】A公司于2023年1月1日向银行借入一笔生产经营用短期借款480 000元,期限为9个月,年利率为8%。根据与银行签订的借款协议,该项借款的本金到期后一次归还本金,利息分月计提,按季支付。A公司应根据银行借款借据、借款协议等编制如下会计分录:

借:银行存款　　　　　　　　　　480 000
　　贷:短期借款——××银行　　　　480 000

(二)短期借款利息的确认

在实际工作中,银行一般于每季度末收取短期借款利息。为此,企业的短期借款利息可以采用按月计提或直接支付的方式进行核算。短期借款利息属于筹资费用,一般记入"财务费用"科目。

1. 采用按月计提利息

企业应当在资产负债表日按照计算确定的短期借款利息费用,借记"财务费用"科目,贷记"应付利息"科目;实际支付利息时,按已预提的利息,借记"应付利息"科目,按应计利息,借记"财务费用"科目,按应付利息总额,贷记"银行存款"科目。该方式适用于每月短期借款发生的利息金额较大的情形。

2. 采用直接支付利息

当企业每月短期借款发生的利息金额较小时,为简化核算,可以不按月计息,实际支付时,按支付的利息总额,借记"财务费用"科目,贷记"银行存款"科目。

【业务10-2】接业务10-1,A公司于各月月末计提短期借款利息,并于季度末支付利息时的账务处理应为:

(1) 2023年1月月末,计提1月的短期借款利息,并编制如下会计分录:

应计提的利息金额=480 000×8%÷12=3 200(元)

借:财务费用——利息支出　　　3 200
　　贷:应付利息——××银行　　　　　3 200

(2) 2023年2月月末计提2月利息费用的处理与1月相同。

(3) 2023年3月月末,支付第一季度银行借款利息时,根据银行计息单和相关账簿记录编制如下会计分录:

借:财务费用——利息支出　　　3 200
　　应付利息——××银行　　　6 400
　　贷:银行存款　　　　　　　　　　9 600

2023年第二、三季度的会计处理同第一季度。

(三) 短期借款本息的偿还

企业短期借款到期偿还本息时,借记"短期借款"等科目,贷记"银行存款"科目。

【业务10-3】接业务10-1、业务10-2,2023年10月1日,该短期借款到期,归还本金480 000元。A公司应根据偿还贷款凭证编制如下会计分录:

借:短期借款——××银行　　　480 000
　　贷:银行存款　　　　　　　　　　480 000

如果上述借款期限是8个月,则到期日为2023年9月1日。A公司的账务处理应为:

2023年8月月末之前的会计处理与上述相同。

2023年9月1日偿还银行借款本金,同时支付2023年7月和8月已提未付利息。

借:短期借款——××银行　　　480 000
　　应付利息——××银行　　　6 400
　　贷:银行存款　　　　　　　　　　486 400

任务二　应付及预收款项的核算

一、应付票据的核算

(一) 账户设置

应付票据是指企业购买材料、商品和接受劳务供应等而开出、承兑的商业汇票,包括商业承兑汇票和银行承兑汇票。企业应当设置"应付票据备查簿",详细登记商业汇票的种类、号数和出票日期、到期日、票面余额、交易合同号和收款人姓名或单位名称以及付款日期和金额等资料。应付票据到期结清时,应当在备查簿内予以注销。

企业应设置"应付票据"科目,核算应付票据的发生、偿付等业务。该科目贷方登记开出、承兑汇票的面值及带息票据的计提利息,借方登记支付票据的金额,余额在贷方,表示企业尚未到期的商业汇票的账面金额。

(二) 账务处理

1. 签发并承兑商业汇票

由于应付票据的偿付时间较短,通常付款期限不超过六个月,一般均按照开出、承兑的应付票据的面值入账。

企业因购买材料、商品和接受劳务供应等而开出、承兑的商业汇票(不论是否带息),应当按其票面金额,借记"材料采购""在途物资""应交税费——应交增值税(进项税额)"等科目,贷记"应付票据"科目。

企业支付的银行承兑手续费,应当计入当期损益,借记"财务费用"科目,贷记"银行存款"等科目。

【业务10-4】A公司为一般纳税人,2023年11月1日向B公司购入甲材料一批,买价为200 000元,增值税税额为26 000元,材料已验收入库。A公司给B公司出具一张足额并经银行承兑的票面利率为6%、期限为4个月的商业汇票,支付手续费226元。A公司的账务处理应为:

(1) 购买材料入库,出具银行承兑汇票时,根据增值税专用发票(发票联)、入库单、银行承兑申请书等编制如下会计分录:

借:原材料——甲材料　　　　　　　　　　　　200 000
　　应交税费——应交增值税(进项税额)　　　 26 000
　　　贷:应付票据——B公司　　　　　　　　　　　　226 000

(2) 支付银行承兑手续费时,根据银行收费凭条等编制如下会计分录:

借:财务费用——银行手续费　　226
　　贷:银行存款　　　　　　　　　226

2. 应付票据持有期间

应付票据持有期间，对于不带息票据，不做会计处理；对于带息票据，企业应在资产负债表日，按面值和票面利率计算的利息，借记"财务费用"科目，贷记"应付票据"科目。

【业务10-5】接业务10-4，A公司应于2023年12月31日，计提带息银行承兑汇票利息，账务处理应为：

计提利息＝226 000×6%÷12×2＝2 260（元）

借：财务费用——利息支出　　2 260
　　贷：应付票据——B公司　　　2 260

3. 应付票据到期

应付票据到期，支付票款时，应按其账面余额，借记"应付票据"科目，按尚未计提的利息，借记"财务费用"科目，按实际支付的金额，贷记"银行存款"科目。

到期的商业汇票，企业如无力支付，应视票据的种类作相应的会计处理。若为银行承兑汇票，应按其账面余额，借记"应付票据"科目，按尚未计提的利息，借记"财务费用"科目，按实际应付的金额，贷记"短期借款"科目；若为商业承兑汇票，应按其账面余额，借记"应付票据"科目，按尚未计提的利息，借记"财务费用"科目，按实际应付的金额，贷记"应付账款"科目。

【业务10-6】接业务10-4、业务10-5，2024年3月1日该银行承兑汇票到期，A公司通知其开户银行全额支付票款。A公司应根据银行转来的付款通知编制如下会计分录：

借：应付票据——B公司　　　228 260
　　财务费用——利息支出　　　 2 260
　　贷：银行存款　　　　　　　230 520

假设上述银行承兑汇票到期时，A公司无力支付票款。A公司则根据银行转来的借款借据等编制如下会计分录：

借：应付票据——B公司　　　228 260
　　财务费用——利息支出　　　 2 260
　　贷：短期借款——××银行　　230 520

二、应付账款的核算

（一）账户设置

应付账款是指企业因购买材料、商品或接受劳务供应等产生的应付款项。应付账款一般应在与所购买物资所有权相关的主要风险和报酬已经转移，或者所购买的劳务已经接受时确认。在实际工作中，为了使所购入物资的金额、品种、数量和质量等与合同规定的条款相符，避免因验收时发现所购物资存在数量或质量问题而对入账的物资或应付账款金额进行改动，在物资和发票账单同时到达的情况下，一般在所购物资验收入库后，再根据发票账单登记入账，确认应付账款。在所购物资已经验收入库，但是发票账单未能同时到达的情况下，企业应付物资供应单位的债务已经成立，在会计期末，为了反映企业的负债情况，需要将所购物资和相关的应付账款暂估入账，待下月初做相反分录予以冲回。

企业应通过"应付账款"科目,核算应付账款的发生、偿还、转销等情况。该科目贷方登记企业购买材料、商品和接受劳务等而发生的应付账款,借方登记偿还的应付账款,或开出商业汇票抵付应付账款的款项,或已冲销的无法支付的应付账款,余额一般在贷方,表示企业尚未支付的应付账款余额。本科目一般应按照债权人设置明细科目进行明细核算。

(二)账务处理

1. 应付账款的发生与偿还

企业购入材料、商品或接受劳务所产生的应付账款,应按合同或实际交易发生的应付金额入账。如果购货条件中包括在规定的期限内付款可以享受一定的现金折扣,应付账款入账金额的确定采用总价法,即按照扣除现金折扣前的应付款总额入账。这是因为在折扣期限内付款而获得的现金折扣,应在偿付应付账款时冲减财务费用。

企业购入材料、商品或接受劳务而发生的应付款项,根据有关凭证,借记"材料采购"或"在途物资""劳务成本"等科目,按可抵扣的增值税税额,借记"应交税费——应交增值税(进项税额)"科目,按应付的价款,贷记"应付账款"科目。

企业偿还应付账款或开出商业汇票抵付应付账款时,借记"应付账款"科目,贷记"银行存款"或"应付票据"等科目。

【业务10-7】A商场于2023年8月2日从B公司购入一批乙商品并已验收入库。增值税专用发票注明,买价为1 000 000元,增值税税额为130 000元。购货协议规定,A商场如在20天内付款,将获得全部价款1%的现金折扣。A商场的账务处理应为:

(1)2023年8月2日,购入时,根据取得的增值税专用发票(发票联)、入库单等编制如下会计分录:

借:库存商品——乙商品　　　　　　　　1 000 000
　　应交税费——应交增值税(进项税额)　130 000
　　贷:应付账款——B公司　　　　　　　　　1 130 000

(2)假设A商场8月22日前付款,应根据银行转账付款凭证和相关账簿记录编制如下会计分录:

借:应付账款——B公司　　1 130 000
　　贷:银行存款　　　　　　1 118 700
　　　　财务费用　　　　　　11 300

(3)假设A商场8月22日后付款,则根据银行转账付款凭证和相关账簿记录编制如下会计分录:

借:应付账款——B公司　　1 130 000
　　贷:银行存款　　　　　　1 130 000

【业务10-8】2023年9月26日,A公司收到银行转来供电部门收费单据,支付电费38 000元。月末,A公司经计算,本月应付电费38 500元,其中生产车间实际用电25 700元,企业行政管理部门实际用电12 800元,款项尚未支付。不考虑相关税费。A公司的账务处理应为:

(1)2023年9月26日,支付外购动力费,并根据银行转来的付款通知等编制如下会计分录:

借:应付账款——××供电公司　　38 000

贷：银行存款　　　　　　　　　　　　　　　38 000

（2）2023年9月30日，分配外购动力费，根据外购动力费分配表编制如下会计分录：

　　借：制造费用　　　　　　　　　　　　　　　25 700
　　　　管理费用　　　　　　　　　　　　　　　12 800
　　　　贷：应付账款——××供电公司　　　　　38 500

2. 应付账款的转销

应付账款一般在较短期限内支付，但有时由于债权单位撤销或其他原因而使应付账款无法清偿。企业应将确实无法支付的应付账款予以转销，按其账面余额计入营业外收入，借记"应付账款"科目，贷记"营业外收入"科目。

【业务10-9】2023年12月31日，A公司确定一笔应付D企业账款6 000元为无法支付的款项，应予转销。A公司应根据公司管理层批准的相关文件编制如下会计分录：

　　借：应付账款——D企业　　　6 000
　　　　贷：营业外收入　　　　　　6 000

三、预收账款的核算

（一）账户设置

预收账款是指企业按照合同规定预收的款项。企业应设置"预收账款"科目，核算预收账款的取得、偿付等情况。该科目贷方登记发生的预收账款金额，借方登记企业冲销的预收账款金额；期末贷方余额，反映企业预收的款项，如为借方余额，反映企业尚未转销的款项。本科目一般应按照客户设置明细科目进行明细核算。

（二）账务处理

企业预收款项时，按实际收到的全部预收款，借记"库存现金""银行存款"科目，来自增值税的，按照预收款计算的应交增值税，贷记"应交税费——应交增值税（销项税额）"科目，全部预收款扣除应交增值税的差额，贷记"预收账款"科目。

企业分期确认有关收入时，按照实现的收入，借记"预收账款"科目，贷记"主营业务收入""其他业务收入"科目。

企业收到客户补付款项时，借记"库存现金""银行存款"科目，贷记"预收账款应交税费——应交增值税（销项税额）"科目；退回客户多预付的款项时，借记"预收账款科目"，贷记"库存现金""银行存款"科目。涉及增值税的，还应进行相应的会计处理。预收货款业务不多的企业，可以不单独设置"预收账款"科目，其所发生的预收货款，可通过"应收账款"科目核算。

【业务10-10】A公司为增值税一般纳税人，适用的增值税率为13%。2023年7月1日A公司与B公司签订经营租赁（非主营业务）吊车合同，向B公司出租吊车三台，期限为6个月，三台吊车租金（含税）共计67 800元。合同约定，合同签订日预付租金（含税）22 600元，合同到期结清全部租金余款。合同签订日，A公司收到租金并存入银行，开具的增值税专用发票注明租金20 000元、增值税2 600元。租赁期满日，A公司收到租金余款及相应的增值税。A公司应编制如下会计分录：

(1) 收到B公司预付租金：

借：银行存款　　　　　　　　　　　　　　22 600
　　贷：预收账款——B公司　　　　　　　　　　20 000
　　　　应交税费——应交增值税(销项税额)　　2 600

(2) 每月月末确认租金收入：

借：预收账款——B公司　　　　　　　　　10 000
　　贷：其他业务收入　　　　　　　　　　　　10 000

(3) 租赁期满收到租金余款及增值税：

借：银行存款　　　　　　　　　　　　　　45 200
　　贷：预收账款——B公司　　　　　　　　　　40 000
　　　　应交税费——应交增值税(销项税额)　　5 200

【业务10-11】接业务10-10，假设A公司不设置"预收账款"科目。A公司的账务处理应为：

(1) 收到B公司预付租金：

借：银行存款　　　　　　　　　　　　　　22 600
　　贷：应收账款——B公司　　　　　　　　　　20 000
　　　　应交税费——应交增值税(销项税额)　　2 600

(2) 每月月末确认租金收入：

借：应收账款——B公司　　　　　　　　　10 000
　　贷：其他业务收入　　　　　　　　　　　　10 000

(3) 租赁期满收到租金余款及增值税：

借：银行存款　　　　　　　　　　　　　　45 200
　　贷：应收账款——B公司　　　　　　　　　　40 000
　　　　应交税费——应交增值税(销项税额)　　5 200

任务三　应付职工薪酬的核算

一、职工薪酬的构成

我国企业会计准则规定，职工薪酬是指企业为获得职工提供的服务或解除劳动关系而给予的各种形式的报酬或补偿，包括企业提供给职工配偶、子女、受赡养人、已故员工遗属及其他受益人等的福利。这里的职工包括三类人员：一是与企业订立劳动合同的所有人员，含全职、兼职和临时职工；二是未与企业订立劳动合同但由企业正式任命的人员，如董事会成员、监事会成员等；三是在企业的计划和控制下，虽未与企业订立劳动合同或企业未正式任命，但为企业提供了类似服务的人员，包括通过企业与劳务中介公司签订用工合同而向企业提供服务的人员。职工薪酬主要包括以下内容。

(一) 短期薪酬

短期薪酬是指企业预期在职工提供相关服务的年度报告期间结束后12个月内将全部予以支付的职工薪酬,因解除与职工的劳务关系给予的补偿除外。因解除与职工的劳务关系给予的补偿属于辞退福利的范畴。

短期薪酬主要包括:

(1) 职工工资、奖金、津贴和补贴,是指企业按照构成工资总额的计时工资、计件工资、支付给职工的超额劳动报酬等,为了补偿职工特殊或额外的劳动消耗和因其他特殊原因支付给职工的津贴,以及为了保证职工工资水平不受物价影响支付给职工的物价补贴等。其中,企业按照短期奖金计划向职工发放的奖金属于短期薪酬,按照长期奖金计划向职工发放的奖金属于其他长期职工福利。

(2) 职工福利费,是指企业向职工提供的生活困难补助、丧葬补助费、抚恤费、职工异地安家费、防暑降温费等职工福利支出。

(3) 医疗保险费、工伤保险费和生育保险费等社会保险费,是指企业按照国家规定的基准和比例计算,向社会保险经办机构缴存的医疗保险费、工伤保险费和生育保险费。

(4) 住房公积金,是指企业按照国家规定的基准和比例计算,向住房公积金管理机构缴存的住房公积金。

(5) 工会经费和职工教育经费,是指企业为了改善职工文化生活、为职工学习先进技术和提高文化水平,用于开展工会活动和职工教育及职业技能培训等相关支出。

(6) 短期带薪缺勤,是指职工虽然缺勤但企业仍向其支付报酬的安排,包括年休假、病假、婚假、产假、丧假、探亲假等。长期带薪缺勤属于其他长期职工福利。

(7) 短期利润分享计划,是指因职工提供服务而与职工达成的基于利润或其他经营成果提供薪酬的协议。长期利润分享计划属于其他长期职工福利。

(8) 其他短期薪酬,是指除上述薪酬以外的其他为获得职工提供的服务而给予职工的短期薪酬。

(二) 离职后福利

离职后福利是指企业为获得职工提供的服务而在职工退休或与企业解除劳动关系后,提供的各种形式的报酬和福利,属于短期薪酬和辞退福利的除外。

离职后福利计划是指企业与职工就离职后福利达成的协议,或者企业为向职工提供离职后福利制定的规章或办法等。离职后福利计划按照企业承担的风险和义务情况,可以分为设定提存计划和设定受益计划。其中,设定提存计划,是指企业向独立的主体(如基金)缴存固定费用后,不再承担进一步支付义务的离职后福利计划;设定受益计划,是指除设定提存计划以外的离职后福利计划。

(三) 辞退福利

辞退福利是指企业在职工劳动合同到期之前解除与职工的劳动关系,或者为鼓励职工自愿接受裁减而给予职工的补偿。

辞退福利主要包括:

（1）在职工劳动合同尚未到期前，不论职工本人是否愿意，企业决定解除与职工的劳动关系而给予的补偿。

（2）在职工劳动合同尚未到期前，为鼓励职工自愿接受裁减而给予的补偿，职工有权利选择继续在职或接受补偿离职。

辞退福利通常采取解除劳动关系时一次性支付补偿的方式，也可采取在职工不再为企业带来经济利益后，将职工工资支付到辞退后未来某一期间的方式。

（四）其他长期职工福利

其他长期职工福利，是指除短期薪酬、离职后福利、辞退福利之外所有的职工薪酬，包括长期带薪缺勤、长期残疾福利、长期利润分享计划等。

二、短期薪酬的确认和计量

（一）确认与计量原则

企业应当在职工为其提供服务的会计期间，将实际发生的短期薪酬确认为负债，并计入当期损益，其他相关会计准则要求或允许计入资产成本的除外。具体的会计处理如下：

（1）企业发生的职工工资、津贴和补贴等短期薪酬，应当根据职工提供服务情况和工资标准等计算应计入职工薪酬的工资总额，并按照受益对象计入当期损益或相关资产成本。

（2）企业为职工缴纳的医疗保险费、工伤保险费、生育保险费等社会保险费和住房公积金，以及按规定提取的工会经费和职工教育经费，应当在职工为其提供服务的会计期间，根据规定的计提基础和计提比例计算确定相应的职工薪酬金额，并确认相关负债，按照受益对象计入当期损益或相关资产成本。

（3）企业发生的职工福利费，应当在实际发生时根据实际发生额计入当期损益或相关资产成本。企业向职工提供非货币性福利的，应当按照公允价值计量。如企业以自产的产品作为非货币性福利提供给职工的，应当按照该产品的公允价值和相关税费确定职工薪酬金额，并计入当期损益或相关资产成本。相关收入的确认、销售成本的结转以及相关税费的处理，与企业正常商品销售的会计处理相同。企业以外购的商品作为非货币性福利提供给职工的，应当按照该商品的公允价值和相关税费确定职工薪酬的金额，并计入当期损益或相关资产成本。

企业应当根据职工提供服务的受益对象，分别按以下情况处理：

（1）应由生产产品、提供劳务负担的职工薪酬，计入产品成本或劳务成本。但非正常消耗的直接生产人员和直接提供劳务人员的职工薪酬，应当在发生时确认为当期损益。

（2）应由在建工程、无形资产负担的职工薪酬，符合资本化条件的，计入建造固定资产成本或无形资产成本。

（3）上述两项之外的其他职工薪酬，计入当期损益。

（二）账户设置

企业应当设置"应付职工薪酬"科目，核算应付职工薪酬的提取、结算、使用等情况。该科目贷方登记已分配计入有关成本费用项目的职工薪酬的数额,借方登记实际发放给职工薪酬的数额;该科目期末贷方余额,反映企业应付未付的职工薪酬。"应付职工薪酬"科目应当按照"工资""职工福利""社会保险费""住房公积金""工会经费""职工教育经费""非货币性福利"等职工薪酬项目进行明细核算。

三、短期薪酬的核算

(一)货币性职工薪酬

1. 计提职工薪酬的处理

对于货币性职工薪酬,企业应当在职工为其提供服务的会计期间,依据职工提供服务情况和职工货币薪酬的标准,计算应计入职工薪酬的金额,按照受益对象计入相关资产成本或当期损益,同时确认为应付职工薪酬。具体的账务处理如下:

(1) 生产部门人员的职工薪酬,借记"生产成本""制造费用""劳务成本"等科目,贷记"应付职工薪酬"科目。

(2) 管理部门人员的职工薪酬,借记"管理费用"科目,贷记"应付职工薪酬"科目。

(3) 销售人员的职工薪酬,借记"销售费用"科目,贷记"应付职工薪酬"科目。

(4) 在建工程、研发支出负担的职工薪酬,借记"在建工程""研发支出"科目,贷记"应付职工薪酬"科目。

【业务10-12】A公司2023年1月工资总额为900 000元,其中产品生产工人的工资为400 000元,车间管理人员的工资为90 000元,管理人员的工资为150 000元,产品销售人员的工资为100 000元,在建工程人员的工资为160 000元。该公司职工住房公积金由企业负担50%,职工个人负担50%。A公司按照工资总额的10%为职工缴纳住房公积金,职工个人负担工资总额10%部分由公司代扣代缴。A公司按照工资总额的20%为职工缴纳养老保险,职工个人负担工资总额8%部分由公司代扣代缴。A公司按照工资总额的7%为职工缴纳医疗保险,职工个人负担工资总额2%部分由公司代扣代缴。A公司应根据工薪费用分配表等进行如下账务处理。

(1) 分配工资时:

借:生产成本——基本生产成本　　　400 000
　　制造费用　　　　　　　　　　　 90 000
　　管理费用　　　　　　　　　　　150 000
　　销售费用　　　　　　　　　　　100 000
　　在建工程　　　　　　　　　　　160 000
　　贷:应付职工薪酬——工资　　　　　　　900 000

(2) 计提住房公积金时:

借:生产成本——基本生产成本　　　 40 000
　　制造费用　　　　　　　　　　　 9 000
　　管理费用　　　　　　　　　　　 15 000
　　销售费用　　　　　　　　　　　 10 000

  在建工程   16 000
   贷：应付职工薪酬——住房公积金 90 000
（3）计提养老保险时：
借：生产成本——基本生产成本 80 000
  制造费用   18 000
  管理费用   30 000
  销售费用   20 000
  在建工程   32 000
   贷：应付职工薪酬——社会保险费 180 000
（4）计提医疗保险时：
借：生产成本——基本生产成本 28 000
  制造费用   6 300
  管理费用   10 500
  销售费用   7 000
  在建工程   11 200
   贷：应付职工薪酬——社会保险费 63 000

【业务10-13】接业务10-12，A公司按照工资总额的2%、2.5%分别计提工会经费、职工教育经费。A公司应根据工会经费、职工教育经费计算表编制如下会计分录：

借：生产成本——基本生产成本 18 000
  制造费用   4 050
  管理费用   6 750
  销售费用   4 500
  在建工程   7 200
   贷：应付职工薪酬——工会经费 18 000
        ——职工教育经费 22 500

2. 支付职工薪酬的处理

  企业按照有关规定向职工支付工资、奖金、津贴等，借记"应付职工薪酬——工资"科目，贷记"银行存款""库存现金"等科目；企业从应付职工薪酬中代扣的各种款项（代垫的家属药费、个人所得税等），借记"应付职工薪酬"科目，贷记"银行存款""库存现金""其他应收款""应交税费——应交个人所得税""其他应付款"等科目。

  企业向职工食堂、职工医院、生活困难职工等支付职工福利费时，借记"应付职工薪酬——职工福利"科目，贷记"银行存款""库存现金"等科目。

  企业支付工会经费和职工教育经费用于工会运作和职工培训，或按照国家有关规定缴纳社会保险费或住房公积金时，借记"应付职工薪酬——工会经费（或职工教育经费、社会保险费、住房公积金）"科目，贷记"银行存款""库存现金"等科目。

【业务10-14】接业务10-12，2023年1月10日，A公司发放职工工资，同时代扣住房公积金90 000元、养老保险72 000元、医疗保险18 000元、职工个人所得税20 000元。A公司应根据工资发放表、现金支票存根等进行如下账务处理：

（1）代扣款项时：

借:应付职工薪酬——工资　　　　　　200 000
　　贷:其他应付款——住房公积金　　　　90 000
　　　　　　　　——社会保险费　　　　　90 000
　　　应交税费——应交个人所得税　　　20 000

(2) 支付实发工资时:

实发工资＝900 000－200 000＝700 000(元)

借:应付职工薪酬——工资　　　　　　700 000
　　贷:库存现金(或银行存款)　　　　　700 000

【业务10-15】接业务10-12、业务10-14,2023年1月20日,A公司用银行存款缴纳住房公积金180 000元。用银行存款缴纳社会保险费333 000元。A公司应根据住房公积金缴款收据、银行转账支付凭证等编制如下会计分录:

(1) 缴纳住房公积金:

借:应付职工薪酬——住房公积金　　　90 000
　　其他应付款——住房公积金　　　　90 000
　　贷:银行存款　　　　　　　　　　　180 000

(2) 缴纳社会保险费:

借:应付职工薪酬——社会保险费　　　243 000
　　其他应付款——社会保险费　　　　90 000
　　贷:银行存款　　　　　　　　　　　333 000

(3) 缴纳个人所得税:

借:应交税费——应交个人所得税　　　20 000
　　贷:银行存款　　　　　　　　　　　20 000

【业务10-16】接业务10-13,A公司以银行存款拨付工会经费18 000元。A公司应根据银行转账支付凭证等编制如下会计分录:

借:应付职工薪酬——工会经费　　　　18 000
　　贷:银行存款　　　　　　　　　　　18 000

【业务10-17】A公司下设一所职工食堂,每月根据在岗职工数量及岗位分布情况、相关历史经验数据等计算需要补贴食堂的金额,从而确定企业每期因职工食堂而需要承担的福利费金额。2023年2月,企业在岗职工共计200人,其中管理部门30人,生产车间170人,当月A公司按照每人每月180元的标准计算补贴食堂36 000元。A公司应根据食堂伙食补贴计算表、银行转账支付凭证等编制如下会计分录:

(1) 计提时:

借:生产成本　　　　　　　　　　　　30 600
　　管理费用　　　　　　　　　　　　5 400
　　贷:应付职工薪酬——职工福利　　　36 000

(2) 支付时:

借:应付职工薪酬——职工福利　　　　36 000
　　贷:银行存款　　　　　　　　　　　36 000

【业务10-18】2023年2月,A公司以现金支付职工张某生活困难补助4 000元。A公司应根据经批准的生活困难补助申请编制如下会计分录：

（1）计提时：

借：管理费用　　　　　　　　　　　　4 000
　　贷：应付职工薪酬——职工福利　　4 000

（2）支付时：

借：应付职工薪酬——职工福利　　　　4 000
　　贷：库存现金　　　　　　　　　　4 000

3. 短期带薪缺勤

对于职工带薪缺勤，企业应当根据其性质及职工享有的权利，分为累积带薪缺勤和非累积带薪缺勤两类。企业应当对累积带薪缺勤和非累积带薪缺勤分别进行会计处理。如果带薪缺勤属于长期带薪缺勤，企业应当作为其他长期职工福利处理。

（1）累积带薪缺勤。累积带薪缺勤是指带薪权利可以结转下期的带薪缺勤，本期尚未用完的带薪缺勤权利可以在未来期间使用。企业应当在职工提供了服务从而增加了其未来享有的带薪缺勤权利时，确认与累积带薪缺勤相关的职工薪酬，并以累积未行使权利而增加的预期支付金额计量。确认累积带薪缺勤时，借记"管理费用"等科目，贷记"应付职工薪酬——带薪缺勤——短期带薪缺勤——累积带薪缺勤"科目。

[业务10-19] A公司共有2 000名职工，从2023年1月1日起，该公司实行累积带薪缺勤制度。该制度规定，每个职工每年可享受5个工作日带薪年休假，未使用的年休假只能向后结转一个公历年度，超过1年未使用的权利作废，职工在离开企业时无权获得现金支付；职工休年假时，首先使用当年可享受的权利，再从上年结转的带薪年休假中扣除。

2023年12月31日，A公司预计2024有1 900名职工将享受不超过5天的带薪年休假，剩余100名职工每人将平均享受6.5天年休假，且这100名职工全部为总部各部门经理，该公司平均每名职工每个工作日工资为300元。不考虑其他相关因素。2023年12月31日，A公司应进行如下账务处理：

第一步，测算2024年度累积带薪缺勤的预期支付金额。

预期支付金额＝100×（6.5－5）×300＝45 000（元）

第二步，根据相关测算资料编制如下会计分录：

借：管理费用　　　　　　　　　　　　　　　　　　　　　　　　　45 000
　　贷：应付职工薪酬——带薪缺勤——短期带薪缺勤——累积带薪缺勤　45 000

（2）非累积带薪缺勤。非累积带薪缺勤是指带薪权利不能结转下期的带薪缺勤，本期尚未用完的带薪缺勤权利将予以取消，并且职工离开企业时也无权获得现金支付。我国企业职工休婚假、产假、丧假、探亲假、病假期间的工资通常属于非累积带薪缺勤。由于职工提供服务本身不能增加其能够享受的福利金额，因此企业在职工未缺勤时不应计提相关费用和负债。为此，企业应当在职工实际发生缺勤的会计期间确认与非累积带薪缺勤相关的职工薪酬。

企业确认职工享有的非累积带薪缺勤权利相关的薪酬，视同职工出勤确认的当期损益或相关资产成本。通常情况下，与非累积带薪缺勤相关的职工薪酬已经包括在企业每期向职工发放的工资等薪酬中，因此不必额外做相应的账务处理。

(二) 非货币性职工薪酬

企业向职工提供的非货币性职工薪酬,应当分情况进行核算。

1. 以自产产品或外购商品发放给职工作为福利

企业以自产产品或外购商品作为非货币性福利发放给职工的,应当根据受益对象,按照该产品的公允价值和相关税费,计入相关资产成本或当期损益,同时确认应付职工薪酬,借记"生产成本""制造费用""管理费用"等科目,贷记"应付职工薪酬——非货币性福利"科目。

当将自产产品或外购商品作为福利向职工发放时,按公允价值确认主营业务收入,根据规定计算增值税销项税额及其他相关税费,同时结转相关产品成本。确认收入时,借记"应付职工薪酬——非货币性福利"科目,贷记"主营业务收入""应交税费——应交增值税(销项税额)"等科目。结转成本时,借记"主营业务成本"科目,贷记"库存商品"科目。

【业务10-20】A公司共有职工200人,其中170名为直接参加生产的职工,30名为行政管理人员。2023年11月16日,A公司以其生产的甲产品作为福利发放给职工,其每台成本为900元,售价为每台1 000元,适用的增值税税率为13%。A公司应根据非货币性福利发放表、产品出库单和相关账簿记录等做如下账务处理:

(1) 确认非货币性职工薪酬时:

应确认的应付职工薪酬＝200×1 000＋200×1 000×13%＝226 000(元)

借:生产成本　　　　　　　　　　　　　192 100
　　管理费用　　　　　　　　　　　　　 33 900
　　贷:应付职工薪酬——非货币性福利　　　　　　226 000

(2) 向职工发放甲产品,视同销售:

借:应付职工薪酬——非货币性福利　　　226 000
　　贷:主营业务收入　　　　　　　　　　　　　　200 000
　　　　应交税费——应交增值税(销售税额)　　　 26 000

(3) 结转销售成本:

借:主营业务成本　　　　　　　　　　　180 000
　　贷:库存商品——甲产品　　　　　　　　　　　180 000

2. 将拥有的房屋等资产无偿提供给职工使用或将租赁住房等资产供职工无偿使用

企业将拥有的房屋等资产无偿提供给职工使用的,应根据受益对象,将该资产每期应计提的折旧计入相关资产成本或当期损益,并确认应付职工薪酬,借记"管理费用""生产成本""制造费用"等科目,贷记"应付职工薪酬——非货币性福利"科目,同时,借记"应付职工薪酬——非货币性福利"科目,贷记"累计折旧"科目;租赁住房等资产供职工无偿使用的,应根据受益对象,将该资产每期应负担的租金计入相关资产成本或当期损益,并确认应付职工薪酬,借记"管理费用""生产成本""制造费用"等科目,贷记"应付职工薪酬——非货币性福利"科目,同时,借记"应付职工薪酬——非货币性福利"科目,贷记"其他应付款——租金"科目或"银行存款"科目。难以认定受益对象的,直接计入当期损益,并确认应付职工薪酬。

【业务10-21】A公司为总部各部门经理级别以上职工提供汽车免费使用,同时为副总裁以上高级管理人员每人租赁一套住房。A公司总部共有部门经理以上职工20名,每人提供一辆小汽车免费使用,假定每辆小汽车每月计提折旧1 500元;该公司共有副总裁以上高级管理人员5名,公司为其每人租赁一套面积为200平方米带有家具和电器的公寓,月租金为每套9 000元。A公司的账务处理如下:

(1) 确认提供小汽车的非货币性福利:

企业提供小汽车供职工使用的非货币性福利=20×1 500=30 000(元)

根据固定资产折旧计算表等编制如下会计分录:

借:管理费用　　　　　　　　　　　　　　　30 000
　　贷:应付职工薪酬——非货币性福利　　　　　30 000
借:应付职工薪酬——非货币性福利　　　　　30 000
　　贷:累计折旧　　　　　　　　　　　　　　30 000

(2) 确认为职工租赁住房的非货币性福利:

企业租赁住房供职工使用的非货币性福利=5×9 000=45 000(元)

根据出租方收取租金时开具的增值税专用发票(发票联)等编制如下会计分录:

借:管理费用　　　　　　　　　　　　　　　45 000
　　贷:应付职工薪酬——非货币性福利　　　　　45 000
借:应付职工薪酬——非货币性福利　　　　　45 000
　　贷:其他应付款(或银行存款)　　　　　　　45 000

四、设定提存计划的核算

对于设定提存计划,企业应当根据在资产负债表日为换取职工在会计期间提供的服务而向单独主体缴存的提存金,确认为应付职工薪酬负债,并计入当期损益或相关资产成本,借记"生产成本""制造费用""管理费用""销售费用"等科目,贷记"应付职工薪酬——设定提存计划"科目。

【业务10-22】接业务10-12,A公司根据所在地政府规定,按照职工工资总额的12%计提基本养老保险费,缴存当地社会保险经办机构。2023年1月,A公司缴存的基本养老保险费,应计入生产成本的金额为48 000元,应计入制造费用的金额为10 800元,应计入管理费用的金额为18 000元,应计入销售费用的金额为12 000元,应计入在建工程的金额为19 200元。A公司应根据基本养老保险费计算分配表编制如下会计分录:

借:生产成本——基本生产成本　　　　　　　48 000
　　制造费用　　　　　　　　　　　　　　　10 800
　　管理费用　　　　　　　　　　　　　　　18 000
　　销售费用　　　　　　　　　　　　　　　12 000
　　在建工程　　　　　　　　　　　　　　　19 200
　　贷:应付职工薪酬——设定提存计划——基本养老保险费　　108 000

任务四　应交增值税的核算

一、增值税应纳税额的计算

增值税是以销售货物和服务、提供加工修理修配劳务、转让无形资产或不动产,就流转过程中产生的增值额作为计税依据而征收的一种流转税。增值税纳税人是指税法规定负有缴纳增值税义务的单位和个人。按照我国《增值税暂行条例》和《营业税改征增值税试点实施办法》的规定,在我国境内销售、进口货物或者提供加工修理修配劳务,以及在我国境内销售服务、无形资产或者不动产的单位和个人,为增值税纳税人。按照纳税人的经营规模及会计核算的健全程度,增值税纳税人分为一般纳税人和小规模纳税人。增值税计税方法包括一般计税方法和简易计税方法。增值税一般纳税人计算增值税大多采用一般计税方法,小规模纳税人一般采用简易计税方法。一般纳税人销售服务、无形资产或者不动产,符合规定的,可以采用简易计税方法。

(一) 一般计税方法

一般纳税人发生应税行为适用一般计税方法计税。一般计税方法的应纳税额,是指当期销项税额抵扣当期进项税额后的余额。应纳税额的计算公式如下:

应纳增值税＝当期销项税额－当期进项税额

当期销项税额小于当期进项税额而不足抵扣时,其不足部分可以结转下期继续抵扣。

销项税额是指纳税人发生应税行为按照销售额和增值税税率计算并收取的增值税税额。销项税额的计算公式为:

销项税额＝含税销售额×税率

进项税额是指纳税人购进货物、加工修理修配劳务、服务、无形资产或者不动产,支付或者负担的增值税税额。根据增值税法律制度规定,下列进项税额准予从销项税额中抵扣:

(1) 从销售方取得的增值税专用发票(含税控机动车销售统一发票)上注明的增值税税额。

(2) 从海关取得的海关进口增值税专用缴款书上注明的增值税税额。

(3) 购进农产品,除取得增值税专用发票或者海关进口增值税专用缴款书外,按照农产品收购发票或者销售发票上注明的农产品买价和11%的扣除率计算的进项税额。其计算公式为:

进项税额＝买价×扣除率

式中,买价是指纳税人购进农产品时在农产品收购发票或者销售发票上注明的价款和按照规定缴纳的烟叶税。

(4) 从境外单位或者个人购进服务、无形资产或者不动产,自税务机关或者扣缴义务人取得的解缴税款的完税凭证上注明的增值税税额。

（二）简易计税方法

简易计税方法是按照销售额与征收率的乘积计算应纳税额。应纳税额的计算公式为：

$$应纳税额 = 销售额 \times 征收率$$

式中，小规模纳税人的征收率为3%，应税行为中按照简易计税方法计税的销售不动产、不动产经营租赁服务的征收率为5%，其他情况下的征收率为3%。

二、一般纳税人的核算

（一）账户设置

为了核算一般纳税人应交增值税的发生、抵扣、缴纳、退税及转出等情况，增值税一般纳税人应在"应交税费"科目下设置"应交增值税""未交增值税""预交增值税""待认证进项税额""待转销项税额""简易计税""转让金融商品应交增值税"等明细科目。

（1）"应交增值税"明细账内设置"进项税额""销项税额抵减""已交税金""转出未交增值税""转出多交增值税""减免税款""销项税额""出口退税""进项税额转出"等专栏。其中：①"进项税额"专栏，记录一般纳税人购进货物、加工修理修配劳务、服务、无形资产或不动产而支付或负担的、准予从销项税额中抵扣的增值税税额；②"销项税额抵减"专栏，记录一般纳税人按照现行增值税制度规定因扣减销售额而减少的销项税额；③"已交税金"专栏，记录一般纳税人已缴纳的当月应交增值税税额；④"转出未交增值税"和"转出多交增值税"专栏，分别记录一般纳税人月度终了转出当月应交未交或多交的增值税税额；⑤"减免税款"专栏，记录一般纳税人按现行增值税制度规定准予减免的增值税税额；⑥"销项税额"专栏，记录一般纳税人销售货物、加工修理修配劳务、服务、无形资产或不动产应收取的增值税税额；⑦"出口退税"专栏，记录一般纳税人出口货物、加工修理修配劳务、服务、无形资产按规定退回的增值税税额；⑧"进项税额转出"专栏，记录一般纳税人购进货物、加工修理修配劳务、服务、无形资产或不动产等发生非正常损失以及其他原因而不应从销项税额中抵扣、按规定转出的进项税额。

（2）"未交增值税"明细科目，核算一般纳税人月度终了从"应交增值税"或"预交增值税"明细科目转入当月应交未交、多交或预交的增值税税额，以及当月缴纳以前期间未交的增值税税额。

（3）"预交增值税"明细科目，核算一般纳税人转让不动产、提供不动产经营租赁服务、提供建筑服务、采用预收款方式销售自行开发的房地产项目等，以及其他按现行增值税制度规定应预交的增值税税额。

（4）"待认证进项税额"明细科目，核算一般纳税人由于未经税务机关认证而不得从当期销项税额中抵扣的进项税额。包括：一般纳税人已取得增值税扣税凭证、按照现行增值税制度规定准予从销项税额中抵扣，但尚未经税务机关认证的进项税额；一般纳税人已申请稽核但尚未取得稽核相符结果的海关缴款书进项税额。

（5）"待转销项税额"明细科目，核算一般纳税人销售货物、加工修理修配劳务、服务、无形资产或不动产，已确认相关收入（或利得）但尚未发生增值税纳税义务而需于以后期间确认为销项税额的增值税税额。

(6)"简易计税"明细科目,核算一般纳税人采用简易计税方法发生的增值税计提、扣减、预交、缴纳等业务。

(7)"转让金融商品应交增值税"明细科目,核算增值税纳税人转让金融商品发生的增值税税额。

(二)账务处理

1.取得资产或接受劳务等业务的账务处理

(1)采购等业务进项税额允许抵扣的账务处理。企业购进货物、加工修理修配劳务、服务,按应计相关成本费用的金额,借记"在途物资"或"原材料""库存商品""生产成本""无形资产""固定资产"等科目,按当月已认证的可抵扣的增值税税额,借记"应交税费——应交增值税(进项税额)"科目,按当月未认证的可抵扣增值税税额,借记"应交税费——待认证进项税额"科目,按应付或实际支付的总额,贷记"应付账款""应付票据""银行存款"等科目。发生退货的,如原增值税专用发票已做认证,应根据税务机关开具的红字增值税专用发票做相反的会计分录;如原增值税专用发票未做认证,应将发票退回并做相反的会计分录。

【业务10-23】A公司生产车间委托外单位修理机器设备,对方开来的专用发票上注明修理费用20 000元、增值税税额2 600元,款项已用存款支付。A公司应根据增值税专用发票(发票联)等编制如下会计分录:

借:管理费用——修理费　　　　　　　　　20 000
　　应交税费——应交增值税(进项税额)　　2 600
　　贷:银行存款　　　　　　　　　　　　　　　22 600

【业务10-24】B公司购入农产品一批作为原材料,价款为200 000元,规定的扣除率为9%,货物已验收入库,货款已用银行存款支付。B公司应根据农产品的收购发票(记账联)等进行如下账务处理。

进项税额=买价×扣除率=200 000×9%=18 000(元)

借:原材料　　　　　　　　　　　　　　　182 000
　　应交税费——应交增值税(进项税额)　　18 000
　　贷:银行存款　　　　　　　　　　　　　　　200 000

(2)采购等业务进项税额不得抵扣的账务处理。企业购进货物、加工修理修配劳务、服务、无形资产或不动产,用于简易计税方法计税项目、免征增值税项目、集体福利或个人消费等,其进项税额按照现行增值税制度规定不得从销项税额中抵扣的,取得增值税专用发票时,应借记相关成本费用或资产科目,借记"应交税费——待认证进项税额"科目,贷记"银行存款""应付账款"等科目,经税务机关认证后,先转入"进项税额"专栏,借记"应交税费——应交增值税(进项税额)"科目,贷记"应交税费——待认证进项税额"科目;按现行增值税制度规定转出时,应借记相关成本费用或资产科目,贷记"应交税费——应交增值税(进项税额转出)"科目。

【业务10-25】A公司所属的职工医院维修购进甲材料4 000元、增值税税额520元,款项已转账付讫。A公司的账务处理应为:

(1)采购材料时:

借:应付职工薪酬——职工福利费	4 000	
应交税费——待认证进项税额	520	
贷:银行存款		4 520

(2) 经税务机关认证后:

借:应交税费——应交增值税(进项税额)	520	
贷:应交税费——待认证进项税额		520

(3) 按规定转出时:

借:应付职工薪酬——职工福利费	520	
贷:应交税费——应交增值税(进项税额转出)		520

知识链接

根据增值税制度规定,下列项目的进项税额不得从销项税额中抵扣:

① 用于简易计税方法计税项目、免征增值税项目、集体福利或者个人消费的购进货物、加工修理修配劳务、服务、无形资产和不动产。其中涉及的固定资产、无形资产、不动产,仅指专用于上述项目的固定资产、无形资产(不包括其他权益性无形资产)、不动产。

纳税人的交际应酬消费属于个人消费。

② 非正常损失的购进货物,以及相关的加工修理修配劳务和交通运输服务。

③ 非正常损失的在产品、产成品所耗用的购进货物(不包括固定资产)、加工修理修配劳务和交通运输服务。

④ 非正常损失的不动产,以及该不动产所耗用的购进货物、设计服务和建筑服务。

⑤ 非正常损失的不动产在建工程所耗用的购进货物、设计服务和建筑服务。纳税人新建、改建、扩建、修缮、装饰不动产,均属于不动产在建工程。

⑥ 购进的旅客运输服务、贷款服务、餐饮服务、居民日常服务和娱乐服务。

⑦ 财政部和国家税务总局规定的其他情形。

其中第④项、第⑤项所称货物,是指构成不动产实体的材料和设备,包括建筑装饰材料和给排水、采暖、卫生、通风、照明、通信、煤气、消防、中央空调、电梯、电气、智能化楼宇设备及配套设施。

(3) 购进不动产或不动产在建工程按规定进项税额账务处理。购进不动产或不动产在建工程按规定进项税额从销项税额中抵扣的,应当按取得成本,借记"固定资产""在建工程"等科目,借记"应交税费——应交增值税(进项税额)"科目,按应付或实际支付的金额,贷记"应付账款""应付票据""银行存款"等科目。

【业务10-26】C公司于2023年11月20日,以银行存款支付价款15 000 000元、增值税税额1 350 000元购进营业用房。C公司应根据取得的增值税专用发票(发票联)等进行如下账务处理:

借:固定资产	15 000 000	
应交税费——应交增值税(进项税额)	1 350 000	
贷:银行存款		16 350 000

2. 销售等业务的账务处理

（1）销售业务的账务处理。企业销售货物、加工修理修配劳务、服务、无形资产或不动产，应当按应收或已收的金额，借记"应收账款""应收票据""银行存款"等科目，按取得的收入金额，贷记"主营业务收入""其他业务收入""固定资产清理"等科目，按现行增值税制度规定计算的销项税额（或采用简易计税方法计算的应纳增值税税额），贷记"应交税费——应交增值税（销项税额）"或"应交税费——简易计税"科目。发生销售退回的，应根据按规定开具的红字增值税专用发票做相反的会计分录。

会计上确认收入或利得的时点早于按照增值税制度确认增值税纳税义务发生时点的，应将相关销项税额记入"应交税费——待转销项税额"科目，待实际发生纳税义务时再转入"应交税费——应交增值税（销项税额）"或"应交税费——简易计税"科目。

按照增值税制度确认增值税纳税义务发生时点早于会计上确认收入或利得时点的，应将应纳增值税税额，借记"应收账款"科目，贷记"应交税费——应交增值税（销项税额）"或"应交税费——简易计税"科目，会计上确认收入或利得时，应按扣除增值税销项税额后的金额确认收入。

【业务10-27】D公司为外单位代加工电脑桌600张，每张收取加工费100元，运用的增值税税率为13%，加工完成，款项已收存银行。D公司应根据银行进账单等收款凭证、开具的增值税专用发票（记账联）等编制如下会计分录：

借：银行存款　　　　　　　　　　　　　　67 800
　　贷：主营业务收入　　　　　　　　　　60 000
　　　　应交税费——应交增值税（销项税额）　7 800

【业务10-28】E公司拥有的某项商标权的成本为5 000 000元，已摊销金额为3 000 000元，已计提的减值准备为500 000元。该公司于当期出售该商标的所有权，取得出售价款2 000 000元、增值税税额120 000元。E公司应根据银行进账单等收款凭证、开具的增值税专用发票（记账联）及相关账簿记录等编制如下会计分录：

该商标权处置利得＝2 000 000－（5 000 000－3 000 000－500 000）＝500 000（元）

借：银行存款　　　　　　　　　　　　　2 120 000
　　累计摊销　　　　　　　　　　　　　3 000 000
　　无形资产减值准备　　　　　　　　　　500 000
　　贷：无形资产——××商标权　　　　　5 000 000
　　　　应交税费——应交增值税（销项税额）　120 000
　　　　资产处置损益　　　　　　　　　　500 000

【业务10-29】F公司出售一栋办公楼，出售价款700 000元、增值税税额63 000元，款项已存入银行。该办公楼的账面原价为1 000 000元，已提折旧400 000元，未计提减值准备；出售过程中用银行存款支付清理费用10 000元、增值税税额900元。F公司的账务处理应为：

（1）结转出售办公楼的账面价值，根据相关账户记录编制如下会计分录：

借：固定资产清理　　　　　　　　　　　　600 000
　　累计折旧　　　　　　　　　　　　　　400 000
　　贷：固定资产　　　　　　　　　　　1 000 000

(2) 取得处置收入时,根据银行进账单等收款凭证、增值税专用发票(记账联)等编制如下会计分录:

借:银行存款　　　　　　　　　　　　763 000
　　贷:固定资产清理　　　　　　　　　　　　　700 000
　　　　应交税费——应交增值税(销项税额)　　63 000

(3) 支付清理费用时,根据银行转账支付凭证、增值税专用发票(发票联)等编制如下会计分录:

借:固定资产清理　　　　　　　　　　10 000
　　应交税费——应交增值税(进项税额)　900
　　贷:银行存款　　　　　　　　　　　　　　10 900

(4) 结转固定资产清理净损益,根据"固定资产清理"账户记录编制如下会计分录:

清理净收益=700 000-(600 000+10 000)=90 000(元)

借:固定资产清理　　　　　　　　　　90 000
　　贷:资产处置损益　　　　　　　　　　　　90 000

(2) 视同销售的账务处理。企业的有些交易和事项从会计角度看不属于销售行为,不能确认销售收入,但是按照税法规定,应视同对外销售处理,计算应交增值税。视同销售需要缴纳增值税的事项包括企业将自产或委托加工的货物用于非应税项目、集体福利或个人消费,将自产、委托加工或购买的货物作为投资、分配给股东或投资者、无偿赠送他人等。企业发生税法上视同销售的行为,应当按照企业会计准则相关规定进行相应的会计处理,并按照现行增值税制度规定计算的销项税额(或采用简易计税方法计算的应纳增值税税额),借记"应付职工薪酬""利润分配"等科目,贷记"应交税费——应交增值税(销项税额)"或"应交税费——简易计税"科目。

【业务10-30】A公司将生产的甲产品对B公司进行投资。该批产品的成本为2 000 000元,双方协议价格(公允价值)为2 200 000元,增值税税率为13%。A公司投出资产时,应开具增值税专用发票,并根据增值税专用发票(记账联)和发运凭证等进行如下账务处理:

(1) 对外投资,视同销售:

借:长期股权投资——B公司　　　2 486 000
　　贷:主营业务收入　　　　　　　　　　　　2 200 000
　　　　应交税费——应交增值税(销项税额)　286 000

(2) 结转成本:

借:主营业务成本　　　　　　　　　2 000 000
　　贷:库存商品——甲产品　　　　　　　　　2 000 000

【业务10-31】B公司将生产的乙产品分配给投资人。该批产品的成本为400 000元,销售价格(公允价值)为500 000元,增值税税率为13%。B公司应根据经批准的利润分配方案、出库单(或提货单)等进行如下账务处理:

(1) 分配利润:

借:利润分配　　　　　565 000
　　贷:应付股利　　　　　　565 000

(2) 视同销售,确认收入:

借：应付股利　　　　　　　　　　　　　565 000
　　贷：主营业务收入　　　　　　　　　　　　500 000
　　　　应交税费——应交增值税（销项税额）　65 000
（3）结转成本：
借：主营业务成本　　　　　　　　　　　400 000
　　贷：库存商品——乙产品　　　　　　　　　400 000

3. 进项税额抵扣情况发生改变的账务处理

因发生非正常损失或改变用途等，原已计入进项税额、待抵扣进项税额或待认证进项税额，但按现行增值税制度规定不得从销项税额中抵扣的，借记"待处理财产损溢""应付职工薪酬""固定资产""无形资产"等科目，贷记"应交税费——应交增值税（进项税额转出）""应交税费——待抵扣进项税额"或"应交税费——待认证进项税额"科目。

【业务10-32】C公司库存丙材料因责任事故毁损一批，有关增值税专用发票确认的成本为10 000元，增值税税额为1 300元。C公司应根据盘盈盘亏报告表等编制如下会计分录：

借：待处理财产损溢——待处理流动资产损溢　　11 300
　　贷：原材料——丙材料　　　　　　　　　　　10 000
　　　　应交税费——应交增值税(进项税额转出)　1 300

4. 月末转出多交增值税和未交增值税的账务处理

月度终了，企业应当将当月应交未交或多交的增值税自"应交增值税"明细科目转入"未交增值税"明细科目。对于当月应交未交的增值税，借记"应交税费——应交增值税（转出未交增值税）"科目，贷记"应交税费——未交增值税"科目；对于当月多交的增值税，借记"应交税费——未交增值税"科目，贷记"应交税费——应交增值税（转出多交增值税）"科目。

【业务10-33】A公司本月发生销项税额合计180 000元，进项税额转出20 000元，进项税额120 000元，当月已交增值税30 000元。A公司应根据应交增值税明细账进行如下账务处理：

本月未交增值税＝180 000－（120 000－20 000）－30 000＝50 000（元）
借：应交税费——应交增值税(转出未交增值税)　50 000
　　贷：应交税费——未交增值税　　　　　　　　50 000

【业务10-34】B公司本月发生销项税额合计130 000元，进项税额转出20 000元，出口退税10 000元，进项税额110 000元，当月已交增值税60 000元。B公司应根据应交增值税明细账进行如下账务处理：

本月未交增值税＝（130 000＋10 000）－（110 000－20 000）－60 000
　　　　　　　＝－10 000（元）
借：应交税费——未交增值税　　　　　　　　　10 000
　　贷：应交税费——应交增值税(转出多交增值税)　10 000

5. 缴纳增值税的账务处理

（1）缴纳当月应交增值税的账务处理。企业缴纳当月应交的增值税，借记"应交税费——应交增值税(已交税金)"科目，贷记"银行存款"科目。

【业务10-35】A公司以银行存款缴纳本期增值税100 000元。A公司应根据已予支付凭证等编制如下会计分录：

借：应交税费——应交增值税（已交税金）　　100 000
　　贷：银行存款　　　　　　　　　　　　　　　　　100 000

（2）缴纳以前期间未交增值税的账务处理。企业缴纳以前期间未交的增值税，借记"应交税费——未交增值税"科目，贷记"银行存款"科目。

【业务10-36】A公司以银行存款缴纳上月未交的增值税200 000元。A公司应根据电子支付凭证等编制如下会计分录：

借：应交税费——未交增值税　　200 000
　　贷：银行存款　　　　　　　　　　　200 000

三、小规模纳税人的核算

（一）账户设置

小规模纳税人采用简易计税方法。小规模纳税人购进货物、接受应税劳务和应税行为支付的增值税，一律不予抵扣，直接计入有关货物、加工修理修配劳务、服务、不动产或无形资产的成本。销售货物，提供修理修配劳务、服务，转让不动产或无形资产时，按照不含税的销售额和征收率计算应缴纳的增值税，但不得开具增值税专用发票。

为了核算小规模纳税人应交增值税发生、缴纳等情况，只需在"应交税费"科目下设置"应交增值税"明细科目，格式采用三栏式，不需要在"应交增值税"明细科目中设置专栏。该科目贷方登记应缴纳的增值税，借方登记已缴纳的增值税；期末贷方余额为尚未缴纳的增值税，借方余额为多缴纳的增值税。

（二）账务处理

1. 取得资产或接受劳务等业务的账务处理

小规模纳税人购进货物、加工修理修配劳务、服务、无形资产或不动产支付的增值税，直接计入有关货物、劳务、服务或资产的成本，借记"在途物资""原材料""库存商品""生产成本""固定资产""无形资产""管理费用"等科目，贷记"银行存款""应付账款"等科目。购入货物发生的退货，做相反的会计分录。

【业务10-37】K公司（为小规模纳税人，下同）购入乙材料一批，取得的增值税专用发票中注明货款30 000元、增值税税额3 900元，款项以存款支付，材料已验收入库，该材料按实际成本计价。K公司应根据增值税普通发票（发票联）、银行转账支付凭证、入库单等编制如下会计分录：

借：原材料——乙材料　　33 900
　　贷：银行存款　　　　　　　　33 900

2. 销售业务的账务处理

小规模纳税人销售货物、加工修理修配劳务、服务、无形资产或不动产，应当按应收或已收的金额，借记"应收账款""应收票据""银行存款"等科目，按应纳的增值税，贷记"应交税费——应交增值税"科目，按照不含税的销售额，贷记"主营业务收入"等科目。发生的销售退回,做相反的会计分录。

【业务10-38】K公司销售丁产品一批,所开出的增值税普通发票中注明的价款为41 200元、增值税税额为1 200元,款项已存入银行。K公司应根据开具的增值税普通发票(发票联)、发运凭证等编制如下会计分录:

借:银行存款　　　　　　　　　　41 200
　　贷:主营业务收入　　　　　　　　40 000
　　　　应交税费——应交增值税　　　1 200

3. 缴纳增值税的账务处理

小规模纳税人缴纳本期应交的增值税,借记"应交税费——应交增值税"科目,贷记"银行存款"科目。

【业务10-39】M公司以银行存款缴纳本季度应交的增值税税额3 900元。M公司应根据银行电子支付凭证等编制如下会计分录:

借:应交税费——应交增值税　　　3 900
　　贷:银行存款　　　　　　　　　　3 900

四、差额征税的账务处理

根据财政部和国家税务总局"营改增"相关规定,对于企业发生的某些业务(金融商品转让、经纪代理服务、融资租赁和融资性售后回租业务、一般纳税人提供客运场站服务、试点纳税人提供旅游服务、选择简易计税方法提供建筑服务等)无法通过抵扣机制避免重复征税的,应采用差额征税方式计算交纳增值税。

(一)企业发生相关成本费用按规定允许扣减销售额的账务处理

按现行增值税制度规定,企业发生相关成本费用允许扣减销售额的,发生成本费用时,按应付或实际支付的金额,借记"主营业务成本"等科目,贷记"应付账款""应付票据""银行存款"等科目。待取得合规增值税扣税凭证且纳税义务发生时,按照允许抵扣的税额,借记"应交税费——应交增值税(销项税额抵减)"或"应交税费——简易计税"科目(小规模纳税人应借记"应交税费——应交增值税"科目),贷记"主营业务成本"等科目。

【业务10-40】A旅行社为增值税一般纳税人,应交增值税采用差额征税方式核算。2023年10月,该旅行社为B公司提供职工境内旅游服务,向B公司收取含税价款318 000元,其中增值税18 000元,全部款项已收妥入账。旅行社以银行存款支付其他接团旅游企业的旅游费用和其他单位相关费用共计254 400元,其中,因允许扣减销售额而减少的销项税额14 400元。A旅行社应编制如下会计分录:

(1)确认旅游服务收入:

借:银行存款　　　　　　　　　　318 000
　　贷:主营业务收入　　　　　　　　300 000
　　　　应交税费——应交增值税(销项税额)　18 000

(2)支付旅游费用等:

借:主营业务成本　　　　　　　　254 400

　　　　贷：银行存款　　　　　　　　　　　　　　254 400
　　（3）根据增值税扣税凭证抵减销项税额，并调整成本：
　　借：应交税费——应交增值税（销项税额抵减）　14400
　　　　贷：主营业务成本　　　　　　　　　　　　14 400
　　上述会计分录（2）（3）可合并编制如下会计分录：
　　借：主营业务成本　　　　　　　　　240 000
　　　　应交税费——应交增值税（销项税额抵减）　14 400
　　　　贷：银行存款　　　　　　　　　　　　　　254 400

（二）企业转让金融商品按规定以盈亏相抵后的余额作为销售额

　　按现行增值税制度规定，企业实际转让金融商品，月末，如产生转让收益，则按应纳税额，借记"投资收益"等科目，贷记"应交税费——转让金融商品应交增值税"科目；如产生转让损失，则按可结转下月抵扣税额，借记"应交税费——转让金融商品应交增值税"科目，贷记"投资收益"等科目。交纳增值税时，应借记"应交税费——转让金融商品应交增值税"科目，贷记"银行存款"科目。年末，"应交税费——转让金融商品应交增值税"科目如有借方余额，则借记"投资收益"等科目，贷记"应交税费——转让金融商品应交增值税"科目。

五、增值税税控系统专用设备和技术维护费用抵减　　增值税额的核算

　　按现行增值税制度规定，企业初次购买增值税税控系统专用设备支付的费用以及缴纳的技术维护费允许在增值税应纳税额中全额抵减。增值税税控系统专用设备，包括增值税防伪税控系统设备（如金税卡、IC卡、读卡器或金税盘和报税盘）、货物运输业增值税专用发票税控系统设备（如税控盘和报税盘）、机动车销售统一发票税控系统和公路、内河货物运输业发票税控系统的设备（如税控盘和传输盘）。

　　企业初次购入增值税税控系统专用设备，按实际支付或应付的金额，借记"固定资产"科目，贷记"银行存款""应付账款"等科目。按规定抵减的增值税应纳税额，借记"应交税费——应交增值税（减免税款）"科目（小规模纳税人应借记"应交税费——应交增值税"科目），贷记"管理费用"等科目。

　　企业发生增值税税控系统专用设备技术维护费，应按实际支付或应付的金额，借记"管理费用"科目，贷记"银行存款"等科目。按规定抵减的增值税应纳税额，借记"应交税费——应交增值税（减免税款）"科目（小规模纳税人应借记"应交税费——应交增值税"科目），贷记"管理费用"等科目。

　　【业务10-41】B公司为增值税一般纳税人，初次购买数台增值税税控系统专用设备作为固定资产核算，取得增值税专用发票上注明的价款为38 000元，增值税税额为4 940元，价款和税款以银行存款支付。B公司应编制如下会计分录：
　　（1）取得设备，支付价款和税款时：
　　借：固定资产　　　　　　　42 940
　　　　贷：银行存款　　　　　　　　42 940

(2) 按规定抵减增值税应纳税额时：

借：应交税费——应交增值税（减免税款）　　42 940
　　贷：管理费用　　　　　　　　　　　　　　　　42 940

小微企业在取得销售收入时，应当按照现行增值税制度的规定计算应交增值税，并确认为应交税费，在达到增值税制度规定的免征增值税条件时，将有关应交增值税转入当期损益。

任务五　其他应交税费的核算

一、应交消费税的核算

（一）账户设置

消费税是指在我国境内生产、委托加工、进口或零售应税消费品的单位和个人，按其流转额缴纳的一种流转税。消费税有从价定率、从量定额、既从价定率又从量定额三种计税方法。采取从价定率计税的消费税，按不含增值税的销售额为税基和税法规定的税率计算确定；采取从量定额计征的消费税，按税法确定的企业应税消费品的数量和单位消费税税额计算确定。

企业为了核算应交消费税的发生、缴纳情况，应在"应交税费"科目下设置"应交消费税"明细科目。该科目贷方登记应缴纳的消费税，借方登记已缴纳的消费税；期末贷方余额表示尚未缴纳的消费税，借方余额表示多缴纳的消费税。

（二）账务处理

1. 销售应税消费品的账务处理

企业生产销售应税消费品应缴纳的消费税，应借记"税金及附加"科目，贷记"应交税费——应交消费税"科目。

【业务10-42】2023年11月10日，A公司销售所生产的一批应税消费品，价款为600 000元（不含增值税），适用的消费税税率为10%，不考虑其他相关税费。A公司应编制如下会计分录：

应交消费税＝600 000×10%＝60 000（元）

借：税金及附加　　　　　　　　　60 000
　　贷：应交税费——应交消费税　　　60 000

2. 企业自产自用应税消费品的账务处理

企业将生产的应税消费品，用于连续生产应税消费品，不纳税；用于其他方面，例如，连续生产非应税消费品、在建工程、管理部门、非生产机构、提供劳务，以及用于馈赠、赞助、投资、广告、样品、职工福利、奖励等方面，均应视同销售，需缴纳消费税。按规定应缴纳的消费税，借记"在建工程""管理费用""应付职工薪酬""长期股权投资"等科目，贷记"应交税费

——应交消费税"科目。

【业务10-43】A公司在建工程领用自产柴油50 000元,应纳消费税6 000元。A公司的账务处理应为:

借:在建工程　　　　　　　　　　56 000
　　贷:库存商品——柴油　　　　　　　50 000
　　　　应交税费——应交消费税　　　　6 000

【业务10-44】A公司下设的职工食堂享受企业提供的补贴,本月领用自产产品一批,该产品的账面价值为50 000元,市场价格为60 000元(不含增值税),适用的消费税税率为10%、增值税税率为13%。A公司的账务处理应为:

(1) 领用时确认收入,计算增值税:

借:应付职工薪酬——非货币性福利　　67 800
　　贷:主营业务收入　　　　　　　　　　60 000
　　　　应交税费——应交增值税(销项税额)　7 800

(2) 领用时计算消费税:

借:税金及附加　　　　　　　　　　6 000
　　贷:应交税费——应交消费税　　　　6 000

(3) 结转成本时:

借:主营业务成本　　　　　　　　　50 000
　　贷:库存商品　　　　　　　　　　　50 000

(4) 计提时:

借:管理费用　　　　　　　　　　　67 800
　　贷:应付职工薪酬——非货币性福利　67 800

3. 委托加工应税消费品的账务处理

委托加工应税消费品(非金银首饰等),一般应由受托方(非个人)代收代缴消费税。受托方按应计的消费税税额,借记"应收账款""银行存款"等科目,贷记"应交税费——应交消费税"科目。

委托方收回委托加工应税消费品后,若用于连续生产应税消费品,按规定准予抵扣的,应按已由受托方代收代缴的消费税,借记"应交税费——应交消费税"科目,贷记"应付账款""银行存款"等科目;若用于其他方面,应将受托方代收代缴的消费税计入委托加工物资的成本,借记"委托加工物资"等科目,贷记"应付账款""银行存款"等科目。

【业务10-45】A公司委托B公司代为加工一批应交消费税的材料(非金银首饰)。A公司发出丙材料的成本为1 000 000元,应支付的加工费为200 000元(不考虑增值税),由B公司代收代缴的消费税为80 000元。材料已经加工完成,并由A公司收回验收入库,加工费尚未支付。A公司采用实际成本法进行原材料的核算。A公司的账务处理应为:

(1) 如果A公司收回的委托加工物资用于继续生产应税消费品:

借:委托加工物资——B公司　　　　1 000 000
　　贷:原材料——丙材料　　　　　　　　1 000 000
借:委托加工物资——B公司　　　　200 000
　　应交税费——应交消费税　　　　80 000

贷：应付账款——B公司　　　　　　　　280 000
　　借：原材料　　　　　　　　　　　1 200 000
　　　贷：委托加工物资——B公司　　　　　1 200 000
　（2）如果A公司收回的委托加工物资直接用于对外销售：
　　借：委托加工物资——B公司　　　　1 000 000
　　　贷：原材料——丙材料　　　　　　　1 000 000
　　借：委托加工物资——B公司　　　　　280 000
　　　贷：应付账款——B公司　　　　　　　280 000
　　借：原材料　　　　　　　　　　　1 280 000
　　　贷：委托加工物资——B公司　　　　　1 280 000

4. 进口应税消费品的账务处理

企业进口应税消费品，在进口环节应交的消费税，计入该项应税消费品的成本，借记"材料采购""在途物资""固定资产"等科目，贷记"银行存款"科目。

【业务10-46】C公司从国外进口一批需要缴纳消费税的商品，商品价值2 000 000元（不含增值税），进口环节需要缴纳的消费税为400 000元，进口的商品已验收入库，货款尚未支付，税款已用银行存款支付。C公司的账务处理应为：

　　借：库存商品　　　　　　　　　　2 400 000
　　　贷：应付账款　　　　　　　　　　　2 000 000
　　　　　银行存款　　　　　　　　　　　　400 000

二、应交城市维护建设税、教育费附加的核算

（一）应交城市维护建设税的核算

城市维护建设税是以增值税、消费税为计税依据征收的一种税。其纳税人为缴纳增值税、消费税的单位和个人，税率因纳税人所在地不同，有1%、5%、7%三种。其计算公式为：

$$应纳税额=（实交增值税+实交消费税）\times 适用税率$$

企业计算应交的城市维护建设税，借记"税金及附加"科目，贷记"应交税费——应交城市维护建设税"科目。

【业务10-47】M公司本期实际应上交增值税400 000元、消费税441 000元。M公司适用的城市维护建设税税率为7%。M公司的账务处理应为：

（1）计算应交城市维护建设税：

　　　　应纳税额=（400 000+441 000）×7%=58 870（元）
　　借：税金及附加　　　　　　　　　　　58 870
　　　贷：应交税费——应交城市维护建设税　　58 870

（2）缴纳城市维护建设税：

　　借：应交税费——应交城市维护建设税　　58 870
　　　贷：银行存款　　　　　　　　　　　　58 870

(二) 应交教育费附加的核算

教育费附加是以增值税、消费税为计费依据征收的一种费用。其缴费人为缴纳增值税、消费税的单位和个人,费率为3%。其计算公式为:

应交教育费附加=(实交增值税+实交消费税)×费率

企业计算应交教育费附加时,借记"税金及附加"科目,贷记"应交税费——应交教育费附加"科目。

【业务10-48】接业务10-47,M公司计算本期应交的教育费附加。M公司适用的教育费附加费率为3%。M公司的账务处理应为:

应交金额=(400 000+441 000)×3%=25 230(元)

借:税金及附加　　　　　　　　　　　25 230
　　贷:应交税费——应交教育费附加　　　　25 230

三、应交资源税、土地增值税的核算

(一) 应交资源税的核算

资源税是指对在我国境内开采矿产品或者生产盐的单位和个人,就其发生的应税产品的课税数量征收的一种税。开采或生产应税产品对外销售的,以销售数量为课税数量;开采或生产应税产品自用的,以自用数量为课税数量。纳税人应纳的资源税按照应税产品的课税数量和规定的单位税额计算确定。

企业对外销售应税产品时,按应缴纳的资源税,借记"税金及附加"科目,贷记"应交税费——应交资源税"科目;若为自产自用应税产品,按应缴纳的资源税,借记"生产成本""制造费用"等科目,贷记"应交税费——应交资源税"科目。

【业务10-49】2023年8月8日,N公司对外销售资源税应税矿产品7 000吨,将自产资源税应税矿产品200吨用于其产品生产。税法规定每吨矿产品应交资源税税额5元。N公司的账务处理应为:

应纳税额=(7 000+200)×5=36 000(元)

借:税金及附加　　　　　　　　　　　35 000
　　生产成本　　　　　　　　　　　　 1 000
　　贷:应交税费——应交资源税　　　　　36 000

(二) 应交土地增值税的核算

土地增值税是指在我国境内有偿转让土地使用权及地上建筑物和其他附着物产权的单位和个人,就其土地增值额征收的一种税。土地增值额是指转让收入减去规定扣除项目金额后的余额。

1. 房地产开发企业的账务处理

房地产开发经营企业销售房地产时,按应纳的土地增值税,借记"税金及附加"科目,贷记"应交税费——应交土地增值税"科目。应纳土地增值税,借记"应交税费——应交土地增值税"科目,贷记"银行存款"科目。

【业务10-50】 K公司为房地产开发企业,2023年9月8日,销售自行开发的商品住房一幢,应纳的土地增值税为1 000 000元。K公司的账务处理应为:

借:税金及附加　　　　　　　　　　　　1 000 000
　　贷:应交税费——应交土地增值税　　　　　　1 000 000

2. 其他企业的账务处理

企业应交的土地增值税视情况记入不同科目:企业转让的土地使用权连同地上建筑物及其附着物一并在"固定资产"等科目核算的,转让时应交的土地增值税,借记"固定资产清理"科目,贷记"应交税费——应交土地增值税"科目;土地使用权在"无形资产"科目核算的,按实际收到的金额,借记"银行存款"科目,按应交的土地增值税,贷记"应交税费——应交土地增值税"科目,按土地使用权的账面价值,贷记"无形资产"科目,按其差额,借记或贷记"资产处置损益"科目。

【业务10-51】 L公司对外转让一栋厂房,根据税法规定计算的应交土地增值税为30 000元。L公司的账务处理应为:

借:固定资产清理　　　　　　　　30 000
　　贷:应交税费——应交土地增值税　　　30 000

四、应交房产税、城镇土地使用税、车船税、印花税的核算

房产税是指对在我国境内城市、县城、建制镇和工矿区范围内的房屋产权所有人,按照房屋的计税余值或租金收入征收的一种财产税。房屋自用的,以房产原值一次减除10%—30%后的余额作为房产税的计税依据,没有房产原值作为依据的,由房产所在地税务机关参考同类房产核定;房产出租的,以房产租金收入为房产税的计税依据。

城镇土地使用税是指对在我国境内城市、县城、建制镇和工矿区范围内使用土地的单位和个人,按照实际占用的土地面积,依照规定税额计算征收的一种税。

车船税是指对在我国境内拥有车船的单位和个人征收的一种财产税。

印花税是对书立、领受、使用合同等应税经济凭证行为征收的一种税。应税经济凭证包括:购销、加工承揽、建设工程承包、财产租赁、货物运输、仓储保管、借款、财产保险、技术合同或者具有合同性质的凭证;产权转移书据;营业账簿;权利、许可证照等。纳税人根据应纳税凭证的性质,分别按比例税率或者按件定额计算应纳税额。实行由纳税人根据规定自行计算应纳税额,购买并一次贴足印花税票,且在每枚税票的骑缝处盖戳注销或者划销,办理完税手续的缴纳方法。

企业按应交的房产税、城镇土地使用税、车船税,借记"税金及附加"科目,贷记"应交税费——应交房产税(或应交城镇土地使用税、应交车船税)"科目。企业缴纳的印花税不需要通过"应交税费"账户核算,而是于购买印花税票的同时,直接借记"税金及附加"科目,贷记"银行存款"科目。

【业务10-52】 A公司按税法规定本期应交房产税160 000元、车船税38 000元、城镇土地使用税45 000元。A公司的账务处理如下:

(1) 计算应缴纳的税额：

借：税金及附加　　　　　　　　　　　　243 000
　　贷：应交税费——应交房产税　　　　　　　160 000
　　　　　　　　——应交城镇土地使用税　　　45 000
　　　　　　　　——应交车船税　　　　　　　　38 000

(2) 缴纳税款：

借：应交税费——应交房产税　　　　　　160 000
　　　　　　——应交城镇土地使用税　　　45 000
　　　　　　——应交车船税　　　　　　　　38 000
　　贷：银行存款　　　　　　　　　　　　243 000

五、应交个人所得税的核算

个人所得税是对个人（自然人）的劳务和非劳务所得征收的一种税。其中，劳务和非劳务所得主要包括工资、薪金所得，劳务报酬所得，稿酬所得等。企业职工按规定应缴纳的个人所得税通常由单位代扣代缴。企业按规定计算的代扣代缴的职工个人所得税，借记"应付职工薪酬"科目，贷记"应交税费——应交个人所得税"科目；企业缴纳个人所得税时，借记"应交税费——应交个人所得税"科目，贷记"银行存款"等科目。

【业务10-53】B公司结算本月应付职工工资总额200 000元，代扣职工个人所得税共计4 000元，实发工资196 000元。B公司代扣个人所得税的账务处理应为：

借：应付职工薪酬——工资　　　　　　　4 000
　　贷：应交税费——应交个人所得税　　　　4 000

任务六　应付利息、应付股利和其他应付款的核算

一、应付利息的核算

应付利息是指企业按照合同约定应支付的利息，包括分期付息到期还本的长期借款、企业债券等应支付的利息。企业应当设置"应付利息"科目，该科目贷方登记应支付的利息，借方登记实际支付的利息，期末贷方余额反映企业应付未付的利息。该科目可按债权人进行明细核算。

企业采用合同约定的名义利率计算确定利息费用时，应按合同约定的名义利率计算确定的应付利息的金额，贷记"应付利息"科目，借记有关科目；实际支付利息时，借记"应付利息"科目，贷记"银行存款"等科目。

【业务10-54】A公司借入5年期到期还本按年付息的长期借款2 000 000元，合同约定年利率为5%。假定借款利息不符合资本化条件，A公司的账务处理应为：

(1) 按年计算确定利息费用时：
借：财务费用　　　　　　100 000
　　贷：应付利息　　　　　　　100 000
(2) 按年实际支付利息时：
借：应付利息　　　　　　100 000
　　贷：银行存款　　　　　　　100 000

二、应付股利的核算

应付股利是指企业根据股东大会或类似机构审议批准的利润分配方案，确定分配给投资者的现金股利或利润。企业应设置"应付股利"科目，核算企业确定或宣告支付但尚未实际支付的现金股利或利润。该科目贷方登记应支付的现金股利或利润，借方登记实际支付的现金股利或利润，期末贷方余额反映企业应付未付的现金股利或利润。该科目应按照投资者设置明细科目进行明细核算。

企业根据股东大会或类似机构审议批准的利润分配方案，确认应付给投资者的现金股利或利润时，借记"利润分配——应付现金股利或利润"科目，贷记"应付股利"科目；向投资者实际支付现金股利或利润时，借记"应付股利"科目，贷记"银行存款"等科目。

需要指出的是，企业董事会或类似机构通过的利润分配方案中拟分配的现金股利或利润，不做账务处理，不作为应付股利核算，但应在附注中披露。企业分配的股票股利也不通过"应付股利"科目核算。

【业务10-55】B有限责任公司2023年度实现净利润6 000 000元。该公司有甲、乙两个股东，经过董事会批准，决定分配2023年度现金股利4 000 000元。股利已用银行存款支付。B有限责任公司的账务处理应为：
(1) 确认应分配的现金股利：
借：利润分配——应付现金股利　　4 000 000
　　贷：应付股利——股东甲　　　　　1 200 000
　　　　　　　——股东乙　　　　　2 800 000
(2) 支付现金股利：
借：应付股利——股东甲　　1 200 000
　　　　　　——股东乙　　2 800 000
　　贷：银行存款　　　　　　　4 000 000

三、其他应付款的核算

其他应付款是指经营活动中发生的除应付票据、应付账款、预收账款、应付职工薪酬、应交税费、应付利息、应付股利等以外的其他各项应付、暂收的款项，如应付租入包装物租金、存入保证金等。企业应设置"其他应付款"科目，该科目贷方登记发生的各种应付、暂收款项，借方登记偿还或转销的各种应付、暂收款项；该科目期末贷方余额，反映企业未付的其他应付款项。该科目可按其他应付款的项目和对方单位（或个人）进行明细核算。

企业发生其他各种应付、暂收款项时,借记"管理费用""银行存款"等科目,贷记"其他应付款"科目;支付或退回其他各种应付、暂收款项时,借记"其他应付款"科目,贷记"银行存款"等科目。

【业务10-56】M公司从2024年1月1日起,以经营租赁方式租入管理用办公设备一批,每月租金为5 000元,增值税税率为13%,按季支付。3月31日,M公司以银行存款支付应付的租金。M公司的账务处理应为:

(1) 1月31日计提应付经营租入固定资产租金:

借:管理费用　　　　　　　　　　　　　5 000
　　应交税费——应交增值税(进项税额)　 650
　　　贷:其他应付款　　　　　　　　　　　 5 650

(2) 2月底计提应付经营租入固定资产租金:

借:管理费用　　　　　　　　　　　　　5 000
　　应交税费——应交增值税(进项税额)　 650
　　　贷:其他应付款　　　　　　　　　　　 5 650

(3) 3月31日支付租金:

借:其他应付款　　　　　　　　　　　　11 300
　　管理费用　　　　　　　　　　　　　 5 000
　　应交税费——应交增值税(进项税额)　 650
　　　贷:银行存款　　　　　　　　　　　　16 950

【业务10-57】M公司收到出租包装物的押金5 000元存入银行。M公司的账务处理应为:

借:银行存款　　　　　　　　　　　　　5 000
　　贷:其他应付款——存入保证金　　　　　 5 000

项目小结

本项目的主要内容结构如表10-1所示。

表10-1　项目十"流动负债"的内容结构表

短期借款的核算	短期借款的核算要求	核算范围
		账户设置
	短期借款的会计处理	短期借款的取得
		短期借款利息的确认
		短期借款本息的偿还
应付及预收款项的核算	应付票据的核算	账户设置
		账务处理
	应付账款的核算	账户设置
		账务处理

续表

	预收账款的核算	账户设置
		账务处理
应付职工薪酬的核算	职工薪酬的构成	短期薪酬
		离职后福利
		辞退福利
		其他长期职工薪酬
	短期薪酬的确认和计量	确认与计量原则
		账户设置
	短期薪酬的核算	货币性职工薪酬
		非货币性职工薪酬
	设定提存计划的核算	核算原则
		账务处理
应交增值税的核算	增值税应纳税额的计算	一般计税方法
		简易计税方法
	一般纳税人的核算	账户设置
		账务处理
	小规模纳税人的核算	账户设置
		账务处理
其他应交税费的核算	应交消费税的核算	账户设置
		账务处理
	应交城市维护建设税、教育费附加的核算	应交城市维护建设税的核算
		应交教育费附加的核算
	应交资源税、土地增值税的核算	应交资源税的核算
		应交土地增值税的核算
	应交房产税、城镇土地使用税、车船税、印花税的核算	账户设置
		账务处理
	应交个人所得税的核算	代扣代缴的账务处理
应付利息、应付股利和其他应付款的核算	应付利息的核算	计提与支付的账务处理
	应付股利的核算	股利分配与支付的账务处理
	其他应付款的核算	其他应付款的内容
		账务处理

思考与练习

一、思考题

1. 应付银行承兑汇票与应付商业承兑汇票的核算存在哪些异同?

2. 职工薪酬的范围包括哪些?短期薪酬包括哪些具体形式?职工薪酬的确认与计量原则是什么?

3. 累积带薪缺勤与非累积带薪缺勤有何不同?在账务处理上又有何区别?

4. 企业应设置哪些明细科目核算增值税？"应交增值税"明细科目通常设有哪些专栏？设置这些明细科目及专栏的目的是什么？

5. 一般纳税人和小规模纳税人在增值税的税务处理和会计处理上存在哪些不同？

二、单项选择题

1. 2023年7月1日，某企业向银行借入生产经营用短期借款200万元，期限为6个月，年利率为4.5%，本金到期一次归还，利息按月计提、按季度支付。不考虑其他因素，下列各项中，该企业9月30日支付利息的会计处理正确的是(　　)。

 A. 借：财务费用　　　　　　22 500
   贷：银行存款　　　　　　　　22 500
 B. 借：财务费用　　　　　　 7 500
    应付利息　　　　　　15 000
   贷：银行存款　　　　　　　　22 500
 C. 借：财务费用　　　　　　 7 500
    短期借款　　　　　　15 000
   贷：银行存款　　　　　　　　22 500
 D. 借：短期借款　　　　　　22 500
   贷：银行存款　　　　　　　　22 500

2. 结转确实无法支付的应付账款，账面余额转入(　　)。
 A. 管理费用　　　B. 财务费用　　　C. 其他业务收入　　　D. 营业外收入

3. 下列各项中，应通过"应付票据"会计科目核算的是(　　)。
 A. 用银行本票购买办公品　　　　　　B. 用商业汇票购买原材料
 C. 用转账支票购买固定资产　　　　　D. 用银行汇票购买周转材料

4. 下列各项中，关于应付账款的会计处理表述不正确的有(　　)。
 A. 确定无法偿还的应付账款，应按其账面余额计入营业外收入
 B. 购入材料确认的应付账款，是扣除现金折扣之后的金额
 C. 应付账款的入账金额中包含购入原材料的不含税买价和对应的增值税税额
 D. 开出商业汇票抵付所欠货款时，将应付账款转作应付票据

5. 某企业将自产的一批产品作为非货币性福利发放给车间的生产工人，该批产品不含税售价为50 000元，适用的增值税税率为13%，成本为35 000元。下列各项中，该企业发放该项非货币性福利应计入生产成本的金额为(　　)元。
 A. 43 500　　　B. 35 000　　　C. 56 500　　　D. 50 000

6. 某企业临时租赁一套租期为12个月的公寓供总部高级经理免费使用。下列各项中，关于企业确认该项非货币性福利会计处理表述正确的是(　　)。
 A. 借记"管理费用"科目，贷记"应付职工薪酬"科目
 B. 借记"营业外支出"科目，贷记"应付职工薪酬"科目
 C. 借记"销售费用"科目，贷记"应付职工薪酬"科目
 D. 借记"其他业务成本"科目，贷记"应付职工薪酬"科目

7. 企业计提生车间管理人员基本养老保险费120 000元。下列各项中，关于该事项的

会计处理正确的是( )。

A. 借:管理费用　　　　　　　　　　　　120 000
　　贷:应付职工薪酬——基本养老保险费　　　　120 000
B. 借:制造费用　　　　　　　　　　　　120 000
　　贷:银行存款　　　　　　　　　　　　　　120 000
C. 借:制造费用　　　　　　　　　　　　120 000
　　贷:其他应付款　　　　　　　　　　　　　120 000
D. 借:制造费用　　　　　　　　　　　　120 000
　　贷:应付职工薪酬——基本养老保险费　　　　120 000

8. 企业缴纳上月应交未交的增值税时,应借记( )。
A. 应交税费——未交增值税
B. 应交税费——应交增值税(转出未交增值税)
C. 应交税费——应交增值税(转出多交增值税)
D. 应交税费——应交增值税(已交税金)

9. 某企业为增值税小规模纳税人,购入原材料一批,取得增值税专用发票上注明的价款为400 000元,增值税税额为52 000元,发生入库前挑选整理费500元,材料已经验收入库。不考虑其他因素,该批材料的入账价值为( )元。
A. 452 000　　　B. 452 500　　　C. 400 000　　　D. 400 500

10. 下列各项中,企业应交消费税的相关会计处理表述正确的是( )。
A. 收回委托加工物资直接对外销售,受托方代收代缴的消费税记入"应交税费——应交消费税"科目的借方
B. 用于在建工程的自产产品应交纳的消费税记入"税金及附加"科目的借方
C. 销售产品应交的消费税记入"税金及附加"科目的借方
D. 收回委托加工物资连续生产应税消费品,受托方代收代缴的消费税记入"委托加工物资"科目的借方

三、业务题

1. 公司于1月1日向银行借入短期借款480 000元,期限为6个月,年利率为8%。到期后一次归还本金,利息分月计提,按季支付。

2. 企业购入原材料,价款为200万元,增值税26万元,款未付,材料入库。售货方开出的付款条件为10天之内付款享受买价的2%折扣,20天内付款享受1%的现金折扣,30天内必须付清款项。8天后付款。假定在计算现金折扣时不考虑增值税。

3. 公司有职工300名,270名为直接参加生产的职工,30名为总部管理人员。现以其生产的成本为4 000元的彩电作为福利发放给每名职工。彩电售价为每台5 000元,增值税率为13%。

4. 公司为部门经理级别以上职工20人每人提供一辆小汽车免费使用,假定每辆小汽车每月计提折旧2 000元。

5. 公司为其6名副总裁以上高级管理人员每人租赁一套公寓免费使用,月租金为每套10 000元。

6. 甲公司委托乙公司代为加工一批材料。发出材料成本为300 000元,加工费为40 000元,增值税率为13%,由乙公司代收代缴的消费税为12 000元。加工完成,收回验收入库,所有款项用银行存款支付。收回的委托加工物资直接用于对外销售。

7. 企业开出一张面值为67 800元,期限为3个月的不带息的商业汇票用于采购一批M材料,买价为60 000万元,增值税为7 800元,材料入库。到期无款支付。

8. 年末本企业确定应支付给丁公司的6 000元应付账款无法支付,予以转销。

9. 企业本月应付工资总额为50万元,工资费用分配表中列示:A产品生产工人的工资为20万元,B产品生产工人的工资为10万元。车间管理人员的工资为7万元,企业管理人员工资为10万元,销售人员的工资为3万元。

(1) 计提工资。
(2) 按工资总额的30%的比例计提社会保险费。按10%的比例计提住房公积金。
(3) 发放工资。扣除职工个人应交工资总额10%的社会保险费、10%的住房公积金。
(4) 上交社会保险费。
(5) 上交住房公积金。

10. 按照本月工资总额50万元的2%计提工会经费,8%计提职工教育经费。企业用银行存款4 000元购买职工培训用教材。

11. 公司下设一职工食堂。公司每月计算需要补贴食堂的金额,从而确定企业每期承担的福利费金额。企业在岗职工共计300人,其中管理部门30人、生产车间270人。企业对于每个职工每月需补贴食堂200元。企业每月支付60 000元补贴给食堂。

12. 公司生产车间委托外单位修理机器设备,修理费用10 000元,增值税额1 300元,用存款支付。

13. 公司购入免税农产品一批作为商品,价款为100 000元,规定的扣除率为9%,验收入库,用银行存款支付。

14. 公司将外购的A材料一批用于自建的厂房工程。该批材料的成本为200 000元。

15. 公司以银行存款支付价款10 000 000元、增值税额900 000元购进营业用房。

16. 企业库存B材料因意外火灾毁损一批,确认的成本为30 000元,增值税额3 900元。

17. 企业库存C材料因自然灾害毁损一批,确认的成本为200 000元,增值税额2 6000元。批准处理。

18. 公司某无形资产的成本为3 000 000元,已摊销2 000 000元,已计提的减值准备为400 000元。现出售该无形资产,出售价款1 000 000元、增值税60 000元。收款。

19. 公司出售一栋厂房,出售价款300 000元、增值税额27 000元,款存银行。该厂房原价为400 000元,已提折旧200 000元;出售过程中用存款支付清理费用6 000元、增值税税额540元。

20. 公司将自己生产的A产品用于职工食堂。该产品的成本为160 000元,计税价格为200 000元。增值税率为13%。

21. 对外捐赠B产品,成本价60 000元,售价100 000,税率13%。

22. 公司本月发生销项税额合计160 000元,进项税额转出10 000元,出口退税20 000元,进项税额120 000元,当月已交增值税80 000元。月末结转。

23. 公司销售所生产的一批应税消费品,价款为300 000元(不含增值税),适用的消费税税率为10%,不考虑其他相关税费。

24. 企业本期实际应上交增值税400 000元,消费税600 000元。该企业适用的城市维护建设税税率为7%,适用的教育费附加费率为3%。计交城建税和教育费附加。

25. 公司从1月1日起,以经营租赁方式租入管理用办公设备一批,每月租金10 000元,按季支付。3月31日,公司以存款支付应付租金30 000元。

项目十一
非流动负债

> **项目目标**
>
> 了解非流动负债的构成、特点,掌握长期借款、应付债券和长期应付款的核算。

任务一　长期借款的核算

一、长期借款的核算要求

长期借款是指企业向金融机构借入的、偿还期限在1年以上(不含1年)的各种借款。长期借款主要用于固定资产购建、改扩建工程、大修理工程、对外投资以及为了保持长期生产经营能力等方面的需要。与短期借款相比,长期借款的借款费用需要根据权责发生制的要求,按期预提计入所购建资产的成本或直接计入当期财务费用。由于长期借款的期限较长,至少在一年以上,因此,在资产负债表非流动负债项目中列示。

长期借款核算的基本要求是反映和监督企业长期借款的借入、借款利息的结算和借款本金的归还情况,促使企业遵守信贷合同,提高信用等级确保长期借款的效用。

为了核算长期借款借入、归还及利息结算等情况,企业应设置"长期借款"科目,该科目贷方登记长期借款本息增加额,借方登记本息减少额,期末贷方余额表示企业尚未偿还的长期借款本息。该科目可按照贷款单位和贷款种类,并分别对"本金""利息调整""应计利息"等进行明细核算。

二、长期借款取得的核算

企业借入长期借款时,应按实际收到的金额,借记"银行存款"科目,按未来归还的本金,贷记"长期借款——本金"科目,按其差额,借记"长期借款——利息调整"科目。在当前的实务中,合同利率通常按照市场利率确定,即合同利率与实际利率相同,企业实际收到的金额与借款本金额一致,因而不会涉及利息调整事项。

[业务11-1] 甲公司为增值税一般纳税人,于2022年11月30日从银行借入5 000 000元,期限为2年,年利率为6.9%,分期付息到期还本,且合同利率与实际利率相同。该借款用于建造厂房,并于当日支付工程物资款2 400 000元、增值税税额312 000元,该批物资已全部交付工程使用。该项工程预计于2024年6月30日完工。甲公司的账务处理如下:

(1) 根据借款合同和银行借款凭证确认长期借款:

借:银行存款　　　　　　　　　　　　　5 000 000
　　贷:长期借款——本金　　　　　　　　　　　　5 000 000

(2) 根据增值税专用发票、工程物资验收单等确认工程支出:

借:在建工程——厂房工程　　　　　　　2 400 000
　　应交税费——应交增值税(进项税额)　　312 000

贷：银行存款　　　　　　　　　　　　　2 712 000

三、长期借款利息的确认

　　长期借款利息费用应当在资产负债表日按照实际利率法计算确定,实际利率与合同利率差异较小的,也可以采用合同利率计算确定利息费用。

　　长期借款计算确定的利息费用,企业应当按以下原则计入有关成本、费用:属于筹建期间发生的,计入管理费用;属于生产经营期间发生的,计入财务费用。如果长期借款直接用于符合资本化条件的资产购建或生产的,发生的利息费用应当予以资本化,计入相关资产成本。否则,应当在该利息费用发生时根据其发生额确认为费用,计入当期损益,即财务费用。

　　符合资本化条件的资产,是指需要经过相当长时间的购建或者生产活动才能达到预定可使用或者可销售状态的固定资产、投资性房地产和存货等资产。无形资产的研发支出等在符合条件的情况下,也可以认定为符合资本化条件的资产。符合资本化条件的存货主要包括房地产开发企业开发的用于对外出售的房地产开发产品、企业制造的用于对外出售的大型机器设备等。其中,"相当长时间"应当是指资产的购建或者生产所必需的时间,通常为1年以上(含1年)。

　　在资产负债表日,企业应按计算确定的长期借款利息费用,借记"在建工程""制造费用""财务费用""研发支出"等科目,按长期借款本金和合同利率计算确定的应付未付利息,如果属于分期付息,贷记"应付利息"科目,如果属于到期一次还本付息,贷记"长期借款——应计利息"科目,按其差额,贷记"长期借款——利息调整"。

　　[业务11-2] 接业务11-1,甲公司于2022年12月31日计提该笔长期借款利息。甲公司的账务处理应为:

　　(1)计提本月长期借款利息:

　　　　本月计提的长期借款利息=5 000 000×6.9%÷12=28 750(元)

　　借：在建工程——厂房工程　　28 750
　　　　贷：应付利息　　　　　　　　　28 750

　　(2)实际支付长期借款利息:

　　借：应付利息　　　　　28 750
　　　　贷：银行存款　　　　　　28 750

2023年1月至2024年6月每月月末预提利息的账务处理均同上。

　　[业务11-3] 接业务11-1和业务11-2,假定甲公司于2024年7月31日计提该笔长期借款利息,且使用该借款的厂房工程已于2024年6月30日达到预定可使用状态。甲公司的账务处理应为:

　　(1)计提本月长期借款利息:

　　借：财务费用——利息支出　　28 750
　　　　贷：应付利息　　　　　　　　　28 750

　　(2)实际支付长期借款利息:

　　借：应付利息　　　　　28 750
　　　　贷：银行存款　　　　　　28 750

2024年7月至2024年11月每月月末预提利息的账务处理均同上。

四、长期借款的归还

企业归还长期借款的本金时,应按归还的金额,借记"长期借款——本金"科目,贷记"银行存款"科目;按归还的利息,借记"应付利息"或"长期借款——应计利息"科目,贷记"银行存款"科目。

【业务11-4】接业务11-1和业务11-3,假定甲公司于2024年11月30日偿还该笔长期借款本金和最后一期利息。甲公司的账务处理应为:

借:财务费用——利息支出　　　28 750
　　长期借款——本金　　　　5 000 000
　　贷:银行存款　　　　　　　　　　5 028 750

【业务11-5】乙公司2022年11月30日向银行借入3 000 000元,期限为3年,年利率为4.8%,到期一次还本付息,按单利计息。该借款用于补充企业流动资金,借款到期后按期如数归还。假设实际利率与合同利率相差很小。乙公司的账务处理应为:

(1) 2022年11月30日取得借款:

借:银行存款　　　　　　　　3 000 000
　　贷:长期借款——本金　　　　　　3 000 000

(2) 2022年12月31日计提借款利息:

应计提的长期借款利息＝3 000 000×4.8%÷12＝12 000(元)

借:财务费用　　　　　　　　　12 000
　　贷:长期借款——应计利息　　　　12 000

2023年1月至2025年10月月末计提借款利息的账务处理均同上。

(3) 假定2025年11月30日偿还借款本息:

累计已预提利息额＝12 000×(12×3－1)＝420 000(元)

借:财务费用　　　　　　　　　12 000
　　长期借款——本金　　3 000 000
　　　　　　——应计利息　　420 000
　　贷:银行存款　　　　　　　　　3 432 000

任务二　应付债券的核算

一、应付债券的核算要求

(一) 债券发行方式

债券是指企业为筹集资金而依照法律程序发行,约定在一定期限还本付息的一种书面凭证。应付债券是指企业为筹集资金而发行的超过一年期的债券。企业通过发行债券取得资金是以将来履行归还购买债券者的本金和利息的义务作为保证的。

债券发行价格的高低一般取决于债券票面金额、债券票面利率、发行当时的市场利率以及债券期限等因素。按照债券发行价格与债券面值的关系，通常将债券发行方式划分为面值发行、溢价发行和折价发行三种。假设其他条件不变，债券的票面利率高于同期市场利率时，可按高于债券面值的价格发行，称为溢价发行。溢价是债券发行方以后各期多付利息而事先得到的补偿。如果债券的票面利率低于同期市场利率，可按低于债券面值的价格发行，称为折价发行。折价是债券发行方以后各期少付利息而预先给投资者的补偿。如果债券的票面利率与同期市场利率相同，可按票面金额发行，称为面值发行。溢价或折价是债券发行方在债券存续期内对利息费用的一种调整，并不是债券发行方支付的利息或取得的利得。无论采用哪种形式发行债券，债券发行方日后实际支付的债券利息均按照面值和票面利率计算。

（二）账户设置

为了核算债券发行、计提利息、还本付息等情况，企业应设置"应付债券"科目。该科目贷方登记应付债券的面值和利息，借方登记归还的债券面值和利息，期末贷方余额表示企业尚未偿还的应付债券的面值和利息。该科目可按"面值""利息调整""应计利息"等进行明细核算。

企业应当设置企业债券备查簿，详细登记每一企业债券的票面金额、债券票面利率、还本付息期限与方式、发行总额、发行日期和编号、委托代售单位、转换股份等资料。企业债券到期结清时，应当在备查簿内逐笔注销。

二、债券发行的核算

（一）面值发行债券

企业按面值发行长期债券时，应按实际收到的金额，借记"银行存款"科目，按债券面值，贷记"应付债券——面值"科目。

【业务11-6】甲公司于2023年1月2日按面值发行3年期、到期时一次还本付息、年利率为10%（不计复利）、发行面值总额为4 000 000元的债券。甲公司于发行日的账务处理应为：

借：银行存款　　　　　　　4 000 000
　　贷：应付债券——面值　　　　　4 000 000

（二）溢价发行债券

企业溢价发行长期债券时，应按实际收到的金额，借记"银行存款"科目，按债券票面金额，贷记"应付债券——面值"科目，按其差额，贷记"应付债券——利息调整"科目。

【业务11-7】2023年1月2日，乙公司经批准发行5年期、年利率6%、每年年末付息到期一次还本的公司债券10 000 000元，用于补充公司的流动资金。该债券实际发行价格为10 432 700元，发行时的市场利率为5%。乙公司于发行日的账务处理应为：

借:银行存款　　　　　　　　　10 432 700
　　贷:应付债券——面值　　　　　　10 000 000
　　　　　　——利息调整　　　　　　　432 700

(三)折价发行债券

企业折价发行长期债券时,应按实际收到的金额,借记"银行存款"科目,按债券票面金额,贷记"应付债券——面值"科目,按其差额,借记"应付债券——利息调整"科目。

【业务11-8】2023年1月2日,丙公司为了补充公司的流动资金,经批准发行面值为100 000元、期限为5年、票面利率为10%、到期一次还本付息的公司债券。该债券为折价发行,发行的市场价格为85 114元,发行时的市场利率为12%。丙公司于发行日的账务处理应为:

借:银行存款　　　　　　　　　　85 114
　　应付债券——利息调整　　　　　14 886
　　贷:应付债券——面值　　　　　　100 000

三、债券利息的确认

(一)面值发行债券的利息确认

资产负债表日,企业应按应付债券的摊余成本和实际利率计算确定其利息费用。其中,实际利率是指将应付债券在债券存续期间的未来现金流量折现为该债券当前账面价值所使用的利率。因按面值发行债券的票面利率与实际利率一致,应付债券的摊余成本与其面值一致,所以按面值发行的债券在每期确认的利息费用和应付未付利息均相等。账务处理应为:按面值和票面利率计算的应付未付利息,借记"在建工程""制造费用""财务费用""研发支出"等科目,贷记"应付利息"(分期付息债券)或"应付债券——应计利息"(到期一次还本付息债券)科目。

【业务11-9】接业务11-6,甲公司发行债券所筹资金用于建造固定资产,假定该工程将于2023年12月31日完工,并达到预定可使用状态。甲公司于每年年末计提利息费用时的账务处理应为:

(1)2023年12月31日,确认应付债券利息费用:

债券利息费用=应付未付利息=4 000 000×10%×1=400 000(元)

借:在建工程　　　　　　　　　　400 000
　　贷:应付债券——应计利息　　　　400 000

(2)2024年12月31日,确认应付债券利息费用:

借:财务费用　　　　　　　　　　400 000
　　贷:应付债券——应计利息　　　　400 000

(二)溢(折)价发行债券的利息确认

溢(折)价发行债券的利息费用应当按照摊余成本和实际利率计算确定。溢(折)价发行债券的利息调整应在债券存续期间内采用实际利率法进行摊销。实际利率法是指按照应付债券的实际利率计算其摊余成本及各期利息费用的方法。计算公式如下：

本期应付(计)利息＝债券面值×票面利率×期限

本期利息费用＝应付债券期初摊余成本×实际利率×期限

本期溢(折)价摊销额＝本期应付(计)利息－本期利息费用

确认债券利息费用和摊销利息调整的账务处理应为：

对于按溢价发行的债券,企业应于每期期末(或债券计息日)按债券的期初摊余成本和实际利率计算确认利息费用,借记"在建工程""制造费用""财务费用""研发支出"等科目,按债券面值和票面利率计算应付未付利息,贷记"应付利息"或"应付债券——应计利息"科目,按差额(即溢价摊销额),借记"应付债券——利息调整"科目。

对于按折价发行的债券,企业应于每期期末(或债券计息日)按债券的期初摊余成本和实际利率计算确认利息费用,借记"在建工程""制造费用""财务费用""研发支出"等科目,按债券面值和票面利率计算应付未付利息,贷记"应付利息"或"应付债券——应计利息"科目,按差额(即折价摊销额),贷记"应付债券——利息调整"科目。

【业务11-10】接业务11-7,乙公司于每年年末计算并支付债券利息。

因为该债券为分期付息债券,付息日为每年的12月31日,所以乙公司应于各年年末(即计息日)按下列步骤进行会计处理。

第一步,采用实际利率法和摊余成本计算利息费用,并编制债券利息费用计算表,如表11-1所示。

表11-1 债券利息费用计算表(实际利率法)

单位:元

付息日期	应付利息 (1)＝面值×票面利率	利息费用 (2)＝期初(4)×实际利率	摊销的利息调整 (3)＝(1)－(2)	应付债券摊余成本 (4)＝期初(4)－(3)
2023年1月2日				10 432 700
2023年12月31日	600 000	521 635	78 365	10 354 335
2024年12月31日	600 000	517 717	82 283	10 272 052
2025年12月31日	600 000	513 603	86 397	10 185 655
2026年12月31日	600 000	509 283	90 717	10 094 938
2027年12月31日	600 000	505 062	94 938	10 000 000
合计	3 000 000	2 567 300	432 700	

为消除计算误差的影响,表11-1中2027年12月31日的相关计算如下：

摊销的利息调整＝10 094 938－10 000 000＝94 938(元)

利息费用＝600 000－94 938＝505 062(元)

除此以外,其他各期的利息费用均为各期期初应付债券摊余成本直接乘以市场利率5%计算确定。

第二步,根据债券利息费用计算表(即表11-1)进行相应的账务处理。

(1) 2023年12月31日,计算利息时：

借：财务费用　　　　　　　　521 635

　　　　应付债券——利息调整　　　　　78 365
　　　　　贷：应付利息　　　　　　　　　　　　　600 000
　（2）2023年12月31日，支付利息时：
　　　　借：应付利息　　　　　　　　600 000
　　　　　贷：银行存款　　　　　　　　　　　　　600 000
　2024年至2027年12月31日确认债券利息费用的会计分录与2023年12月31日相同，金额与债券利息费用计算表的对应金额一致。

　【业务11-11】接业务11-8，丙公司于每年年末计算确认债券利息。
　　因为该债券为到期一次还本付息债券，所以丙公司应按期计提利息，于每年年末按下列步骤进行会计处理。
　　第一步，采用实际利率法和摊余成本计算利息费用，并编制债券利息费用计算表，如表11-2所示。

表11-2　债券利息费用计算表(实际利率法)

单位：元

计息日期	应计利息 (1)=面值× 票面利率	利息费用 (2)=期初(4)× 实际利率	摊销的利息调整 (3)=(2)-(1)	应付债券摊余成本 (4)=期初 (4)+(1)+(3)
2023年1月2日				85 114
2023年12月31日	10 000	10 214	214	95 328
2024年12月31日	10 000	11 439	1 439	106 767
2025年12月31日	10 000	12 812	2 812	119 579
2026年12月31日	10 000	14 349	4 349	133 928
2027年12月31日	10 000	16 072	6 072	150 000
合计	50 000	64 886	14 886	

　表11-2中2027年12月31日计算的债券利息费用=150 000-133 928=16 072（元），按此法计算的目的是考虑计算过程中出现的尾差0.64元，即133 928×12%-16 072=0.64（元）。
　　第二步，根据债券利息费用计算表（即表11-2）进行相应的账务处理。
　　2023年12月31日，计提利息时：
　　　　借：财务费用　　　　　　　　10 214
　　　　　贷：应付债券——应计利息　　　　　　10 000
　　　　　　　　　　　——利息调整　　　　　　　 214
　2024年至2027年12月31日确认债券利息费用的会计分录与2023年12月31日相同，金额与债券利息费用计算表的对应金额一致。

四、债券偿还的核算

（一）分期付息到期一次还本债券的偿还

　　分期付息到期一次还本债券到期偿还时，其偿还金额通常包括债券本金（即债券面值）

和应付的最后一期利息,其账务处理应为:按偿还债券的账面价值,借记"应付债券——面值"科目,按本期确认的应付未付债券利息,借记"应付利息"科目,按实际支付的债券本息金额,贷记"银行存款"科目。

【业务11-12】接业务11-7、业务11-10,假定2027年12月31日,乙公司偿还已到期债券本息10 600 000元。

2027年12月31日,乙公司"应付债券"科目余额如下:

"应付债券——面值"科目贷方余额=10 000 000(元)

"应付利息"科目贷方余额=600 000(元)

根据账簿记录和实际支付的债券本息额,乙公司应做如下账务处理:

借:应付债券——面值　　　10 000 000
　　应付利息　　　　　　　　600 000
　　贷:银行存款　　　　　　　　　　10 600 000

(二) 到期一次还本付息债券的偿还

到期一次还本付息债券到期偿还时,其偿还金额通常包括债券本金(即债券面值)、累计已计提的全部债券利息,其账务处理应为:按偿还债券的账面价值,借记"应付债券——面值""应付债券——应计利息"科目,按实际支付的债券本息金额,贷记"银行存款"科目。

【业务11-13】接业务11-6、业务11-9,假定2025年12月31日,甲公司偿还已到期债券本息5 200 000元。

2025年12月31日,甲公司"应付债券"科目余额如下:

"应付债券——面值"科目贷方余额=4 000 000(元)

"应付债券——应计利息"科目贷方余额=1 200 000(元)

根据账簿记录和实际支付的债券本息额,甲公司应做如下账务处理:

借:应付债券——面值　　　4 000 000
　　　　　　——应计利息　　1 200 000
　　贷:银行存款　　　　　　　　　　5 200 000

【业务11-14】接业务11-8、业务11-11,假定2027年12月31日,丙公司偿还已到期债券本息150 000元。

2027年12月31日,丙公司"应付债券"科目余额如下:

"应付债券——面值"科目贷方余额=100 000(元)

"应付债券——应计利息"科目贷方余额=50 000(元)

根据账簿记录和实际支付的债券本息额,丙公司应做如下账务处理:

借:应付债券——面值　　　100 000
　　　　　　——应计利息　　50 000
　　贷:银行存款　　　　　　　　　150 000

现将应付债券核算的账务处理概括为表11-3。

表 11-3　应付债券核算的账务处理

业务类型	业务内容	账务处理
债券的发行	面值发行	借:银行存款 　　贷:应付债券——面值
	溢价发行	借:银行存款 　　贷:应付债券——面值 　　　　　　——利息调整
	折价发行	借:银行存款 　　应付债券——利息调整 　　贷:应付债券——面值
债券利息的确认	面值发行债券的利息确认	借:在建工程(或财务费用等) 　　贷:应付利息(或应付债券——应计利息)
	溢价发行债券的利息确认	借:在建工程(或财务费用等) 　　应付债券——利息调整 　　贷:应付利息(或应付债券——应计利息)
	折价发行债券的利息确认	借:在建工程(或财务费用等) 　　贷:应付利息(或应付债券——应计利息) 　　　　应付债券——利息调整
债券的偿还	分期付息到期一次还本债券的偿还	借:应付债券——面值 　　应付利息(最后一期利息) 　　贷:银行存款
	到期一次还本付息债券的偿还	借:应付债券——面值 　　　　　　——应计利息 　　贷:银行存款

任务三　长期应付款的核算

一、长期应付款的核算要求

长期应付款是指企业除长期借款和应付债券以外的其他长期应付款项,主要是指具有融资性质的延期付款购入资产发生的应付款项等。

为了核算企业其他长期应付款项的发生和偿还情况,企业应设置"长期应付款"科目。该科目贷方登记长期应付款的发生额,借方登记长期应付款的偿还额,期末余额在贷方,反映企业未付的长期应付款项。该科目可按长期应付款的种类和债权人设置明细科目进行明细核算。

同时,为核算企业应当分期计入利息费用的未确认融资费用,企业还应设置"未确认融资费用"科目。该科目的借方登记计算确定的未确认融资费用总额,贷方登记采用实际利率法分期摊销的未确认融资费用,期末余额在借方,反映企业尚未摊销的未确认融资费用。

"长期应付款"账户余额减去"未确认融资费用"账户余额即为应在资产负债表中列报的"长期应付款"项目金额,是长期应付款的未付本金额。

二、具有融资性质的延期付款购买资产

企业购买资产有可能延期支付有关价款。如果延期支付的价款超过正常信用条件,实质上具有融资性质,所购资产的成本不能直接以各期付款额之和确定,而应当以延期支付购买价款的现值为基础确定。资产购买价款的现值,应当按照各期支付的价款选择适当的折现率进行折现后的金额加以确定。折现率是反映当前市场货币时间价值和延期付款债务特定风险的利率。该折现率实质上是供货企业的必要报酬率。各期实际支付的价款之和与其现值之间的差额即为未确认融资费用,应当在信用期间内采用实际利率法进行摊销,计入相关资产成本或当期损益。具体账务处理如下:

(1)企业购入资产超过正常信用条件,延期付款实质上具有融资性质时,应按购买价款的现值,借记"固定资产""在建工程"等科目,按应支付的价款总额,贷记"长期应付款"科目,按其差额,借记"未确认融资费用"科目。

(2)每期支付资产价款时,借记"长期应付款"科目,贷记"银行存款"等科目。

(3)每期采用实际利率法分摊未确认融资费用时,按当期应分摊的未确认融资费用金额,借记"财务费用"科目,贷记"未确认融资费用"科目。

【业务11-15】2022年1月2日,甲公司采用分期付款方法购买房屋一栋,价款总额为5 000 000元,2022年年末支付2 000 000元、2023年年末支付1 500 000元、2024年年末支付1 500 000元。假定销售方必要报酬率为10%,不考虑增值税等相关税费。甲公司的账务处理应为:

第一步,计算确定固定资产的入账价值和未确认融资费用,并进行相应的账务处理。

固定资产的入账价值=购买价款的现值+相关直接费用
$$=2\,000\,000 \div (1+10\%) + 1\,500\,000 \div (1+10\%)^2$$
$$+ 1\,500\,000 \div (1+10\%)^3$$
$$=4\,184\,823(元)$$

未确认融资费用=5 000 000-4 184 823=815 177(元)

借:固定资产　　　　　　　4 184 823
　　未确认融资费用　　　　 815 177
　　贷:长期应付款　　　　　　　　5 000 000

第二步,在延期付款期内采用实际利率法分摊未确认融资费用,如表11-4所示。

表11-4　未确认融资费用分摊表(实际利率法)

单位:元

日　期	应付金额 (1)	确认的融资费用 (2)=期初(4)×10%	应付本金减少额 (3)=(1)-(2)	应付本金余额 (4)=期初(4)-(3)
2022年1月2日				4 184 323.00
2022年12月31日	2 000 000.00	418 482.30	1 581 517.70	2 603 305.30
2023年12月31日	1 500 000.00	260 330.53	1 239 669.47	1 363 535.83
2024年12月31日	1 500 000.00	136 364.17	1 363 635.83	0
合计	5 000 000.00	815 177.00	4 184 823.00	

表 11-4 中 2024 年 12 月 31 日计算的应确认融资费用＝1 500 000.00－1 363 635.83＝136 364.17(元)。

第三步,进行具体账务处理。

(1) 2022 年 1 月至 12 月,根据表 11-4 确认每月的融资费用。

　　每月应确认的融资费用＝418 482.3÷12＝34 873.53(元)

借:财务费用　　　　　　　34 873.53
　　贷:未确认融资费用　　　　　34 873.53

(2) 2022 年 12 月 31 日,按合同约定支付价款 2 000 000 元。

借:长期应付款　　　　　　2 000 000
　　贷:银行存款　　　　　　　　2 000 000

2023 年、2024 年的具体账务处理与 2022 年相同,金额与未确认融资费用分摊表的对应金额一致。

项目小结

本项目的主要内容结构如表 11-5 所示。

表 11-5　项目十一"非流动负债"的内容结构表

长期借款的核算	长期借款的核算要求	长期借款的范围
		账户设置
	长期借款取得的核算	合同利率与实际利率
		账务处理
	长期借款利息的确认	借款利息的处理原则
		借款利息的计提与支付
	长期借款的归还	分期付息借款的偿还
		到期一次还本付息借款的偿还
应付债券的核算	应付债券的核算要求	债券发行方式
		账户设置
	债券发行的核算	面值发行债券
		溢价发行债券
		折价发行债券
	债券利息的确认	面值发行债券的利息确认
		溢(折)价发行债券的利息确认
	债券偿还的核算	分期付息到期一次还本债券的偿还
		到期一次还本付息债券的偿还
长期应付款的核算	长期应付款的核算要求	长期应付款的范围
		账户设置
	具有融资性质的延期付款购买资产	购入资产入账价值的确定
		未确认融资费用的分摊
		账务处理

思考与练习

一、思考题

1. 长期借款等借款费用的处理原则是什么?
2. 当合同利率(或票面利率)与实际利率不一致时,会对会计核算产生怎样的影响?
3. 债券发行方式主要是由哪些因素决定的?
4. 应付债券的摊余成本是通过哪些明细账户反映的?是如何反映的?
5. 未确认融资费用的性质是什么?它与长期应付款之间是否存在联系?存在怎样的联系?

二、单项选择题

1. 企业为建造厂房而专门借入的长期借款,其在厂房建造期间发生的利息应计入(　　)。
   A. 财务费用　　　　B. 制造费用　　　　C. 在建工程　　　　D. 管理费用

2. 到期一次还本付息的长期借款,按期计提利息费用时应记入(　　)科目。
   A. 应付利息　　　　B. 长期借款——应计利息　　C. 其他应付款　　　D. 长期应付款

3. 关于应付债券的核算,下列说法不正确的是(　　)。
   A. 应付债券应当按照"面值""利息调整""应计利息"进行明细核算
   B. 债券的溢(折)价是通过"利息调整"来体现的
   C. 对于分期付息到期一次还本债券,应于资产负债表日按摊余成本和实际利率计算确定的债券利息,记入"应付债券——应计利息"明细科目
   D. 企业按应付债券的摊余成本和实际利率计算确定的债券利息费用可能记入"在建工程""制造费用""财务费用""研发支出"等科目

4. 某企业于2023年1月1日按面值发行3年期、到期一次还本付息的公司债券,该债券面值总额为8 000万元,票面年利率为5%,自发行日起计息。假定票面利率与实际利率一致,不考虑相关税费,2023年12月31日该应付债券的摊余成本应为(　　)万元。
   A. 8 000　　　　B. 8 200　　　　C. 7 600　　　　D. 8 400

5. 某股份有限公司于2023年1月1日发行3年期、每年1月1日付息、到期一次还本的公司债券,债券面值为200万元,票面年利率为6%,实际利率为5%,发行价格为214.65万元。按实际利率法确认利息费用。该债券2023年度确认的利息费用为(　　)万元。(计算结果保留两位小数)
   A. 11.78　　　　B. 12　　　　C. 10.73　　　　D. 10.67

6. 甲公司于2023年7月1日按面值发行3年期、到期一次还本付息、年利率为8%(不计复利)的债券,债券的面值总额为500万元。该公司所筹集的资金全部用于某生产线建造,至2023年12月31日工程尚未完工。2023年12月31日,计提该债券利息费用的账务处理应为(　　)。
   A. 借记"在建工程"账户20万元,贷记"应付债券——应计利息"账户20万元
   B. 借记"在建工程"账户40万元,贷记"应付债券——应计利息"账户40万元
   C. 借记"在建工程"账户20万元,贷记"应付利息"账户20万元

D. 借记"在建工程"账户40万元,贷记"应付利息"账户40万元

7. 某公司于2023年1月1日对外发行3年期、面值总额为1 000万元的公司债券,债券票面年利率为7%,分期付息、到期一次还本,实际收到发行价款1 054.47万元,经计算实际利率为5%。2023年12月31日,该公司该项应付债券的"利息调整"明细科目余额为(　　)万元。

　　A. 54.47　　　　B. 71.75　　　　C. 37.19　　　　D. 17.28

8. 2023年4月1日,甲公司采用分期付款方式购入设备一台,合同约定,设备应于合同签订日起2个月内交付,设备价款的付款期为3年,每年4月1日支付100万元。同时,甲公司应于设备交付日一次性支付设备增值税48万元。2023年4月1日,甲公司应确认长期应付款(　　)万元。

　　A. 300　　　　　B. 100　　　　　C. 148　　　　　D. 348

三、业务题

1. 甲公司2023年发生的长期借款和厂房建造业务如下:

(1) 1月1日,为建造一幢厂房,从银行取得3年期的长期借款1 000万元,合同利率为4%(与实际利率一致),不计复利,每年年末付息一次,到期一次还本。

(2) 1月7日,用该借款购买工程物资700万元、增值税税额91万元。

(3) 1月10日,用该借款预付工程款200万元。

(4) 7月1日,归还到期的长期借款本息1 200万元。该借款本金1 000万元,期限为2年,利率为10%,单利计息,为到期一次还本付息借款。

(5) 12月31日,计提1月1日借款的利息。截至12月31日,该厂房工程尚未达到预定可使用状态。

要求:根据上述资料编制相应的会计分录。

2. A公司于2023年1月1日发行了面值为2 500万元的公司债券,期限为3年,票面利率为4%,发行价格为2 366.35万元,实际利率为6%。该债券按年付息,每年的付息日为1月5日。

要求:

(1) 编制2023年1月1日发行债券时的会计分录。

(2) 编制2023年12月31日确认债券利息费用时的会计分录并计算期末摊余成本(假定本年度,该债券资金全部用于公司的生产经营周转)。

(3) 编制2024年1月5日支付上年债券利息的会计分录。

3. 2023年1月1日,A公司经批准发行3年期一次还本、分期付息债券5 000 000元,票面利率为6%,付息日为每年的1月10日。该债券实际发行所得为5 135 960元,经计算,实际利率为5%。假定该笔资金全部用于固定资产购建,建设期为3年。

要求:

(1) 编制2023年1月1日发行债券时的会计分录。

(2) 编制2023年12月31日确认债券利息费用的会计分录。

(3) 编制2024年1月10日支付债券利息的会计分录。

(4) 编制2024年12月31日确认债券利息的会计分录。

4. A公司于2023年1月1日采用延期付款方式向乙公司购入某生产线,总价款为2 500万元,分5年付清,即每年12月31日支付500万元,合同规定利率6%。其他相关资料如下:

(1) 2023年1月10日,所购的生产线运达并投入安装调试(提示:延期付款的现值为2 106.2万元)。

(2) 2023年12月31日,支付设备款并确认本年度应确认的融资费用。

(3) 2024年1月5日,该设备安装调试完成,一次性支付安装调试费用500万元、增值税税额45万元。同时,结转该生产线成本。

要求:根据上述资料做出相应的账务处理。

项目十二
所有者权益

> **项目目标**

掌握实收资本、资本公积、其他综合收益、留存收益的确认与计量原则,能够根据企业会计准则进行相应的会计处理。

任务一　实收资本或股本的核算

所有者权益通常由实收资本(或股本)、其他权益工具(如优先股、永续债等)、资本公积、其他综合收益、专项储备、留存收益构成。所有者权益的来源包括所有者投入的资本、直接计入所有者权益的利得和损失、留存收益等。其中,直接计入所有者权益的利得和损失是指不应计入当期损益、会导致所有者权益发生增减变动的、与所有者投入资本或者向所有者分配利润无关的利得或者损失。本任务重点介绍实收资本、资本公积、其他综合收益和留存收益的有关内容。

一、实收资本或股本概述

(一) 实收资本或股本的管理

1. 相关概念

实收资本是指企业按照章程规定或合同、协议约定,接受投资者投入企业的资本。实收资本的构成比例或股东的股份比例,是确定所有者在企业所有者权益中所占份额的基础,也是企业进行利润或股利分配的主要依据。对股份有限公司而言,实收资本又称为股本,即发起人按照合同或协议约定投入的资本和社会公众在公司发行股票时认购股票缴入的资本,其在金额上等于股份面值和股份总额的乘积。投资者投入企业资本以分享企业经营未来收益为目标,同时承担相应的风险,分担不完全合约下企业未来经营的不确定性,因此,对实收资本或股本进行真实、准确、完整的确认与计量,是保护投资者合法权益的会计基本职责,是建立投资者权益得到充分保护的股票市场和发挥资本市场直接融资功能的基础。

2. 股东出资形式

我国《公司法》规定,股东可以用货币出资,也可以用实物、知识产权、土地使用权等可以用货币估价并可以依法转让的非货币财产作价出资;但是,法律、行政法规规定不得作为出资的财产除外。企业应当对作为出资的非货币财产评估作价,核实财产,不得高估或者低估作价。法律、行政法规对评估作价有规定的,从其规定。股东应当按期足额缴纳公司章程中规定的各自所认缴的出资额。股东以货币出资的,应当将货币出资足额存入有限责任公司在银行开设的账户;以非货币财产出资的,应当依法办理其财产权的转移手续。股东不按照前款规定缴纳出资的,除应当向公司足额缴纳外,还应当向已按期足额缴纳出资的股东承担违约责任。企业收到所有者投入企业的资本后,应根据有关原始凭证(如投资清单、银行通知单等),分别按不同的出资方式进行会计处理。

3. 增减变动

我国《企业法人登记管理条例施行细则》规定除国家另有规定,一般情况下企业的实收资本应相对固定不变,但在某些特定情况下,实收资本也可能发生增减变化。企业的注册资金应当与实收资本相一致,当实收资本比原注册资金增加或减少超过20%时,应持资金使用证明或者验资证明,向原登记主管机关申请变更登记。如擅自改变注册资本或抽逃资金,要受到工商行政管理部门的处罚。

(二) 实收资本或股本的确认与计量

股份有限公司应设置"股本"科目,其他各类企业应设置"实收资本"科目,反映和监督企业实际收到的投资者投入资本的情况。

"实收资本"科目贷方登记企业收到投资者符合注册资本的出资额;借方登记企业按照法定程序报经批准减少的注册资本额;期末余额在贷方,反映企业实有的资本额。"实收资本"科目应按照投资者设置明细账。小企业根据合同规定在合作期间归还投资者的投资,应在本科目设置"已归还投资"明细科目进行核算。

为了反映和监督股份有限公司股本情况,"股本"科目贷方登记已发行的股票面值;借方登记经批准核销的股票面值;期末贷方余额反映发行在外的股票面值。"股本"科目应当按照股票的类别设置明细账进行明细核算。

二、实收资本或股本的核算

企业设立时,各投资者按照合同、协议或公司章程投入企业的资本,应全部记入"实收资本"科目。企业的实收资本应与注册资产一致。注册资本为在公司登记机关登记的全体股东认缴的出资额。在企业增资时,如有新投资者介入,新介入的投资者缴纳的出资额大于其按约定比例计算的其在注册资本中所占的份额部分,不记入"实收资本"科目,而作为资本公积,记入"资本公积——资本溢价"科目。

"股本"科目核算股东投入股份有限公司的股本,企业应将核定的股本总额、股份总数、每股面值在股本账户中做备查记录。为提供企业股份的构成情况,企业可在"股本"科目下按股东单位或姓名设置明细账。企业的股本应在核定的股本总额范围内,发行股票筹集。但值得注意的是,企业发行股票取得的收入与股本总额往往不一致,公司发行股票取得的收入大于股本总额的,称为溢价发行;小于股本总额的,称为折价发行;等于股本总额的,为面值发行。我国不允许企业折价发行股票。在采用溢价发行股票的情况下,企业应将相当于股票面值的部分记入"股本"科目,其余部分在扣除发行手续费、佣金等发行费用后记入"资本公积——股本溢价"科目。

(一) 接受现金资产投资的账务处理

企业收到投资者以现金投入的资本时,借记"银行存款""库存现金"等科目,按其在注册资本或股本中所占份额,贷记"实收资本"科目,按实际收到的金额超过投资者在企业注册资本中所占份额的部分,贷记"资本公积——资本溢价(或股本溢价)"科目。

1. 非股份制企业接受现金资产投资

【业务12-1】甲、乙、丙三人共同投资设立A有限责任公司,注册资本为2 000 000元,甲、乙、丙持股比例分别为50%、30%、20%。按照章程规定,甲、乙、丙三人投入资本分别为1 000 000元、600 000元、400 000元。A公司已如期收到各投资者一次缴足的款项。A公司应根据投资清单、银行通知单等原始凭证编制如下会计分录:

借:银行存款　　　　　　　　　2 000 000
　　贷:实收资本——甲　　　　　　　　1 000 000
　　　　　　——乙　　　　　　　　　 600 000
　　　　　　——丙　　　　　　　　　 400 000

2. 股份有限公司接受现金资产投资

股份有限公司发行股票时,既可以按面值发行股票,也可以溢价发行(我国目前不准许折价发行)。股份有限公司在核定的股本总额及核定的股份总数的范围内发行股票时,应在实际收到现金资产时进行会计处理。

【业务12-2】B股份有限公司首次公开发行了普通股50 000 000股,每股面值为1元,每股发行价格为4元。B公司以银行存款支付发行手续费、咨询费等费用共计6 000 000元。发行收入已全部收到,发行费用已全部支付。不考虑其他因素。B公司的账务处理应为:

(1) 发行股票,款存银行时,根据股票发行方案、银行收款通知单等编制如下会计分录:

借:银行存款　　　　　　　　　200 000 000
　　贷:股本　　　　　　　　　　　　 50 000 000
　　　　资本公积——股本溢价　　　　150 000 000

(2) 支付发行费用时,根据证券商出具的发行费用发票、银行付款通知单等编制如下会计分录:

借:资本公积——股本溢价　　　6 000 000
　　贷:银行存款　　　　　　　　　　6 000 000

(二) 接受非现金资产投资的账务处理

企业接受存货、固定资产、无形资产等非现金资产投资时,应以投资合同或协议约定的价值作为非现金资产的入账价值,投资合同或协议约定价值不公允的,应按照该资产的公允价值入账,借记"原材料""固定资产""无形资产"等科目;按投资者在企业注册资本或股本中所占份额的部分,贷记"实收资本"或"股本"科目;按投资合同或协议约定价值超过投资者在企业注册资本或股本中所占份额的部分,贷记"资本公积——资本溢价(或股本溢价)"科目。

【业务12-3】C有限责任公司于设立时收到M公司作为资本投入的不需要安装的机器设备一台,合同约定该机器设备的价值为3 000 000元,增值税税额为390 000元。合同约定的固定资产价值与公允价值相符,不考虑其他因素。C公司应根据M公司开具的增值税专用发票(发票联)、固定资产验收单、投资合同等编制如下会计分录:

借:固定资产——××设备　　　　　3 000 000
　　应交税费——应交增值税(进项税额)　390 000
　　贷:实收资本——M公司　　　　　　　3 390 000

【业务12-4】D有限责任公司于设立时收到N公司作为资本投入的原材料一批,该批原材料投资合同或协议约定价值为200 000元,增值税进项税额为26 000元。N公司已开具了增值税专用发票。假设合同约定的价值与公允价值相符,该进项税额允许抵扣,不考虑其他因素。D公司应根据N公司开具的增值税专用发票(发票联)、入库单、投资合同等编制如下会计分录:

借:原材料　　　　　　　　　　　　　　　　　　200 000
　　应交税费——应交增值税（进项税额）　　　　26 000
　　贷:实收资本——N公司　　　　　　　　　　　　　　226 000

【业务12-5】E有限责任公司于设立时收到L公司作为资本投入的非专利技术一项,该非专利技术投资合同约定价值为160 000元,增值税税额为9 600元,合同约定的价值与公允价值相符,且E公司接受该非专利技术符合国家注册资本管理的有关规定。E公司应根据L公司开具的增值税专用发票(发票联)、投资合同等编制如下会计分录:

借:无形资产——非专利技术　　　　　　　　　160 000
　　应交税费——应交增值税(进项税额)　　　　9 600
　　贷:实收资本——L公司　　　　　　　　　　　　　169 600

三、实收资本增减变动的核算

一般情况下,企业的实收资本应相对固定不变,但在某些特定情况下,实收资本也可能发生增减变化。我国《企业法人登记管理条例》中规定,除国家另有规定外,企业的注册资金应当与实收资本相一致,当实收资本比原注册资金增加或减少的幅度超过20%时,应持资金信用证明或者验资证明,向原登记主管机关申请变更登记。如擅自改变注册资本或抽逃资金,则要受到工商行政管理部门的处罚。

(一) 实收资本(或股本)的增加

一般企业增加资本主要有三个途径:一是接受投资者追加投资,二是资本公积转增资本,三是盈余公积转增资本。需要注意的是,由于资本公积和盈余公积均属于所有者权益,用其转增资本时,如果是独资企业,则比较简单,直接结转即可。如果是股份公司或有限责任公司,则应该按照原投资者出资比例相应增加各投资者的出资额。

企业接受投资者追加投资时,应借记"银行存款""固定资产""无形资产"等科目,贷记"实收资本"等科目;企业用资本公积、盈余公积转增资本时,应借记"资本公积""盈余公积"科目,贷记"实收资本"科目。

【业务12-6】甲、乙、丙三人共同投资设立K有限责任公司,原注册资本为4 000 000元,甲、乙、丙三人分别出资500 000元、2 000 000元、1 500 000元。为扩大经营规模,经批准,K公司注册资本扩大为5 000 000元,甲、乙、丙三人按原出资比例分别追加投资额125 000元、500 000元、375 000元。K公司如期收到追加现金投资。K公司应根据投资清单、银行收款通知单等编制如下分录:

借:银行存款　　　　　　　1 000 000
　　贷:实收资本——甲　　　　　　125 000
　　　　　　　　——乙　　　　　　500 000

——丙　　　　　　　　　　375 000

【业务12-7】接业务12-6,因扩大经营规模需要,经批准,按原出资比例将资本公积1 000 000元转增资本。K公司应根据增资方案和股东会决议编制如下会计分录:
借:资本公积——资本溢价　　　1 000 000
　　贷:实收资本——甲　　　　　　　　125 000
　　　　　　——乙　　　　　　　　　 500 000
　　　　　　——丙　　　　　　　　　 375 000

【业务12-8】接业务12-6,因扩大经营规模需要,经批准,按原出资比例将盈余公积1 000 000元转增资本。K公司应根据增资方案和股东会决议编制如下会计分录:
借:盈余公积——法定盈余公积　　1 000 000
　　贷:实收资本——甲　　　　　　　　125 000
　　　　　　——乙　　　　　　　　　 500 000
　　　　　　——丙　　　　　　　　　 375 000

(二) 实收资本(或股本)的减少

　　企业减少实收资本应按法定程序报经批准,股份有限公司采用收购本公司股票方式减资的,按股票面值和注销股数计算的股票面值总额冲减股本,按注销库存股的账面余额与所冲减股本的差额冲减股本溢价,股本溢价不足冲减的,再冲减盈余公积直至未分配利润。如果购回股票支付的价款低于面值总额,所注销库存股的账面余额与所冲减股本的差额作为增加股本溢价处理。

　　股份有限公司回购本公司股票时,应借记"库存股"科目,贷记"银行存款"科目;注销本公司股票时,按股票面值和注销股数计算的股票面值总额,借记"股本"科目,按注销库存股的账面余额,贷记"库存股"科目,按其差额,贷记"资本公积——股本溢价"科目或依次借记"资本公积——股本溢价""盈余公积""利润分配——未分配利润"科目。

【业务12-9】A上市公司2023年12月31日的股本为100 000 000股,面值为1元,资本公积(股本溢价)为30 000 000元,盈余公积为40 000 000元。经股东大会批准,A公司以现金回购本公司股票20 000 000股并注销。假定A公司按每股2元回购股票,不考虑其他因素。A公司的账务处理应为:
(1) 回购本公司股票时,应根据回购清单、银行付款通知等编制如下会计分录:
　　库存股成本=20 000 000×2=40 000 000(元)
借:库存股　　　　　　　　　　 40 000 000
　　贷:银行存款　　　　　　　　　　40 000 000
(2) 注销本公司股票时,根据股东大会决议编制如下会计分录:
　　应冲减的资本公积=20 000 000×2－20 000 000×1=20 000 000(元)
借:股本　　　　　　　　　　　　20 000 000
　　资本公积——股本溢价　　　　20 000 000
　　贷:库存股　　　　　　　　　　　40 000 000

【业务12-10】接业务12-9,假定A公司按每股3元回购股票,其他条件不变。则A公司的账务处理应为:

(1) 回购本公司股票时：
   库存股成本＝20 000 000×3＝60 000 000（元）
借：库存股　　　　　　　　　　　60 000 000
　　贷：银行存款　　　　　　　　　　　60 000 000
(2) 注销本公司股票时：
   应冲减的资本公积＝20 000 000×3－20 000 000×1＝40 000 000（元）
借：股本　　　　　　　　　　　　20 000 000
　　资本公积——股本溢价　　　　30 000 000
　　盈余公积　　　　　　　　　　10 000 000
　　贷：库存股　　　　　　　　　　　　60 000 000

由于应冲减的资本公积大于公司现有的资本公积，因此只能冲减资本公积30 000 000元，剩余的10 000 000元应冲减盈余公积。

【业务12-11】 接业务12-9，假定A公司按每股0.9元回购股票，其他条件不变。A公司的账务处理应为：

(1) 回购本公司股票时：
借：库存股　　　　　　　　18 000 000
　　贷：银行存款　　　　　　　　18 000 000
(2) 注销本公司股票时：
   应增加的资本公积＝20 000 000×1－20 000 000×0.9＝2 000 000（元）
借：股本　　　　　　　　　　20 000 000
　　贷：库存股　　　　　　　　　　18 000 000
　　　　资本公积——股本溢价　　　2 000 000

由于折价回购，股本与库存股成本的差额2 000 000元应作为增加资本公积处理。

任务二　资本公积和其他综合收益的核算

一、资本公积的核算

（一）资本公积的构成

1. 资本公积的性质

资本公积是企业收到投资者的超出其在企业注册资本（或股本）中所占份额的投资，以及应计入资本公积的所有者权益的其他变动。

资本公积不同于实收资本（或股本），其差别体现在以下两个方面：

(1) 从来源和性质看，实收资本（或股本）是指投资者按照企业章程或合同、协议的约定，实际投入企业并依法进行注册的资本，它体现了企业所有者对企业的基本产权关系。资本公积是投资者的出资额超出其在企业注册资本中所占份额的部分，以及直接计入所有者权益的利得和损失,它不直接表明所有者对企业的基本产权关系。

(2) 从用途看,实收资本(或股本)的构成比例是确定所有者参与企业财务经营决策的基础,也是企业进行利润分配或股利分配的依据,还是企业清算时确定所有者对净资产的要求权的依据。资本公积的用途主要是用来转增资本。资本公积是所有者的共同积累,不体现各所有者的占有比例,也不能作为所有者参与企业财务经营决策或进行利润分配的依据。

资本公积也不同于留存收益,资本公积的来源不是企业实现的利润,而主要来自资本溢价(或股本溢价)等。留存收益则是企业从历年实现的利润中提取或形成的留存于企业的内部积累,来源于企业生产经营活动实现的利润。

2. 资本公积的具体内容

资本公积包括资本溢价(或股本溢价)和其他资本公积。

资本溢价(或股本溢价)是指企业收到投资者的超出其在企业注册资本(或股本)中所占份额的投资。形成资本溢价(或股本溢价)的原因有溢价发行股票、投资者超额缴入资本等。

其他资本公积是指除净损益、其他综合收益和利润分配以外所有者权益的其他变动,如企业的长期股权投资采用权益法核算时,因被投资单位除净损益、其他综合收益和利润分配以外所有者权益的其他变动,投资企业按应享有份额而增加或减少的资本公积。

资本公积的核算包括资本溢价(或股本溢价)的核算、其他资本公积的核算,企业应当设置"资本溢价"或"股本溢价""其他资本公积"明细科目对资本公积进行明细核算。

(二) 资本公积的账务处理

1. 资本溢价或股本溢价的处理

(1) 资本溢价。除股份有限公司外的其他类型的企业,在企业创立时,投资者认缴的出资额与注册资本一致,一般不会产生资本溢价。但在企业重组或有新的投资者加入时,常常会出现资本溢价。因为在企业进行正常生产经营后,其资本利润率通常要高于企业初创阶段,另外,企业有内部积累,新投资者加入企业后,对这些积累也要分享,所以新加入的投资者往往要付出大于原投资者的出资额,才能取得与原投资者相同的出资比例。投资者多缴的部分就形成了资本溢价。

企业收到新投资者投入的资本时,应借记"银行存款""固定资产""无形资产"等科目,贷记"实收资本""资本公积——资本溢价"科目。

【业务12-12】A有限责任公司由甲、乙两位投资者投资200 000元设立,每人各出资100 000元。一年后,为扩大经营规模,经批准,A有限责任公司注册资本增加到300 000元,并引入第三位投资者丙加入。按照投资协议,新投资者需缴入现金130 000元,同时享有该公司1/3的股份。A有限责任公司已收到该现金投资。假定不考虑其他因素。A公司应根据投资协议、银行收款通知单等编制如下会计分录:

借:银行存款　　　　　　　　　　130 000
　　贷:实收资本——丙　　　　　　　　100 000
　　　　资本公积——资本溢价　　　　　 30 000

(2) 股本溢价。股份有限公司是以发行股票的方式筹集股本的,股票可按面值发行,也可按溢价发行,我国目前不准折价发行。与其他类型的企业不同,股份有限公司在成立时可能会溢价发行股票,因而在成立之初就可能会产生股本溢价。股本溢价的数额等于股份有限公司发行股票时实际收到的款额超过股票面值总额的部分。

在按面值发行股票的情况下,企业发行股票取得的收入,应全部作为股本处理;在溢价发行股票的情况下,企业发行股票取得的收入,等于股票面值部分作为股本处理,超出股票面值的溢价收入应作为股本溢价处理。企业发行股票时,应借记"银行存款"科目,贷记"股本""资本公积——股本溢价"科目。

发行股票相关的手续费、佣金等交易费用,如果是溢价发行股票的,应从溢价中抵扣,冲减资本公积(股本溢价);无溢价发行股票或溢价金额不足以抵扣的,应将不足抵扣的部分冲减盈余公积和未分配利润。支付手续费、佣金等交易费用时,借记"资本公积——股本溢价""盈余公积"等科目,贷记"银行存款"科目。

2. 资本公积转增资本的会计处理

按照《中华人民共和国公司法》的规定,法定公积(资本公积和盈余公积)转为资本时,所留存的该项公积金不得少于转增前公司注册资本的25%。经股东大会或类似机构决议,用资本公积转增资本时,应冲减资本公积,同时按照转增前的实收资本(或股本)的结构或比例,将转增的金额记入"实收资本"或"股本"科目下各所有者的明细分类账。

二、其他综合收益的核算

(一) 其他综合收益的构成

其他综合收益是指企业根据其他会计准则规定未在当期损益中确认的各项利得和损失。其他综合收益主要包括以公允价值计量且其变动计入其他综合收益的金融资产的公允价值变动形成的利得和损失、按权益法核算的在被投资单位其他综合收益变动中所享有的份额、自用房地产或作为存货的房地产转换为以公允价值模式计量的投资性房地产在转换日公允价值高于账面价值的部分等。

企业应当设置"其他综合收益"科目核算直接计入所有者权益的各项利得和损失。

(二) 其他综合收益的账务处理

1. 以公允价值计量且其变动计入其他综合收益的金融资产的公允价值变动形成的其他综合收益

资产负债表日以公允价值计量且其变动计入其他综合收益的金融资产的应当以公允价值进行后续计量,公允价值变动的利得或损失直接计入所有者权益。以公允价值计量且其变动计入其他综合收益的金融资产的公允价值高于其账面价值的金额,借记"可供出售金融资产——公允价值变动"科目,贷记"其他综合收益"科目;公允价值低于其账面价值的金额,借记"其他综合收益"科目,贷记"可供出售金融资产——公允价值变动"科目。

出售可供出售金融资产时,应按实际收到的金额,借记"银行存款"等科目,按其账面余额,贷记"可供出售金融资产——成本、公允价值变动、利息调整、应计利息"科目,按应从所有者权益中转出的公允价值累计变动额,借记或贷记"其他综合收益"科目,按其差额,贷记或借记"投资收益"科目。

2. 采用权益法核算的长期股权投资形成的其他综合收益

企业对被投资单位的长期股权投资采用权益法核算的,被投资单位其他综合收益发生变动的,投资方应当按照归属于本企业的部分,相应调整长期股权投资的账面价值,同时增加或减少其他综合收益。即属于增加其他综合收益的,借记"长期股权投资——其他综合收益"科目,贷记"其他综合收益"科目;属于减少其他综合收益的,则做相反的会计分录。

投资方处置按权益法核算的长期股权投资时,原权益法核算的相关其他综合收益应当在终止采用权益法核算时采用与被投资单位直接处置相关资产或负债相同的基础进行会计处理,全部转入当期投资收益。投资方部分处置权益法核算的长期股权投资,剩余股权仍采用权益法核算的,原权益法核算的相关其他综合收益应当采用与被投资单位直接处置相关资产或负债相同的基础处理,并按比例结转入当期投资收益。

【业务12-13】A公司持有B公司40%的股权并采用权益法核算。2023年7月1日,A公司将B公司20%的股权出售给非关联的第三方,对剩余20%的股权仍采用权益法核算。A公司取得B公司股权至2023年7月1日期间,确认的相关其他综合收益为8 000 000元(为按比例享有的B公司其他权益工具投资的公允价值变动)。不考虑相关税费等其他因素影响。由于A公司处置后的剩余股权仍采用权益法核算,因此相关的其他综合收益应按比例结转。A公司的相关账务处理如下:

借:其他综合收益　　　4 000 000
　　贷:投资收益　　　　　　　4 000 000

3. 作为存货的房地产转换为投资性房地产形成的其他综合收益

企业将作为存货的房地产转换为采用公允价值模式计量的投资性房地产时,应当按该项房地产在转换日的公允价值入账,借记"投资性房地产——成本"科目,原已计提跌价准备的,借记"存货跌价准备"科目;按其账面余额,贷记"开发产品"等科目。同时,转换日的公允价值低于账面价值的,按其差额,借记"公允价值变动损益"科目;转换日的公允价值高于账面价值的,按其差额,贷记"其他综合收益"科目。待该项投资性房地产处置时,因转换计入其他综合收益的部分应当转入当期损益,借记"其他综合收益"科目,贷记"其他业务成本"科目。

4. 自用房地产转换为投资性房地产形成的其他综合收益

企业将自用土地使用权或建筑物转换为采用公允价值模式计量的投资性房地产时,应当按该项土地使用权或建筑物在转换日的公允价值,借记"投资性房地产——成本"科目,按已计提的累计摊销或折旧,借记"累计摊销"或"累计折旧"科目,原已计提减值准备的,借记"无形资产减值准备""固定资产减值准备"科目;按其账面余额,贷记"无形资产"或"固定资产"科目。同时,转换日的公允价值低于账面价值的,按其差额,借记"公允价值变动损益"科目;转换日的公允价值高于账面价值的,按其差额,贷记"其他综合收益"科目。待该项投资性房地产处置时,因转换计入其他综合收益的部分应当转入当期损益,借记"其他综合收益"科目,贷记"其他业务成本"科目。

任务三　留存收益的核算

一、盈余公积的核算

盈余公积是指企业按有关规定从净利润中提取的企业积累资金。公司制企业的盈余公积包括法定盈余公积和任意盈余公积。

按照《中华人民共和国公司法》的有关规定，公司制企业应当按照净利润(减弥补以前年度亏损，下同)的10%提取法定盈余公积。按照《中华人民共和国企业所得税法》规定，以前年度亏损(5年内)可用税前利润弥补，从第6年起只能用税后利润弥补。非公司制企业法定盈余公积的提取比例可超过净利润的10%。法定盈余公积累计额已达注册资本的50%时可以不再提取。值得注意的是，如果以前年度未分配利润有盈余(即年初未分配利润余额为正数)，在计算提取法定盈余公积的基数时，不应包括企业年初未分配利润；如果以前年度有亏损(即年初未分配利润余额为负数)，应先弥补以前年度亏损，再提取盈余公积。

公司制企业可根据股东大会的决议从税后利润中提取任意盈余公积。非公司制企业经类似权力机构批准，也可提取任意盈余公积。法定盈余公积和任意盈余公积的区别在于其各自计提的依据不同，前者以国家的法律法规为依据，后者由企业的权力机构自行决定。

企业提取的盈余公积经批准可用于弥补亏损、转增资本、发放现金股利或利润等。

(一) 提取盈余公积的处理

企业按规定提取盈余公积时，应通过"利润分配""盈余公积"科目核算，借记"利润分配——提取法定盈余公积""利润分配——提取任意盈余公积"科目，贷记"盈余公积——法定盈余公积""盈余公积——任意盈余公积"科目。

【业务12-14】A股份有限公司本年实现净利润为5 000 000元，年初未分配利润为1 500 000元。经股东大会批准，A股份有限公司按当年净利润的10%提取法定盈余公积，按当年净利润的10%提取任意盈余公积。假定不考虑其他因素。A公司的应根据利润分配方案编制如下会计分录：

```
借：利润分配——提取法定盈余公积        500 000
            ——提取任意盈余公积        500 000
    贷：盈余公积——法定盈余公积              500 000
            ——任意盈余公积              500 000
```

(二) 盈余公积补亏的处理

企业发生亏损时，应由企业自行弥补。企业弥补亏损的渠道主要有三条：一是用以后年度税前利润弥补。按照现行税法规定，企业发生亏损时，可以用以下三种方式弥补：一是用以后连续5年内实现的税前利润弥补，即税前利润弥补亏损的期间为5年。二是用以后年度税后利润弥补。企业发生的亏损经过5年期间未足额弥补的，尚未弥补的亏损只能用缴纳所得税后的净利润弥补。三是用盈余公积弥补亏损。

企业以提取的盈余公积弥补亏损时,应当由公司董事会提议并经股东大会或股东会批准,非公司制企业应经类似权力机构批准,账务处理应为:借记"盈余公积"科目,贷记"利润分配——盈余公积补亏"科目。

【业务12-15】经股东大会批准,B股份有限公司用以前年度提取的盈余公积弥补当年亏损,当年弥补亏损的数额为800 000元。假定不考虑其他因素。B公司的账务处理应为:

借:盈余公积　　　　　　　　　　　　800 000
　　贷:利润分配——盈余公积补亏　　　　　800 000

(三)盈余公积转增资本的处理

企业将盈余公积转增资本时,必须经股东大会决议批准。在实际将盈余公积转增资本时,要按股东原有持股比例结转。企业提取的盈余公积,无论是用于弥补亏损,还是用于转增资本,只不过是在企业所有者权益内部做结构上的调整,比如企业以盈余公积弥补亏损时,实际是减少盈余公积留存的数额,以此抵补未弥补亏损的数额,并不引起企业所有者权益总额的变动;企业以盈余公积转增资本时,也只是减少盈余公积结存的数额,但同时增加企业实收资本或股本的数额,也并不引起所有者权益总额的变动。

企业将盈余公积转增资本时,应借记"盈余公积"科目,贷记"股本"或"实收资本"科目。

【业务12-16】因扩大经营规模需要,经股东大会批准,C股份有限公司将盈余公积1 000 000元转增股本。假定不考虑其他因素。C公司的账务处理应为:

借:盈余公积——法定盈余公积　　　1 000 000
　　贷:股本　　　　　　　　　　　　　　1 000 000

(四)用盈余公积发放现金股利或利润的处理

一般来说,企业提取盈余公积不用于发放股利,但是当企业发生亏损不能发放现金股利或利润时,企业出于考虑维护自身形象等方面的因素,可以根据股东大会等权力机构决议批准,用部分盈余公积发放现金股利或利润。

企业用盈余公积发放现金股利或利润时,应借记"盈余公积"科目,贷记"应付股利"科目。

【业务12-17】D股份有限公司2023年12月31日普通股股本为50 000 000股,每股面值为1元,可供投资者分配的利润为5 000 000元,盈余公积为20 000 000元。2024年3月20日,股东大会批准了2023年度利润分配方案,以2023年12月31日为登记日,按每股0.2元发放现金股利。D股份有限公司共需要分派10 000 000元现金股利,其中动用可供投资者分配的利润5 000 000元、任意盈余公积5 000 000元。假定不考虑其他因素。D公司的账务处理应为:

(1)宣告分派股利时,根据利润分配方案编制如下会计分录:

借:利润分配——应付现金股利或利润　　5 000 000
　　盈余公积——任意盈余公积　　　　　5 000 000
　　贷:应付股利　　　　　　　　　　　　　　10 000 000

(2)支付股利时,根据银行转账支付凭证编制如下会计分录:

借:应付股利	10 000 000	
贷:银行存款		10 000 000

二、未分配利润的核算

(一) 期末结转的处理

未分配利润是经过弥补亏损、提取法定盈余公积、提取任意盈余公积和向投资者分配利润等利润分配之后剩余的利润,它是企业留待以后年度进行分配的历年结存的利润。相对于所有者权益的其他部分来说,企业对于未分配利润的使用有较大的自主权。

未分配利润应通过"利润分配——未分配利润"明细科目进行核算。年度终了,企业应将全年实现的净利润或发生的净亏损,自"本年利润"科目转入"利润分配——未分配利润"科目,并将"利润分配"科目所属其他明细科目的余额,转入"未分配利润"明细科目。结转后,"利润分配——未分配利润"科目如为贷方余额,表示累积未分配的利润数额;如为借方余额,表示累积未弥补的亏损数额。

【业务12-18】A股份有限公司的股本为100 000 000元,每股面值为1元,2023年初未分配利润为50 000 000元,2023年度实现净利润为40 000 000元。假定A公司按照2023年度实现净利润的10%提取法定盈余公积、5%提取任意盈余公积。A公司的会计处理如下:

(1) 2023年12月31日,A公司结转本年实现的净利润,根据相关账簿记录编制如下会计分录:

借:本年利润	40 000 000	
贷:利润分配——未分配利润		40 000 000

(2) 提取法定盈余公积和任意盈余公积,根据利润分配方案编制如下会计分录:

借:利润分配——提取法定盈余公积	4 000 000	
——提取任意盈余公积	2 000 000	
贷:盈余公积——法定盈余公积		4 000 000
——任意盈余公积		2 000 000

(3) 结转"利润分配"的其他明细科目余额,根据相关明细科目余额编制如下会计分录:

借:利润分配——未分配利润	6 000 000	
贷:利润分配——提取法定盈余公积		4 000 000
——提取任意盈余公积		2 000 000

A公司2023年12月31日"利润分配——未分配利润"科目的余额为:

50 000 000+40 000 000-6 000 000=84 000 000(元)

即贷方余额为84 000 000元,反映企业的累积未分配利润为84 000 000元。

(二) 弥补亏损的处理

企业在生产经营过程中既有可能取得盈利,也有可能出现亏损。企业在当年发生亏损的情况下,与实现利润的情况相同,应当将本年发生的亏损自"本年利润"科目,转入"利润分配——未分配利润"科目,借记"利润分配——未分配利润"科目,贷记"本年利润"科目,结转后"利润分配——未分配利润"科目的借方余额,即为未弥补亏损的数额。然后通过"利润分配——未分配利润"科目核算有关亏损的弥补情况。

由于未弥补亏损形成的时间长短不同等原因,以前年度未弥补亏损有的可以以当年实现的税前利润弥补,有的则须用税后利润弥补。以当年实现的利润弥补以前年度结转的未弥补亏损,不需要进行专门的账务处理。企业应将当年实现的利润自"本年利润"科目,转入"利润分配——未分配利润"科目的贷方,其贷方发生额与"利润分配——未分配利润"科目的借方余额自然抵补。无论是以税前利润还是以税后利润弥补亏损,其会计处理方法均相同。但是,两者在计算缴纳所得税时的处理是不同的。在以税前利润弥补亏损的情况下,其弥补的数额可以抵减当期企业应纳税所得额,而以税后利润弥补的数额,则不能作为应纳税所得额的扣除处理。

项目小结

本项目的主要内容结构如表12-1所示。

表12-1 项目十二"所有者权益"的内容结构表

实收资本或股本的核算	实收资本的核算要求	非股份制企业的核算要求
		股份有限公司的核算要求
	实收资本筹集的核算	接受现金资产投资的账务处理
		接受非现金资产投资的账务处理
	实收资本增减变动的核算	实收资本(或股本)的增加
		实收资本(或股本)的减少
资本公积和其他综合收益的核算	资本公积的核算	资本公积的构成
		资本公积的账务处理
	其他综合收益的核算	其他综合收益的构成
		其他综合收益的账务处理
留存收益的核算	盈余公积的核算	提取盈余公积的处理
		盈余公积补亏的处理
		盈余公积转增资本的处理
		用盈余公积发放现金股利或利润的处理
	未分配利润的核算	期末结转的处理
		弥补亏损的处理

思考与练习

一、思考题

1. 股份制企业和其他企业在实收资本的筹集和核算上有何不同?企业核算实收资本有何重要意义?
2. 与实收资本(或股本)及留存收益相比,资本公积有何不同?资本公积的用途有哪些?
3. 其他综合收益的性质是什么?它是如何形成的?

4. 盈余公积可以用于哪些方面？其提取和使用有哪些具体要求？

5. 税前利润补亏与税后利润补亏的差别体现在哪些方面？它们的账务处理是否存在差别？

二、单项选择题

1. 下列各项中，会引起企业所有者权益总额增加的是(　　)。

   A. 当年实现净利润

   B. 以盈余公积弥补以前年度亏损

   C. 盈余公积转增资本

   D. 向投资者宣告发放现金股利

2. 甲、乙公司均为增值税一般纳税人，适用的增值税税率为13%。甲公司接受乙公司投资的原材料一批，账面价值200 000元，投资协议约定的价值为300 000元，假定投资协议约定的价值与公允价值相符，并开具了增值税专用发票，该项投资产生资本溢价139 000元。甲公司原材料、实收资本和资本公积的金额分别为(　　)元。

   A. 200 000、100 000、39 000

   B. 200 000、100 000、139 000

   C. 300 000、200 000、39 000

   D. 300 000、200 000、139 000

3. 下列各项中，不会导致企业实收资本或股本增加的有(　　)。

   A. 盈余公积转增资本

   B. 接受非流动资产捐赠

   C. 资本公积转增资本

   D. 接受投资者追加投资

4. 下列各项中，有限责任公司收到投资者投入的出资额，投资者在注册资本中所占份额的部分和超出份额的部分，应贷记的会计科目分别是(　　)。

   A. 实收资本、盈余公积

   B. 其他综合收益、资本公积

   C. 实收资本、资本公积

   D. 资本公积、实收资本

5. 某股份制公司委托证券公司代理发行普通股3 000万股，每股面值为1元，发行价格每股4元。证券公司按发行收入的1%收取手续费，该公司这项业务应计入资本公积的金额为(　　)万元。

   A. 8 840　　　　B. 8 880　　　　C. 9 000　　　　D. 3 000

6. 下列各项中，关于公司资本公积的表述不正确的有(　　)。

   A. 资本公积可以用于弥补上年度发生的亏损

   B. 资本公积可以用于转增资本

   C. 溢价发行股票发生的相关交易费用冲减资本公积

   D. 实收资本体现不同所有者的占有比例

7. 下列各项中,不属于企业留存收益的有( )。

A. 按规定从净利润中提取的法定盈余公积

B. 累积未分配的利润

C. 按股东大会决议从净利润中提取的任意盈余公积

D. 发行股票的溢价收入

8. 下列各项中,导致留存收益总额减少的是( )。

A. 以盈余公积弥补亏损

B. 接受非现金资产投资

C. 以盈余公积转增实收资本

D. 以资本公积转增实收资本

9. 下列各项中,企业应通过"利润分配"科目核算的是( )。

A. 支付已宣告发放的现金股利

B. 以盈余公积转增资本

C. 以股票溢价抵扣股票发行手续费

D. 以盈余公积弥补亏损

10. 下列各项中,期末不需转入"利润分配——未分配利润"科目的有( )。

A. 本年利润

B. 主营业务收入

C. 利润分配——提取法定盈余公积

D. 利润分配——应付现金股利或利润

三、业务题

1. 甲、乙、丙三公司投资设立 M 有限责任公司,持股比例分别为 60%、20%、20%,投入资本分别为 240 万元、80 万元、80 万元,M 公司如数收到入账。

2. 某公司原来有 3 个投资者组成,各投资 100 万元,实收资本 300 万元,一年后,丁欲加入该公司,并希望占有 25% 的股份,经过协商,该公司将注册资本增加到 400 万元,但该投资者必须投入 140 万元,才能拥有 25% 的股份。

3. 某股份有限公司发行普通股 2 000 万股,每股面值为 1 元,每股发行价格为 5 元,股款 10 000 万元全部收到,存入银行。

4. 企业收到 A 公司作为资本投入的不需要安装的机器设备一台,合同约定的价值为 5 000 000 元,增值税额为 650 000 元。合同约定的固定资产价值与公允价值相符,不考虑其他因素。

5. 公司接受 B 企业以其所有的专利权作为投资,双方协议约定其价值为 300 万元。

6. 公司因扩大经营规模需要,经批准按原出资比例将资本公积转增为资本,甲、乙、丙分别为 120 万元、40 万元、40 万元。

7. 甲上市公司 2023 年 12 月 31 日的股本为 100 000 000 股,面值为 1 元,资本公积(股本溢价) 40 000 000 元,盈余公积 50 000 000 元。经股东大会批准,甲公司以现金回购本公司股票 20 000 000 股并注销。公司按每股 4 元回购股票。

8. 公司首次公开发行普通股 60 000 000 股,每股面值为 1 元,每股发行价格为 5 元。支付发行手续费等共计 7 000 000 元。款已全部收到,发行费用已全部支付。

9. 公司年初未分配利润为 0,本年益类 2 000 万元,损类 1 800 万元,税前利润 200 万元,所得税税率 25%,税后利润 150 万元。按 10% 的比例提取法定盈余公积,按 10% 的比例提取任意盈余公积。宣告发放现金股利 100 万元。保留 20 万元未分配利润。

10. 某企业当年亏损 80 万元,用以前年度提取的盈余公积弥补今年的亏损。

11. 某股份有限责任公司因扩大经营规模的需要,经股东大会批准,将盈余公积 400 万元转增资本。

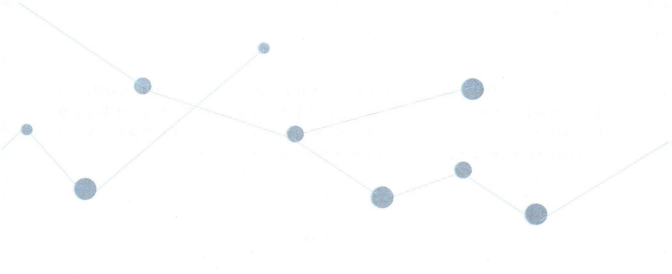

项目十三
收入、费用和利润

> **项目目标**
>
> 了解收入、费用和利润的构成,理解收入确认和计量模型,掌握收入、费用以及利润形成的核算。

任务一 收入的核算

一、收入的定义及其分类

收入是指企业在日常活动中形成的、会导致所有者权益增加的、与所有者投入资本无关的经济利益的总流入。其中,日常活动是指企业为完成其经营目标所从事的经常性活动以及与之相关的其他活动。例如,工业企业制造并销售产品、商品流通企业销售商品、咨询公司提供咨询服务、软件公司为客户开发软件、安装公司提供安装服务、建筑企业提供建造服务等,均属于企业的日常活动。日常活动所形成的经济利益的流入应当确认为收入。

收入通常按照企业经营业务的重要性,将其分为主营业务收入和其他业务收入,并分别设置"主营业务收入"和"其他业务收入"科目进行核算。

(1)主营业务收入。主营业务收入是指企业为完成其经营目标从事的经常性活动实现的收入。主营业务收入是企业收入的主要来源,对企业的经济效益具有较大的影响。如一般工商企业销售商品取得的收入,咨询企业提供咨询服务取得的收入,建筑安装企业取得的合同收入等。

(2)其他业务收入。其他业务收入是指与企业为完成其经营目标所从事的经常性活动相关的活动实现的收入。如工业企业销售材料取得的收入,商品流通企业销售包装物取得的收入,及其转让无形资产使用权所取得的使用费收入等。

二、收入的确认和计量

企业确认收入的方式应当反映其向客户转让商品或提供服务(以下简称"转让商品")的模式,收入的金额应当反映企业因转让商品而预期有权收取的对价金额,以如实反映企业的生产经营成果,核算企业实现的损益。其中,客户是指与企业订立合同以向该企业购买其日常活动中产出的商品并支付对价的一方。

按照《企业会计准则第14号——收入》的相关规定,收入确认和计量的基本步骤大致分为以下五步。

(一)识别与客户订立的合同

合同是指双方或多方之间订立有法律约束力的权利义务的协议。合同包括书面形式、口头形式以及其他形式(如隐含于商业惯例或企业以往的习惯做法中等)。合同的存在是企业确认收入的前提,企业与客户之间的合同一经签订,企业即负有向客户转让商品的履约义务,同时享有向客户收取对价的权利。因此,企业与客户签订的合同应同时满足下列条件:

(1) 合同各方已批准该合同并承诺将履行各自义务。
(2) 该合同明确了合同各方与所转让商品相关的权利和义务。
(3) 该合同有明确的与所转让商品相关的支付条款。
(4) 该合同具有商业实质,即履行该合同将改变企业未来现金流量的风险、时间分布或金额。
(5) 企业因向客户转让商品而有权取得的对价很可能收回。

(二) 识别合同中的单项履约义务

履约义务是指合同中企业向客户转让可明确区分商品的承诺。其中,可明确区分商品是指企业向客户承诺的、同时满足下列两项条件的商品:一是客户能够从该商品本身或从该商品与其他易于获得资源一起使用中受益,即该商品本身能够明确区分;二是企业向客户转让该商品的承诺与合同中其他承诺可单独区分,即转让该商品的承诺在合同中是可明确区分的。

合同开始日,企业应当对合同进行评估,识别该合同所包含的各单项履约义务,并确定各单项履约义务是在某一时段内履行,还是在某一时点履行,然后在履行了各单项履约义务时分别确认收入。例如,企业与客户签订合同,向其销售商品并提供免费运输服务,则该合同仅包含销售商品一项单项履约义务;如果合同约定,运输服务是有偿服务,需单独收费,则该合同包含了销售和运输两项单项履约义务。

(三) 确定交易价格

交易价格是指企业因向客户转让商品而预期有权收取的对价金额。企业代第三方收取的款项(例如增值税)以及企业预期将退还给客户的款项,应当作为负债进行会计处理,不计入交易价格。合同标价并不一定代表交易价格,企业应当根据合同条款,并结合以往的习惯做法确定交易价格。

(四) 将交易价格分摊至各单项履约义务

当合同中包含两项或多项单项履约义务时,企业应当在合同开始日,按照各单项履约义务所承诺商品的单独售价的相对比例,将交易价格分摊至各单项履约义务,以使企业分摊至各单项履约义务(或可明确区分的商品)的交易价格能够反映其因向客户转让已承诺的相关商品而预期有权收取的对价金额。其中,单独售价是指企业向客户单独销售商品的价格。

[业务13-1] 甲公司与客户签订合同,向其销售A、B两件产品,合同价款为25 000元。A产品的单独售价为6 000元,B产品的单独售价为24 000元,合计30 000元。上述价格均不包含增值税。

根据上述交易价格分摊原则,将交易价格分摊至各单项履约义务如下:

  A产品应当分摊的交易价格=6 000÷30 000×25 000=5 000(元)
  B产品应当分摊的交易价格=24 000÷30 000×25 000=20 000(元)

（五）履行每一单项履约义务时确认收入

企业应当在履行了合同中的履约义务，即客户取得相关商品控制权时确认收入。取得相关商品控制权，是指能够主导该商品的使用并从中获得几乎全部的经济利益，也包括有能力阻止其他方主导该商品的使用并从中获得经济利益。取得商品控制权包括以下三个要素：

（1）能力。企业只有在客户拥有现时权利，能够主导该商品的使用并从中获得几乎全部经济利益时，才能确认收入。如果客户只能在未来的某一期间主导该商品的使用并从中获益，则表明其尚未取得该商品的控制权。

（2）主导该商品的使用。客户有能力主导该商品的使用，是指客户在其活动中有权使用该商品，或者能够允许或阻止其他方使用该商品。

（3）能够获得几乎全部的经济利益。客户必须拥有获得商品几乎全部经济利益的能力，才能被视为获得了对该商品的控制。商品的经济利益，是指该商品潜在现金流量，既包括现金流入的增加，也包括现金流出的减少。客户可以通过使用、消耗、出售、处置、交换、抵押或持有等多种方式直接或间接地获得该商品的经济利益。

企业将商品的控制权转移给客户，可能在某一时段内（即履行履约义务的过程中）发生，也可能在某一时点（即履约义务完成时）发生。企业应当根据实际情况，首先判断履约义务是否满足在某一时段内履行的条件，如不满足，则该履约义务属于在某一时点履行的履约义务。

收入确认和计量的五个步骤中，第一步、第二步和第五步主要与收入的确认有关，第三步和第四步主要与收入的计量有关。

三、在某一时点履行履约义务的会计处理

（一）基本要求

对于在某一时点履行的履约义务，企业应当在客户取得相关商品控制权时确认收入。在判断控制权是否转移时，企业应当综合考虑下列迹象：

（1）企业就该商品享有现时收款权利，即客户就该商品负有现时付款义务。
（2）企业已将该商品的法定所有权转移给客户，即客户已拥有该商品的法定所有权。
（3）企业已将该商品实物转移给客户，即客户已占有该商品实物。
（4）企业已将该商品所有权上的主要风险和报酬转移给客户，即客户已取得该商品所有权上的主要风险和报酬。
（5）客户已接受该商品。
（6）其他表明客户已取得商品控制权的迹象。

（二）一般销售商品收入的账务处理

企业对外销售商品，在客户取得相关商品控制权时点确认收入，按实际收到或应收的款项，借记"银行存款""应收账款""应收票据"等科目，按实现的收入贷记"主营业务收入"或

"其他业务收入"科目,按收取的增值税税额贷记"应交税费——应交增值税(销项税额)"科目。

【业务13-2】2023年9月1日,A公司向B公司销售商品一批,开具的增值税专用发票上注明的价款为100 000元、增值税税额为13 000元,货款已收到并存入银行。该批商品的实际成本为90 000元。B公司收到商品并验收入库。

该销售属于在某一时点履行的履约义务,客户B公司已取得该批商品的控制权,因此A公司应确认收入,相关账务处理为:

(1) 确认销售商品收入:

借:银行存款　　　　　　　　　　　　　113 000
　　贷:主营业务收入　　　　　　　　　　　　　100 000
　　　　应交税费——应交增值税(销项税额)　　13 000

(2) 结转销售商品成本:

借:主营业务成本　　　　　　　　　　　90 000
　　贷:库存商品　　　　　　　　　　　　　　　90 000

【业务13-3】2023年9月15日,甲公司销售原材料一批,开出的增值税专用发票上注明的价款为10 000元,增值税税额为1 300元,已办妥委托收款手续,客户已收到该批材料并验收入库。该批原材料的实际成本为9 000元。

该材料销售属于某一时点履行的履约义务,客户已取得该批材料的控制权,甲公司已取得收取货款的权利,因此甲公司应确认收入,相关账务处理为:

(1) 确认原材料销售收入:

借:应收账款　　　　　　　　　　　　　11 300
　　贷:其他业务收入——销售××材料　　　　　10 000
　　　　应交税费——应交增值税(销项税额)　　1 300

(2) 结转已销原材料的实际成本:

借:其他业务成本——销售××材料　　　9 000
　　贷:原材料——××材料　　　　　　　　　　　9 000

(三) 涉及销售折扣的账务处理

销售折扣通常包括商业折扣和现金折扣。商业折扣是指企业为促进商品销售而在商品标价上给予的价格扣除。企业销售商品涉及商业折扣的,应当按照扣除商业折扣后的金额确定销售商品收入金额。现金折扣是指债权人为鼓励债务人在规定的期限内付款而向债务人提供的债务扣除。企业销售商品涉及现金折扣的,企业收到的对价是可变的,因此涉及现金折扣的销售,企业应当对计入交易价格的可变对价进行估计。

根据收入准则的规定,企业应当按照期望值或最可能发生金额确定可变对价的最佳估计数。但企业不能在两种方法之间随意进行选择。其中,期望值是按照各种可能发生的对价金额及相关概率计算确定的金额;最可能发生金额是一系列可能发生的对价金额中最可能发生的单一金额。此外,企业确定可变对价金额之后,计入交易价格的可变对价金额还应满足限制条件,即包含可变对价的交易价格,应当不超过在相关不确定性消除时,累计已确认的收入极可能不会发生重大转回的金额。

【业务13-4】2023年9月10日,甲公司向乙公司销售A商品5 000件并开出增值税专用发票。该商品标价为200元/件(不含增值税),适用的增值税税率为13%,实际成本为120元/件。由于成批销售,甲公司给予10%的商业折扣,并在销售合同中规定现金折扣条件为20天内付款享受2%的现金折扣,30天内必须付清款项且计算现金折扣时不考虑增值税。该批商品已交付乙公司并验收入库。甲公司基于历史交易记录,预计乙公司20天内付款的概率为90%,20天后付款的概率为10%。9月28日,收到乙公司支付的货款。

该销售属于某一时点履行的履约义务,应于乙公司取得A商品控制权时确认收入。根据销售合同,甲公司向乙公司同时提供了商业折扣和现金折扣。对于商业折扣,甲公司从应确认的销售商品收入中予以扣除;对于现金折扣,甲公司认为按照最可能发生金额能够更好地预测其有权获取的对价金额。因此,甲公司的账务处理如下:

应确认的收入金额=200×(1－10%)×5 000×(1－2%)=882 000(元)

增值税销项税额=200×(1－10%)×5 000×13%=117 000(元)

应编制如下会计分录:

(1) 9月10日,确认收入、结转成本。

借:应收账款——乙公司　　　　　　　　　　999 000
　　贷:主营业务收入　　　　　　　　　　　　　　882 000
　　　　应交税费——应交增值税(销项税额)　　117 000
借:主营业务成本　　　　　　　　　　　　600 000
　　贷:库存商品　　　　　　　　　　　　　　　　600 000

(2) 9月28日,收到货款。

借:银行存款　　　　　　　　　　　　　　999 000
　　贷:应收账款——乙公司　　　　　　　　　　999 000

(四)销售折让与退回的账务处理

1. 销售折让

销售折让是指企业因售出商品的质量不合格等原因而在售价上给予的减让。对于销售折让,企业应分不同情况进行处理:

(1)已确认收入的售出商品发生销售折让的,通常应当在发生时冲减当期销售商品收入。

(2)已确认收入的销售折让属于资产负债表日后事项的,应当按照有关资产负债表日后事项的相关规定进行处理。

知识链接

资产负债表日后事项是指资产负债表日至财务报告批准报出日之间发生的有利或不利事项,包括调整事项和非调整事项。其中,调整事项是指对资产负债表日已经存在的情况提供了新的或进一步证据的事项,该事项的发生需要对原来的会计处理进行调整,如发生在资产负债表日后的销售折让等;非调整事项是指表明资产负债表日后发生的情况的事项,该事项通常应在财务报表附注中加以披露。

【业务13-5】2023年9月10日,甲公司向乙公司销售B商品一批,开出的增值税专用发票上注明的销售价款为800 000元,增值税税额为104 000元。9月16日,乙公司在验收过程中发现商品质量不合格,要求在价格(不含增值税)上给予5%的折让。假定甲公司已确认销售收入,款项尚未收到,已于9月19日取得税务机关开具的红字增值税专用发票。9月30日,收到该笔销货款858 800元。甲公司的账务处理如下:

(1) 9月10日,确认收入。

借:应收账款——乙公司　　　　　　　　　904 000
　　贷:主营业务收入——销售B商品　　　　　　800 000
　　　　应交税费——应交增值税(销项税额)　104 000

(2) 9月19日,发生销售折让。

销售折让金额=800 000×5%=40 000(元)
应冲减的销项税额=40 000×13%=5 200(元)

借:主营业务收入——销售B商品　　　　　　40 000
　　应交税费——应交增值税(销项税额)　　5 200
　　贷:应收账款——乙公司　　　　　　　　　45 200

(3) 9月30日,收到货款。

借:银行存款　　　　　　　　　　　　　　858 800
　　贷:应收账款——乙公司　　　　　　　　　858 800

2. 销售退回

销售退回是指企业售出的商品由于质量、品种不符合要求等原因而发生的退货。已确认收入的售出商品发生的销售退回,除属于资产负债表日后事项的外,企业应在发生销售退回时冲减当期销售商品收入和增值税销项税额,借记"主营业务收入""应交税费——应交增值税(销项税额)"等科目,贷记"银行存款""应收票据""应收账款"等科目。收到退回商品并验收入库时,冲减当期销售商品成本,借记"库存商品"科目,贷记"主营业务成本"科目。

【业务13-6】2023年9月10日,甲公司销售一批商品,增值税专用发票上注明的价款为400 000元、增值税税额为52 000元,客户收到该商品并验收入库,同时支付了货款。该批商品成本为300 000元。该销售属于在某一时点履行的履约义务并确认销售收入,账务处理为:

借:银行存款　　　　　　　　　　　　　　452 000
　　贷:主营业务收入　　　　　　　　　　　400 000
　　　　应交税费——应交增值税(销项税额)　52 000
借:主营业务成本　　　　　　　　　　　　300 000
　　贷:库存商品　　　　　　　　　　　　　300 000

2023年11月10日,因上述商品质量出现严重问题,客户将该批商品的50%退回给甲公司。甲公司同意退货,于退货当日支付退货款,并按规定向客户开具了增值税专用发票(红字)。假定不考虑其他因素,甲公司的账务处理应为:

借:主营业务收入　　　　　　　　　　　　200 000
　　应交税费——应交增值税(销项税额)　26 000
　　贷:银行存款　　　　　　　　　　　　　226 000

收到退回商品并验收入库时：
借：库存商品　　　　　　　　　　　　150 000
　　贷：主营业务成本　　　　　　　　　　　　150 000

（五）委托代销安排的账务处理

委托代销安排是指委托方和受托方签订代销合同或协议，委托受托方向终端客户销售商品。在这种安排下，企业应当评估受托方在企业向其转让商品时是否已获得对该商品的控制权，如果没有，企业不应在此时确认收入，通常应当在受托方售出商品时确认销售商品收入；受托方应当在商品销售后，按合同或协议约定的方法计算确定的手续费确认收入。表明一项安排是委托代销安排的迹象包括但不限于：

（1）在特定事件发生之前（例如，向最终客户出售商品或指定期间到期之前），企业拥有对商品的控制权。

（2）企业能够要求将委托代销的商品退回或者将其销售给其他方（如其他经销商）。

（3）尽管受托方可能被要求向企业支付一定金额的押金，但是，其并没有承担对这些商品无条件付款的义务。

在委托代销安排下，委托方通常应当在受托方售出商品时确认销售商品收入，因此企业按合同发出商品时，商品的控制权尚未转让给客户，不应确认收入，此时企业应设置"发出商品"科目核算企业商品已发出但客户没有取得商品控制权的商品成本。即发出商品时，按发出商品的实际成本，借记"发出商品"科目，贷记"库存商品"科目；待确认收入，结转销售成本时，借记"主营业务成本"科目，贷记"发出商品"科目。

【业务13-7】甲公司委托丙公司销售D商品200件，商品已经发出，每件成本为60元。合同约定丙公司应按每件100元对外销售，甲公司按售价的10%向丙公司支付手续费。丙公司对外实际销售100件，开出的增值税专用发票上注明的销售价款为10 000元，增值税税额为1 300元，款项已经收到。甲公司收到丙公司开具的代销清单时，向丙公司开具一张相同金额的增值税专用发票。假定甲公司发出商品时纳税义务尚未发生，手续费增值税税率为6%，不考虑其他因素。

（1）委托方——甲公司的账务处理：
① 发出商品时：
借：发出商品——D商品　　　　　　　　12 000
　　贷：库存商品——D商品　　　　　　　　　　12 000
② 收到代销清单、代销手续费发票时：
借：应收账款——丙公司　　　　　　　　11 300
　　贷：主营业务收入——销售D商品　　　　　10 000
　　　　应交税费——应交增值税（销项税额）　1 300
借：主营业务成本——销售D商品　　　　 6 000
　　贷：发出商品——D商品　　　　　　　　　　 6 000
借：销售费用——代销手续费　　　　　　 1 000
　　应交税费——应交增值税（进项税额）　　60
　　贷：应收账款——丙公司　　　　　　　　　 1 060

③ 收到丙公司支付的货款时：

借：银行存款　　　　　　　　　　　　　　　　10 240
　　贷：应收账款——丙公司　　　　　　　　　　　　　10 240

(2) 受托方——丙公司的账务处理：

① 收到商品时：

借：受托代销商品——甲公司　　　　　　　　　20 000
　　贷：受托代销商品款——甲公司　　　　　　　　　20 000

② 对外销售时：

借：银行存款　　　　　　　　　　　　　　　　11 300
　　贷：受托代销商品——甲公司　　　　　　　　　　10 000
　　　　应交税费——应交增值税(销项税额)　　　　　1 300

③ 收到甲公司开具的增值税专用发票时：

借：受托代销商品款——甲公司　　　　　　　　10 000
　　应交税费——应交增值税(进项税额)　　　　　 1 300
　　贷：应付账款——甲公司　　　　　　　　　　　　11 300

④ 支付货款并计算代销手续费时：

借：应付账款——甲公司　　　　　　　　　　　11 300
　　贷：银行存款　　　　　　　　　　　　　　　　10 240
　　　　其他业务收入——代销手续费　　　　　　　 1 000
　　　　应交税费——应交增值税(销项税额)　　　　　　60

现将委托代销安排的账务处理概括为表13-1。

表13-1　委托代销安排的账务处理

委托方		受托方	
业务内容	账务处理	业务内容	账务处理
发出委托代销商品	借：发出商品 　贷：库存商品	收到受托代销商品	借：受托代销商品 　贷：受托代销商品款
收到代销清单	借：应收账款 　贷：主营业务收入 　　　应交税费——应交增值税 　　　　（销项税额） 借：主营业务成本 　贷：发出商品 借：销售费用——代销手续费 　　应交税费——应交增值税(进项税额) 　贷：应收账款	出售受托代销商品	借：银行存款(或应收账款等) 　贷：受托代销商品 　　　应交税费——应交增值税 　　　　（销项税额）
		收到增值税专用发票	借：受托代销商品款 　　应交税费——应交增值税(进项税额) 　贷：应付账款
收到受托方支付的货款	借：银行存款 　贷：应收账款	支付货款并计算代销手续费	借：应付账款 　贷：银行存款 　　　其他业务收入——代销手续费 　　　应交税费——应交增值税(销项税额)

四、在某一时段内履行履约义务的会计处理

（一）基本要求

收入准则规定,满足下列条件之一的,属于在某一时段内履行的履约义务：
（1）客户在企业履约的同时即取得并消耗企业履约所带来的经济利益。
（2）客户能够控制企业履约过程中在建的商品。
（3）企业履约过程中所产出的商品具有不可替代用途,且该企业在整个合同期间内有权就累计至今已完成的履约部分收取款项。

其中,具有不可替代用途,是指因合同限制或实际可行性限制,企业不能轻易地将商品用于其他用途。有权就累计至今已完成的履约部分收取款项,是指在由于客户或其他方原因终止合同的情况下,企业有权就累计至今已完成的履约部分收取能够补偿其已发生成本和合理利润的款项,并且该权利具有法律约束力。

对于在某一时段内履行的履约义务,企业应当在该段时间内按照履约进度确认收入,履约进度不能合理确定的除外。履约进度的确定方法包括：

1. 产出法

产出法是指根据已转移给客户的商品对于客户的价值确定履约进度的方法。具体包括实际测量的完工进度、评估已实现的结果、已达到的里程碑、时间进度、已完成或交付的产品等。

2. 投入法

投入法是指根据企业履行履约义务的投入确定履约进度的方法。具体包括投入的材料数量、花费的人工工时或机器工时、发生的成本和时间进度等。通常,企业按照累计实际发生的成本占预计总成本的比例（即成本法）确定履约进度。累计实际发生的成本包括企业向客户转移商品过程中所发生的直接成本和间接成本,如直接人工、直接材料、分包成本以及其他与合同相关的成本。

对于每一项履约义务,企业只能采用一种方法来确定其履约进度,并加以一贯运用。对于类似情况下的类似履约义务,企业应当采用相同的方法确定履约进度。资产负债表日,企业按照以下方法确认当期收入：

本期应确认的收入＝合同的交易价格总额×履约进度－至今累计已确认的收入

当履约进度不能合理确定时,企业已经发生的成本预计能够得到补偿的,应当按照已经发生的成本金额确认收入,直至履约进度能够合理确定为止。

（二）合同履约成本与收入确认

1. 合同履约成本

企业为履行合同会发生各种成本,企业在确认收入的同时应当对这些成本进行分析,若不属于存货、固定资产、无形资产等成本范围且同时满足下列条件的,应当作为合同履约成本确认为一项资产：

（1）该成本与一份当前或预期取得的合同直接相关。与合同直接相关的成本包括直接

人工、直接材料、制造费用、明确由客户承担的成本、因该合同而发生的其他成本。

(2) 该成本增加了企业未来用于履行(或继续履行)履约义务的资源。

(3) 该成本预期能够收回。

但下列支出不属于合同履约成本,应于其发生时计入当期损益:一是管理费用,除非这些管理费用明确由客户承担。二是非正常消耗的直接材料、直接人工和制造费用(或类似费用),这些支出为履行合同发生,但未反映在合同价格中。三是与履约义务中已履行(包括已全部履行或部分履行)部分相关的支出,即该支出与企业过去的履约活动相关。四是无法在尚未履行的与已履行(或已部分履行)的履约义务之间区分的相关支出。

2. 账务处理

企业对已确认为资产的合同履约成本,应当采用与该资产相关的收入确认相同的基础进行摊销,计入当期损益。具体的账务处理为:企业发生合同履约成本时,借记"合同履约成本"科目,贷记"银行存款""应付职工薪酬""原材料"等科目;对合同履约成本进行摊销时,借记"主营业务成本""其他业务成本"等科目,贷记"合同履约成本"科目。

【业务13-8】 甲公司为增值税一般纳税人,装修服务适用增值税税率为9%。2022年12月1日,甲公司与乙公司签订一项为期3个月的装修合同,合同约定装修价款为500 000元,增值税税额为45 000元,装修费用每月月末按完工进度支付。2022年12月31日,经专业测量师测量后,确定该项劳务的完工程度为25%;乙公司按完工进度支付价款及相应的增值税款。截至2022年12月31日,甲公司为完成该合同累计发生劳务成本100 000元(假定均为装修人员薪酬),估计还将发生劳务成本300 000元。

假定该业务属于甲公司的主营业务,全部由其自行完成;该装修服务构成单项履约义务,并属于在某一时段内履行的履约义务;甲公司按照实际测量的完工进度确定履约进度。账务处理如下:

(1) 实际发生劳务成本:

借:合同履约成本　　　　　　　　　　　　100 000
　　贷:应付职工薪酬　　　　　　　　　　　　100 000

(2) 2022年12月31日确认劳务收入、结转劳务成本:

应确认的收入=500 000×25%−0=125 000(元)

借:应收账款——乙公司　　　　　　　　　136 250
　　贷:主营业务收入　　　　　　　　　　　　125 000
　　　　应交税费——应交增值税(销项税额)　11 250
借:主营业务成本　　　　　　　　　　　　100 000
　　贷:合同履约成本　　　　　　　　　　　　100 000

假定,2023年1月31日,经专业测量师测量后,确定该项劳务的完工程度为70%;乙公司按完工进度支付价款同时支付对应的增值税款。2023年1月,为完成该合同发生劳务成本180 000元(假定均为装修人员薪酬),为完成该合同估计还将发生劳务成本120 000元。甲公司的账务处理应为:

(1) 实际发生劳务成本:

借:合同履约成本　　　　　　　　　　　　180 000
　　贷:应付职工薪酬　　　　　　　　　　　　180 000

(2) 2023年1月31日,确认劳务收入、结转劳务成本:

应确认的收入＝500 000×70%－125 000＝225 000(元)

借:应收账款——乙公司　　　　　　245 250
　　贷:主营业务收入　　　　　　　　　　　225 000
　　　　应交税费——应交增值税(销项税额)　20 250
借:主营业务成本　　　　　　　　　180 000
　　贷:合同履约成本　　　　　　　　　　　180 000

假定,2023年2月28日,装修完工;乙公司验收合格,按完工进度支付价款同时支付对应的增值税款。2023年2月,为完成该合同发生劳务成本120 000元(假定均为装修人员薪酬。甲公司的账务处理应为:

(1) 实际发生劳务成本:

借:合同履约成本　　　　　　　　　120 000
　　贷:应付职工薪酬　　　　　　　　　　　120 000

(2) 2023年2月28日,确认劳务收入、结转劳务成本:

应确认的收入＝500 000－125 000－225 000＝150 000(元)

借:应收账款——乙公司　　　　　　263 500
　　贷:主营业务收入　　　　　　　　　　　150 000
　　　　应交税费——应交增值税(销项税额)　13 500
借:主营业务成本　　　　　　　　　120 000
　　贷:合同履约成本　　　　　　　　　　　120 000

(三) 合同取得成本与收入确认

1. 合同取得成本

企业为取得合同发生的增量成本预期能够收回的,应当作为合同取得成本确认为一项资产。增量成本是指企业不取得合同就不会发生的成本,如销售佣金等。为简化实务操作,该资产摊销期限不超过一年的,可以在发生时计入当期损益。

企业为取得合同发生的、除预期能够收回的增量成本之外的其他支出,如无论是否取得合同均会发生的差旅费、投标费、为准备投标资料发生的相关费用等,应当在发生时计入当期损益,除非这些支出明确由客户承担。

2. 账务处理

企业发生合同取得成本时,借记"合同取得成本"科目,贷记"银行存款"等科目;对合同取得成本进行摊销时,借记"销售费用"等科目,贷记"合同取得成本"科目。

【业务13-9】甲公司是一家咨询公司,其通过竞标赢得一个新客户并签订咨询合同,合同总价为1 526 400元(含税),服务期为3年。为取得与该客户的合同,甲公司聘请外部律师进行尽职调查并支付相关费用为15 000元,为投标而发生的差旅费用为10 000元,支付销售人员佣金7 200元。甲公司预期这些支出未来均能够收回。此外,甲公司根据其年度销售目标、整体盈利情况及个人业绩等,向销售部门经理支付年度奖金10 000元。

在该业务中,甲公司因签订该客户合同而向销售人员支付的佣金属于为取得合同发生的增量成本,应当将其作为合同取得成本确认为一项资产,发生的其他支出不属于增量成本,应于发生时直接计入当期损益。相关账务处理如下：

(1) 支付与取得合同相关的费用：

借：合同取得成本　　　　　　　　　　7 200
　　管理费用　　　　　　　　　　　　25 000
　　　贷：银行存款　　　　　　　　　　　　　32 200

(2) 每月确认服务收入,摊销合同取得成本：

每月服务收入＝1 526 400÷(1＋6％)÷36＝40 000(元)

每月摊销合同取得成本＝7 200÷36＝200(元)

借：应收账款　　　　　　　　　　　42 400
　　　贷：主营业务收入　　　　　　　　　　　40 000
　　　　　应交税费——应交增值税(销项税额)　2 400

借：销售费用　　　　　　　　　　　　 200
　　　贷：合同取得成本　　　　　　　　　　　 200

(3) 支付销售部门经理奖金：

借：销售费用　　　　　　　　　　　10 000
　　　贷：应付职工薪酬　　　　　　　　　　10 000

借：应付职工薪酬　　　　　　　　　10 000
　　　贷：银行存款　　　　　　　　　　　　10 000

任务二　费用的核算

一、费用的确认

(一) 费用的确认原则

费用是指企业在日常活动中发生的、会导致所有者权益减少的、与向所有者分配利润无关的经济利益的总流出。

费用有狭义和广义之分。广义的费用泛指企业各种日常活动发生的所有耗费,狭义的费用仅指与本期营业收入相配比的那部分耗费。费用应按照权责发生制和配比原则确认,凡应属于本期发生的费用,不论其款项是否支付,均确认为本期费用;反之,不属于本期发生的费用,即使其款项已在本期支付,也不确认为本期费用。

在确认费用时,首先,应当划分生产费用与非生产费用的界限。生产费用是指与企业日常生产经营活动有关的费用,如生产产品所发生的原材料费用、人工费用等;非生产费用是指不属于生产费用的费用,如用于购建固定资产所发生的费用。其次,应当分清生产费用与产品成本的界限。生产费用与一定的期间相联系,而与生产的产品无关;产品成本与一定品种和数量的产品相联系,而不论发生在哪一期间。最后,应当分清生产费用与期间费用的界限。生产费用应当计入产品成本,期间费用直接计入当期损益。

（二）费用的构成

在实务中，费用通常包括营业成本、税金及附加、期间费用等。

1. 营业成本

营业成本是指企业为生产产品、提供劳务等发生的可归属于产品成本、劳务成本等的费用，应当在确认销售商品收入、提供劳务收入等时，将已销售商品、已提供劳务的成本等计入当期损益。营业成本包括主营业务成本和其他业务成本。其中，主营业务成本是指企业销售商品、提供劳务等经常性活动所发生的成本；其他业务成本是指企业确认的除主营业务活动以外的其他业务活动所发生的支出，主要包括销售材料的成本、出租固定资产的折旧、出租无形资产的摊销额、出租包装物的成本或摊销额等。

企业将生产费用计入产品或合同成本，即形成产品成本、合同取得成本或合同履约成本。随着商品销售，将已销商品成本与实现的收入相配比，即结转为营业成本。所以，营业成本是生产费用的转化，是企业为生产产品、履行合同等发生的可归属于产品成本、合同成本等的费用。

2. 税金及附加

税金及附加是指企业经营活动应负担的相关税费，包括消费税、城市维护建设税、资源税、教育费附加，以及房产税、土地使用税、车船税、印花税、环境保护税等。

3. 期间费用

期间费用是企业当期发生费用中的重要组成部分，是指本期发生的、不能直接或间接归入某种产品成本的、应直接计入损益的各项费用，包括销售费用、管理费用和财务费用。

（1）销售费用。销售费用是指企业在销售商品和材料、提供劳务的过程中发生的各种费用，包括企业在销售商品过程中发生的保险费、包装费、展览费和广告费、商品维修费、预计产品质量保证损失、运输费、装卸费等，以及为销售本企业商品而专设的销售机构（含销售网点、售后服务网点等）的职工薪酬、业务费用、折旧费、固定资产修理费等费用。

（2）管理费用。管理费用是指企业为组织和管理企业生产经营所发生的各种费用，包括企业在筹建期间发生的开办费、董事会和行政管理部门在企业的经营管理中发生的或者应由企业统一负担的公司经费（包括行政管理部门职工工资及福利费、物料消耗、低值易耗品摊销、办公费和差旅费等）、工会经费、董事会费（包括董事会成员津贴、会议费和差旅费等）、聘请中介机构费、咨询费（含顾问费）、诉讼费、业务招待费、技术转让费、矿产资源补偿费、研究费用以及企业生产车间（部门）和行政管理部门等发生的固定资产修理费用等。

（3）财务费用。财务费用是指企业为筹集生产经营所需资金等而发生的筹资费用，包括利息支出（减利息收入）、汇兑损益以及相关的手续费等。

二、营业成本的核算

（一）主营业务成本的核算

企业一般在确认销售商品、履行合同等主营业务收入时，或在月末将已销售商品的成本转入"主营业务成本"科目。主营业务成本按主营业务的种类进行明细核算，期末，将"主营业务成本"科目的余额转入"本年利润"科目,结转后本科目无余额。

【业务13-10】2023年12月20日,甲公司向乙公司销售一批A产品,开出的增值税专用发票上注明的销售价款为200 000元,增值税税额为26 000元。甲公司已收到乙公司支付的货款,乙公司已收到A产品并验收入库。该批产品成本为190 000元。甲公司的账务处理如下:

(1)确认销售商品收入:
借:银行存款　　　　　　　　　　　　　　226 000
　　贷:主营业务收入——销售A产品　　　　　　200 000
　　　　应交税费——应交增值税(销项税额)　　 26 000

(2)结转已销售商品成本,应根据库存商品明细账,采用企业选定的发出存货计价方法,计算本月应结转的销售成本,并编制如下会计分录:
借:主营业务成本——销售A产品　　　　　　190 000
　　贷:库存商品——A产品　　　　　　　　　　190 000

需要注意的是,已销售商品成本的结转方式包括逐笔结转和月末集中结转,具体采用何种结转方式,取决于企业采用的存货计价方法。如果企业采用月末一次加权平均法对发出存货进行计价,则已销售商品成本的结转应采用月末集中结转方式。除此之外,一般应采用逐笔结转方式。

【业务13-11】2023年12月31日,A公司计算本月已销售甲、乙、丙三种产品的实际成本,分别是100 000元、200 000元、250 000元。月末,A公司结转本月已销售产品成本的账务处理如下:

借:主营业务成本——销售甲产品　　　　　　100 000
　　　　　　　　——销售乙产品　　　　　　200 000
　　　　　　　　——销售丙产品　　　　　　250 000
　　贷:库存商品——甲产品　　　　　　　　　　100 000
　　　　　　　　——乙产品　　　　　　　　　　200 000
　　　　　　　　——丙产品　　　　　　　　　　250 000

【业务13-12】接业务13-11,A公司结转本月实现的损益,其中主营业务成本为550 000元。A公司应于月末根据"主营业务成本"总分类账户余额结转损益,编制如下会计分录:

借:本年利润　　　　　　　　　550 000
　　贷:主营业务成本　　　　　　　　　550 000

(二)其他业务成本的核算

企业应设置"其他业务成本"科目核算企业确认的其他业务成本。该科目按其他业务成本的种类进行明细核算。期末,本科目余额转入"本年利润"科目,结转后本科目无余额。

【业务13-13】2023年12月2日,甲公司销售原材料一批,开具的增值税专用发票上注明的销售价款为10 000元,增值税税额为1 300元,款项已由银行收妥。该批原材料的实际成本为7 000元。

甲公司应根据银行进账单等收款凭证、增值税专用发票(记账联)、发运凭证及相关材料明细账记录做如下账务处理:

(1)确认销售材料收入：

借：银行存款　　　　　　　　　　　　　　　11 300
　　贷：其他业务收入——销售××材料　　　　　　10 000
　　　　应交税费——应交增值税(销项税额)　　　 1 300

(2)结转已销售材料成本：

借：其他业务成本——销售××材料　　　　　　 7 000
　　贷：原材料——××材料　　　　　　　　　　　7 000

【**业务13-14**】2023年12月10日，甲公司销售商品领用单独计价的包装物，成本为40 000元，增值税专用发票上注明的销售价款为50 000元，增值税税额为6 500元，款项已由银行收妥。

甲公司应根据银行进账单等收款凭证、增值税专用发票(记账联)、发运凭证及相关包装物明细账记录做如下账务处理：

(1)确认销售包装物收入：

借：银行存款　　　　　　　　　　　　　　　56 500
　　贷：其他业务收入——销售××包装物　　　　　50 000
　　　　应交税费——应交增值税(销项税额)　　　 6 500

(2)结转已销售包装物成本：

借：其他业务成本——销售××包装物　　　　　40 000
　　贷：周转材料——××包装物　　　　　　　　　40 000

【**业务13-15**】2023年12月19日，甲公司出租一栋办公楼给乙公司使用，并确认为投资性房地产，并采用成本模式进行后续计量。该栋办公楼的成本为24 000 000元，按直线法计提折旧，预计使用年限为40年，预计净残值为0。

2023年12月31日，甲公司计提当月折旧时的账务处理应为：

月折旧额＝24 000 000÷40÷12＝50 000(元)

借：其他业务成本——出租办公楼折旧　　　　　50 000
　　贷：投资性房地产累计折旧　　　　　　　　　　50 000

【**业务13-16**】2023年1月2日，甲公司将自行开发完成的非专利技术出租给丙公司，该非专利技术成本为240 000元，双方约定的租赁期为10年。甲公司采用直线法，按月摊销该项非专利技术成本，期限为10年。

2023年12月31日，甲公司摊销该项非专利技术成本时的账务处理如下：

月摊销额＝240 000÷10÷12＝2 000(元)

借：其他业务成本——非专利技术摊销　　　　　 2 000
　　贷：累计摊销　　　　　　　　　　　　　　　 2 000

【**业务13-17**】2023年12月31日，甲公司"其他业务成本"账户为借方余额99 000元。甲公司结转本月其他业务成本的账务处理应为：

借：本年利润　　　　　　　　　　　　　　　99 000
　　贷：其他业务成本　　　　　　　　　　　　　 99 000

三、税金及附加的核算

企业按规定计算确定的与经营活动相关的税费,借记"税金及附加"科目,贷记"应交税费"科目。期末,应将"税金及附加"科目余额转入"本年利润"科目,结转后本科目无余额。

【业务13-18】2023年12月19日,甲公司取得应纳消费税的销售商品收入30 000元,该产品适用的消费税税率为25%。甲公司进行的相关账务处理如下:

(1) 计算应纳消费税税额:

应纳税额=30 000×25%=7 500(元)

借:税金及附加　　　　　　　　　　　7 500
　　贷:应交税费——应交消费税　　　　　　7 500

(2) 缴纳消费税:

借:应交税费——应交消费税　　　　　7 500
　　贷:银行存款　　　　　　　　　　　　　7 500

【业务13-19】2023年12月31日,甲公司当月实际应交增值税350 000元、应交消费税150 000元,适用的城市维护建设税税率为7%、教育费附加为3%。甲公司计算缴纳城市维护建设税、教育费附加的账务处理如下:

(1) 计算应交城市维护建设税和教育费附加:

应交城市维护建设税=(350 000+150 000)×7%=35 000(元)

应交教育费附加=(350 000+150 000)×3%=15 000(元)

借:税金及附加　　　　　　　　　　　50 000
　　贷:应交税费——应交城市维护建设税　　35 000
　　　　　　　　——应交教育费附加　　　　15 000

(2) 实际缴纳城市维护建设税和教育费附加:

借:应交税费——应交城市维护建设税　35 000
　　　　　　——应交教育费附加　　　15 000
　　贷:银行存款　　　　　　　　　　　　　50 000

【业务13-20】2023年12月31日,甲公司"税金及附加"账户为借方余额550 000元。甲公司应编制如下会计分录结转本月发生的税金及附加:

借:本年利润　　　　　　　　　　　550 000
　　贷:税金及附加　　　　　　　　　　　550 000

四、期间费用的核算

(一) 销售费用的核算

企业发生的销售费用,在"销售费用"科目核算,并在"销售费用"科目中按费用项目设置明细账,进行明细核算。期末,"销售费用"科目的余额应转入"本年利润"科目,结转后本科目无余额。

【业务13-21】2023年12月8日,甲公司为宣传新产品发生广告费80 000元、增值税税额4 800元,用银行存款支付。甲公司应根据取得的增值税专用发票(发票联)和费用支付凭证编制如下会计分录:

借:销售费用——广告费　　　　　　　　　80 000
　　应交税费——应交增值税(进项税额)　　 4 800
　贷:银行存款　　　　　　　　　　　　　　　　84 800

【业务13-22】2023年12月15日,甲公司销售一批产品,销售过程中发生运输费5 000元、装卸费2 000元及增值税税额630元,均以银行存款支付。甲公司应根据取得的增值税专用发票(发票联)和费用支付凭证编制如下会计分录:

借:销售费用——运输费　　　　　　　　　5 000
　　　　　——装卸费　　　　　　　　　　2 000
　　应交税费——应交增值税(进项税额)　　 630
　贷:银行存款　　　　　　　　　　　　　　　　7 630

【业务13-23】2023年12月20日,甲公司以银行存款支付商品维修费5 000元、增值税税额650元。甲公司应根据取得的增值税专用发票(发票联)和费用支付凭证编制如下会计分录:

借:销售费用——维修费　　　　　　　　　5 000
　　应交税费——应交增值税(进项税额)　　 650
　贷:银行存款　　　　　　　　　　　　　　　　5 650

【业务13-24】2023年12月31日,计算出本月应付给为销售本企业商品而专设的销售机构的职工工资总额50 000元。甲公司应根据工薪费用分配表编制以下会计分录:

借:销售费用——职工工资　　　　　　　　50 000
　贷:应付职工薪酬——职工工资　　　　　　　　50 000

【业务13-25】2023年12月31日,甲公司计提本月专设销售机构使用房屋的折旧费7 800元。甲公司应根据固定资产折旧计算表编制以下会计分录:

借:销售费用——折旧费　　　　　　　　　7 800
　贷:累计折旧　　　　　　　　　　　　　　　　7 800

【业务13-26】2023年12月31日,甲公司"销售费用"账户为借方余额144 800元。甲公司应编制以下会计分录结转本月实际发生的销售费用:

借:本年利润　　　　　　　144 800
　贷:销售费用　　　　　　　　　144 800

(二)管理费用的核算

企业发生的管理费用,在"管理费用"科目核算,并在"管理费用"科目中按费用项目设置明细账,进行明细核算。期末,"管理费用"科目的余额应转入"本年利润"科目,结转后本科目无余额。另外,商品流通企业管理费用不多的,可不设"管理费用"科目,相关核算内容可并入"销售费用"科目核算。

【业务13-27】2023年12月22日,甲公司为拓展产品销售市场,发生业务招待费50 000元、增值税税额3 000元,均以银行存款支付。甲公司应根据取得的增值税普通发票(发票联)和费用支付凭证编制如下会计分录:

借:管理费用——业务招待费　　　　　　　50 000
　　应交税费——应交增值税(进项税额)　　 3 000
　　贷:银行存款　　　　　　　　　　　　　　　53 000

【业务13-28】2023年12月25日,甲公司就一项产品的设计方案向有关专家进行咨询,以银行存款支付咨询费30 000元、增值税税额1 800元。甲公司应根据取得的增值税专用发票(发票联)和费用支付凭证编制如下会计分录:

借:管理费用——咨询费　　　　　　　　　　30 000
　　应交税费——应交增值税(进项税额)　　 1 800
　　贷:银行存款　　　　　　　　　　　　　　　31 800

【业务13-29】2023年12月31日,甲公司"管理费用"账户为借方余额304 000元。甲公司应编制如下会计分录结转本月实际发生的管理费用:

借:本年利润　　　　　　304 000
　　贷:管理费用　　　　　　　　304 000

(三) 财务费用的核算

企业发生的财务费用,在"财务费用"科目核算,并在"财务费用"科目中按费用项目设置明细账,进行明细核算。期末,"财务费用"科目的余额应转入"本年利润"科目,结转后本科目无余额。

【业务13-30】2023年12月7日,甲公司以银行存款支付银行手续费500元。甲公司应根据银行的扣费凭证编制以下会计分录:

借:财务费用——手续费　　500
　　贷:银行存款　　　　　　　　500

【业务13-31】2023年12月31日,以银行存款支付本月应负担的短期借款利息24 000元。甲公司根据银行计息单编制如下会计分录:

借:财务费用——利息支出　　24 000
　　贷:银行存款　　　　　　　　　24 000

【业务13-32】2023年12月31日,甲公司"财务费用"账户为借方余额22 000元。甲公司应编制以下会计分录结转本月发生的财务费用:

借:本年利润　　　　22 000
　　贷:财务费用　　　　　22 000

任务三　利润形成与分配的核算

一、利润的构成

企业作为独立的经济实体,应当以自己的经营收入抵补其成本费用,并且实现盈利。企业盈利的大小在很大程度上反映企业生产经营的经济效益,表明企业在每一会计期间的最终经营成果。

利润是指企业在一定会计期间的经营成果,包括收入减去费用后的净额、直接计入当期利润的利得和损失等。其中,直接计入当期利润的利得和损失,是指应当计入当期损益、会导致所有者权益发生增减变动的、与所有者投入资本或者向所有者分配利润无关的利得或者损失,即企业通过"营业外收入"或者"营业外支出"科目核算的利得或者损失。

利润相关计算公式如下:

(一) 营业利润

营业利润的计算公式为:

$$营业利润=营业收入-营业成本-税金及附加-销售费用-管理费用-财务费用-信用减值损失-资产减值损失+公允价值变动收益(-公允价值变动损失)+投资收益(-投资损失)+资产处置收益(-资产处置损失)+其他收益$$

式中,营业收入是指企业经营业务所实现的收入总额,包括主营业务收入和其他业务收入。营业成本是指企业经营业务所发生的实际成本总额,包括主营业务成本和其他业务成本。信用减值损失是指企业按要求计提的各项金融工具减值准备(如坏账准备等)所形成的预期信用损失。资产减值损失是指企业计提各项资产减值准备所形成的损失。公允价值变动收益(或损失)是指企业交易性金融资产等公允价值变动形成的应计入当期损益的利得(或损失)。投资收益(或损失)是指企业以各种方式对外投资所取得的收益(或发生的损失)。资产处置收益(或损失)是指企业出售划分为持有待售的非流动资产(金融工具、长期股权投资和投资性房地产除外)或处置组时确认的利得或损失,以及处置未划分为持有待售的固定资产、在建工程、生产性生物资产及无形资产而产生的处置利得或损失。其他收益是指企业取得的与日常活动相关的政府补助等。

(二) 利润总额

利润总额的计算公式为:

$$利润总额=营业利润+营业外收入-营业外支出$$

式中,营业外收入(或支出)是指企业发生的营业利润以外的各项利得(或损失),即直接计入当期利润、与企业日常活动无直接关系的利得(或损失)。

(三) 净利润

净利润的计算公式为：

$$净利润 = 利润总额 - 所得税费用$$

式中，所得税费用是指企业确认的应从当期利润总额中扣除的所得税费用。

二、营业外收支的核算

营业外收支是指企业发生的与日常活动无直接关系的各项收支。营业外收支虽然与企业生产经营活动没有多大的关系，但从企业主体来考虑，同样带来收入或形成企业的支出，也是增加或减少利润的因素，对企业的利润总额及净利润有较大的影响。

（一）营业外收入的核算

1. 核算内容

营业外收入是指企业发生的营业利润以外的收益。营业外收入并不是由企业经营资金耗费所产生的，不需要企业付出代价，它实际上是一种纯收入，不可能也不需要与有关费用进行配比。因此，在会计处理上，应当严格区分营业外收入与营业外支出。营业外收入主要包括：债务重组利得、盘盈利得、政府补助、捐赠利得等。

（1）债务重组利得是指重组债务的账面价值超过清偿债务的现金、非现金资产的公允价值、所转股份的公允价值，或者重组后债务账面价值之间的差额，但因处置非流动资产产生的利得除外。

（2）盘盈利得是指企业对现金等资产清查盘点中盘盈的资产，报经批准后计入营业外收入的金额。

（3）政府补助是指企业从政府无偿取得货币性资产或非货币性资产形成的利得。其中，与企业日常活动无关的政府补助，应计入营业外收入。

（4）捐赠利得是指企业接受捐赠产生的利得。企业接受的捐赠和债务豁免，按照会计准则规定符合确认条件的，通常应当确认为当期收益。但是，企业接受控股股东或非控股股东直接或间接代为偿债、债务豁免或捐赠，经济实质表明属于控股股东或非控股股东对企业的资本性投入，应当将相关利得计入所有者权益(资本公积)。

2. 账务处理

企业应当通过"营业外收入"科目核算营业外收入的取得和结转情况。该科目可按营业外收入项目进行明细核算。期末，应将该科目余额转入"本年利润"科目，结转后该科目无余额。

【业务13-33】2023年12月20日，甲公司接受乙公司捐赠的设备一台，取得的增值税专用发票上注明的价款为20 000元、增值税税额为2 600元。该设备无须安装，并已达到预定可使用状态。甲公司根据捐赠方开具的增值税专用发票(发票联)、固定资产验收单等做如下的账务处理：

借：固定资产——××设备　　　　　　　20 000
　　应交税费——应交增值税(进项税额)　 2 600

贷：营业外收入——捐赠利得　　　　　　　　　　　22 600

【业务13-34】 2023年12月30日，甲公司收到一次性政府补助5 000元。该项政府补助与企业日常经营活动无关。甲公司应根据银行转来的收账通知和其他有关凭证编制如下会计分录：

　　借：银行存款　　　　　　　　　　　5 000
　　　贷：营业外收入——政府补助　　　　　　　5 000

【业务13-35】 2023年12月25日，甲公司在现金清查中盘盈200元。12月30日，按管理权限报经批准后，将盘盈现金200元转入营业外收入。甲公司的账务处理如下：

（1）2023年12月25日，根据现金盘存单编制如下会计分录：

　　借：库存现金　　　　　　　　　　　200
　　　贷：待处理财产损溢——待处理流动资产损溢　　200

（2）2023年12月30日，根据经批准的现金盘点报告表编制如下会计分录：

　　借：待处理财产损溢——待处理流动资产损溢　　200
　　　贷：营业外收入——盘盈利得　　　　　　　200

【业务13-36】 2023年12月31日，甲公司将本月营业外收入总额28 600元转入"本年利润"科目，账务处理如下：

　　借：营业外收入　　　　　　　　　　28 600
　　　贷：本年利润　　　　　　　　　　　　28 600

（二）营业外支出的核算

1. 核算内容

营业外支出是指企业发生的营业利润以外的支出。营业外支出主要包括：债务重组损失、公益性捐赠支出、非常损失、盘亏损失、非流动资产毁损报废损失、罚款支出等。

（1）债务重组损失是指重组债权的账面余额超过受让资产的公允价值、所转股份的公允价值，或者重组后债权账面价值之间的差额。但因处置非流动资产产生的损失除外。

（2）公益性捐赠支出是指企业对外进行公益性捐赠发生的支出。

（3）非常损失是指企业对于因客观因素（如自然灾害等）造成的损失，在扣除保险公司赔偿后计入营业外支出的净损失。

（4）盘亏损失是指对于财产清查中盘亏的资产，查明原因并报经批准计入营业外支出的损失。

（5）非流动资产毁损报废损失是指非流动资产因毁损报废取得的赔偿、残料价值和变价收入等，不足抵补毁损报废资产账面价值、清理费用、处置相关税费后的净损失。

（6）罚款支出是指企业支付的行政罚款、税收罚款，以及其他违反法律法规、合同协议等而支付的罚款、违约金、赔偿金等支出。

2. 账务处理

企业应通过"营业外支出"科目核算营业外支出的发生及结转情况。该科目可按营业外支出项目进行明细核算。期末，应将该科目余额转入"本年利润"科目，结转后该科目无余额。

【业务13-37】 2023年12月15日，甲公司通过慈善机构向贫困地震灾区无偿捐赠100 000元，款项已转账付讫。甲公司应根据捐赠收据、银行转账支付凭证等编制如下会计分录：

借:营业外支出——公益性捐赠支出　　　100 000
　　　　贷:银行存款　　　　　　　　　　　　　　100 000

【业务13-38】2023年12月18日,甲公司因违反环保法规的有关规定,以银行存款支付罚款30 000元。甲公司根据罚款收据、银行转账支付凭证等编制如下会计分录:
　　借:营业外支出——罚款支出　　　30 000
　　　　贷:银行存款　　　　　　　　　　　　30 000

【业务13-39】2023年12月10日,甲公司原材料仓库发生火灾造成原材料损失270 000元。12月30日,保险公司同意理赔200 000元,其余70 000元经批准转入营业外支出。甲公司相关账务处理如下:

(1) 2023年12月10日发生原材料意外灾害损失时,根据盘存单编制如下会计分录:
　　借:待处理财产损溢——待处理流动资产损溢　　　270 000
　　　　贷:原材料——××材料　　　　　　　　　　　　　　270 000

(2) 2023年12月30日,根据保险公司的理赔单、经批准财产盘亏损失报告单等编制如下会计分录:
　　借:其他应收款——××保险公司　　　200 000
　　　　营业外支出——非常损失　　　　　　70 000
　　　　贷:待处理财产损溢——待处理流动资产损溢　　　270 000

【业务13-40】2023年12月31日,甲公司将本月营业外支出总额160 000元转入"本年利润"科目,账务处理如下:
　　借:本年利润　　　160 000
　　　　贷:营业外支出　　　160 000

　　需要强调的是,营业外收入和营业外支出应当分别核算。在具体核算时,不得以营业外支出直接冲减营业外收入,也不得以营业外收入冲减营业外支出,即企业在会计核算时,应当严格区分营业外收入和营业外支出,分别进行会计处理。

三、本年利润的结转

(一) 结转本年利润的方法

会计期末结转本年利润的方法有表结法和账结法两种。

1. 表结法

　　表结法下,各损益类账户每月月末只需结计出本月发生额和月末累计余额,不结转到"本年利润"账户,只有在年末时才将全年累计余额转入"本年利润"账户。但每月月末要将损益类账户的本月发生额合计数填入利润表的本期金额栏,通过利润表计算反映各期的利润(或亏损)。表结法下,年中损益类账户无须结转入"本年利润"账户,从而减少了转账环节和工作量,同时并不影响利润表的编制及有关损益指标的利用。

2. 账结法

　　账结法下,每月月末均需编制转账凭证,将在账上结计出的各损益类账户的余额转入"本年利润"账户。结转后"本年利润"账户的本月合计数反映当月实现的利润或发生的亏损,"本年利润"账户的本年累计数反映本年累计实现的利润或发生的亏损。账结法在各月均可通过"本年利润"账户提供当月及本年累计的利润(或亏损)额,但增加了转账环节和工作量。

(二) 结转本年利润的账务处理

企业应设置"本年利润"科目核算企业当期实现的净利润(或发生的净亏损)。

企业期(月)末结转利润时,应将"主营业务收入""其他业务收入""营业外收入"等科目的余额分别转入"本年利润"科目的贷方,将"主营业务成本""其他业务成本""税金及附加""销售费用""管理费用""财务费用""资产减值损失""营业外支出"等科目的余额分别转入"本年利润"科目的借方。企业还应将"公允价值变动损益""投资收益"科目的贷方余额(即净收益)转入"本年利润"科目的贷方;或者将"公允价值变动损益""投资收益"科目的借方余额(即净损失)转入"本年利润"科目的借方。结转后,"本年利润"科目如为贷方余额,表示当年实现的净利润;如为借方余额,则表示当年发生的净亏损。

【业务13-41】乙公司采用表结法结转本年利润。2023年12月31日,有关损益类科目的余额如表13-2所示:

表13-2 各损益类账户余额表

2023年12月31日　　　　　　　　　　　　　　　　　　　　单位:元

会计科目	借方	贷方
主营业务收入		6 000 000
其他业务收入		700 000
公允价值变动损益		150 000
投资收益		600 000
营业外收入		50 000
主营业务成本	4 000 000	
其他业务成本	400 000	
税金及附加	80 000	
销售费用	500 000	
管理费用	770 000	
财务费用	200 000	
资产减值损失	100 000	
营业外支出	250 000	

2023年12月31日,乙公司结转本年利润的账务处理如下:

第一步,将各项收入、收益和利得转入"本年利润"账户的贷方。会计分录为:

借:主营业务收入　　　　6 000 000
　　其他业务收入　　　　　700 000
　　公允价值变动损益　　　150 000
　　投资收益　　　　　　　600 000
　　营业外收入　　　　　　 50 000

```
贷：本年利润                    7 500 000
```

第二步，将各项费用支出和损失转入"本年利润"账户的借方。会计分录为：

```
借：本年利润                    6 300 000
    贷：主营业务成本              4 000 000
        其他业务成本                400 000
        税金及附加                   80 000
        销售费用                    500 000
        管理费用                    770 000
        财务费用                    200 000
        资产减值损失                100 000
        营业外支出                  250 000
```

第三步，计算确定本期实现的利润总额。结转后，"本年利润"科目的贷方发生额合计 7 500 000 元减去借方发生额合计 6 300 000 元即为乙公司 2023 年度实现的利润总额 1 200 000 元。

四、所得税费用的核算

（一）应交所得税的计算

所得税费用是指企业确认的应当从当期利润总额中扣除的所得税费用，包括当期所得税和递延所得税两部分。

1. 当期所得税的确定

当期所得税是指当期应交所得税，是企业按照税法规定计算确定的针对企业当期取得的生产经营所得和其他所得应交给税务部门的所得税金额。其计算公式为：

应交当期所得税＝应纳税所得额×所得税税率

式中，应纳税所得额是在企业利润总额的基础上按照下列公式调整确定的：

应纳税所得额＝利润总额＋纳税调整增加额－纳税调整减少额

纳税调整增加额主要包括税法规定允许扣除项目中，企业已计入当期费用但超过税法规定扣除标准的金额（如超过税法规定标准的职工福利费、工会经费、职工教育经费、业务招待费、公益性捐赠支出、广告费和业务宣传费等），以及企业已计入当期损失但税法规定不允许扣除项目的金额（如税收滞纳金、罚金、罚款等）。

纳税调整减少额主要包括按税法规定允许税前弥补的亏损和准予免税的项目，如未超过税前弥补期限的未弥补亏损、国债利息收入等。

【业务13-42】接业务13-41，乙公司2023年度实现利润总额 1 200 000 元，其中包括本年收到的国债利息收入 400 000 元，营业外支出中包括支付的环保罚款 30 000 元，所得税税率为25%。假定乙公司全年无其他纳税调整因素。

按照税法的有关规定，企业购买国债的利息收入属于免税收入，免征企业所得税；企业因违反国家法律、法规支付的罚款不得税前扣除。所以，乙公司当期所得税的计算如下：

应纳税所得额＝1 200 000－400 000＋30 000＝830 000（元）

当期应交所得税＝830 000×25％＝207 500（元）

2. 递延所得税的确定

递延所得税是指按照所得税准则规定当期应予确认的递延所得税资产和递延所得税负债金额，即递延所得税资产及递延所得税负债当期发生额的综合结果。用公式表示即为：

递延所得税费用＝（递延所得税负债的期末余额－递延所得税负债的期初余额）
　　　　　　　－（递延所得税资产的期末余额－递延所得税资产的期初余额）

计算结果若为负数，则为递延所得税收益。

递延所得税一般应遵循以下程序确定：

（1）按照相关会计准则规定确定资产负债表中除递延所得税资产和递延所得税负债以外的其他资产和负债项目的账面价值。

资产、负债的账面价值，是指企业按照相关会计准则的规定进行核算后在资产负债表中列示的金额。对于计提了减值准备的各项资产，是指其账面余额减去已计提的减值准备后的金额。例如：A公司持有的固定资产账面余额为10 000 000元，已计提的累计折旧为2 000 000元，计提的减值准备为500 000元，其账面价值为7 500 000（＝10 000 000－2 000 000－500 000）元。

（2）按照会计准则中对于资产和负债计税基础的确定方法，以适用的税收法规为基础，确定资产负债表中有关资产、负债项目的计税基础。

资产的计税基础是指企业收回资产账面价值过程中，计算应纳税所得额时按照税法规定可以自应税经济利益中抵扣的金额，即某一项资产在未来期间计税时按照税法规定可以税前扣除的金额。例如：税法规定企业计提的资产减值准备在发生实质性损失前不允许税前扣除，所以上述A公司计提的固定资产减值准备500 000元不得税前扣除，如果A公司采用的折旧方法、折旧年限与税法规定一致，则A公司固定资产的计税基础为8 000 000（＝10 000 000－2 000 000）元。

负债的计税基础是指负债的账面价值减去未来期间计算应纳税所得额时按照税法规定可予抵扣的金额。用公式表示为：

负债的计税基础＝账面价值－未来期间按照税法规定可予税前扣除的金额

例如：A公司于2023年12月20日自客户收到一笔合同预付款，金额为5 000 000元，作为预收账款核算。按照适用税法规定，该预收账款应计入取得当期的应纳税所得额，需要计算缴纳所得税。所以，该预收账款的计税基础＝账面价值(5 000 000元)－未来期间计算应纳税所得额时准予税前扣除的金额(5 000 000元)＝0。

（3）比较资产、负债的账面价值与计税基础，对于两者之间存在差异的，分析其性质，除准则中规定的特殊情况外，分别按应纳税暂时性差异和可抵扣暂时性差异，确定资产负债表日递延所得税负债和递延所得税资产的应有金额，并与期初递延所得税负债和递延所得税资产的余额相比，确定当期应予进一步确认的递延所得税负债和递延所得税资产金额或应予转销的金额，作为递延所得税。

暂时差异是指资产、负债的账面价值与其计税基础不同产生的差异，包括应纳税暂时性差异和可抵扣暂时性差异。其中，应纳税暂时性差异是指在确定未来收回资产或清偿负债期间的应纳税所得额时，将导致产生应税金额的暂时性差异。例如：2023年10月20日，A公司支付价款20 000 000元购入B公司股票，并作为交易性金融资产核算。2023年12月31

日,该股票投资的市价为22 000 000元,则该项交易性金融资产于2023年资产负债表日的账面价值为22 000 000元。但税法规定以公允价值计量的金融资产在持有期间公允价值的变动不计入应纳税所得额,因此该项交易性金融资产在2023年资产负债表日的计税基础仍为成本20 000 000元,两者之间的差额2 000 000元会在未来期间转回时增加未来期间的应纳税所得额,属于应纳税暂时性差异。在应纳税暂时性差异产生当期,应当确认相关的递延所得税负债。

可抵扣暂时性差异是指在确定未来收回资产或清偿负债期间的应纳税所得额时,将导致产生可抵扣金额的暂时性差异。该差异在未来期间转回时会减少转回期间的应纳税所得额,减少未来期间的应交所得税。例如:上述A公司于2023年12月20日确认的预收账款,其于当年资产负债表日的账面价值为5 000 000元,计税基础为0,由此产生的差异5 000 000元将会于未来期间转回时减少转回期间的应纳税所得额,减少未来期间的应交所得税,因而属于可抵扣暂时性差异。另外,上述A公司持有的固定资产的账面价值7 500 000元与计税基础8 000 000元之间的差额500 000元,也属于可抵扣暂时性差异。在可抵扣暂时性差异产生当期,符合确认条件时(如预计未来期间能够取得足够应纳税所得额以利用可抵扣暂时性差异),应当确认相关的递延所得税资产。

【业务13-43】2023年1月1日,A公司递延所得税资产的账面余额为1 200 000元、递延所得税负债的账面余额为460 000元。公司确定的2023年度应纳税暂时性差异为2 000 000元、可抵扣暂时性差异为5 500 000元,公司适用的所得税税率为25%。假定A公司预计未来期间能够取得足够的应纳税所得额以利用可抵扣暂时性差异。A公司2023年度递延所得税的计算过程如下:

期末递延所得税资产＝可抵扣暂时性差异×适用所得税税率
　　　　　　　　　＝5 500 000×25%
　　　　　　　　　＝1 375 000(元)
期末递延所得税负债＝应纳税暂时性差异×适用所得税税率
　　　　　　　　　＝2 000 000×25%
　　　　　　　　　＝500 000(元)
递延所得税费用＝(递延所得税负债的期末余额－递延所得税负债的期初余额)
　　　　　　　－(递延所得税资产的期末余额－递延所得税资产的期初余额)
　　　　　　　＝(500 000－460 000)－(1 375 000－1 200 000)
　　　　　　　＝－135 000(元)

当递延所得税为负数时,则表示递延所得税收益。就A公司而言,其于2023年12月31日应确认递延所得税收益135 000元,将冲减本年度应计入利润表的所得税费用135 000元。

(二) 所得税费用的账务处理

根据《企业会计准则第18号——所得税》的规定,应从当期利润总额中扣除的所得税费用为当期所得税和递延所得税,即

所得税费用＝当期所得税＋递延所得税费用

或

所得税费用＝当期所得税－递延所得税收益

企业应通过"所得税费用"科目核算企业所得税费用的确认及其结转情况。期末,应将"所得税费用"科目的余额转入"本年利润"科目,结转后本科目无余额。

【业务13-44】接业务13-41、业务13-42,2023年12月31日,乙公司确认的递延所得税负债为50 000元、递延所得税资产为20 000元。该公司递延所得税负债、递延所得税资产的年初余额分别是40 000元和25 000元。

2023年12月31日,乙公司的账务处理如下:

第一步,计算所得税费用。

    递延所得税负债增加额＝50 000－40 000＝10 000(元)

    递延所得税资产减少额＝25 000－20 000＝5 000(元)

    递延所得税费用＝10 000＋5 000＝15 000(元)

    所得税费用＝当期所得税＋递延所得税费用＝207 500＋15 000＝222 500(元)

第二步,确认所得税费用。乙公司应编制如下会计分录:

借:所得税费用   222 500
  贷:应交税费——应交所得税 207 500
    递延所得税负债   10 000
    递延所得税资产   5 000

第三步,结转所得税费用。乙公司应编制如下会计分录:

借:本年利润   222 500
  贷:所得税费用   222 500

结转后,"本年利润"科目为贷方余额977 500(＝1 200 000－222 500)元,即为乙公司2023年度实现的净利润。

知识链接

《小企业会计准则》规定,小企业应当按照企业所得税法规定计算当期应纳税额,确认所得税费用。因此,适用《小企业会计准则》的企业,其所得税费用应当按照当期应纳所得税税额确定,不确认递延所得税,即所得税费用＝当期应纳所得税税额。该方法即为所得税会计方法中的应付税款法。

五、利润分配的核算

(一) 利润分配的顺序

根据《中华人民共和国公司法》等有关法规的规定,企业当年实现的净利润,一般应当按照如下顺序进行分配:

1. 提取法定盈余公积

公司制企业的法定盈余公积按照税后利润(即净利润)的10%的比例提取(非公司制企业也可按照超过10%的比例提取),在计算提取法定盈余公积的基数时,不应包括企业年初未分配利润。当公司法定盈余公积累计额为公司注册资本的50%以上时,可以不再提取法定盈余公积。

2. 提取任意盈余公积

公司从净利润中提取法定盈余公积后,经股东会或者股东大会决议,还可以从净利润中提取任意盈余公积。非公司制企业经类似权力机构批准,也可提取任意盈余公积。

3. 向投资者分配利润或股利

公司弥补亏损和提取盈余公积后所余净利润,有限责任公司股东按照实缴的出资比例分取红利,但是全体股东约定不按照出资比例分取红利的除外;股份有限公司按照股东持股比例分配,但股份有限公司章程规定不按持股比例分配的除外。可供投资者分配利润或股利不仅包括当年实现的、弥补亏损和提取盈余公积后所余的净利润,而且包括企业年初未分配利润。

(二)利润分配的账务处理

企业应通过"利润分配"科目核算企业利润的分配(或亏损的弥补)和历年分配(或弥补)后的未分配利润(或未弥补亏损)。该科目应分别按"提取法定盈余公积""提取任意盈余公积""应付现金股利或利润""未分配利润"等进行明细核算。具体账务处理如下:

(1)企业提取盈余公积时,借记"利润分配——提取法定盈余公积""利润分配——提取任意盈余公积"科目,贷记"盈余公积——法定盈余公积""盈余公积——任意盈余公积"科目。

(2)经股东大会或类似机构决议,分配给股东或投资者的现金股利或利润,借记"利润分配——应付现金股利或利润"科目,贷记"应付股利"科目。

【业务13-45】接业务13-44,乙公司2023年度实现净利润977 500元,公司按照当年实现净利润的10%提取法定盈余公积,5%提取任意盈余公积。乙公司根据已批准的利润分配方案做如下账务处理:

应提取的法定盈余公积=977 500×10%=97 750(元)
应提取的任意盈余公积=977 500×5%=48 875(元)

借:利润分配——提取法定盈余公积　　　97 750
　　　　　——提取任意盈余公积　　　　48 875
　贷:盈余公积——法定盈余公积　　　　　　　97 750
　　　　　——任意盈余公积　　　　　　　　　48 875

六、未分配利润的结转

未分配利润是企业留待以后年度进行分配的结存利润,也是企业所有者权益的组成部分。相对于所有者权益的其他部分而言,企业对未分配利润的使用分配有较大的自主权。从数量上来说,未分配利润是期初未分配利润,加上本期实现的净利润,减去提取的各种盈余公积和分出利润后的余额。

年度终了,企业应将本年度实现的净利润或发生的净亏损,自"本年利润"科目转入"利润分配——未分配利润"科目。同时,将"利润分配"科目所属的其他明细科目的余额,转入"未分配利润"明细科目。结转后,"未分配利润"明细科目的贷方余额,就是累计未分配利润的金额;如为借方余额,则表示累计未弥补亏损的金额。"利润分配"科目所属的其他明细科目应无余额。

【业务13-46】接业务13-44、业务13-45,2023年1月1日乙公司"利润分配——未分配利润"科目为贷方余额1 500 000元,2023年12月31日公司结转本年实现的净利润和"利润分配"相关明细科目的余额。相关账务处理如下:

(1) 结转本年实现的净利润:
借:本年利润　　　　　　　　　　　　977 500
　　贷:利润分配——未分配利润　　　　　　977 500

(2) 结转"利润分配"明细科目余额:
借:利润分配——未分配利润　　　　　146 575
　　贷:利润分配——提取法定盈余公积　　　97 750
　　　　　　　——提取任意盈余公积　　　　48 825

乙公司2023年12月31日"利润分配——未分配利润"科目贷方余额2 330 925元(＝1 500 000＋977 500－146 575),是乙公司的累计未分配利润。

【业务13-47】2024年3月10日,乙公司股东会批准向投资者分配现金股利500 000元。2024年3月20日,公司以银行存款支付了全部现金股利。乙公司的账务处理如下:

(1) 2024年3月10日,批准发放现金股利,根据利润分配方案编制如下会计分录:
借:利润分配——应付现金股利　　　　500 000
　　贷:应付股利　　　　　　　　　　　　　500 000

(2) 2024年3月20日,实际发放现金股利,根据银行转账支付凭证编制如下会计分录:
借:应付股利　　　　　　　　500 000
　　贷:银行存款　　　　　　　　　　500 000

项目小结

本项目的主要内容结构如表13-3所示。

表13-3　项目十三"收入、费用和利润"的内容结构表

收入的核算	收入的定义及其分类	主营业务收入
		其他业务收入
	收入的确认和计量	识别与客户订立的合同
		识别合同中的单项履约义务
		确定交易价格
		将交易价格分摊至各单项履约义务
		履行每一单项履约义务时确认收入
	在某一时点履行履约义务的会计处理	基本要求
		一般销售商品收入的账务处理
		涉及销售折扣的账务处理
		销售折让与退回的账务处理

续表

		委托代销安排的账务处理
	在某一时段内履行履约义务的会计处理	基本要求
		合同履约成本与收入确认
		合同取得成本与收入确认
费用的核算	费用的确认	费用确认原则
		费用的构成
	营业成本的核算	主营业务成本的核算
		其他业务成本的核算
	税金及附加的核算	核算内容
		账务处理
	期间费用的核算	销售费用的核算
		管理费用的核算
		财务费用的核算
利润形成与分配的核算	利润的构成	营业利润
		利润总额
		净利润
	营业外收支的核算	营业外收入的核算
		营业外支出的核算
	本年利润的结转	结转本年利润的方法
		结转本年利润的账务处理
	所得税费用的核算	应交所得税的计算
		所得税费用的账务处理
	利润分配的核算	利润分配的顺序
		利润分配的账务处理
	未分配利润的结转	结转净利润
		结转利润分配

思考与练习

一、思考题

1. 收入的确认和计量包括哪些步骤？企业应如何判断商品控制权是否转移？
2. 比较现金折扣、商业折扣、销售折让之间的差别及其对收入计量的影响，分析它们在会计处理上的不同。
3. 费用确认应遵循哪些原则？应注意区分哪些界限？
4. 比较表结法与账结法，指出两者在账务处理上的不同及其处理结果的差异。
5. 什么是计税基础？什么是暂时性差异？递延所得税费用（或收益）是如何确定的？

二、单项选择题

1. 工业企业的下列活动形成的经济利益流入中，不构成其收入的是（　　）。
   A. 制造并销售产品　　　　　　　　B. 转让无形资产使用权

C. 出售不需用的原材料　　　　　D. 银行存款利息收入

2. 下列各项业务中,可以确认收入的是(　　)。

A. 企业销售的商品在质量、品种、规格等方面不符合合同或协议的要求,又未根据正常的保证条款予以弥补

B. 企业尚未完成售出商品的安装或检验工作,且安装或检验工作是销售合同和协议的重要组成部分

C. 销售合同和协议中规定了买方由于特殊原因有权退货的条款,且企业不能确定退货的可能性

D. 视同买断方式销售商品,双方协议明确规定,无论受托方是否卖出、是否获利,均与委托方无关

3. 甲公司销售产品每件500元,若客户购买300件(含300件)以上每件可得到50元的商业折扣。某客户2023年10月8日购买甲公司产品300件,按规定现金折扣条件为10天之内付款享受买价2%的现金折扣,20天内付款享受1%的现金折扣,30天内必须付清款项。适用的增值税税率为13%。甲公司于10月12日收到该笔款项,则实际收到的款项为(　　)元。(假定计算现金折扣时考虑增值税)

A. 169 500　　　B. 164 500　　　C. 152 550　　　D. 149 850

4. 在委托代销安排下,委托方确认收入的时点是(　　)。

A. 交付代销商品时　　　　　　B. 受托方售出代销商品时

C. 收到代销清单时　　　　　　D. 收到代销货款时

5. 甲公司为乙公司承建厂房一幢,工期自2023年8月1日至2025年5月31日,总造价6 000万元、增值税540万元,乙公司2023年付款至总造价的30%,2024年付款至总造价的85%,余款于2025年工程完工后结算。假定2023年12月31日,经测量,该工程完工进度为20%,则甲公司因该项工程应确认的营业收入为(　　)万元。

A. 1 800　　　B. 1 962　　　C. 1 200　　　D. 1 308

6. 企业对于已经发出但控制权尚未转移的商品,应借记的会计科目是(　　)。

A. 在途物资　　B. 主营业务成本　C. 发出商品　　　D. 受托代销商品

7. 企业为履行当前或预期取得的合同所发生的、不属于其他企业会计准则规范范围且按照收入准则应当确认为一项资产的成本,应设置(　　)科目进行核算。

A. "生产成本"　B. "劳务成本"　C. "合同取得成本"　D. "合同履约成本"

8. 下列各项中,不属于期间费用的是(　　)。

A. 管理部门固定资产维修费　　　B. 预计产品质量保证损失

C. 因违约支付的赔偿款　　　　　D. 汇兑损益

9. 企业发生的下列各项支出,应计入"财务费用"的是(　　)。

A. 财务人员的工资　　　　　　　B. 销售商品发生的销售折让

C. 商业汇票贴现发生的贴现息　　D. 满足资本化条件的长期借款利息

10. 甲公司本年度营业收入为2 000万元、营业成本为1 200万元,税金及附加为150万元、三项期间费用合计为250万元、资产减值损失为100万元、公允价值变动净收益为200万元、投资收益为400万元、营业外收入为180万元、营业外支出为230万元、所得税费用为300万元。该企业本年的营业利润为(　　)万元。

A. 400　　　　　　B. 550　　　　　　C. 850　　　　　　D. 900

11. 下列关于"本年利润"账户的表述中不正确的是(　　)。

A. 贷方登记营业收入、营业外收入等转入的金额

B. 借方登记营业成本、营业外支出等转入的金额

C. 年度终了结账后,该账户无余额

D. 全年的任何一个月月末都不应有余额

12. 根据税法规定,下列各项中,应予纳税调减的项目是(　　)。

A. 股票转让净收益　　　　　　B. 国债利息收入

C. 公司债券的利息收入　　　　D. 公司债券转让净收益

13. 某企业2023年5月15日取得一项交易性金融资产,取得成本为600万元,2023年12月31日其公允价值为700万元。所得税税率为25%。2023年年末,该项金融资产产生的暂时性差异对所得税的影响为(　　)。

A. 确认递延所得税负债25万元　　B. 确认递延所得税资产25万元

C. 转回递延所得税资产25万元　　D. 转回递延所得税负债25万元

14. 下列项目中,会产生暂时性差异的是(　　)。

A. 因欠税受到税务部门处罚而支付的罚款

B. 非公益性捐赠支出

C. 取得国债利息收入

D. 企业对产品计提的产品质量保证费用

15. 某企业2023年度应交所得税300万元,当年递延所得税资产减少35万元,递延所得税负债增加25万元,则2023年度所得费用为(　　)万元。

A. 240　　　　　　B. 300　　　　　　C. 310　　　　　　D. 360

三、业务题

1. A公司2023年11月发生部分经济业务如下:

(1) 销售甲商品一批,价款20 000元、增值税税额2 600元,商品已交付并验收入库,货款尚未收到。

(2) 结转甲商品的销售成本16 000元。

(3) 与B公司签订合同,向其销售乙商品一批,价款15 000元、增值税税额1 950元,商品已交付但B公司尚未验收入库。该批商品的实际成本为12 000元。

(4) 向C公司销售甲商品一批,价款90 000元、增值税税额11 700元,成本72 000元,商品已交付并经C公司验收。合同约定的现金折扣条件是20天内付款享受2%的现金折扣,30天内必须付清款项,A公司预计C公司于20日内付款的概率为90%,并按最可能发生的金额估计有权收回的对价金额。

(5) 因产品质量问题,上月向B公司销售的乙商品部分退回,退货价款8 000元、增值税税额1 040元。退货已验收入库,成本6 400元,开出红字专用发票并支付了退货款。

(6) 委托D公司代销乙商品一批,售价200 000元,成本160 000元,该批商品已发出。

(7) 收到D公司的代销清单,列明本月销售150 000元、增值税税额19 500元,并据此开出增值税专用发票。

(8) 收到D公司开具的手续费发票,注明金额7 500元、增值税税额450元,同时收到扣除手续费的销货款161 550元。

要求:
(1) 根据上述资料,编制A公司的会计分录。
(2) 根据资料(6)(7)(8),编制D公司的会计分录。

2. 甲公司2023年损益类科目的年末余额如表13-4所示(该企业采用表结法年末一次结转损益类科目,适用的所得税税率为25%):

表13-4 损益类账户年末余额表

单位:元

科目名称	借或贷	结账前余额
主营业务收入	贷	4 000 000
其他业务收入	贷	600 000
公允价值变动损益	贷	120 000
投资收益	贷	300 000
营业外收入	贷	150 000
主营业务成本	借	2 200 000
其他业务成本	借	350 000
税金及附加	借	60 000
销售费用	借	320 000
管理费用	借	530 000
财务费用	借	200 000
资产减值损失	借	100 000
营业外支出	借	220 000

要求:
(1) 编制结转本年利润的会计分录,并计算该公司2023年度实现的利润总额。
(2) 假定本年度无纳税调整事项,计算并结转本年度的所得税费用,编制相应的会计分录,同时计算本年度实现的净利润。
(3) 按本年度实现净利润的10%计提盈余公积,并编制相应的会计分录。
(4) 编制该公司2023年12月31日结转未分配利润的会计分录。

3. S公司系上市公司,适用的所得税税率为25%,S公司预计会持续盈利,各年能够获得足够的应纳税所得额。2023年利润总额为800万元,该公司当年会计与税法之间的差异包括以下事项:① 取得国债利息收入80万元;② 因违反税收政策支付罚款40万元;③ 交易性金融资产公允价值变动收益40万元;④ 本期提取存货跌价准备210万元;⑤ 预计产品质量保证费用50万元。

S公司2023年12月31日资产负债表中部分项目情况如表13-5所示:

表 13-5　暂时性差异计算表

单位:元

项　　目	账面价值	计税基础	应纳税暂时性差异	可抵扣暂时性差异
交易性金融资产	3 000 000	2 600 000		
存货	15 900 000	18 000 000		
预计负债	500 000	0		

要求:

(1) 计算S公司2023年度的应纳税所得额和应交所得税。

(2) 计算S公司2023年度的应纳税暂时性差异和可抵扣暂时性差异。

(3) 假定S公司2022年12月31日,递延所得税资产的余额为40万元和递延所得税负债的余额25万元,计算S公司2023年度应确认的递延所得税费用(或收益)。

(4) 计算S公司2023年度应确认的所得税费用。

(5) 编制S公司2023年度确认所得税费用和递延所得税资产及递延所得税负债的会计分录。

项目十四
财务报告

> **项目目标**

了解财务报告信息披露的基本要求、财务报表的组成及其种类;掌握资产负债表、利润表的作用、结构、内容及编制方法;熟悉现金流量表、所有者权益变动表的作用、结构、内容及其编制。

任务一 财务报告体系

一、财务报告的概念

财务报告是指企业对外提供的反映企业某一特定日期的财务状况和某一会计期间的经营成果、现金流量等会计信息的文件。

财务报告至少包括以下几层含义:

(1) 财务报告应当是对外报告,其服务对象主要是投资者、债权人等外部使用者,专门为了内部管理需要的报告不属于财务报告的范畴。

(2) 财务报告应当综合反映企业的生产经营状况,包括某一时点的财务状况和某一时期的经营成果与现金流量等信息,以勾画出企业经营情况的全貌。

(3) 财务报告必须形成一套系统的文件,不应是零星的或者不完整的信息。

财务报告是企业财务会计确认与计量的最终结果体现,是企业投资者、债权人、政府管理者和社会公众等利益相关者评价、考核、监督企业管理者受托经管责任履行状况的基本手段,是企业投资者、债权人等做出投资或信贷决策的重要依据。真实、完整、有用的财务报告是经济社会诚信的重要内容和基石。提供虚假的财务报告是违法行为,构成犯罪的应依法追究刑事责任。

企业编制、对外提供和分析利用财务报告的风险主要有以下三个方面:

(1) 编制财务报告违反会计法律法规和国家统一的会计准则制度,可能导致企业承担法律责任和声誉受损。

(2) 提供虚假财务报告,误导财务报告使用者,造成决策失误,干扰市场秩序。

(3) 不能有效利用财务报告,难以及时发现企业经营管理中存在的问题,可能导致企业财务和经营风险失控。

为了防范和化解企业财务报告法律责任,确保财务报告信息真实可靠,化解财务报告风险,提升企业治理和经营管理水平,促进资本市场和市场经济健康可持续发展,应当明确财务报告编制要求、落实经办责任、强化财务报告的监督管理。

二、财务报告体系的构成

财务报告包括财务报表及其附注和其他应当在财务报告中披露的相关信息和资料。其中,财务报表是财务报告的主体和核心内容,其他应当在财务报告中披露的相关信息和资料是对财务报表的补充和说明,它们共同构成财务报告体系。

(一) 财务报表

财务报表由报表本身及其附注两部分构成,是对企业财务状况、经营成果和现金流量的结构性表述。一套完整的财务报告至少应当包括"四表一注",即资产负债表、利润表、现金流量表、所有者权益(或股东权益,下同)变动表以及附注。

1. 资产负债表

资产负债表是反映企业在某一特定日期的财务状况的财务报表。企业编制资产负债表的目的是通过如实反映企业的资产、负债和所有者权益金额及其结构情况,从而有助于报表使用者评价企业资产的质量以及短期偿债能力、长期偿债能力和利润分配能力等。

2. 利润表

利润表是反映企业在一定会计期间的经营成果和综合收益的财务报表。企业编制利润表的目的是通过如实反映企业实现的收入、发生的费用以及应当计入当期利润的利得和损失、其他综合收益、综合收益等金额及其结构情况,从而有助于报表使用者分析评价企业的盈利能力及其构成与质量。

3. 现金流量表

现金流量表是反映企业在一定会计期间的现金和现金等价物流入和流出的财务报表。企业编制现金流量表的目的是通过如实反映企业各项活动的现金流入和现金流出,从而有助于报表使用者评价企业生产经营过程中,特别是经营活动中所形成的现金流量和资金周转情况。

4. 所有者权益变动表

所有者权益变动表是反映构成企业所有者权益的各组成部分当期的增减变动情况的报表。所有者权益变动应当全面反映一定时期所有者权益变动的情况,不仅包括所有者权益总量的增减变动,而且包括所有者权益增减变动的重要结构性信息,特别是要反映直接计入所有者权益的利得和损失,让使用者准确理解所有者权益增减变动的根源。

5. 附注

附注是对在财务报表中列示项目所作的进一步说明,以及对未能在这些报表中列示项目的说明等。附注由若干附表和对有关项目的文字性说明组成。企业编制附注的目的是通过对报表本身做补充说明,以更加全面、系统地反映企业财务状况、经营成果和现金流量的全貌,从而有助于向报表使用者提供更为有用的决策信息,帮助其做出更加科学合理的决策。

(二) 财务报告的分类

按编报期间的不同,财务报告可以分为中期报告和年报。中期报告是中期财务报告的简称,是以短于一个完整会计年度的报告期间为基础编制的财务报告,包括月度报告(简称月报)、季度报告(简称季报)和半年度报告(简称半年报)。年报是年度财务报告的简称,是以一个完整会计年度的报告期间为基础编制的财务报告。中期财务报告至少应当包括资产负债表、利润表、现金流量表和附注。中期资产负债表、利润表和现金流量表应当是完整报表,其格式和内容应当与上年度财务报表一致。

与财务报告相对应,财务报表亦分为中期财务会计报表和年度财务会计报表。中期财务会计报表包括月度、季度、半年度财务会计报表。

按编报主体的不同,财务会计报表可以分为个别财务会计报表和合并财务会计报表。个别财务会计报表是由企业在自身会计核算基础上对账簿记录进行加工而编制的财务会计报表,它主要用以反映企业自身的财务状况、经营成果和现金流量情况。合并财务会计报表是以母公司和子公司组成的企业集团为会计主体,根据母公司和所属子公司的财务会计报表,由母公司编制的综合反映企业集团财务状况、经营成果及现金流量的财务会计报表。

三、财务报告的编制要求

财务报告的核心是财务会计报表,财务报告的编制要求集中体现在财务会计报表的编制上。总的来说,财务会计报表应当依据国家统一会计准则制度要求,根据登记完整、核对无误的会计账簿记录和其他有关资料编制,做到数字真实、计算准确、内容完整、说明清楚。具体要求主要包括以下方面:

(一)编制依据

企业应当根据实际发生的交易或事项,遵循会计基本准则和各项具体会计准则及解释的规定进行确认和计量,并在此基础上编制财务会计报表。

(二)列报基础

财务会计报表列报是指交易和事项在报表中的列示和在附注中的披露。其中,"列示"通常反映资产负债表、利润表、现金流量表和所有者权益变动表等报表中的信息;"披露"通常主要反映附注中的信息。

企业应当以持续经营为基础编制财务会计报表。在报表编制过程中,企业管理层应当全面评估企业的持续经营能力。如果评估结果表明对持续经营能力产生重大怀疑的,企业应当在附注中披露导致对持续经营能力产生重大怀疑的影响因素以及企业拟采取的改善措施。

(三)权责发生制

除现金流量表按照收付实现制编制外,企业应当按照权责发生制编制其他财务会计报表。在采用权责发生制会计的情况下,当项目符合基本准则中财务会计报表要素的定义和确认条件时,企业就应当确认相应的资产、负债、所有者权益、收入和费用,并在财务会计报表中加以反映。

(四)列报的一致性

财务会计报表项目的列报,包括报表项目的名称、分类、排列顺序等方面都应当在各个会计期间保持一致,不得随意变更。但在下列情况下,企业可以变更财务报表项目的列报:一是会计准则要求改变财务会计报表项目的列报;二是企业经营业务的性质发生重大变化或对企业经营影响较大的交易或事项发生的后,变更财务会计报表的列报能够提供更可靠、更相关的会计信息。企业变更财务会计报表项目列报的,应当根据会计准则的有关规定提供列报的比较信息。

(五) 比较信息的列报

企业在列报当期财务会计报表时,至少应当提供所有列报项目上一个可比会计期间的比较数据,以及与理解当期财务会计报表相关的说明,提高信息在会计期间的可比性。列报比较信息的要求适用于财务会计报表的所有组成部分,包括"四表一注",且列报的所有项目至少包括两期各报表及相关附注的比较数据。

任务二 资产负债表的编制

一、资产负债表的内容及结构

(一) 资产负债表的内容

资产负债表是指反映企业在某一特定日期的财务状况的财务报表。它反映企业在某一特定日期所拥有或控制的经济资源、所承担的现时义务和所有者对净资产的要求权。资产负债表可以提供以下经济决策有用信息:

(1) 某一日期资产的总额及其结构。该信息表明企业拥有或控制的资源及其分布情况,报表使用者可以一目了然地从资产负债表上了解企业在某一特定日期所拥有的资产总量及其结构。

(2) 某一日期的负债总额及其结构。该信息表明企业未来需要多少资产或劳务清偿债务以及清偿时间。

(3) 企业所有者拥有的权益。根据该信息,报表使用者可以判断资本保值、增值的情况以及对负债的保障程度。

此外,资产负债表还可能提供财务分析的基本资料,如将流动资产与流动负债进行比较,计算出流动比率;将速动资产与流动负债进行比较,计算出速动比率等。可以表明企业的变现能力、偿债能力和资金周转能力,从而有助于报表使用者做出经济决策。

(二) 资产负债表的结构

在我国,资产负债表采用账户式结构,报表分为左右两方,左方列示资产各项目,反映全部资产的分布及存在形态;右方列示负债和所有者权益各项目,反映全部负债和所有者权益的内容及构成情况。资产负债表左右双方平衡,资产总计等于负债和所有者权益总计,即"资产=负债+所有者权益"。

根据财务报表列报准则的规定,资产负债表上资产和负债应当按照流动性分别分为流动资产和非流动资产、流动负债和非流动负债列示。其中,流动性通常按资产的变现或耗用时间长短或者负债的偿还时间长短来确定。

1. 资产的流动性划分

资产满足下列条件之一的,应当归类为流动资产:

(1) 预计在一个正常营业周期中变现、出售或耗用。如应收账款、存货等。其中,变现一般针对应收账款而言,指将资产变为现金;出售一般针对产品等存货而言;耗用一般指将存货(如原材料)转变为另一种形态(如产成品)。

(2) 主要为交易目的而持有。如交易性金融资产等。但是,并非所有交易性金融资产均为流动资产,比如自资产负债表日起超过12个月到期且预期持有超过12个月的衍生工具应当划分为非流动资产或非流动负债。

(3) 预计在资产负债表日起一年内(含一年)变现。

(4) 自资产负债表日起一年内交换其他资产或清偿负债的能力不受限制的现金或现金等价物。同时,流动资产以外的资产应当归类为非流动资产。

所谓"正常营业周期",是指企业从购买用于加工的资产起至实现现金或现金等价物的期间。正常营业周期通常短于一年,在一年内有几个营业周期。但是,因生产周期较长等导致正常营业周期长于一年的,尽管相关资产往往超过一年才变现、出售或耗用,仍应当划分为流动资产。当正常营业周期不能确定时,企业应当以一年(12个月)作为正常营业周期。

2. 负债的流动性划分

流动负债的判断标准与流动资产的判断标准相类似。负债满足下列条件之一的,应当归类为流动负债:

(1) 预计在一个正常营业周期中清偿。

(2) 主要为交易目的而持有。

(3) 自资产负债表日起一年内到期应予清偿。

(4) 企业无权自主地将清偿推迟至资产负债表日后一年以上。

但是,企业正常营业周期中的经营性负债项目即使在资产负债表日后超过一年才予清偿的,仍应划分为流动负债。经营性负债项目包括应付账款、应付职工薪酬等,这些项目属于企业正常营业周期中使用的营运资金的一部分。

此外,为了使报表使用者通过比较不同时点资产负债表的数据,掌握企业财务状况的变动情况及发展趋势,企业需要提供比较资产负债表,即资产负债表还将各项目再分为"年初余额"和"期末余额"两栏分别填列。

资产负债表的具体格式参见本书第342面的表14-1。

二、资产负债表的编制方法

(一) 资产负债表项目的填列方法

1. 资产负债表"期末余额"栏的填列方法

资产负债表"期末余额"栏内各项数字,一般应根据资产、负债和所有者权益类科目的期末余额填列。具体方法包括以下几种。

(1) 根据总账科目余额填列。如"短期借款""资本公积"等项目,根据"短期借款""资本公积"各总账科目的余额直接填列;有些项目则应根据几个总账科目的期末余额计算填列,如"货币资金"项目,根据"库存现金""银行存款""其他货币资金"三个总账科目的期末余额的合计数填列。

(2) 根据明细账科目余额计算填列。如"应付账款"项目,需要根据"应付账款"和"预付账款"两个科目所属的相关明细科目的期末贷方余额计算填列;"预收款项"项目,需要根据"预收账款"和"应收账款"科目所属各明细科目的期末贷方余额合计数填列;"应交税费"项目,应根据"应交税费"科目的明细科目期末余额分析填列,其中的借方余额,应当根据其流动性在"其他流动资产"或"其他非流动资产"项目中填列;"未分配利润"项目,应根据"利润分配"科目中所属的"未分配利润"明细科目期末余额填列。

(3) 根据总账科目和明细账科目余额分析计算填列。如"长期借款"项目,应根据"长期借款"总账科目余额扣除"长期借款"科目所属的明细科目中将在资产负债表日起一年内到期且企业不能自主地将清偿义务展期的长期借款后的金额计算填列。

(4) 根据有关科目余额减去其备抵科目余额后的净额填列。如"应收票据""长期股权投资""在建工程"等项目,应根据相关科目的期末余额减去相应的减值准备后的净额填列;"固定资产""无形资产""投资性房地产"等项目,应根据相关科目的期末余额减去相关的累计折旧(或摊销、折耗)、相应的减值准备后的净额填列。

(5) 综合运用上述填列方法分析填列。如"应收账款"项目,应根据"应收账款"和"预收账款"科目所属各明细科目的期末借方余额合计数,减去"坏账准备"科目中相关坏账准备期末余额后的金额填列;"存货"项目,应根据"材料采购""原材料""发出商品""库存商品""周转材料""委托加工物资""生产成本""受托代销商品"等科目的期末余额合计,减去"受托代销商品款""存货跌价准备"科目期末余额后的金额填列。材料和库存商品采用计划成本核算的企业,还应加上"材料成本差异"科目期末借方余额或减去"材料成本差异"科目期末贷方余额后的金额填列。库存商品采用售价核算的企业,还应减去"商品进销差价"科目期末余额后的金额填列。

2. 资产负债表"年初余额"栏的填列方法

资产负债表"年初余额"栏内各项数字,应根据上年年末资产负债表"期末余额"栏内所列数字填列,且与上年年末资产负债表"期末余额"栏相一致。如果上年度资产负债表规定的各个项目的名称和内容同本年度不相一致,应对上年年末资产负债表各项目的名称和数字按照本年度的规定进行调整,填入表中"年初余额"栏内。

(二) 资产负债表项目的填列说明

1. 资产项目的填列说明

(1) "货币资金"项目,反映资产负债表日企业库存现金、银行结算户存款、外埠存款、银行汇票存款、银行本票存款、信用卡存款、信用证保证金存款等的合计数。本项目应根据"库存现金""银行存款""其他货币资金"科目期末余额的合计数填列。

【业务14-1】2023年12月31日,A公司"库存现金"科目余额为2 000元,"银行存款"科目余额为805 831元,"其他货币资金"科目余额为7 300元。2023年12月31日,A公司资产负债表中"货币资金"项目"期末余额"栏的列报金额=2 000+805 831+7 300=815 131(元)。

（2）"交易性金融资产"项目，反映资产负债表日企业分类为以公允价值计量且其变动计入当期损益的金融资产的期末账面价值。本项目应当根据"交易性金融资产"科目的相关明细科目期末余额分析填列。自资产负债表日起超过一年到期且预期持有超过一年的以公允价值计量且其变动计入当期损益的非流动金融资产的期末账面价值，在"其他非流动金融资产"项目反映。

（3）"应收票据"项目，反映资产负债表日以摊余成本计量的，企业因销售商品、提供服务等收到的商业汇票，包括银行承兑汇票和商业承兑汇票。该项目应根据"应收票据"科目的期末余额，减去"坏账准备"科目中相关坏账准备期末余额后的金额填列。

【业务14-2】2023年12月31日，A公司"应收票据"科目余额为66 000元，"坏账准备"科目贷方余额中有关应收票据计提的坏账准备余额为0。2023年12月31日，A公司资产负债表中"应收票据"项目"期末余额"栏的列报金额＝66 000－0＝66 000(元)。

（4）"应收账款"项目，反映资产负债表日以摊余成本计量的、企业因销售商品、提供服务等经营活动应收取的款项。该项目应根据"应收账款"和"预收账款"科目所属各明细科目的期末借方余额合计数，减去"坏账准备"科目中相关坏账准备期末余额后的金额填列。

【业务14-3】2023年12月31日，A公司"应收账款"科目所属各明细科目借方余额合计为600 000元，未设置"预收账款"科目，"坏账准备"科目贷方余额中有关应收账款计提的坏账准备余额为1 800元。2023年12月31日，A公司资产负债表中"应收账款"项目"期末余额"栏的列报金额＝600 000－1 800＝598 200(元)。

（5）"应收款项融资"项目，反映资产负债表日以公允价值计量且其变动计入其他综合收益的应收票据和应收账款等。

（6）"预付款项"项目，反映资产负债表日企业按照购货合同规定预付给供应单位的款项等。本项目应根据"预付账款"和"应付账款"科目所属各明细科目的期末借方余额合计数，减去"坏账准备"科目中有关预付款项计提的坏账准备期末余额后的金额填列。如"预付账款"科目所属明细科目期末有贷方余额，应在资产负债表"应付账款"项目内填列。

【业务14-4】2023年12月31日，A公司"预付账款"科目余额为98 500元，"坏账准备"科目贷方余额中有关预付账款计提的坏账准备余额为0，且"应付账款"科目所属明细科目无借方余额、"预付账款"科目所属明细科目无贷方余额。2023年12月31日，A公司资产负债表中"预付账款"项目"期末余额"栏的列报金额＝98 500－0＝98 500(元)。

（7）"其他应收款"项目，反映资产负债表日企业除应收票据、应收账款、预付账款等经营活动以外的其他各种应收、暂付的款项。本项目应根据"应收利息""应收股利"和"其他应收款"科目的期末余额合计数，减去"坏账准备"科目中相关坏账准备期末余额后的金额填列。

【业务14-5】2023年12月31日，A公司"应收利息"科目余额为1 500元，"其他应收款"科目余额为5 000元。2023年12月31日，A公司资产负债表中"其他应收款"项目"期末余额"栏的列报金额＝1 500＋5 000＝6 500(元)。

（8）"存货"项目，反映资产负债表日企业在库、在途和在加工中的各种存货的可变现净值。存货包括各种材料、商品、在产品、半成品、包装物、低值易耗品、委托代销商品等。本项目应根据"材料采购""原材料""库存商品""周转材料""委托加工物资""发出商品""生产成本""受托代销商品"等科目的期末余额合计，减去"受托代销商品款""存货跌价准备"科目期末余额后的金额填列。材料采用计划成本核算，以及库存商品采用计划成本核算或售价核算的企业，还应按加或减材料成本差异、减商品进销差价后的金额填列。

【业务14-6】2023年12月31日，A公司有关科目余额如下："材料采购"科目借方余额275 000元，"原材料"科目借方余额45 000元，"周转材料"科目借方余额38 050元，"库存商品"科目借方余额2 122 400元，"材料成本差异"科目借方余额4 250元。2023年12月31日，A公司资产负债表中"存货"项目"期末余额"栏的列报金额＝275 000＋45 000＋38 050＋2 122 400＋4 250＝2 484 700（元）。

（9）"合同资产"项目，反映资产负债表日企业已向客户转让商品而有权收取对价的权利。本项目应根据"合同资产"科目的相关明细科目期末余额分析填列。同一合同下的合同资产和合同负债应当以净额列示，其中净额为借方余额的，应当根据其流动性在"合同资产"或"其他非流动资产"项目中填列，已计提减值准备的，还应减去"合同资产减值准备"科目中相关的期末余额后的金额填列。

（10）"持有待售资产"项目，反映资产负债表日划分为持有待售类别的非流动资产及划分为持有待售类别的处置组中的流动资产和非流动资产的期末账面价值。本项目应根据"持有待售资产"科目的期末余额，减去"持有待售资产减值准备"科目的期末余额后的金额填列。

（11）"一年内到期的非流动资产"项目，反映资产负债表日企业将于一年内到期的非流动资产项目金额。本项目应根据有关科目的期末余额填列。

（12）"债权投资"项目，反映资产负债表日企业持有的以摊余成本计量的长期债权投资的期末账面价值。本项目应根据"债权投资"科目的相关明细科目期末余额，减去"债权投资减值准备"科目中相关减值准备的期末余额后的金额分析填列。自资产负债表日起一年内到期的长期债权投资的期末账面价值，在"一年内到期的非流动资产"项目反映。企业购入的以摊余成本计量的一年内到期的债权投资的期末账面价值，在"其他流动资产"项目反映。

【业务14-7】2023年12月31日，A公司"债权投资"科目余额为100 000元，反映的是其持有的剩余期限为2年期的一次还本、分期付息债券。该债券投资未计提减值准备。2023年12月31日，A公司资产负债表中"债权投资"项目"期末余额"栏的列报金额＝100 000（元）。

（13）"其他债权投资"项目，反映资产负债表日企业分类为以公允价值计量且其变动计入其他综合收益的长期债权投资的期末账面价值。本项目应根据"其他债权投资"科目的相关明细科目期末余额分析填列。自资产负债表日起一年内到期的长期债权投资的期末账面价值，在"一年内到期的非流动资产"项目反映。企业购入的以公允价值计量且其变动计入其他综合收益的一年内到期的债权投资的期末账面价值，在"其他流动资产"项目反映。

【业务14-8】2023年12月31日，A公司"其他债权投资"科目余额为200 000元，反映的是其持有的剩余期限为3年的到期一次还本付息债券。2023年12月31日，A公司资产负债表中"其他债权投资"项目"期末余额"栏的列报金额＝200 000（元）。

（14）"长期应收款"项目，反映资产负债表日企业融资租赁产生的应收款项、采用递延方式具有融资性质的销售商品和提供劳务等产生的长期应收款项等。本项目应根据"长期应收款"科目的期末余额，减去相应的"未实现融资收益"科目和"坏账准备"科目所属相关明细科目期末余额后的金额填列。

(15)"长期股权投资"项目,反映资产负债表日企业持有的对子公司、联营企业和合营企业的长期股权投资。本项目应根据"长期股权投资"科目的期末余额,减去"长期股权投资减值准备"科目的期末余额后的金额填列。

【业务14-9】2023年12月31日,A公司"长期股权投资"科目余额为250 000元,反映的是其持有的对联营企业的投资。该投资未计提减值准备。2023年12月31日,A公司资产负债表中"长期股权投资"项目"期末余额"栏的列报金额=250 000(元)。

(16)"其他权益工具投资"项目,反映资产负债表日企业指定为以公允价值计量且其变动计入其他综合收益的非交易性权益工具投资的期末账面价值。本项目应根据"其他权益工具投资"科目的期末余额填列。

(17)"投资性房地产"项目,反映资产负债表日企业持有的投资性房地产。企业采用成本模式计量投资性房地产的,本项目应根据"投资性房地产"科目的期末余额,减去"投资性房地产累计折旧""投资性房地产累计摊销"和"投资性房地产减值准备"科目期末余额后的金额填列;企业采用公允价值模式计量投资性房地产的,本项目应根据"投资性房地产"科目的期末余额填列。

(18)"固定资产"项目,反映资产负债表日企业固定资产的期末账面价值和企业尚未清理完毕的固定资产清理净损益。该项目应根据"固定资产"科目的期末余额,减去"累计折旧"和"固定资产减值准备"科目的期末余额后的金额,以及"固定资产清理"科目的期末余额填列。

【业务14-10】2023年12月31日,A公司"固定资产"科目借方余额为2 401 000元,"累计折旧"科目贷方余额为170 000元,"固定资产减值准备"科目贷方余额为30 000元。2023年12月31日,A公司资产负债表中"固定资产"项目"期末余额"栏的列报金额=2 401 000－170 000－30 000=2 201 000(元)。

(19)"在建工程"项目,反映资产负债表日企业尚未达到预定可使用状态的在建工程的期末账面价值和企业为在建工程准备的各种物资的期末账面价值。本项目应根据"在建工程"科目的期末余额,减去"在建工程减值准备"科目期末余额后的金额,以及"工程物资"科目的期末余额,减去"工程物资减值准备"科目的期末余额后的金额填列。

【业务14-11】2023年12月31日,A公司"在建工程"科目借方余额为428 000元,"工程物资"科目借方余额为300 000元,工程物资和在建工程均未计提减值准备。2023年12月31日,A公司资产负债表中"在建工程"项目"期末余额"栏的列报金额=428 000＋300 000=728 000(元)。

(20)"使用权资产"项目,反映资产负债表日承租人企业持有的使用权资产的期末账面价值。本项目应根据"使用权资产"科目的期末余额,减去"使用权资产累计折旧"和"使用权资产减值准备"科目的期末余额后的金额填列。

(21)"无形资产"项目,反映资产负债表日企业持有的无形资产,包括专利权、非专利技术、商标权、著作权、土地使用权等。本项目应根据"无形资产"科目的期末余额,减去"累计摊销"和"无形资产减值准备"科目期末余额后的金额填列。

【业务14-12】2023年12月31日,A公司"无形资产"科目借方余额为600 000元,"累计摊销"科目贷方余额为60 000元,未计提减值准备。2023年12月31日,A公司资产负债表中"无形资产"项目"期末余额"栏的列报金额=600 000－60 000=540 000(元)。

(22)"开发支出"项目,反映资产负债表日企业开发无形资产过程中能够资本化形成无形资产成本的支出部分。本项目应根据"研发支出"科目中所属的"资本化支出"明细科目期末余额填列。

(23)"长期待摊费用"项目,反映资产负债表日企业已经发生但应由本期和以后各项负担的分摊期限在一年以上的各项费用。长期待摊费用中在一年内(含一年)摊销的部分,在资产负债表"一年内到期的非流动资产"项目填列。本项目应根据"长期待摊费用"科目的期末余额减去将于一年内(含一年)摊销的数额后的金额填列。

(24)"递延所得税资产"项目,反映资产负债表日企业确认的可抵扣暂时性差异产生的递延所得税资产。本项目应根据"递延所得税资产"科目的期末余额填列。

【业务14-13】2023年12月31日,A公司"递延所得税资产"科目借方余额为7 500元。2023年12月31日,A公司资产负债表中"递延所得税资产"项目"期末余额"栏的列报金额=7 500(元)。

(25)"其他非流动资产"项目,反映资产负债表日企业除上述非流动资产以外的其他非流动资产的期末账面价值。本项目应根据有关科目的期末余额分析填列。

2. 负债项目的填列说明

(1)"短期借款"项目,反映资产负债表日企业向银行或其他金融机构等借入的期限在一年以下(含一年)的各种借款。本项目应根据"短期借款"科目的期末余额填列。

【业务14-14】2023年12月31日,A公司"短期借款"科目贷方余额为50 000元。2023年12月31日,A公司资产负债表中"短期借款"项目"期末余额"栏的列报金额=50 000(元)。

(2)"交易性金融负债"项目,反映资产负债表日企业承担的交易性金融负债,以及企业持有的直接指定为以公允价值计量且其变动计入当期损益的金融负债的期末账面价值。本项目应根据"交易性金融负债"科目的相关明细科目期末余额填列。

(3)"应付票据"项目,反映资产负债表日以摊余成本计量的、企业购买材料、商品和接受服务等开出、承兑的商业汇票,包括银行承兑汇票和商业承兑汇票。本项目应根据"应付票据"科目的期末余额填列。

【业务14-15】2023年12月31日,A公司"应付票据"科目贷方余额为100 000元。2023年12月31日,A公司资产负债表中"应付票据"项目"期末余额"栏的列报金额=100 000(元)。

(4)"应付账款"项目,反映资产负债表日以摊余成本计量的、企业购买材料、商品和接受服务等经营活动应支付的款项。本项目应根据"应付账款"和"预付账款"科目所属的相关明细科目的期末贷方余额合计数填列。

【业务14-16】2023年12月31日,A公司"应付账款"科目贷方余额为953 800元,其所属明细科目均无借方余额,"预付账款"科目所属明细科目无贷方余额。2023年12月31日,A公司资产负债表中"应付账款"项目"期末余额"栏的列报金额=953 800(元)。

(5)"预收款项"项目,反映资产负债表日企业按照合同规定向客户预收的款项。本项目应根据"预收账款"和"应收账款"科目所属各明细科目的期末贷方余额合计数填列。如"预收账款"科目所属明细科目期末有借方余额,应在资产负债表"应收账款"项目内填列。

(6)"合同负债"项目,反映资产负债表日企业已收或应收客户对价而应向客户转让商品的义务。本项目应根据"合同负债"科目的相关明细科目期末余额分析填列。同一合同下的合同资产和合同负债应当以净额列示，其中净额为贷方余额的，应当根据其流动性在"合同负债"或"其他非流动负债"项目中填列。

（7）"应付职工薪酬"项目，反映资产负债表日企业为获得职工提供的服务或解除劳动关系而给予的各种形式的报酬或补偿。本项目应根据"应付职工薪酬"科目的期末余额填列。

【业务14-17】2023年12月31日，A公司"应付职工薪酬"科目贷方余额为180 000元。2023年12月31日，A公司资产负债表中"应付职工薪酬"项目"期末余额"栏的列报金额＝180 000（元）。

（8）"应交税费"项目，反映资产负债表日企业按照税法规定计算应缴纳的各种税费，包括增值税、消费税、所得税、资源税、土地增值税、城市维护建设税、房产税、土地使用税、车船税、教育费附加、环境保护税等。企业代扣代缴的个人所得税，也通过本项目列示。企业所缴纳的税金不需要预计应交数的，如印花税、耕地占用税等，不在本项目列示。本项目应根据"应交税费"科目的期末贷方余额填列。如"应交税费"科目期末为借方余额，应以"－"号填列。

【业务14-18】2023年12月31日，A公司"应交税费"科目贷方余额为226 731元。2023年12月31日，A公司资产负债表中"应交税费"项目"期末余额"栏的列报金额＝226 731（元）。

（9）"其他应付款"项目，反映资产负债表日企业除应付票据、应付账款、预收款项、应付职工薪酬、应交税费等经营活动以外的其他各项应付、暂收的款项。本项目应根据"应付利息""应付股利""其他应付款"科目的期末余额填列。

【业务14-19】2023年12月31日，A公司"应付利息"科目贷方余额为1 450元，"应付股利"科目贷方余额为32 215元，"其他应付款"科目贷方余额为48 550元。2023年12月31日，A公司资产负债表中"其他应付款"项目"期末余额"栏的列报金额＝48 550＋1 450＋32 215＝82 215（元）。

（10）"持有待售负债"项目，反映资产负债表日处置组中与划分为持有待售类别的资产直接相关的负债的期末账面价值。本项目应根据"持有待售负债"科目的期末余额填列。

（11）"一年内到期的非流动负债"项目，反映资产负债表日企业非流动负债中将于资产负债表日后一年内到期部分的金额，如将于一年内偿还的长期借款。本项目应根据有关科目的期末余额填列。

（12）"长期借款"项目，反映资产负债表日企业向银行或其他金融机构借入的期限在一年以上（不含一年）的各项借款。本项目应根据"长期借款"科目的期末余额填列。

【业务14-20】2023年12月31日，A公司"长期借款"科目贷方余额为1 160 000元。2023年12月31日，A公司资产负债表中"长期借款"项目"期末余额"栏的列报金额＝1 160 000（元）。

（13）"应付债券"项目，反映资产负债表日企业为筹集长期资金而发行的债券本金和利息。本项目应根据"应付债券"科目的期末余额填列。

（14）"租赁负债"项目，反映资产负债表日承租人企业尚未支付的租赁付款额的期末账面价值。本项目应根据"租赁负债"科目的期末余额填列。自资产负债表日起一年内到期应予以清偿的租赁负债的期末账面价值，在"一年内到期的非流动负债"项目反映。

（15）"长期应付款"项目，反映资产负债表日企业除长期借款和应付债券以外的其他各种长期应付款项的期末账面价值。本项目应根据"长期应付款"科目的期末余额，减去相应的"未确认融资费用"科目期末余额后的金额，以及"专项应付款"科目的期末余额填列。

（16）"预计负债"项目，反映资产负债表日企业确认的对外提供担保、未决诉讼、产品质量保证、重组义务、亏损性合同等预计负债。本项目应根据"预计负债"科目的期末余额填列。

（17）"递延收益"项目，反映尚待确认的收入或收益。本项目应根据"递延收益"科目的期末余额填列。本项目中摊销期限只剩一年或不足一年的，或预计一年内(含一年)进行摊销的部分，不得归类为流动负债，仍在本项目中填列，不转入"一年内到期的非流动负债"项目。

（18）"递延所得税负债"项目，反映资产负债表日企业确认的应纳税暂时性差异产生的所得税负债。本项目应根据"递延所得税负债"科目的期末余额填列。

（19）"其他非流动负债"项目，反映资产负债表日企业除以上非流动负债以外的其他非流动负债。本项目应根据有关科目期末余额分析填列。

3.所有者权益项目的填列说明

（1）"实收资本（或股本）"项目，反映资产负债表日企业各投资者实际投入的资本（或股本）总额。本项目应根据"实收资本"（或"股本"）科目的期末余额填列。

【业务14-21】2023年12月31日，A公司"实收资本"科目贷方余额为5 000 000元。2023年12月31日，A公司资产负债表中"实收资本"项目"期末余额"栏的列报金额＝5 000 000(元)。

（2）"其他权益工具"项目，反映资产负债表日企业发行的除普通股以外分类为权益工具的金融工具的账面价值。本项目应根据"其他权益工具"科目期末余额填列。

（3）"资本公积"项目，反映资产负债表日企业资本公积的期末余额。本项目应根据"资本公积"科目的期末余额填列。

（4）"库存股"项目，反映资产负债表日企业持有尚未转让或注销的本公司股份金额。本项目应根据"库存股"科目的期末余额填列。

（5）"其他综合收益"项目，反映资产负债表日企业其他综合收益的期末余额。本项目应根据"其他综合收益"科目的期末余额填列。

（6）"盈余公积"项目，反映资产负债表日企业盈余公积的期末余额。本项目应根据"盈余公积"科目的期末余额填列。

【业务14-22】2023年12月31日，A公司"盈余公积"科目贷方余额为124 770元。2023年12月31日，A公司资产负债表中"盈余公积"项目"期末余额"栏的列报金额＝124 770(元)。

（7）"未分配利润"项目，反映资产负债表日企业尚未分配的利润。本项目应根据"本年利润"科目和"利润分配"科目的余额计算填列。未弥补的亏损在本项目内以"－"号真列。

【业务14-23】2023年12月31日，A公司"利润分配——未分配利润"科目贷方余额为218 015元，"本年利润"科目无余额。2023年12月31日，A公司资产负债表中"未分配利润"项目"期末余额"栏的列报金额＝218 015(元)。

【业务14-24】接业务14-1至业务14-23，A公司编制的2023年12月31日的资产负债表如表14-1所示。

表 14-1　资产负债表

会企01表

编制单位:A公司　　2023年12月31日　　单位:元

资产	期末余额	年初余额	负债和所有者权益(或股东权益)	期末余额	年初余额
流动资产:			流动负债:		
货币资金	815 131	1 406 300	短期借款	50 000	300 000
交易性金融资产	0	15 000	交易性金融负债	0	0
衍生金融资产	0	0	衍生金融负债	0	0
应收票据	66 000	45 100	应付票据	100 000	53 800
应收账款	598 200	500 000	应付账款	953 800	1 100 000
预付款项	98 500	100 000	预收款项	0	0
其他应收款	6 500	5 000	合同负债	0	0
存货	2 484 700	2 580 000	应付职工薪酬	180 000	110 000
合同资产	0	0	应交税费	226 731	36 600
持有待售资产	0	0	其他应付款	82 215	51 000
一年内到期的非流动资产	0	0	持有待售负债	0	0
其他流动资产	100 000	100 000	一年内到期的非流动负债	0	1 000 000
流动资产合计	4 169 031	4 751 400	其他流动负债		
非流动资产:			流动负债合计	1 592 746	2 651 400
债权投资	100 000	0	非流动负债:		
其他债权投资	200 000	0	长期借款	1 160 000	600 000
长期应收款	0	0	应付债券	0	0
长期股权投资	250 000	250 000	其中:优先股	0	0
其他权益工具投资	0	0	永续债	0	0
其他非流动金融资产	0	0	租赁负债	0	0
投资性房地产	0	0	长期应付款	0	0
固定资产	2 201 000	1 100 000	预计负债	0	0
在建工程	728 000	1 500 000	递延收益	0	0
生产性生物资产	0	0	递延所得税负债	0	0
油气资产	0	0	其他非流动负债	0	0
使用权资产	0	0	非流动负债合计	1 160 000	600 000
无形资产	540 000	600 000	负债合计	2 752 746	3 251 400
开发支出	0	0	所有者权益(或股东权益):		
商誉	0	0	实收资本(或股本)	5 000 000	5 000 000
长期待摊费用	0	0	其他权益工具	0	0
递延所得税资产	7 500	0	其中:优先股	0	0
其他非流动资产	200 000	200 000	永续债	0	0
非流动资产合计	3 926 500	3 650 000	资本公积	0	0
			减:库存股	0	0
			其他综合收益	0	0

续表

资产	期末余额	年初余额	负债和所有者权益 （或股东权益）	期末余额	年初余额
			盈余公积	124 770	100 000
			未分配利润	218 015	50 000
			所有者权益(或股东权益) 合计	5 342 785	5 150 000
资产总计	8 095 531	8 401 400	负债和所有者权益 (或股东权益)总计	8 095 531	8 401 400

任务三 利润表的编制

一、利润表的内容及结构

（一）利润表的内容

利润表是指反映企业在一定会计期间的经营成果的财务报表。利润表的列报必须充分反映企业经营业绩的主要来源和构成，有助于报表使用者判断净利润的质量及其风险，有利于报表使用者预测净利润的持续性，从而做出正确的决策。利润表可以提供以下对经济决策有用的信息。

（1）反映企业一定会计期间的收入实现情况，如实现的营业收入有多少、实现的投资收益有多少、实现的营业外收入有多少等。

（2）反映一定会计期间的费用耗费情况，如耗费的营业成本有多少，税金及附加有多少，销售费用、管理费用、财务费用各有多少，营业外支出有多少等。

（3）反映企业生产经营活动的成果，即净利润的实现情况，据以判断资本保值、增值情况等。

此外，将利润表中的信息与资产负债表中的信息相结合，还可以提供进行财务分析的基础资料，如将赊销收入净额与应收账款平均余额进行比较，计算出应收账款周转率；将销货成本与存货平均余额进行比较，计算出存货周转率；将净利润与资产总额进行比较，计算出资产收益率等。根据这些指标可以了解企业资金周转情况以及企业的盈利能力和水平，便于报表使用者判断企业未来的发展趋势，做出经济决策。

（二）利润表的结构

常见的利润表结构主要有单步式和多步式两种。在我国，企业利润表采用的基本上是多步式结构，即通过对当期的收入、费用、支出项目按性质加以分类，按利润形成的主要环节列示一些中间性利润指标，如营业利润、利润总额、净利润等，分步计算当期净损益。

利润表主要反映以下几方面的内容：

（1）营业收入。由主营业务收入和其他业务收入组成。

（2）营业利润。营业收入减去营业成本（主营业务成本和其他业务成本）、税金及附加、销售费用、管理费用、财务费用、信用减值损失、资产减值损失，加上公允价值变动收益（损失为"－"）、投资收益（损失为"－"）、资产处置收益（损失为"－"）、其他收益，即为营业利润。

（3）利润总额。营业利润加上营业外收入，减去营业外支出，即为利润总额。

（4）净利润。利润总额减去所得税费用，即为净利润。

（5）其他综合收益的税后净额。其他综合收益的税后净额反映企业根据企业会计准则规定未在损益中确认，直接计入所有者权益的各项利得和损失扣除所得税影响后的净额。包括以后不能重分类进损益的其他综合收益和以后将重分类进损益的其他综合收益。

（6）综合收益总额。其中，综合收益总额是企业净利润与其他综合收益的合计金额。

（7）每股收益。普通股或潜在普通股已公开交易的企业，以及正处于公开发行普通股或潜在普通股过程中的企业，还应当在利润表中列示每股收益信息，包括基本每股收益和稀释每股收益两项指标。

此外，为了使报表使用者通过比较不同期间利润的实现情况，判断企业经营成果的未来发展趋势，企业需要提供比较利润表，即利润表还就各项目再分为"本期金额"和"上期金额"两栏分别填列。

利润表的具体格式参见本书第347面的表14-2。

知识链接

单步式利润表是将本期所有收入和利得加在一起，然后再把所有费用、损失加在一起，两者相减，通过一次计算得出净利润或综合收益，不再计算营业利润、利润总额、净利润等中间性利润指标。

二、利润表的编制方法

（一）利润表项目的填列方法

利润表"本期金额"栏内各项数字一般应根据损益类科目的发生额分析填列，即根据"主营业务收入""其他业务收入""主营业务成本""其他业务成本""税金及附加""销售费用""管理费用""财务费用""信用减值损失""资产减值损失""公允价值变动损益""投资收益""营业外收入""营业外支出""所得税费用"等损益类科目的发生额以及"其他综合收益"明细科目的发生额分析填列。其中，"营业利润""利润总额""净利润""综合收益总额"项目根据本表中相关项目计算填列。

利润表"上期金额"栏内各项数字，应根据上年该期利润表"本期金额"栏内所列数字填列。如果上年该期利润表规定的各个项目的名称和内容与本期不一致，应对上年该期利润表各项目的名称和数字按本期的规定进行调整，填入利润表"上期金额"栏内。

（二）利润表项目的填列说明

（1）"营业收入"项目，反映企业经营主要业务和其他业务所发生的成本总额。本项目应根据"主营业务收入"和"其他业务收入"科目发生额分析填列。

【业务14-25】2023年度，A公司"主营业务收入"科目贷方发生额合计1 250 000元，无其他业务收入发生。A公司2023年度利润表中"营业收入"项目"本期金额"栏的列报金额为1 250 000元。

（2）"营业成本"项目，反映企业经营主要业务和其他业务所发生的成本总额。本项目应根据"主营业务成本"和"其他业务成本"科目发生额分析填列。

【业务14-26】2023年度，A公司"主营业务成本"科目借方发生额合计750 000元，无其他业务成本发生。A公司2023年度利润表中"营业成本"项目"本期金额"栏的列报金额为750 000元。

（3）"税金及附加"项目，反映企业经营业务应负担的消费税、城市维护建设税、资源税、土地增值税、房产税、车船税、土地使用税、环境保护税、印花税和教育费附加等。本项目应根据"税金及附加"科目的发生额分析填列。

【业务14-27】2023年度，A公司"税金及附加"科目借方发生额合计2 000元。A公司2023年度利润表中"税金及附加"项目"本期金额"栏的列报金额为2 000元。

（4）"销售费用"项目，反映企业在销售商品过程中发生的包装费、广告费等费用和为销售本企业商品而专设的销售机构的职工薪酬、业务费等经营费用。本项目应根据"销售费用"科目的发生额分析填列。

【业务14-28】2023年度，A公司"销售费用"科目借方发生额合计20 000元。A公司2023年度利润表中"销售费用"项目"本期金额"栏的列报金额为20 000元。

（5）"管理费用"项目，反映企业为组织和管理生产经营发生的管理费用。本项目应根据"管理费用"科目的发生额分析填列。发生研发费用的，应扣除"管理费用"科目下的"研发费用"明细科目的发生额。

【业务14-29】2023年度，A公司"管理费用"科目借方发生额合计157 100元。本期未发生研发费用。A公司2023年度利润表中"管理费用"项目"本期金额"栏的列报金额为157 100元。

（6）"研发费用"项目，反映企业进行研究与开发过程中发生的费用化支出。本项目应根据"管理费用"科目下的"研发费用"明细科目的发生额分析填列。

（7）"财务费用"项目，反映企业筹集生产经营所需资金等而发生的筹资费用。本项目应根据"财务费用"科目的发生额分析填列。其中，"利息费用"项目，反映企业为筹集生产经营所需资金等而发生的应予费用化的利息支出，应根据"财务费用"科目的相关明细科目的发生额分析填列；"利息收入"项目，反映企业确认的利息收入，应根据"财务费用"科目的相关明细科目的发生额分析填列。

【业务14-30】2023年度，A公司"财务费用"科目借方发生额合计41 500元，其下的"利息费用"明细科目发生额为39 500元、"利息收入"明细科目发生额为5 600元。A公司2023年度利润表中"财务费用"项目"本期金额"栏的列报金额为41 500元，"利息费用"项目"本期金额"栏的列报金额为39 500元，"利息收入"项目"本期金额"栏的列报金额为5 600元。

(8)"其他收益"项目,反映计入其他收益的政府补助等。本项目应根据"其他收益"科目的发生额分析填列。

(9)"投资收益"项目,反映企业以各种方式对外投资所取得的收益。本项目应根据"投资收益"科目的发生额分析填列。如为投资损失,本项目以"－"号填列。

【业务14-31】2023年度,A公司"投资收益"科目贷方发生额合计31 500元。A公司2023年度利润表中"投资收益"项目"本期金额"栏的列报金额为31 500元。

(10)"净敞口套期收益"项目,反映净敞口套期下被套期项目累计公允价值变动转入当期损益的金额或现金流量套期储备转入当期损益的金额。该项目应根据"净敞口套期损益"科目的发生额分析填列;如为套期损失,以"－"号填列。

(11)"公允价值变动收益"项目,反映企业应当计入当期损益的资产或负债公允价值变动收益。本项目应根据"公允价值变动损益"科目的发生额分析填列。如为净损失,本项目以"－"号填列。

(12)"资产减值损失"项目,反映企业各项资产发生的减值损失。本项目应根据"资产减值损失"科目的发生额分析填列。

【业务14-32】2023年度,A公司"资产减值损失"科目借方发生额合计30 900元。A公司2023年度利润表中"资产减值损失"项目"本期金额"栏的列报金额为30 900元。

(13)"信用减值损失"项目,反映企业按照要求计提的各项金融工具减值准备所形成的预期信用损失。本项目应根据"信用减值损失"科目的发生额分析填列。

(14)"资产处置收益"项目,反映企业出售划分为持有待售的非流动资产(金融工具、长期股权投资和投资性房地产除外)或处置组(子公司和业务除外)时确认的处置利得或损失,以及处置未划分为持有待售的固定资产、在建工程、生产性生物资产及无形资产而产生的处置利得或损失。债务重组中因处置非流动资产产生的利得或损失和非货币性资产交换中换出非流动资产产生的利得或损失也包括在本项目内。本项目应根据"资产处置损益"科目的发生额分析填列;如为处置损失,以"－"号填列。

(15)"营业利润"项目,反映企业实现的营业利润。如为亏损,本项目以"－"号填列。

(16)"营业外收入"项目,反映企业发生的营业利润以外的收益,主要包括债务重组利得、与企业日常活动无关的政府补助、盘盈利得、捐赠利得(企业接受股东或股东的子公司直接或间接的捐赠,经济实质属于股东对企业的资本性投入的除外)等。本项目应根据"营业外收入"科目的发生额分析填列。

【业务14-33】2023年度,A公司"营业外收入"科目贷方发生额合计50 000元。A公司2023年度利润表中"营业外收入"项目"本期金额"栏的列报金额为50 000元。

(17)"营业外支出"项目,反映企业发生的营业利润以外的支出,主要包括债务重组损失、公益性捐赠支出、非常损失、盘亏损失、非流动资产毁损报废损失等。本项目应根据"营业外支出"科目的发生额分析填列。

【业务14-34】2023年度,A公司"营业外支出"科目借方发生额合计19 700元。A公司2023年度利润表中"营业外支出"项目"本期金额"栏的列报金额为19 700元。

(18)"利润总额"项目,反映企业实现的利润。如为亏损,本项目以"－"号填列。

(19)"所得税费用"项目,反映企业应从当期利润总额中扣除的所得税费用。本项目应根据"所得税费用"科目的发生额分析填列。

【业务14-35】2023年度,A公司"所得税费用"科目借方发生额合计85 300元。A公司2023年度利润表中"所得税费用"项目"本期金额"栏的列报金额为85 300元。

(20)"净利润"项目,反映企业实现的净利润。如为净亏损,本项目以"－"号填列。

(21)"其他综合收益的税后净额"项目,反映企业根据其他会计准则规定未在当期损益中确认的各项利得和损失,扣除所得税影响后的净额。本项目应根据"其他综合收益"科目的发生额分析填列。

(22)"综合收益总额"项目,反映企业实现的净利润和其他综合收益扣除所得税影响后的净额相加后的合计金额。

【业务14-36】接业务14-25至业务14-35编制A公司2023年度利润表如表14-2所示。

表14-2 利润表

2023年度

会企02表

编制单位:A公司　　　　　　　　　　　　　　　　　　　　　　　　　　单位:元

项　目	本期金额	上期金额
一、营业收入	1 250 000	略
减:营业成本	750 000	
税金及附加	2 000	
销售费用	20 000	
管理费用	157 100	
研发费用	0	
财务费用	41 500	
其中:利息费用	39 500	
利息收入	5 600	
加:其他收益	0	
投资收益(损失以"－"号填列)	31 500	
其中:对联营企业和合营企业的投资收益	略	
以摊余成本计量的金融资产终止确认收益(损失以"－"号填列)	0	
净敞口套期收益(损失以"－"号填列)	0	
公允价值变动收益(损失以"－"号填列)	0	
资产减值损失(损失以"－"号填列)	30 900	
信用减值损失(损失以"－"号填列)	0	
资产处置收益(损失以"－"号填列)	0	
二、营业利润(亏损以"－"号填列)	280 000	
加:营业外收入	50 000	
减:营业外支出	19 700	
三、利润总额(亏损总额以"－"号填列)	310 300	
减:所得税费用	85 300	
四、净利润(净亏损以"－"号填列)	225 000	
(一)持续经营净利润(净亏损以"－"号填列)	225 000	
(二)终止经营净利润(净亏损以"－"号填列)	0	

续表

项　目	本期金额	上期金额
五、其他综合收益的税后净额	0	
（一）不能重分类进损益的其他综合收益	0	
1. 重新计量设定受益计划变动额	0	
2. 权益法下不能转损益的其他综合收益	0	
3. 其他权益工具投资公允价值变动	0	
4. 企业自身信用风险公允价值变动	0	
（二）将重分类进损益的其他综合收益	0	
1. 权益法下可转损益的其他综合收益		
2. 其他债权投资公允价值变动	0	
3. 金融资产重分类计入其他综合收益的金额	0	
4. 其他债权投资信用减值准备	0	
5. 现金流量套期储备	0	
6. 外币财务报表折算差额	0	
六、综合收益总额	225 000	
七、每股收益		
（一）基本每股收益	（略）	
（二）稀释每股收益	（略）	

任务四　现金流量表的编制

一、现金流量表的内容及结构

（一）现金流量表的概念

现金流量表是反映企业一定期间现金和现金等价物流入和流出的报表。它以资产负债表和利润表等会计核算资料为依据，按照收付实现制原则编制，将权责发生制下的盈余信息调整为收付实现制下的现金流量信息，便于信息使用者了解企业净利润的质量。

现金流量表的编制基础是现金及现金等价物。现金是指企业库存现金以及可以随时用于支付的存款。不能随时用于支付的存款不属于现金，如冻结存款等；现金等价物是指企业持有的期限短、流动性高、易于转换为已知金额的现金、价值变动风险很小的短期投资。期限短，一般是指从购买日起三个月内到期。现金等价物虽然不是现金，但其支付能力与现金的差别不大，可视为现金。现金等价物通常包括三个月内到期的债券投资等。权益性投资变现的金额通常不确定，因而不属于现金等价物。企业应当根据具体情况确定现金等价物的范围，且一经确定不得随意变更。

因此，现金流量是指现金和现金等价物的流入和流出。现金和现金等价物具体项目间的增减变化,不形成现金流量,如将库存现金存入银行、从银行提取现金、以现金购买短期债券、将短期债券投资变现等均不产生现金流量。

(二) 现金流量表的结构和内容

现金流量表的基本结构根据"现金流入量－现金流出量＝现金净流量"设计。现金流量包括现金流入量、现金流出量、现金净流量。根据企业业务活动的性质和现金流量的功能,在现金流量表中,将现金流量分为经营活动产生的现金流量、投资活动产生的现金流量和筹资活动产生的现金流量三类,每一类现金流量又分为流入量、流出量和净流量分项列示。

其中,经营活动产生的现金流量,是指与销售商品、提供劳务有关的活动产生的现金流量。如销售商品收到现金、购买商品支付现金、缴纳税款支付现金等;投资活动产生的现金流量,是指与非流动资产的取得或处置有关的活动产生的现金流量。如购买股票或债券支付现金、购建或处置固定资产支付现金或收到现金等;筹资活动产生的现金流量,是指导致企业资本及债务规模和构成发生变动的活动产生的现金流量。如向银行借款收到现金、发行股票收到现金等。

(三) 现金流量表的作用

与资产负债表和利润表相比,现金流量表能够为报表使用者提供有关企业现金流量情况的重要信息,具有十分重要的作用,主要表现在以下几个方面:

(1) 现金流量表提供了企业一定会计期间内现金和现金等价物流入和流出的现金流量信息,可以弥补基于权责发生制基础编报提供的资产负债表和利润表的某些固有缺陷,在资产负债表与利润表之间架起一条连接的纽带和桥梁,揭示企业财务状况与经营成果之间的内在关系,便于会计报表使用者了解企业净利润的质量。

(2) 现金流量表分别提供了经营活动、投资活动和筹资活动产生的现金流量,每类又分为若干具体项目,分别从不同角度反映企业业务活动的现金流入、流出及其净流量,弥补了资产负债表和利润表分类列报内容的某些不足,从而帮助报表使用者了解和评价企业获取现金及现金等价物的能力,包括企业支付能力、偿债能力和周转能力,进而预测企业未来的现金流量情况,为其决策提供有力依据。

(3) 现金流量表以收付实现制为基础,对现金的确认和计量在不同企业间基本一致,使不同企业的会计信息更具可比性,有利于报表使用者提高决策的质量和效率。

(4) 现金流量表以收付实现制为基础编制,降低了企业盈余管理程度,提高了会计信息质量,有利于更好发挥会计监督职能作用,改善公司治理状况,进而促进实现会计决策有用性和维护经济资源配置秩序、提高经济效益的目标要求。

二、现金流量表的编制方法

(一) 现金流量表的格式

现金流量表的格式是指现金流量表结构内容的编排顺序和方式。现金流量表的格式应有利于反映企业业务活动的性质和现金流量的来源,其基本原理是以权责发生制为基础提供的会计核算资料为依据,按照收付实现制基础进行调整计算,以反映现金流量增减变动及其结果。即将以权责发生制为基础编制的资产负债表和利润表资料按照收付实现制基础调整计算编制现金流量表。调整计算方法通常包括直接法和间接法两种。

1. 直接法

直接法是指通过现金收入和现金支出的主要类别列示经营活动的现金流量的一种方法,一般以利润表中的营业收入为起算点,调节与经营活动有关的项目的增减变动,然后计算出经营活动产生的现金流量。例如,A公司2023年度利润表中列示的营业收入为100万元,资产负债表中列示的应收账款年末金额为20万元、上年年末金额为15万元,不考虑其他因素影响,则表明该公司当年100万元的营业收入中有5万元尚未收到现金,即销售商品收到的现金为95万元。

2. 间接法

间接法是指将净利润调整为经营活动现金流量的一种方法。例如,A公司2023年度利润表中列示的净利润为15万元,资产负债表中列示的应收账款年末金额为20万元、上年年末金额为15万元,不考虑其他因素影响,则表明该公司当年15万元的净利润中有5万元尚未收到现金,即经营活动产生的现金流量净额为10万元。

由此可见,直接法是以利润表中的营业收入为起算点调整计算经营活动产生的现金流量净额,而间接法则是以净利润为起算点调整计算经营活动产生的现金流量净额,两者的结果是一致的。调整计算的经营活动产生的现金流量净额加上投资活动和筹资活动产生的现金流量净额即为报告期的现金及现金等价物净增加额,再加上报告期初现金及现金等价物余额即为期末现金及现金等价物余额。

以直接法编制的现金流量表便于分析经营活动产生的现金流量的来源和用途,预测企业现金流量的未来前景;而以间接法编制的现金流量表则便于将净利润与经营活动产生的现金流量净额进行比较,了解净利润与经营活动产生的现金流量差异的原因,从现金流量的角度分析净利润的质量,两者可以相互验证和补充。

我国现行会计准则规定,企业应当采用直接法列示经营活动产生的现金流量。同时规定,企业应当在附注中披露将净利润调整为经营活动现金流量的信息。现金流量表的格式如表14-3、表14-4所示。

表14-3 现金流量表

会企03表

编制单位: 年 月 单位:元

项 目	本期金额	上期金额
一、经营活动产生的现金流量		
销售商品、提供劳务收到的现金		
收到的税费返还		
收到的其他与经营活动有关的现金		
经营活动现金流入小计		
购买商品、接受劳务支付的现金		
支付给职工以及为职工支付的现金		
支付的各项税费		
支付其他与经营活动有关的现金		

续表

项　目	本期金额	上期金额
经营活动现金流出小计		
经营活动产生的现金流量净额		
二、投资活动产生的现金流量		
收回投资收到的现金		
取得投资收益收到的现金		
处置固定资产、无形资产和其他长期资产收回的现金净额		
处置子公司及其他营业单位收到的现金净额		
收到其他与投资活动有关的现金		
投资活动现金流入小计		
购建固定资产、无形资产和其他长期资产支付的现金净额		
投资支付的现金		
取得子公司及其他营业单位支付的现金净额		
支付其他与投资活动有关的现金		
投资活动现金流出小计		
投资活动产生的现金流量净额		
三、筹资活动产生的现金流量		
吸收投资收到的现金		
取得借款收到的现金		
收到其他与筹资活动有关的现金		
筹资活动现金流入小计		
偿还债务支付的现金		
分配股利、利润或偿付利息支付的现金		
支付其他与筹资活动有关的现金		
筹资活动现金流出小计		
筹资活动产生的现金流量净额		
四、汇率变动对现金的影响		
五、现金及现金等价物净增加额		
加:期初现金及现金等价物的余额		
六、期末现金及现金等价物余额		

表14-4　现金流量表补充资料

编制单位：　　　　　　　　　　　　　　年　月　　　　　　　　　　　　　　单位:元

项　目	本期金额	上期金额
1.将净利润调节为经营活动现金流量		
净利润		
加:资产减值准备		
信用损失准备		

续表

项　目	本期金额	上期金额
固定资产折旧、油气资产折耗、生产性生物资产折旧		
无形资产摊销		
长期待摊费用摊销		
处置固定资产、无形资产和其他长期资产的损失（收益以"－"填列）		
固定资产报废损失（收益以"－"号填列）		
净敞口套期损失（收益以"－"号填列）		
公允价值变动损失（收益以"－"号填列）		
财务费用（收益以"－"号填列）		
投资损失（收益以"－"号填列）		
递延所得税资产减少（增加以"－"号填列）		
递延所得税负债增加（减少以"－"号填列）		
存货的减少（增加以"－"号填列）		
经营性应收项目的减少（增加以"－"号填列）		
经营性应付项目的增加（减少以"－"号填列）		
其他		
经营活动产生的现金流量净额		
2. 不涉及现金收支的重大投资和筹资活动		
债务转为资本		
一年内到期的可转换公司债券		
融资租入固定资产		
3. 现金及现金等价物净变动情况：		
现金的期末余额		
减：现金的期初余额		
加：现金等价物的期末余额		
减：现金等价物的期初余额		
现金及现金等价物净增加额		

（二）现金流量表项目的填列说明

1. 经营活动产生的现金流量

（1）"销售商品、提供劳务收到的现金"项目，反映企业本期销售商品、提供劳务收到的现金，以及前期销售商品、提供劳务本期收到的现金（包括应向购买者收取的增值税销项税额）和本期预收的款项，减去本期销售本期退回商品和前期销售本期退回商品支付的现金。企业销售材料和代购代销业务收到的现金，也在本项目反映。

（2）"收到的税费返还"项目，反映企业收到返还的所得税、增值税、消费税、关税和教育费附加等各种税费返还款。

（3）"收到其他与经营活动有关的现金"项目，反映企业经营租赁收到的租金等其他与经营活动有关的现金流入,金额较大的应当单独列示。

(4)"购买商品、接受劳务支付的现金"项目,反映企业本期购买商品、接受劳务实际支付的现金(包括增值税进项税额),以及本期支付前期购买商品、接受劳务的未付款项和本期预付款项,减去本期发生的购货退回收到的现金。企业购买材料和代购代销业务支付的现金,也在本项目反映。

(5)"支付给职工以及为职工支付的现金"项目,反映企业实际支付给职工的工资、奖金、各种津贴和补贴等职工薪酬(包括代扣代缴的职工个人所得税)。

(6)"支付的各项税费"项目,反映企业发生并支付、前期发生本期支付以及预交的各项税费,包括所得税、增值税、消费税、印花税、房产税、土地增值税、车船税、教育费附加等。

(7)"支付其他与经营活动有关的现金"项目,反映企业短期租赁支付的租金、支付的差旅费、业务招待费、保险费、罚款支出等其他与经营活动有关的现金流出,金额较大的应当单独列示。

2. 投资活动产生的现金流量

(1)"收回投资收到的现金"项目,反映企业出售、转让或到期收回除现金等价物以外的对其他企业长期股权投资等收到的现金,但处置子公司及其他营业单位收到的现金净额除外。

(2)"取得投资收益收到的现金"项目,反映企业除现金等价物以外的对其他企业的长期股权投资等分回的现金股利和利息等。

(3)"处置固定资产、无形资产和其他长期资产收回的现金净额"项目,反映企业出售、报废固定资产、无形资产和其他长期资产所取得的现金(包括因资产毁损而收到的保险赔偿收入),减去为处置这些资产而支付的有关费用后的净额。

(4)"处置子公司及其他营业单位收到的现金净额"项目,反映企业处置子公司及其他营业单位所取得的现金,减去相关处置费用以及子公司及其他营业单位持有的现金和现金等价物后的净额。

(5)"购置固定资产、无形资产和其他长期资产支付的现金"项目,反映企业购买、建造固定资产、取得无形资产和其他长期资产所支付的现金(含增值税款等),以及用现金支付的应由在建工程和无形资产负担的职工薪酬。

(6)"投资支付的现金"项目,反映企业取得除现金等价物以外的对其他企业的长期股权投资等所支付的现金以及支付的佣金、手续费等附加费用,但取得子公司及其他营业单位支付的现金净额除外。

(7)"取得子公司及其他营业单位支付的现金净额"项目,反映企业购买子公司及其他营业单位购买出价中以现金支付的部分,减去子公司及其他营业单位持有的现金和现金等价物后的净额。

(8)"收到其他与投资活动有关的现金""支付其他与投资活动有关的现金"项目,反映企业除上述(1)至(7)项目外收到或支付的其他与投资活动有关的现金,金额较大的应当单独列示。

3. 筹资活动产生的现金流量

(1)"吸收投资收到的现金"项目,反映企业以发行股票、债券等方式筹集资金实际收到的款项(发行收入减去支付的佣金等发行费用后的净额)。

(2)"取得借款收到的现金"项目,反映企业举借各种短期、长期借款而收到的现金。

(3)"偿还债务支付的现金"项目,反映企业偿还债务本金而支付的现金。

(4)"分配股利、利润和偿还利息支付的现金"项目,反映企业实际支付的现金股利、支付给其他投资单位的利润或用现金支付的借款利息、债券利息。

(5)"收到其他与筹集活动有关的现金""支付其他与筹资活动有关的现金"项目,反映企业除上述(1)至(4)项目外收到或支付的其他与筹资活动有关的现金,金额较大的应当单独列示。

(三)现金流量表编制的具体方法

编制现金流量表的具体方法包括分析填列法、工作底稿法和T型账户法。分析填列法是直接根据资产负债表、利润表和有关会计科目明细账的记录,分析计算出现金流量表各项目的金额,并据以编制现金流量表一种方法。采用工作底稿法编制现金流量表,是以工作底稿为手段,以资产负债表和利润表数据为基础,对每一项目进行分析并编制调整分录,从而编制现金流量表。采用T型账户法编制现金流量表,是以T型账户为手段,以资产负债表和利润表数据为基础,对每一项目进行分析并编制调整分录,从而编制现金流量表。

任务五 所有者权益变动表的编制

一、所有者权益变动表的内容及结构

(一)所有者权益变动表的内容

所有者权益变动表是反映构成所有者权益的各组成部分当期的增减变动情况的报表。所有者权益变动表全面反映企业一定时期所有者权益变动的情况,不仅包括所有者权益总量的增减变动,而且包括所有者权益增减变动的重要结构性信息,特别是对综合收益和与所有者(或股东)的资本交易导致的所有者权益的变动单列项目反映,有助于报表使用者准确理解所有者权益增减变动的根源。

在所有者权益变动表中,企业至少应当单独列示反映下列信息的项目:① 综合收益;② 所有者投入和减少资本;③ 会计政策变更和差错更正的累积影响金额;④ 利润分配;⑤ 所有者权益内部结转;⑥ 实收资本或股本、资本公积、其他综合收益、盈余公积、未分配利润的期初和期末余额及其调节情况。

(二)所有者权益变动表的结构

为了清楚地表明构成所有者权益的各组成部分当期的增减变动情况,所有者权益变动表应当以矩阵的形式列示:一方面,列示导致所有者权益变动的交易或事项,按所有者权益变动的来源对一定时期所有者权益变动情况进行全面反映;另一方面,按照所有者权益各组成部分(包括实收资本、资本公积、其他综合收益、盈余公积、未分配利润和库存股)及其总额

列示交易或事项对所有者权益的影响。

1. 纵向结构

纵向结构按所有者权益增减变动时间及内容分为"上年年末余额""本年年初余额""本年增减变动金额"和"本年年末余额"四栏，它们之间的数量关系如下：

上年年末余额＋会计政策变更、前期差错更正及其他变动＝本年年初余额

本年年初余额＋本年增减变动金额＝本年年末余额

式中，本年增减变动金额按照所有者权益增减变动的交易或事项列示，即

本年增减变动金额＝综合收益总额±所有者投入和减少资本±利润分配±所有者权益内部结转

2. 横向结构

横向结构采用比较式结构，分为"本年金额"和"上年金额"两栏，每栏的具体结构按照所有者权益构成内容逐项列示，即

实收资本（或股本）＋其他权益工具＋资本公积－库存股＋其他综合收益＋未分配利润＝所有者权益合计

纵横填列结果归结到本年年末所有者权益合计数，保持所有者权益变动表的表内填列数额的平衡。

所有者权益变动表的具体格式如表14-5所示。

表14-5 所有者权益变动表　　　　　　会企04表

编制单位：　　　　　　年度　　　　　　单位：元

项目	本年金额									上年金额								
	实收资本（或股本）	其他权益工具			资本公积	减：库存股	其他综合收益	盈余公积	未分配利润	所有者权益合计	实收资本（或股本）	其他权益工具			资本公积	减：库存股	其他综合收益	盈余公积	未分配利润	所有者权益合计
		优先股	永续债	其他								优先股	永续债	其他						
一、上年年末余额																				
加：会计政策变更																				
前期差错更正																				
其他																				
二、本年年初金额																				
三、本年增减变动金额（减少以"－"号填列）																				
（一）综合收益总额																				
（二）所有者投入和减少资本																				
1. 所有者投入的普通股																				

项目十四　财务报告　355

续表

项目	本年金额									上年金额								
	实收资本(或股本)	其他权益工具			资本公积	减:库存股	其他综合收益	盈余公积	未分配利润	所有者权益合计	实收资本(或股本)	其他权益工具			资本公积	减:库存股	其他综合收益	盈余公积	未分配利润	所有者权益合计
		优先股	永续债	其他								优先股	永续债	其他						
2.其他权益工具持有者投入资本																				
3.股份支付计入所有者权益的金额																				
4.其他																				
(三)利润分配																				
1.提取盈余公积																				
2.对所有者(或股东)的分配																				
3.其他																				
(四)所有者权益内部转移																				
1.资本公积转增资本(或股本)																				
2.盈余公积转增资本(或股本)																				
3.盈余公积弥补亏损																				
4.设定受益计划变动额结转留存收益																				
5.其他综合收益结转留存收益																				
6.其他																				
四、本年年末余额																				

二、所有者权益变动表的填列方法

(一)"上年金额"栏的填列方法

所有者权益变动表"上年金额"栏内各项数字,应根据上年度所有者权益变动表"本年金额"栏内所列数字填列。如果上年度所有者权益变动表规定的各个项目的名称和内容同本年度不相一致,应对上年度所有者权益变动表各项目的名称和数字按本年度的规定进行调整,填入所有者权益变动表"上年金额"栏内。

（二）"本年金额"栏的填列方法

所有者权益变动表"本年金额"栏内各项数字一般应根据"实收资本（或股本）""资本公积""盈余公积""利润分配""库存股""以前年度损益调整"账户的发生额分析填列。具体包括如下情况：

1."上年年末余额"项目

应根据上年资产负债表中"实收资本（或股本）""资本公积""其他综合收益""盈余公积""未分配利润"等项目的年末余额填列。

2."会计政策变更"和"前期差错更正"项目

应根据"盈余公积""利润分配""以前年度损益调整"等科目的发生额分析填列，并在"上年年末余额"的基础上调整得出"本年年初余额"项目。

3."本年增减变动额"项目

（1）"综合收益总额"项目，反映企业当年的综合收益总额，应根据当年利润表中"其他综合收益的税后净额"和"净利润"项目填列，并对应列在"其他综合收益"和"未分配利润"栏。

（2）"所有者投入和减少资本"项目，反映企业当年所有者投入的资本和减少的资本，其中：①"所有者投入资本"项目，反映企业接受投资者投入形成的实收资本（或股本）和资本公积，应根据"实收资本""资本公积"等科目的发生额分析填列，并对应列在"实收资本"和"资本公积"栏；②"股份支付计入所有者权益的金额"项目，反映企业处于等待期中的权益结算的股份支付当年计入资本公积的金额，应根据"资本公积"科目所属的"其他资本公积"二级科目的发生额分析填列，并对应列在"资本公积"栏。

（3）"利润分配"项目，反映当年对所有者（或股东）分配的利润（或股利）金额和按照规定提取的盈余公积金额，并对应列在"未分配利润"和"盈余公积"栏。其中：①"提取盈余公积"项目，反映企业按照规定提取的盈余公积，应根据"盈余公积""利润分配"科目的发生额分析填列；②"对所有者（或股东）的分配"项目，反映对所有者（或股东）分配的利润（或股利）金额，应根据"利润分配"科目的发生额分析填列。

（4）"所有者权益内部结转"项目，反映不影响当年所有者权益总额的所有者权益各组成部分之间当年的增减变动，包括资本公积转增资本（或股本）、盈余公积转增资本（或股本）、盈余公积弥补亏损等。其中：①"资本公积转增资本（或股本）"项目，反映企业以资本公积转增资本或股本的金额，应根据"实收资本""资本公积"等科目的发生额分析填列；②"盈余公积转增资本（或股本）"项目，反映企业以盈余公积转增资本或股本的金额，应根据"实收资本""盈余公积"等科目的发生额分析填列；③"盈余公积弥补亏损"项目，反映企业以盈余公积弥补亏损的金额，应根据"盈余公积""利润分配"等科目的发生额分析填列。

任务六　财务报表附注的编制

一、附注及其披露要求

附注是财务报表不可或缺的组成部分,是对资产负债表、利润表和现金流量表等报表中列示项目的文字描述或明细资料,以及对未能在这些报表中列示项目的说明等。

财务报表中的数字是经过分类与汇总后的结果,是对企业发生的经济业务的高度综合的数字,如果没有形成这些数字所使用的会计政策、理解这些数字所必需的披露,财务报表就不可能充分发挥效用。因此,附注与资产负债表、利润表和现金流量表等报表具有同等的重要性,是财务报表的重要组成部分。报表使用者了解企业的财务状况、经营成果和现金流量,应当全面阅读附注。

为充分发挥附注信息的作用,附注披露的应当满足以下基本要求。

(1) 附注披露的信息应是定量、定性信息的结合,从而能从"量"和"质"两个角度对企业经济事项完整地进行反映,以满足报表使用者的决策需求。

(2) 附注应当按照一定的结构进行系统合理的排列和分类,有顺序地披露信息。由于附注的内容繁多,因此更应按逻辑顺序排列,分类披露,条理清晰,具有一定的组织结构,以便于报表使用者理解和掌握,更好地实现财务报表的可比性。

(3) 附注相关信息应当与资产负债表、利润表和现金流量表等报表中列示的项目相互参照,以有助于报表使用者联系相关联的信息,并由此从整体上更好地理解财务报表。

二、附注应披露的内容

附注应当按照如下顺序披露有关内容。

(一) 企业的基本情况

(1) 企业注册地、组织形式和总部地址。

(2) 企业的业务性质和主要经营活动,如企业所处的行业、所提供的主要产品或服务、客户的性质、销售策略、监管环境的性质等。

(3) 母公司以及集团最终母公司的名称。

(4) 财务报告的批准报出者和财务报告批准报出日。如果企业已在财务报表其他部分披露了财务报告的批准报出者和批准报出日信息,则无须重复披露;或者已有相关人员签字批准报出财务报告,可以其签名及其签字日期为准。

(5) 营业期限有限的企业,还应当披露有关其营业期限的信息。

(6) 截至报告期末公司近3年的主要会计数据和财务指标。

（二）财务报表的编制基础

财务报表的编制基础是指财务报表是在持续经营基础上还是非持续经营基础上编制的。企业一般是在持续经营基础上编制财务报表，清算、破产属于非持续经营基础。

（三）遵循企业会计准则的声明

企业应当声明编制的财务报表符合企业会计准则的要求，真实、完整地反映了企业的财务状况、经营成果和现金流量等有关信息，以此明确企业编制财务报表所依据的制度基础。如果企业编制的财务报表只是部分地遵循了企业会计准则，附注中不得做出这种表述。

（四）重要会计政策和会计估计

企业应当披露采用的重要会计政策和会计估计，不重要的会计政策和会计估计可以不披露。在披露重要会计政策和会计估计时，企业应当披露重要会计政策的确定依据和财务报表项目的计量基础，以及会计估计中所采用的关键假设和不确定因素。

会计政策的确定依据，主要是指企业在运用会计政策过程中所做的对报表中确认的项目金额最具影响的判断。这项披露要求有助于报表使用者理解企业选择和运用会计政策的背景，增加财务报表的可理解性。财务报表项目的计量基础，是指企业计量该项目采用的是历史成本、重置成本、可变现净值、现值还是公允价值，这直接影响报表使用者对财务报表的理解和分析。

在确定财务报表中确认的资产和负债的账面价值过程中，企业需要对不确定的未来事项在资产负债表日对这些资产和负债的影响加以估计，如企业预计固定资产未来现金流量采用的折现率和假设。这类假设的变动对这些资产和负债项目金额的确定影响很大，有可能会在下一个会计年度内做出重大调整，因此，强调这一披露要求，有助于提高财务报表的可理解性。

（五）会计政策和会计估计变更以及差错更正的说明

企业应当按照《企业会计准则第28号——会计政策、会计估计变更和差错更正》及其应用指南的规定，披露会计政策和会计估计变更以及差错更正的有关情况。

（六）报表重要项目的说明

企业应当以文字和数字描述相结合、尽可能以列表形式披露报表重要项目的构成或当期增减变动情况，并且报表重要项目的明细金额合计，应当与报表项目金额相衔接。在披露顺序上，一般应当按照资产负债表、利润表、现金流量表、所有者权益变动表及其项目列示的顺序。主要包括以下重要项目：应收款项、存货、长期股权投资、投资性房地产、固定资产、无形资产、职工薪酬、应交税费、短期借款和长期借款、应付债券、长期应付款、营业收入、公允价值变动收益、投资收益、资产减值损失、营业外收入、营业外支出、所得税费用、其他综合收益、政府补助、借款费用。

（七）其他需要说明的重要事项

（1）或有和承诺事项、资产负债表日后非调整事项、关联方关系及其交易等需要说明的事项。

（2）有助于财务报表使用者评价企业管理资本的目标、政策及程序的信息。

三、财务报告信息披露的要求

（一）财务报告信息披露的概念

财务报告信息披露，又称会计信息披露，是指企业对外发布有关其财务状况、经营成果、现金流量等财务信息的过程。按照我国会计准则的规定，披露主要是指会计报表附注的披露。广义的信息披露除财务信息外，还包括非财务信息。信息披露是公司治理的决定性因素，是保护投资者合法权益的基本手段和制度安排，也是会计决策有用性目标所决定的内在必然要求。就上市公司而言，信息披露也是企业的法定义务和责任。

（二）财务报告信息披露的基本要求

财务报告信息披露基本要求，又称财务报告信息披露的基本质量。主要包括真实、准确、完整、及时和公平五个方面。企业应当真实、准确、完整、及时地披露信息，不得有虚假记载、误导性陈述或者重大遗漏，信息披露应当同时向所有投资者公开披露信息。

企业披露信息应当忠实、勤勉地履行职责，保证披露信息的真实、准确、完整、及时、公平。企业应当在附注中对"遵循了企业会计准则"做出声明。同时，企业不应以在附注中披露代替对交易和事项的确认和计量。此外，如果按照各项会计准则规定披露的信息不足以让报表使用者了解特定交易或事项对企业财务状况、经营成果和现金流量的影响时，企业还应当披露其他必要信息。

项 目 小 结

本项目的主要内容结构如表14-6所示。

表14-6　项目十四"财务报表"的内容结构表

财务报告体系	财务报告的概念	定义
		财务报告风险
	财务报告体系的构成	财务报表
		财务报告的分类
	财务报告的编制要求	编制依据
		列报基础
		权责发生制
		列报的一致性
		比较信息的列报

续表

资产负债表的编制	资产负债表的内容及结构	资产负债表的内容
		资产负债表的结构
	资产负债表的编制方法	资产负债表项目的填列方法
		资产负债表项目的填列说明
利润表的编制	利润表的内容及结构	利润表的内容
		利润表的结构
	利润表的编制方法	利润表项目的填列方法
		利润表项目的填列说明
现金流量表的编制	现金流量表的内容及结构	现金流量表的概念
		现金流量表的结构和内容
		现金流量表的作用
	现金流量表的编制方法	现金流量表的格式
		现金流量表项目的填列说明
		现金流量表编制的具体方法
所有者权益变动表的编制	所有者权益变动表的内容及结构	所有者权益变动表的内容
		所有者权益变动表的结构
	所有者权益变动表的填列方法	"上年金额"栏的填列方法
		"本年金额"栏的填列方法
财务报表附注的编制	附注及其披露要求	附注信息的重要性
		附注披露的基本要求
	附注应披露的内容	企业的基本情况
		财务报表的编制基础
		遵循企业会计准则的声明
		重要会计政策和会计估计
		会计政策和会计估计变更以及差错更正的说明
		报表重要项目的说明
		其他需要说明的重要事项
	财务报告信息披露的要求	财务报告信息披露的概念
		财务报告信息披露的基本要求

思考与练习

一、思考题

1. 财务报表与财务报告间存在怎样的逻辑关系？我国现行的财务报表体系是由哪些报表构成的？

2. 资产负债表、利润表和现金流量表分别提供哪些对决策有用的信息？它们之间存在怎样的钩稽关系？

3. 如何理解现金流量表的编制基础？现金流量表包括哪些内容？其编制方法有哪些？

4. 所有者权益变动表可以提供哪些信息？为何要求企业编制所有者权益变动表？

5. 财务报表附注所披露的信息主要包括哪些？如何利用好附注所披露的信息？

二、单项选择题

1. 资产负债表中的"未分配利润"项目，应根据（　　）填列。
   A. "利润分配"科目余额 B. "本年利润"和"利润分配"科目余额计算后
   C. "本年利润"科目余额 D. "利润分配——未分配利润"科目余额

2. 下列各项资产负债表项目中，属于汇总列报的是（　　）。
   A. 其他应付款　　B. 应付账款　　C. 长期借款　　D. 资本公积

3. 下列项目中，不属于流动负债的有（　　）。
   A. 应付职工薪酬　　B. 预付款项　　C. 预收款项　　D. 一年内到期的非流动负债

4. 在下列各项税金中，应在利润表中的"税金及附加"项目反映的是（　　）。
   A. 增值税　　　　　　　　　　B. 处置固定资产应交纳的土地增值税
   C. 销售应税产品交纳的消费税　D. 委托加工物资由受托代收代缴的消费税

5. 某企业"应收账款"总账科目月末借方余额300万元，其中："应收甲公司账款"明细科目借方余额350万元，"应收乙公司账款"明细科目贷方余额50万元，"预收账款"科目月末贷方余额300万元，其中："预收A工厂账款"明细科目贷方余额500万元，"预收B工厂账款"明细科目借方余额200万元。与应收账款有关的"坏账准备"明细科目贷方余额为10万元，与其他应收款有关的"坏账准备"明细科目贷方余额为5万元。该企业月末资产负债表中"预收款项"项目的金额为（　　）万元。
   A. 300　　B. 590　　C. 550　　D. 585

6. "预付账款"科目明细账中若有贷方余额，应将其计入资产负债表中的（　　）项目。
   A. 应收账款　　B. 预收账款　　C. 应付账款　　D. 其他应付款

7. 乙企业"原材料"科目借方余额为300万元，"材料成本差异"科目贷方余额10万元，"生产成本"科目借方余额为200万元，"库存商品"科目借方余额为500万元，"存货跌价准备"科目贷方余额为80万元，该企业期末资产负债表中"存货"项目应填列的金额为（　　）万元。
   A. 1 000　　B. 910　　C. 800　　D. 720

8. 下列各项不属于现金等价物的是（　　）。
   A. 库存现金　　　　　　　　　B. 随时用于支付的银行存款
   C. 三个月内到期的债券投资　　D. 准备近期出售的股票投资

9. 下列关于现金流量表的描述中，正确的是（　　）。
   A. 现金流量表中的现金应包括所有存款
   B. 现金流量表的格式包括直接法和间接法两种格式
   C. 现金流量表应根据会计核算资料直接编制
   D. 现金流量表的编制基础是权责发生制

10. 下列关于"四表"相关项目之间相互参照关系的表述中，不正确的是（　　）。
    A. 资产负债表"盈余公积""未分配利润"与利润表"净利润"存在相互参照关系
    B. 资产负债表"其他综合收益"与利润表"其他综合收益"存在相互参照关系
    C. 所有者权益变动表项目与资产负债表所有者权益项目及利润表"利润总额"存在相互参照关系

D. 现金流量表各项目与资产负债表各项目及利润表各项目存在相互参照关系

三、业务题

1. A公司2023年12月31日有关账户余额见表14-7。

表14-7 科目余额表
2023年12月31日   单位：元

账　户	借方金额	账　户	贷方金额
库存现金	236	短期借款	76 000
银行存款	74 052	应付账款	37 350
交易性金融资产	12 200	其他应付款	3 780
应收账款	31 900	应付职工薪酬	27 550
其他应收款	300	应交税费	8 290
原材料	176 570	应付股利	12 100
生产成本	30 182	应付利息	1 400
库存商品	17 270	长期借款	50 000
长期股权投资	60 000	累计折旧	181 500
固定资产	500 000	实收资本	491 500
无形资产	15 000	盈余公积	25 000
利润分配	32 760	本年利润	36 000
合计	950 470	合计	950 470

其中，"应收账款——甲公司"明细科目借方余额为41 900元；"应收账款——乙公司"明细科目贷方余额为10 000元。"应付账款——丙公司"明细科目贷方余额为54 350元；"应付账款——丁公司"明细科目借方余额为17 000元。

要求：根据上述资料编制A公司2023年12月31日的资产负债表。

2. A公司2023年12月份损益类账户发生额如表14-8。

表14-8 损益类账户发生额表
2023年12月   单位：元

账　户	发生额合计
主营业务收入	12 743 000
主营业务成本	8 999 646
税金及附加	3 960
销售费用	528 100
管理费用	586 934
财务费用	132 000
营业外收入	27 500
营业外支出	102 650

要求：根据以上资料编制2023年12月份的利润表。

参考文献

[1] 高克智.企业财务会计[M].北京:中国人民大学出版社,2019.
[2] 财政部会计资格评价中心.初级会计实务[M].北京:经济科学出版社,2022.
[3] 财政部会计资格评价中心.中级会计实务[M].北京:经济科学出版社,2022.
[4] 财政部会计司.《企业会计准则第14号:收入》应用指南[M].北京:中国财政经济出版社,2018.
[5] 财政部会计司.《企业会计准则第22号:金融工具确认和计量》应用指南[M].北京:中国财政经济出版社,2018.